MUTTERS AGENDA

VI

1965

Titel der französischen Originalausgabe:
L'Agenda de Mère, 1965
© 1980 Institut de Recherches Évolutives, Paris.

Deutsche Erstauflage 1996

ISBN 978-3-910083-56-1

Alle Rechte vorbehalten

Diese Agenda ...
ist mein Geschenk
an die, die mich lieben

Mutter

Biographische Anmerkung

MUTTER wurde am 21. Februar 1878 in eine Pariser Familie gänzlich materialistischer Überzeugung geboren. Sie studierte Musik, Malerei und höhere Mathematik. Als Schülerin des französischen Malers Gustave Moreau lernte sie die großen Impressionisten der Epoche kennen. Später traf sie Max Théon, eine mysteriöse Persönlichkeit mit außerordentlichen okkulten Fähigkeiten, der ihr als erster eine zusammenhängende Erklärung all der spontanen Erfahrungen gab, die sie seit ihrer Kindheit hatte, und der sie bei zwei langen Besuchen auf seinem Anwesen in Algerien die Geheimnisse des Okkultismus lehrte. 1914 besuchte sie die französische Kolonialstadt Pondicherry in Südindien, wo sie Sri Aurobindo begegnete, der dort als indischer Freiheitskämpfer vor den Briten Zuflucht gefunden hatte. Nach einem Aufenthalt in Japan und einem kurzen Besuch in China kehrte sie 1920 endgültig nach Pondicherry zurück. Als Sri Aurobindo sich 1926 zurückzog, um der Erforschung einer neuen Evolutionsmacht in der Materie nachzugehen, übernahm sie die Leitung seines Ashrams und bemühte sich vergeblich, die Schüler zu einem neuen Bewußtsein zu erwecken. 1958, acht Jahre nach Sri Aurobindos Abschied, zog auch sie sich zurück, um *das* Problem anzugehen: eine Veränderung im Bewußtsein der Körperzellen. Von 1958 bis 1973 deckte sie allmählich den „Großen Übergang" zu einer neuen Spezies und einem neuen Lebensmodus in der Materie auf. Dabei erzählte sie Satprem von ihren außerordentlichen Erfahrungen, und das ist die *Agenda*.
(Siehe Satprems biographische Trilogie: *Mutter: 1. Der Göttliche Materialismus, 2. Die Neue Spezies, 3. Die Mutation des Todes,* Verlag Hinder + Deelmann, Gladenbach 1992-94.)

SATPREM wurde 1923 in Paris geboren. Den Großteil seiner Kindheit verbrachte er auf Segelfahrten vor der bretonischen Küste. Mit zwanzig wurde er wegen Widerstandsaktivitäten von der Gestapo verhaftet und verbrachte anderthalb Jahre in deutschen Konzentrationslagern. Körperlich und seelisch zutiefst erschüttert, reiste er nach seiner Befreiung zunächst nach Indien, um einen Posten in der französischen Kolonialregierung in Pondicherry anzutreten. Dort begegnete er Sri Aurobindo, der verkündet hatte: „Der Mensch ist ein Übergangswesen". Daraufhin verließ er seinen Posten und begab sich auf eine Reihe von Abenteuern, die ihn nach Guayana, Brasilien und Afrika führten, bevor er 1953 nach Indien zurückkehrte. Er wanderte als Sannyasin durchs Land, wurde in den Tantrismus eingeweiht, bis er sich schließlich dem Werk von Mutter und Sri Aurobindo widmete.

Als Mutters Vertrauter zeichnete er siebzehn Jahre lang ihre Erfahrungen auf und dokumentierte ihre Suche nach einer Veränderung im Programm der Zellen, die zu einer anderen Sicht des Todes führte.

1977, vier Jahre nach Mutters Tod, gründete er in Paris das Institut de Recherches Évolutives, um die vollständige Veröffentlichung der *Agenda* sicherzustellen.

CHRONIK DES WELTGESCHEHENS

1965

2. Januar	Ayub Khan wird zum Präsidenten von Pakistan gewählt. Es sind die ersten Präsidentschaftswahlen des Landes seit der Unabhängigkeit.
4. Januar	Tod von T.S. Eliot.
20. Januar	Amtsbeginn von Lyndon B. Johnson als 36. Präsident der USA.
24. Januar	Chou En-lai schlägt die Gründung einer „Organisation der Vereinten Revolutionären Nationen" vor. Tod von Winston Churchill.
26. Januar	Hindi wird in Indien zur offiziellen Landessprache erklärt. Englisch wird als zusätzliche offizielle Sprache angenommen.
27. Januar	Der Biologe Lysenko wird zum Rücktritt seines Postens als Direktor des Instituts für Genetik der sowjetischen Akademie der Wissenschaften gezwungen.
1. Feb.	Martin Luther King wird zusammen mit 300 schwarzen Demonstranten in Dallas festgenommen.
4. Feb.	De Gaulle befürwortet die Rückkehr zur Goldwährung.
7. Feb.	Amerikanische Flugzeuge bombardieren Nordvietnam als Vergeltung für Angriffe auf amerikanische Gebiete in Südvietnam.
14. Feb.	In einer Warnung an Washington verkündet Peking sein Recht, Hanoi zu helfen.
21. Feb.	Mutter wird 87.
24. Feb.	Mehrere Tausend Studenten demonstrieren in Madrid; die Medizin- und Kunstfakultäten werden geschlossen.
27. Feb.	Quebec und Frankreich unterzeichnen ein Kulturübereinkommen.
7. März	Die BRD schlägt Israel die Aufnahme diplomatischer Beziehungen vor. Heftige Reaktionen seitens der Araber. Die ersten 3500 US-Soldaten landen in Südvietnam.
18. März	Der sowjetische Kosmonaut Alexei Leonov verläßt als erster Mensch sein Raumschiff und schwebt 20 Minuten im Weltraum.
21. März	Martin Luther King führt einen Marsch von 4000 Zivilrechtsdemonstranten von Selma nach Montgomery.
22. März	Studentendemonstrationen und Krawalle in Casablanca.
5. April	Die UdSSR liefert Boden-Luft-Raketen an Nordvietnam.
9. April	Zusammenstöße zwischen indischen und pakistanischen Streitkräften im Kutchgebiet.
10. April	Der Schah von Iran entgeht einem Attentat.
17. April	15 000 Studenten demonstrieren in Washington gegen den Vietnamkrieg.
28. April	US-Marinesoldaten landen in der Dominikanischen Republik.
3. Mai	Die Finanzminister der EG drängen die USA, das internationale Währungssystem zu reformieren. Kambodscha bricht seine diplomatischen Beziehungen zu den USA ab.
6. Mai	Frankreich billigt die von den afro-asiatischen Ländern geforderte Reform der UNO-Charta.

7. Mai	6000 US-Soldaten errichten einen neuen Stützpunkt südlich von Da-Nang. Ian Smith gewinnt die Präsidentschaftswahlen in Rhodesien.
11. Mai	16000 Menschen verlieren ihr Leben in einem Wirbelsturm in Ostpakistan. Die Vietcong besetzen eine 80 km von Saigon entfernte Stadt.
12. Mai	Deutschland nimmt diplomatische Beziehungen zu Israel auf; die arabischen Staaten brechen ihre Beziehungen zu Bonn ab.
14. Mai	China zündet seine zweite Atombombe.
24. Mai	Großbritannien beschließt, innerhalb der nächsten 10 Jahre das metrische System einzuführen.
26. Mai	Der amerikanische Senat gewährt den Schwarzen das Stimmrecht.
30. Mai	Siebzig europäische Geiseln werden von Rebellen im Kongo hingerichtet.
1. Juni	Präsident Johnson verkündet den Rückzug amerikanischer Marinesoldaten von Santa Domingo.
3. Juni	König Hassan von Marokko eignet sich die absolute Macht an.
12. Juni	Die südvietnamesischen Militärs stürzen die Zivilregierung, und General Nguyen Van Thieu wird zum Staatsoberhaupt ernannt.
18. Juni	Marschall Tito besucht die UdSSR.
19. Juni	Präsident Ben Bella von Algerien wird von einem Revolutionsrat unter Oberst Boumedienne abgesetzt.
22. Juni	Erster amerikanischer Luftangriff nördlich von Hanoi.
24. Juni	Südvietnam bricht die diplomatischen Beziehungen zu Frankreich ab.
30. Juni	Indien und Pakistan vereinbaren, die Feindseligkeiten in der Wüste von Kutch einzustellen.
2. Juli	Überfall des Vietcong auf einen Stützpunkt in Da-Nang.
9. Juli	U Thant fordert eine neue Konferenz in Genf über Vietnam.
15. Juli	Die US-Raumsonde Mariner IV, die im November 1964 gestartet wurde, übermittelt Nahaufnahmen des Mars.
16. Juli	Einweihung des Mont-Blanc-Tunnels. Die UdSSR startet fünf Satelliten mit einer einzigen Rakete und bringt den zwölfeinhalb Tonnen schweren Satelliten Proton I in Umlauf.
18. Juli	Die UdSSR startet den Satelliten *Zond-3*, der Aufnahmen von der abgewandten Seite des Mondes übermitteln soll.
19. Juli	André Malraux reist in die Volksrepublik China, wo er Mao Tse-tung einen Brief General de Gaulles übergibt.
26. Juli	Unabhängigkeit der Malediven.
6. Aug.	Präsident Johnson unterzeichnet das Gesetz für das Wahlrecht der Schwarzen.
8. Aug.	Neu Delhi meldet das Eindringen zahlreicher pakistanischer Soldaten in Kaschmir.
11. Aug.	Rassenunruhen in Los Angeles: 34 Tote.
16. Aug.	Die indische Armee überschreitet die Waffenstillstandszone in Kaschmir.

24. Aug.	Indische Truppen überschreiten erneut die von Pakistan besetzte Grenze in Kaschmir.
27. Aug.	Tod von Le Corbusier.
28. Aug.	Offensive des Vietcong im Delta von Mekong.
1. Sept.	Pakistanische Truppen überschreiten die Waffenstillstandslinie in Kaschmir.
6. Sept.	Indische Truppen dringen in Pakistan ein. Karachi bittet die westlichen Verbündeten um Hilfe. Generalmobilmachung in Indien.
12. Sept.	Gespräche zwischen U Thant und den indischen Führungskräften in Neu-Delhi. 20000 US-Soldaten landen in Südvietnam.
16. Sept.	Peking fordert Indien auf, innerhalb von drei Tagen alle seine militärischen Einrichtungen an Chinas Grenze zu Sikkim aufzulösen und sichert Pakistan seine Unterstützung zu.
19. Sept.	Der UNO-Sicherheitsrat ruft Indien und Pakistan auf, die Waffen niederzulegen. Die Russen schlagen eine Zusammenkunft in Taschkent vor.
22. Sept.	Indien und Pakistan geben den Befehl zum Waffenstillstand.
25. Sept.	China erneuert seinen Anspruch auf 90000 km² indischen Territoriums.
29. Sept.	Frankreich stimmt für den Beitritt Chinas in die UNO.
3. Okt.	Fidel Castro verkündet, daß Che Guevara Kuba verlassen -habe, „um den Imperialismus anderswo zu bekämpfen".
4. Okt.	Papst Paul VI. hält eine Rede vor der Versammlung der Vereinten Nationen in New York.
8. Nov.	Die Vereinten Nationen verweigern die Aufnahme Chinas.
9. Nov.	Abschaffung der Todesstrafe in Großbritannien. Ein Stromausfall lähmt für 10 Stunden den Osten der Vereinigten Staaten und einen Teil Kanadas.
11. Nov.	Die Regierung von Ian Smith proklamiert einseitig die Unabhängigkeit Rhodesiens. Großbritannien erklärt das Regime für illegal.
1. Dez.	Washington beschuldigt Peking, seine Hilfe für Hanoi verstärkt zu haben.
7. Dez.	Der Papst wandelt den Namen und die Funktion des Heiligen Amtes um. Die gegenseitige Exkommunikation zwischen der Orthodoxen Kirche und der Römisch-Katholischen Kirche wird aufgehoben.
9. Dez.	Nikolai Podgorny löst Anastas Mikoyan als Präsident der UdSSR ab.
15. Dez.	Die amerikanische Luftwaffe bombardiert Haiphong.
16. Dez.	Tod von Somerset Maugham.
17. Dez.	Großbritannien und die USA verhängen ein Ölembargo gegen Rhodesien.
19. Dez.	General de Gaulle wird mit 55% der Stimmen als Präsident wiedergewählt.
29. Dez.	Der nordvietnamesische Präsident Ho Chi Minh lehnt ein amerikanisches Angebot bedingungsloser Friedensgespräche ab.

Januar

6. Januar 1965

(Über die von Sunil für den 1. Januar 1965 komponierte Musik:)

Seltsam, die europäische Musik, die mir früher vertraut war und die ich bewunderte, erscheint mir jetzt hohl und substanzlos, während hier ein Kontakt mit einem ganz hohen Bereich entsteht: man taucht sofort hinein.

Ja, das stimmt. Als ich seine Musik zum ersten Mal hörte, öffnete sich etwas ganz plötzlich, und ich war mitten in dem mir bekannten Ort, von dem die wahre Harmonie ausgeht – schlagartig.

*
* *

(Etwas später kommt die schwere Operation zur Sprache, die Satprem gerade hinter sich hat:)

… Laß dich nicht von den Leuten verschlingen.

Auch möchte ich ganz so sein, wie du es willst.

Ja, mein Kind. Ich möchte vor allem, daß du friedlich, glücklich und lichtvoll bist und … *(Mutter deutet große Wellen an)* im ewigen Werden lebst – immer in der Empfindung der Ewigkeit. Eben das wünsche ich mir. Denn … die Öffnung nach oben ist vorhanden, du hast sie – sie ist da, und es kommt herab; aber die Störungen von außen sind ermüdend.

Ruh dich aus, und damit meine ich: Laß dich in die ewige Bewegung fließen, ohne dich zu verkrampfen, ohne dir zu sagen: „Ich muß dieses und das und jenes tun …"

Laß dich nicht von den Leuten belästigen. Ich habe Sujata gesagt …

9. Januar 1965

… Es muß dir gesundheitlich besser gehen, mein Kind.

Ich kann nur sagen, daß ein unerbittlicher Widerstand gegen die Herabkunft der Wahrheit wütet. Diese Herabkunft ist völlig konkret und offensichtlich, und alles, was nicht einwilligt, widersetzt sich mit schrecklicher Unerbittlichkeit – das kann nicht andauern. Aber wir müssen durchhalten, darum geht es.

Für mich findet in jeder Minute ein Kampf mit dem Negativsten im Leben und im irdischen Bewußtsein statt, mit dem, was sich WEIGERT, die mögliche Existenz einer Göttlichkeit anzuerkennen. Mit anderen Worten, die materialistische Einstellung in ihrem unnachgiebigsten, finstersten Aspekt.

Nur ... Für das Bewußtsein dort oben und selbst für das mentale Bewußtsein hat es keine Konsequenzen (ich meine damit, daß die Unerbittlichkeit des Kampfes nichts ändert, das Bewußtsein beobachtet das Phänomen lediglich), während der arme Körper die Schläge einstecken muß.

Hauptsache, er hält durch.

Deshalb sollen wir nur das Nötigste tun, um das Gleichgewicht aufrechtzuerhalten: Völlige Tatenlosigkeit würde nicht helfen, aber die anstrengende Bemühung zu handeln ist auch schlecht. Arbeite also nicht zu viel, triff vor allem keine Leute.

12. Januar 1965

(Über ein altes Entretien vom 8. März 1951, in dem Mutter das Wesen beschrieb, von dem Hitler besessen war und das ihn „führte": „Hitler stand mit einem Wesen in Kontakt, das er für den Höchsten hielt. Dieses Wesen erschien ihm, gab ihm Ratschläge und trug ihm alles auf, was er tun sollte. Hitler zog sich oft in die Einsamkeit zurück und verblieb dort solange, wie es nötig war, um in Kontakt mit seinem „Führer" zu kommen und von ihm Inspirationen zu empfangen, die er daraufhin getreulich zur Ausführung brachte. Dieses Wesen, das Hitler für den Höchsten hielt, war ganz einfach ein Asura, den man im Okkultismus „den Herrn der Lüge" nennt. Dieses Wesen ernannte sich selbst zum „Herrn der Nationen". Es hatte eine glänzende Erscheinung und konnte jeden hinters Licht führen, der kein wirkliches okkultes Wissen besaß und nicht hinter die Erscheinungen zu blicken

vermochte. Es hätte jeden täuschen können, so strahlend war es. Gewöhnlich erschien es Hitler in einer Rüstung mit einem silbernen Helm, mit einer Art Flamme, die aus seinem Kopf trat, und es umhüllte sich mit einer Atmosphäre blendenden Lichts, so blendend, daß Hitler es kaum anschauen konnte. Es trug ihm alles auf, was er tun sollte – es spielte mit ihm wie mit einem Affen oder einer Maus. Es hatte sich fest vorgenommen, ihn alle möglichen Narreteien ausführen zu lassen ... bis zu dem Tag, an dem er sich das Genick brechen würde, was dann auch eintrat. Aber es gibt viele solche Fälle, allerdings in einem kleineren Maßstab. Hitler war ein sehr gutes Medium, er hatte große mediale Fähigkeiten, aber es mangelte ihm an Intelligenz und Unterscheidungsvermögen. Dieses Wesen konnte ihm alles Beliebige sagen, und er schluckte alles. Es drängte ihn Schritt für Schritt. Dieses Wesen handelte wie zum Spaß, es nahm das Leben nicht ernst. Für solche Wesen sind die Menschen unbedeutende kleine Dinge, mit denen man spielen kann, wie eine Katze mit der Maus spielt, bis man sie eines Tages auffrißt.")

Ich kannte das Wesen sehr gut (aus anderen Gründen ... es wäre zu lang, das zu erzählen). Einmal wußte ich, daß es zu Hitler gehen wollte – ich kam ihm zuvor: Ich nahm seine Erscheinung an, das war sehr leicht. Dann sagte ich Hitler: „Geh und greife Rußland an!" Ich erinnere mich nicht mehr an die genauen Worte und Details, aber Tatsache ist, daß ich ihm sagte: „Geh ... um den höchsten Sieg davonzutragen, geh und greife Rußland an!" Das war Hitlers Ende. Er glaubte es und führte es aus – zwei Tage später bekamen wir die Nachricht des Angriffs[1]. Am nächsten Morgen, das heißt, als ich von meiner Begegnung mit Hitler zurückkam, traf ich das Wesen und sagte ihm: „Ich habe deine Arbeit getan!" Natürlich war es wütend.

Trotz allem bestand in meinem Bewußtsein eine sehr tiefe Beziehung mit diesem Wesen, dem Herrn der Lüge – schließlich ist er einer der vier ersten Emanationen. Er sagte mir: „Ich weiß wohl, daß ich letztlich unterliegen werde, aber vor meinem Ende werde ich so viel Zerstörung auf der Erde anrichten, wie ich nur kann."

Dann erreichte uns am nächsten Tag, wie ich dir sagte, die Nachricht des Angriffs, und das war wirklich Hitlers Ende.

---

1. Die Blitzoffensive vom 22. Juni 1941.

Sri Aurobindo ... (du kennst den Ort ihrer Niederlage in Rußland[1]), Sri Aurobindo hatte es vorausgesehen und die Nacht vorher gearbeitet, so geschah es – wir kannten ALLE DETAILS.

Wir sprachen zwar niemals über all das, aber es vollzog sich mit perfekter Präzision.

Dieses Wesen kannte ich, ich hatte es schon in Japan gesehen – es nannte sich „der Herr der Nationen". Es ist wahrhaftig eine Form des Asuras der Lüge, d.h. die Wahrheit, die zur Lüge wurde: die erste Emanation der Wahrheit, die zur Lüge wurde.

Es ist noch nicht vernichtet worden.

*
* *

Mutter geht über zur Vorbereitung
des Aphorismus für das nächste Bulletin:

> 108 – Als er die Taten Janakas[2] beobachtete, hielt ihn sogar Narada, der göttliche Weise[3], für einen dem Luxus hingegebenen Welt- und Lebemann. Wie willst du sagen, ob ein Mensch frei ist oder ein Sklave, wenn du die Seele nicht sehen kannst?

Das gibt zu allerlei Fragen Anlaß. Wie kommt es zum Beispiel, daß Narada die Seele nicht sehen konnte?

Für mich ist das sehr einfach. Narada war ja ein Halbgott, er gehörte der übermentalen Welt an, verfügte aber auch über die Möglichkeit, sich zu materialisieren – diese Wesen haben kein Psychisches. Die Götter tragen nicht den göttlichen Funken des psychischen Zentrums in sich, denn nur AUF DER ERDE (ich spreche nicht einmal vom materiellen Universum), nur auf der Erde fand diese Herabkunft der göttlichen Liebe statt, die den Ursprung der göttlichen Gegenwart innerhalb der Materie bildet. Da sie selber kein psychisches Wesen besitzen, wissen sie natürlich nichts davon und kennen es nicht. Manche dieser Wesen wollten sogar einen physischen Körper annehmen, um die Erfahrung des psychischen Wesens zu haben – aber nicht viele.

Gewöhnlich taten sie es nur teilweise, durch eine „Emanation", keinen totalen Herabstieg. Es wird zum Beispiel gesagt, daß Vivekananda

---

1. Stalingrad, am 2. Februar 1943.
2. *Janaka*: der König von Mithila zur Zeit der Upanischaden, berühmt für sein spirituelles Wissen und seine göttliche Realisation, obwohl er ein gewöhnliches weltliches Leben führte.
3. *Narada*: ein wandernder Heiliger, der die *vina* spielte. Unsterblich wie die Götter, erscheint er auf der Erde, wann immer er will. Er wird schon zur Zeit der Upanischaden erwähnt.

eine Inkarnation (ein *vibhuti*) von Shiva war; aber Shiva selbst ... Ich hatte eine sehr enge Beziehung zu ihm, und er gab seinen klaren Willen kund, erst in der supramentalen Welt auf die Erde zu kommen. Wenn die Erde für das supramentale Leben bereit ist, wird er kommen. Fast alle diese Wesen werden sich dann manifestieren – sie warten auf den Moment, ihnen widerstrebt der Kampf in der jetzigen Obskurität.

Sicherlich gehörte Narada zu jenen, die hierherkamen ... Im Grunde war es ein Zeitvertreib für ihn. Er spielte viel mit den Umständen. Aber er wußte nichts vom psychischen Wesen, und das muß ihn daran gehindert haben, die Gegenwart des psychischen Wesens zu erkennen.

Aber all diese Dinge lassen sich nicht erklären: Es sind persönliche Erfahrungen. Dieses Wissen ist nicht objektiv genug, um gelehrt werden zu können. Es ergab sich aus meiner Beziehung zu all diesen Wesen und dem Austausch mit ihnen – ich kannte sie, noch bevor ich die hinduistische Tradition kennenlernte. Aber man kann nichts über ein Phänomen sagen, das von einer persönlichen Erfahrung abhängt, die nur für denjenigen einen Wert hat, der die Erfahrung hat. Jeder hat schließlich das Recht zu sagen: „IHR mögt so denken, denn IHR hattet diese Erfahrung, aber sie ist nur für euch von Wert." Das ist völlig wahr.

Was Sri Aurobindo sagt, gründet sich auf der traditionellen indischen Lehre, und er erklärt, was mit seiner eigenen Erfahrung in Einklang steht, aber er stützte sich dabei auf eine Lehre und ein Wissen, die ich nicht habe.

Ich kann nur wiederholen, was er sagt.

Man könnte sich fragen: Wie kann man die Seele sehen? Um die Seele zu sehen, muß man seine eigene Seele kennen.

Ja, um mit der Seele in Beziehung zu stehen, das heißt, mit dem psychischen Wesen, muß man selbst ein psychisches Wesen in sich tragen, und nur die Menschen – die Menschen der Evolution, die aus der Schöpfung der Erde hervorgegangen sind – besitzen ein psychisches Wesen.

Alle diese Götter haben kein psychisches Wesen, nur beim Herabstieg, durch die Vereinigung mit dem psychischen Wesen eines Menschen können sie es erlangen, aber sie selbst haben es nicht.

*
* *

(Etwas später ist die Rede von Satprems Krankheit. Seit seiner Operation – als Folge einer komplizierten Bauchfellentzündung – wird er von heftigen Fieberanfällen und Ohnmachtsanfällen

heimgesucht, als ob das Herz aussetzte. Trotzdem steht er täglich auf und arbeitet. Leider mußte diese Agenda wieder für mehr als einen Monat unterbrochen werden, als er ins Krankenhaus von Vellore, das 200 km von Pondicherry entfernt liegt, gebracht werden mußte.)

... Du mußt dich völlig darüber erheben *(Mutter berührt ihre Stirn)*, in die Freiheit, weißt du *(Geste eines Aufbrechens nach oben)*, dann hätte ich dir einige Dinge zu sagen, schöne Dinge, die ich dir aber nur sagen kann, wenn du fühlst, daß du ... über der Situation stehst.

Es wird kommen.

Ich bin mir durchaus im klaren, daß dein Zustand sehr unangenehm ist[1], ich mache mir da keine Illusionen, aber dein Fortschritt wird dadurch beschleunigt.

Na ja.

Die Hauptsache ist: durchhalten. Um durchhalten zu können, fand ich nur ein Mittel, und zwar die Ruhe – die innere Ruhe –, eine Ruhe, die sich um so vollkommener einstellen muß, je materieller der Kampf ist.

In letzter Zeit (besonders seit dem 1. Januar) wurden wir regelrecht von feindlichen Kräften bombardiert – ein Toben, weißt du. Da muß man diese Haltung einnehmen *(Mutter wird reglos, wie eine Statue)*, das ist alles. Wenn man physisch erschüttert wurde, darf man nicht zuviel vom Körper verlangen, man muß ihm viel Ruhe gönnen, damit er sich erholen kann.

Mir macht es zu schaffen, daß ich so sehr vom Körper in Anspruch genommen werde. Er absorbiert mich, er beansprucht einen großen Teil meines Bewußtseins. Das physische Mental zum Beispiel nimmt mich völlig in Beschlag.

Ja, ich weiß wohl! Aber das ist immer schwierig, für alle. Deshalb wurde einem früher stets gesagt: „Laßt es einfach dahinplätschern – setzt euch darüber hinweg!" Wir haben jedoch kein Recht, dies zu tun, es steht im Widerspruch zu unserer Arbeit. Und ... weißt du, ich hatte eine fast absolute Freiheit in bezug auf meinen Körper erlangt, so daß ich nichts mehr spüren mußte, nichts; aber stell dir vor, ich habe nicht einmal mehr das Recht, den Körper zu verlassen! Selbst wenn es mir ziemlich schlecht geht oder die Dinge recht schwierig stehen, oder wenn ich einigermaßen Ruhe habe (das heißt in der Nacht) und mir sage: „Ach, könnte ich doch in meine Glückseligkeit gehen ...", ist

---

1. Tatsächlich handelt es sich um eine Tuberkulose.

es mir nicht erlaubt. Ich bin daran gebunden *(Mutter berührt ihren Körper)*. HIER muß es realisiert werden, genau hier.

Aus diesem Grund.

Nur von Zeit zu Zeit und für eine präzise Aktion kommt die einstige große Macht, die ständig spürbar war. Manchmal kommt sie wie ein Blitz, manchmal nur für einige Minuten, brrm! verrichtet sie ihre Arbeit und verschwindet wieder. ABER NIEMALS FÜR DEN KÖRPER. Niemals. Sie tut nichts für den Körper – kein höheres Eingreifen wird ihn verändern, sondern ... es kommt von innen.

Aufgrund deines Wissens, aufgrund dessen, was du gesehen hast, aufgrund deines Kontaktes mit Sri Aurobindo und mit mir, stößt dir dasselbe zu, und das verursacht die Schwierigkeit. Deshalb sage ich dir: „Es macht nichts, mach dir keine Sorgen, wenn dein Körper dich in Beschlag nimmt! Versuche nur, dies zu deinem VORTEIL zu verwenden, nütze es, um den Frieden in den Körper zu bringen, den Frieden ..." Ständig hülle ich dich wie in einen Kokon des Friedens. Du mußt es nur schaffen, Frieden in dieses stets vibrierende Mental zu bringen, das ständig in Bewegung ist (wirklich wie ein Affe) ... einen Frieden, der nicht vom höheren Mental kommt, sondern DIREKT in der materiellen Schwingung wirkt – ein Friede, in dem sich alles entspannt.

Nicht denken – nicht daran denken, das physische Mental transformieren zu wollen: weder es zum Schweigen bringen noch es abschaffen wollen: all das ist noch Aktivität. Es einfach seinen Lauf nehmen lassen, aber ... den Frieden hineinbringen, den Frieden spüren, den Frieden leben, den Frieden kennen – den Frieden, den Frieden, den Frieden.

Das läßt das Fieber augenblicklich fallen – fast augenblicklich.

Es ist das einzige.

Die Leute, die Briefe, alle die Dinge, die von außen kommen, bringen natürlich denselben Aufruhr – du mußt das soweit als möglich einschränken.

Sujata ist sehr friedlich, der Kontakt mit ihr ist gut.

16. Januar 1965

(von Mutter an Satprem)

Samstag abend

Satprem, mein liebes Kind,
Mittags sprach ich mit dem Arzt über Dich, der mir deinen Fall erklärte und mir sagte, was zu tun sei.

Er überzeugte mich, und ich glaube, es ist der schnellste Weg für eine radikale Heilung. Betrachte diese Woche[1] als eine Übung für den „inneren Kontakt".

Natürlich bin ich mit Dir im Licht und in der Liebe.

Mutter

24. Januar 1965

(Von Mutter an Satprem im Krankenhaus. Alle seine Briefe von Vellore sind unglücklicherweise mit den anderen zusammen verschwunden. Er schrieb Mutter mit der Bitte um ein Mantra, da er ja die traditionelle tantrische Disziplin aufgegeben hatte.)

24.1.65

Satprem,
Hier ist Ganesh, der tanzt, damit du SCHNELL geheilt wirst.

In Zärtlichkeit,

Mutter

---

1. Diese „Woche" im Krankenhaus von Vellore sollte mehr als einen Monat dauern. Mutters Brief drückte Satprem nieder, da er nicht an die Medizin glaubte; er nahm dies Mutter sehr übel, ohne zu verstehen, daß sie damit vielleicht andere „erzieherische" Absichten verfolgte. Tatsächlich verbrachte Satprem seine Zeit in Vellore nicht damit, gegen die angebliche „Krankheit" zu kämpfen, sondern gegen die schreckliche Atmosphäre und Suggestion des Todes, die das Krankenhaus wie ein medizinisches Auschwitz erfüllte.

P.S. Ich verstand deine Bitte und habe Dir ein Mantra gesandt, das mit OM beginnt. Ich möchte, daß Du es in Dir hörst.
Versuch es.

     Mit meiner Liebe,

                Mutter

31. Januar 1965

    (Von Mutter an Sujata)

Sujata, mein liebes Kind,
Ich bin immer bei Dir und auch bei Satprem. Seid ruhig und vertrauensvoll, alles wird gut werden.

     Mit all meiner Zärtlichkeit,

                Mutter

Lernt – Satprem und Du –, meine Gegenwart KONKRET in Eurem Herzen zu spüren. Es ist eine wunderbare Gelegenheit, diesen Fortschritt zu machen.

Februar

4. Februar 1965

(Von Mutter an Satprem im Krankenhaus)

4.2.65

Satprem, mein liebes Kind,

Dein Mental ist noch zu kritisch, zu sehr auf die traditionelle oder klassische Genauigkeit bedacht. Deshalb hast Du das Mantra nicht empfangen. Aber mach Dir keine Sorgen, nach Deiner Rückkehr gebe ich es Dir mündlich.

Ruhe Dich inzwischen friedlich im Ewigen aus.

Mit Dir in Liebe und tiefer Freude.

Mutter

19. Februar 1965

(Das Mantra betreffend, das Satprem im Krankenhaus erbeten hatte, aber nicht empfangen konnte.)

Das Mantra ... Hast du meine Notiz erhalten?... Während ich beim Japa auf und ab schritt, sandte ich es dir mehrere Male mit Nachdruck.

In Wahrheit möchte ich dir ein schönes Geschenk machen. Nur, damit es wirklich ein schönes Geschenk ist, darf das Mental in keiner Weise eingreifen; sonst kann ich dir mit den Worten nicht die Kraft übermitteln.

Es ist eine Kraft, die von Jahr zu Jahr wächst. Bis jetzt behielt ich es ausschließlich für mich; als du mich aber fragtest, überlegte ich, ob ich etwas Geeignetes für dich hätte, und ich erhielt sozusagen den Hinweis, dir meins zu geben. Aber, verstehst du, dafür ... muß es in vollkommenem Schweigen empfangen werden, damit das Wachsen der Macht und der Kraft nicht gebremst wird.

Die Worte müssen dir bekannt sein, denn wir haben ja gelegentlich darüber gesprochen; aber das ist nicht von Bedeutung. Ich hatte gesagt ... *(Mutter wendet sich Sujata zu:)* du, Sujata, hörst zu,[1] aber du bewahrst es in deinem schweigenden Herzen, nicht wahr? Nichts darf herausdringen.

(Zu Satprem:) Rück deinen Stuhl heran, bleib nah bei mir und sei ganz ruhig ... Ich erklärte dir das Mantra mehrere Male, und eines Tages schrieb ich die Erklärung schließlich auf. Es kam nämlich wieder und wieder, und so dachte ich, dies sei ein Zeichen für mich, es mir zu notieren *(Mutter holt ein Papier)*. Ich schrieb folgendes:

> Das erste Wort steht für ...

Ich schreibe „steht für", denn das Wort ist immer eine symbolische Darstellung von etwas, das weit über das Wort hinausreicht. Es ist eines der Dinge, die man fühlen muß: Es ist wie ein Kontaktmittel. Ein Kontaktmittel, das man mit der Zeit immer wirksamer macht, zuerst durch die Aufrichtigkeit der Konzentration und der Aspiration, dann durch den Gebrauch, durch die Anwendung, wobei man immer darauf achtet, den Kontakt mit dem, was darüber hinausgeht, zu bewahren. So entsteht eine Konzentration, als ob sich das Wort mit Kraft aufladen würde, immer mehr, wie eine Batterie, aber eine Batterie, die sich unbegrenzt aufladen kann. Deshalb schrieb ich (so schien es mir am genauesten): „Das erste Wort steht für". Es steht für:

> die höchste Anrufung ...

Nämlich das Höchste, das man in der Aspiration und der Anrufung erreichen kann – das Reinste und Höchste. „Das Reinste" soll heißen: ausschließlich unter dem Einfluß des Göttlichen stehend. So schrieb ich:

> die höchste Anrufung
> die Anrufung des Höchsten.

Mit dem ersten Wort ruft man den Höchsten in allem, was man je erreichen kann und wird. Es soll ein fortschreitendes Wort sein.

> Das zweite Wort steht für:
> die totale Hingabe seiner selbst ...

Man ruft und gibt sich dann total hin.

> die vollkommene Unterwerfung.

---

1. Seit Satprems Krankheit begleitete ihn Sujata stets zu Mutter, denn er war nicht mehr imstande, das Tonbandgerät zu tragen. Fortan nahm Sujata an allen Gesprächen teil.

Die vollkommene Unterwerfung in allen Stufen des Wesens. Es geschieht fortschreitend, durch jahrelange Wiederholung, aber wenn man das Wort ausspricht, muß es folgendes repräsentieren: die totale Hingabe seiner selbst an ... dieses Höchste, das natürlich alle Begriffe übersteigt. Vollkommene Unterwerfung bedeutet spontane Unterwerfung, die weder Anstrengung noch sonst etwas erfordert – die Unterwerfung muß völlig spontan sein. Auch das erreicht man allmählich. Deshalb sagte ich, das Mantra sei fortschreitend, in dem Sinne, daß es sich mehr und mehr vervollkommnet.

Das dritte Wort steht für:
die Aspiration ...

Es ist nicht genau das, was man erbittet, sondern ...
Aspiration ist wirklich das einzige Wort. Es ist unendlich mehr als hoffen: die Gewißheit, daß es so sein wird, aber gleichzeitig vergißt man niemals, daß man wirklich nur DAS will. Ich füge hinzu:

was die Manifestation ...

Es ist wirklich die physische, irdische Manifestation; gegenwärtig bildet sie den Gegenstand unserer Betrachtung, aber sie ist der Anfang von etwas anderem. Für den Augenblick sagen wir also:

das, was die Manifestation
werden soll ...

Was diese irdische Manifestation werden soll:

Göttlich.

In das Wort „Göttlich" legt man den ganzen Gedankengehalt, den man in das Wort „Höchste" legte.

Schon zu Beginn sagte ich, daß jede mentale Aktivität die Macht vermindert; es muß die Begeisterung des ganzen Wesens sein, mit möglichst wenig Denken darin.

Ich kann dir das geben *(Mutter reicht Satprem ihre Notiz)*. Du kannst sie aufheben.

Du kennst die drei Worte ...

(lange Konzentration)

OM ...

Om — namo — bhagavate.

Das erste Wort steht für:
> die höchste Anrufung,
> die Anrufung des Höchsten.

Das zweite Wort steht für:
> die totale Hingabe seiner selbst
> die vollkommene Unterwerfung.

Das dritte Wort steht für:
> die Aspiration
> das, was die Manifestation
> werden soll: Göttlich.

*
* *

(Etwas später ist die Rede von den Ereignissen während Satprems Abwesenheit: Am 11. Februar war der Ashram von Unruhestiftern angegriffen worden, mehrere Gebäude waren geplündert und in Brand gesteckt worden.)

Hast du nichts zu fragen, nichts zu sagen?

Seit ein, zwei Monaten hat sich vieles ereignet ...

Am Abend des Angriffs, am 11., etwa gegen sieben Uhr abends, hatte ich zum ersten Mal konkret und total das PHYSISCHE Bewußtsein der Erde. Mir wurde ein BewußtseinsZUSTAND gegeben, der Bewußtseinszustand der Erde. Das physische Bewußtsein des Körpers existierte nicht mehr: es war das PHYSISCHE Bewußtsein der Erde. Dieses physische Bewußtsein der Erde war konzentriert, seine Aufmerksamkeit war auf diesen kleinen Punkt von Pondicherry konzentriert – der winzig kleine Punkt von Pondicherry. Es wurde ... nicht wirklich von hoch oben, aber als etwas überaus Winziges gesehen *(Geste von etwas Mikroskopischem)*, mit einer peinlichen Genauigkeit, die bis zum geringsten Bestandteil reichte. Dieses physische Bewußtsein der Erde war das Bewußtsein der PHYSISCHEN WAHRHEIT der Erde – das physische Wahrheitsbewußtsein der Erde; um genau zu sein, die Schwingungsqualität der Wahrheit im physischen Bewußtsein der Erde.

Die Vision, die Wahrnehmung (es war wie eine Wahrnehmung) erfolgte nicht eigentlich von sehr weit, denn sie war von mikroskopischer Genauigkeit, aber es war ... (wie soll ich sagen?) ein Gegenstand der Beobachtung. Gerade dann geriet alles in Brand, es hagelte Hunderte von Bruchsteinen gegen alle Fenster und Türen (keine Kieselsteine: richtige Felsbrocken, alle unsere Fenster und Türen wurden beschädigt), ein infernalischer Lärm: eine Bande von mehreren Hundert betrunkenen Leuten brüllte, Schreie von allen Seiten, ein Bombardement von Steinen, und die Flammen stiegen bis zum Himmel – der ganze Himmel war rot. Ich sah das ... (ich saß einfach an meinem Tisch; als der Angriff begann, aß ich gerade zu abend, und kurz bevor es anfing, setzte diese Erfahrung ein, dieses Bewußtsein; ich war nicht mehr dieser Körper, sondern die Erde – das physische Wahrheitsbewußtsein der Erde, um genau zu sein – mit einem solchen Frieden! einer Un-be-weg-lich-keit, die man physisch gar nicht kennt) ... All das erschien mir wie eine absolute Lüge, ohne das geringste Element von Wahrheit dahinter. Gleichzeitig hatte ich eine mikroskopische Wahrnehmung (völlig präzise und genau) aller Punkte der Lüge IN DER ATMOSPHÄRE DES ASHRAMS, die den Kontakt zustandekommen ließen.

Wäre dieses Bewußtsein, das in mir war, kollektiv gewesen – wäre es kollektiv empfangen worden –, HÄTTE UNS NICHTS BERÜHREN KÖNNEN: die Steine wären geschleudert worden, hätten uns aber nicht berührt. Zum Beispiel wurde ein Stein (ein Brocken) gegen mein Fenster geworfen; er prallte ab und fiel auf das Dach (und hinterließ sogar ein Leck, das ausgebessert werden mußte). Im selben Augenblick sah ich die exakte Vibration der Lüge im Bewußtsein der anwesenden Leute, die es zuließ, daß der Stein dort auftraf; ZUR SELBEN ZEIT, gleichzeitig (es läßt sich nicht sagen, aber es war gleichzeitig), sah ich überall, in der ganzen Stadt und besonders hier im Ashram, alle Punkte: die exakte Vibration der Lüge in jedem oder in jeder Sache, die den Kontakt erst ermöglichte.

Die Erfahrung begann kurz nach sieben Uhr, um zehn nach sieben, und sie dauerte bis ein Uhr morgens.

Um ein Uhr mußte ich mich einer anderen Arbeit zuwenden, denn einer unserer Jungen, T (dieser Junge hat die Veranlagung zu einem Helden), rettete fast alleine die Klinik, aber das trug ihm einen Schädelbruch ein. Im ersten Augenblick glaubte man, es sei zu Ende mit ihm. Man brachte mir die Nachricht, und als die Nachricht eintraf, fühlte ich, wie die andere Erfahrung zurückwich. Ich wurde die universelle Mutter mit der ganzen Macht der universellen Mutter, T wurde so klein *(Geste von etwas Winzigem in Mutters Hand),* und ich hielt ihn in meinen Händen, aber er war ganz strahlend, leuchtend – und ich wiegte ihn in meinen Armen, indem ich ihm sagte: „Mein Kleiner, mein ganz Kleiner, mein lieber Kleiner ..." mehrere Stunden auf diese Art.

Ich denke, dadurch wurde er gerettet. Denn der Schädel war eingeschlagen, er war eingedrückt, das Gehirn wäre um ein Haar verletzt worden – das eingedrungene Stück steckte im Schädel, man mußte operieren, aufschneiden und es entfernen. So wird er es schaffen. Ich weiß, daß er dadurch gerettet wurde.

Aber die andere Erfahrung hatte von sieben bis ein Uhr morgens gedauert, als diese Arbeit nötig wurde. KEIN EINZIGER GEDANKE im Kopf, kein Gedanke – nichts, ein totales Schweigen. Und so blieb es bis zum nächsten Morgen.

Nachher kam mein gewöhnliches Bewußtsein, das dir bekannt ist, zurück, aber mit einer sehr klar gewordenen Wahrnehmung der Bewegungen: die Bewegungen der Atmosphäre, der Gedankenformationen, der vitalen Möglichkeiten ... All das wurde sehr klar.

Mit einem absolut unfehlbaren Bewußtsein, denn es gibt andere Details ... Seit drei Tagen war Kali zornig, weil die Dinge auf der Erde sich nicht so abspielten, wie sie sollten, besonders bei den Leuten, deren Aufgabe es ist, die neue Welt vorzubereiten. Sie war ... sie war wirklich in Raserei. Überall sah sie Fehler, und das verursachte eine so machtvolle Vibration in der Atmosphäre, als wolle sie ihren Tanz beginnen; ich sagte ihr: „Beruhige dich, beruhige dich!..." (An dem Tag erschien sie hier um elf Uhr, sie kam und beschwerte sich über dieses und jenes, die Fehler der Regierung, in der Stadt, im Ashram, hier und dort – sie sah alles), ich wollte sie beruhigen, was aber nicht gelang. Als ich schließlich merkte, daß es kein Mittel gab, sagte ich zum Herrn: „Ich bitte Dich, kümmere Du Dich um sie und tue das Nötige!" – ich entledigte mich der Verantwortung und übergab sie Ihm. Am selben Abend begann der Angriff, und ich sah sie tanzen. Da dachte ich: Wir hatten wirklich etwas zu lernen! Ich sah es, ich hatte diese Erfahrung, und ich WEISS jetzt (ich weiß es auf sichere, absolute und unvergeßliche Weise), welcher Beschaffenheit die Schwingung der Wahrheit im Physischen ist, in welchem Zustand das Physische sein muß, um auf die Wahrheit zu reagieren – um die Wahrheit ZU SEIN. Jetzt weiß ich es. Somit habe auch ich meine Lektion gelernt. Alle lernten etwas, und ich hoffe, daß man es nicht vergißt.

Heute morgen (das ist recht interessant) erhielt ich einen Brief von R, in dem er mir mitteilte: „An jenem Abend hatte ich eine außergewöhnliche Erfahrung, aber jetzt beginnt es mir wie eine Unmöglichkeit zu erscheinen, wie etwas Irreales ..." Genau in dem Augenblick, als ich die Erfahrung hatte und er die Nachricht vom Angriff erfuhr, war seine erste Reaktion die der menschlichen Furcht, seine Hände wurden kalt usw., aber er setzte sich auf, riß sich zusammen und rief mich innerlich; da fühlte er einen Frieden von oben herabsteigen, wie er ihn noch nie vorher erfahren hatte, er erfüllte sein ganzes Wesen, erfaßte ihn vollkommen und währte ... ich weiß nicht, ich glaube, er sagte bis elf Uhr abends – es dauerte lange. Zuweilen hatte er so etwas schon in kleinem Ausmaß erlebt, aber niemals war es so gewesen: es stieg in ihn herab und ergriff ihn gänzlich. Er sagte: „Ich konnte mich bewegen: es war DA, es rührte sich nicht, es war in mir." Da dachte ich: „Endlich! Jemand fühlte es! Wenigstens einer, der es fühlte."

In dem Augenblick sah ich sehr deutlich, in welchen Leuten etwas auf die Vibrationen der Lüge ansprach: diese Art Bewegung, die in der Materie ein Zittern verursacht. Somit kenne ich die Leute. Aber ich muß sagen, es gibt hier einen, der die wahre physische Vibration hatte (ich wußte es seit langer Zeit, aber nun habe ich einen konkreten Beweis dafür), nämlich P, und niemand kann es verstehen, niemand kann es wissen, aber ich wußte es: physisch keine Reaktion, so *(unbewegliche Geste)*. Ich bat ihn, sich um die Verteidigung zu kümmern und alles zu organisieren.

Niemand kann es wissen, das Mental kann diese Dinge nicht verstehen (ich wußte es seit vielen Jahren), denn die Leute sehen nur Äußerlichkeiten, die äußere Form, die äußeren Bewegungen, die äußeren Reaktionen, aber die innere Möglichkeit sehen sie nicht. Jedenfalls bat ich ihn sofort, sich um die Verteidigung zu kümmern (er hatte übrigens schon damit begonnen, ohne mich zu fragen), ich sagte allen: „Tut, was er euch sagt." Er organisierte alles. Etwas, das so ist *(Geste mit unerschütterlich geschlossenen Fäusten)*, das sich PHYSISCH NICHT BEWEGT. Mental ist das ein Leichtes.

Es wirkt wie ein physischer Magnet für die wahren physischen Schwingungen. Dies geschieht nicht durch das Mental, nicht durch die Intelligenz, nicht einmal durch das Vital, nein, es ist physisch, eine Art Magnet, der die physische Wahrheit anzieht.

*
* *

Beim Weggehen erwähnt Mutter Satprems Krankheit:

Du weißt, daß die wahre Schwingung alles heilen könnte. Nur ...
Die einzige Reaktion auf alle diese Dinge ist, den Frieden anzuziehen. Jetzt habe ich ihn erfaßt. Wenn du dich mir anschließt ...

Gib mir deine Hand!...

24. Februar 1965

Mutter kommt auf die Ereignisse vom 11. Februar zurück:

Nur wenige Tage vor dem Ereignis schrieb ich etwas *(Mutter holt eine Notiz)*:

„Die Menschheit duldet und akzeptiert
die Existenz höherer Wesen nur,
wenn sie zu ihren Diensten stehen."

Als ich dies sagte (auf englisch), war es eine so starke Erfahrung, und ein oder zwei Tage später kam es zum Angriff.

*
* *

(Über die Erfahrung der Schwingung der Wahrheit in der physischen Welt am Abend des 11. Februars:)

... Ich sah den ganzen Unterschied zwischen dieser Schwingung, die nicht den geringsten Kontakt mit der Formation der Lüge und Gewalttätigkeit hatte, und dann dieses innere Vibrieren, das natürlich automatisch den Kontakt herstellte und zuließ, daß diese Manifestation der Lüge sich auswirken konnte.

Die Kraft der Kali kam. Aber es geht gut, genau das wollte sie ja; sie fand, daß wir ein wenig zu schläfrig wurden!

*
* *

Etwas später

Oh, wenn du dich amüsieren willst, ich habe einen Brief von Alexandra David-Neel erhalten ... Du weißt, daß wir in Briefwechsel standen. Sie war die „große Beschützerin" der tibetanischen Lamas (einer von ihnen war ihr „Sohn", und er starb dort, so fühlte sie sich sehr allein). Ich hatte ihr gesagt, daß man uns mit den Tibetanern in Kontakt gebracht hatte *(Mutter hatte seit der Besetzung Tibets mehrere von ihnen aufgenommen)*, und ich fragte sie, warum sie nicht einen anderen zu sich nähme (denn sie schrieb mir in dieser Angelegenheit). Ich fügte hinzu, daß sie sicherlich sehr glücklich wären, ihr zu dienen, als Ausdruck des Dankes für den großen intellektuellen Fortschritt, den sie in ihrer Nähe machen konnten – das vergab sie mir nie! Niemals verzieh sie mir, daß ich „intellektuell" anstelle von „spirituell" schrieb (ich halte sie für außerstande, irgend jemandem zu einem spirituellen Fortschritt zu verhelfen, während sie auf intellektuellem Gebiet ein As ist). Seit jenem Augenblick: keine Briefe mehr, nichts. Anderntags erhalte ich einen Brief, in dem sie mir sagt *(Mutter ahmt den spöttischen Ton des Briefes nach)*: „Liebe Freundin von einst, ich höre von dem Angriff auf den Ashram ..." (du hättest den Brief lesen sollen, er ist fabelhaft!), „ich hoffe, daß Ihnen nichts Übles zugestoßen ist; aber jetzt, da die Unverwundbarkeit des Ashrams zerstört ist, könnten sich die Angriffe wiederholen; ich nehme also an, Sie werden Pondicherry verlassen ..."[1] *(Mutter lacht)* Ich schrieb ihr einfach: „Liebe Freundin für immer *(lachend)*, beunruhigen Sie sich nicht, alles geht gut. Über den Kräften der Zerstörung steht die göttliche Gnade, die schützt und die Dinge zurechtrückt", und ich schrieb einfach: „herzlichste Grüße." Dem Brief fügte ich die Botschaft vom 21. bei.[2]

Diese Frau verzehrt sich selbst. Bei jeder Gelegenheit sprach ich zu ihr von Buddhas Liebe; ich sagte ihr: „Buddha war doch voller Liebe!" Das brachte sie zum Kochen.

Nun gut.

*
* *

Etwas später

Hast du meine Antwort im letzten *Bulletin* gelesen? *(Mutter reicht Satprem den Text)*

> „Diejenigen, die dem Licht der Wahrheit helfen wollen, über die Kräfte der Dunkelheit und der Lüge zu triumphieren, können es tun, indem sie sorgfältig den Ursprung ihrer Regungen und Handlungen beobachten und zwischen den Impulsen unterscheiden, die von der Wahrheit, und jenen, die von der Lüge stammen, um den ersteren zu gehorchen und die anderen zurückzuweisen.

---

1. Wie sich Satprem erinnerte, hatte Madame David-Neel schon mehrere Jahre zuvor an Mutter geschrieben und ihr geraten, Pondicherry zu verlassen (Mutter selbst erzählte uns dies um 1960 herum oder etwas früher), denn sie sagte voraus, daß sie „von ihren eigenen Schülern umgebracht" werden würde. Dieser Brief muß noch immer in den Archiven des Ashrams vorhanden sein.
2. 21. Februar: „Über allen Komplikationen der sogenannten menschlichen Weisheit steht die leuchtende Einfachheit der göttlichen Gnade, bereit zu handeln, wenn wir es zulassen."

> Dieses spezielle Unterscheidungsvermögen ist eine der ersten Auswirkungen der Erscheinung des Lichtes der Wahrheit in der irdischen Atmosphäre ..."

Man hatte mir die Frage gestellt, und so antwortete ich (auf englisch).

Dabei fiel mir etwas Interessantes auf. Ich bemerkte nämlich, wie schwierig es ist, in JEDER SEKUNDE zu versuchen, die Antriebskraft der Handlung zu unterscheiden. Zu unterscheiden, ob sie vom Ego kommt, von der Dunkelheit oder vom Licht ... So rein wie möglich ausdrücken zu wollen, was ausschließlich vom Höchsten kommt, erfordert eine Arbeit in jeder Sekunde, und ... es gab eine Zeit (erst kürzlich), wo ich es fast für materiell unmöglich hielt – nicht in den großen Linien oder in den großen Bewegungen, die von den höheren Teilen des Wesens kommen, sondern in allem, was rein materiell ist, im ausschließlich Materiellen. Mit dem „Gegrüßt sei die Ankunft der Wahrheit"[1] am Anfang dieses Jahres trat plötzlich ein sehr geschärfter innerer Sinn auf – sehr geschärft, sehr präzise und UNGEHEUER RUHIG, außerordentlich ruhig –, welcher bewirkte, daß man den Ursprung der materiellen Impulse oder der materiellen Reaktionen klar erkennen konnte, SELBST IN DEN KLEINSTEN DINGEN. Das war sehr interessant. Ich studierte dies sorgfältig, und es wurde fast automatisch.

Vorher war man auf ein inneres Unbehagen angewiesen, ein Gefühl der Reibung machte einen darauf aufmerksam, daß es nicht die wahre Sache war. Jetzt nicht mehr: es wird im VORAUS sichtbar, in Sekundenschnelle.

Das versuchte ich hier auszudrücken. Wenn die Leute DAS empfangen könnten, würden jene, die guten Willens sind, ganz natürlich in jeder Minute der Andeutung folgen.

Dies kam wie eine Vorbereitung auf das Geschehen in jener Nacht *(am 11. Februar)*, wo ich von der Höhe dieses irdischen physischen Bewußtseins aus die Schwingung erkannte (genauso klar wie materielle Objekte), die den Kontakt mit dieser Formation der Lüge schuf, sowie DIE Schwingung, diesen besonderen Zustand, in dem kein Kontakt bestand, wo nichts berührt werden konnte.

Seitdem haben mir mehrere Personen ihre Erfahrung erzählt, und es ist wie ein Beweis. Zum Beispiel ging C in der Nacht des 11. aus dem Haus (er verließ den Schutz des Gebäudeinneren), er wollte die Polizei anrufen und mußte dazu den Hof überqueren (es hagelte buchstäblich von Bruchsteinen; sie hatten die Mauer des Volleyballplatzes zerstört

---
[1]. Botschaft vom 1. Januar 1965.

und bewarfen uns mit den Brocken, sie brachten sie mit Rikschas[1] herbei, um uns zu bewerfen). C erzählte mir selbst, wie alle schrien: „Komm zurück, komm zurück! Du bist ja verrückt!", aber er überquerte den Hof (die Steine fielen überall): nicht einer berührte ihn. Er hatte das Gefühl, daß sie ihn unmöglich berühren konnten, daß mein Schutz ihn umhüllte und daß sie ihn nicht berühren konnten. Tatsächlich berührten sie ihn nicht: sie fielen ringsum zu Boden.

Ich hörte von mehreren solchen Beispielen.

Es kam wie eine Demonstration dieses Unterscheidungsvermögens zwischen der Vibration, die auf die Lüge anspricht, und einem Zustand, in dem nichts antwortet, in dem es keine Reaktion gibt, das heißt, wo kein Kontakt möglich ist – es sind andere Welten. Das eine ist eine Welt der Wahrheit und das andere eine Welt der Lüge. Die Welt der Wahrheit existiert PHYSISCH, sie ist materiell: sie schwebt nicht in den Höhen, sie ist materiell und muß nur hervortreten und den Platz der anderen einnehmen.

Das „wahre Physische", von dem Sri Aurobindo spricht.

Ja, das wahre Physische.

(Sujata:) An jenem Abend lief auch N.S. barfuß durch die Glasscherben, und ihm passierte nichts.

Ja, so ist es.

Ich weiß, warum einer der Bruchsteine das Fenster erreichen konnte, ich SAH es (ich sah es genau von oben), doch immer noch war der Friede in diesem Bewußtsein gegenwärtig, und der Bruchstein, den sie netterweise auf mein Fenster warfen (denn wir ließen alle Lichter hier an), prallte am Moskitonetz ab (es ist nicht einmal aus Draht, sondern aus Plastik), obwohl er logischerweise hätte hindurchdringen müssen. Er fiel auf das Dach und verursachte einen Sprung (wir wußten es nicht, wir hörten nur den Lärm, aber in der darauffolgenden Nacht fiel ein starker Regen, und so merkten wir, daß das Dach undicht geworden war). Normalerweise hätte der Stein, der genügend Wucht hatte, um den Zement auf dem Dach zu beschädigen, hindurchdringen müssen – er konnte es nicht. Es war undenkbar – undenkbar, daß irgend etwas geschehen konnte, absolut undenkbar, die Idee kam gar nicht auf.

---

1. Rikscha: dreirädriges Fahrrad, das in Indien als Transportmittel verbreitet ist.

27. Februar 1965

> *(In bezug auf das Entretien vom 10. März 1951: „In der physischen Form findet sich „der Geist der Form", und dieser Geist der Form besteht für eine gewisse Zeit fort, selbst wenn man die Person äußerlich für tot erklärt hat. Solange der Geist der Form besteht, zersetzt sich der Körper nicht. Im alten Ägypten besaß man dieses Wissen; sie wußten, daß der Geist der Form sich nicht verflüchtigt und der Körper sich nicht zersetzt, wenn man den Körper auf eine bestimmte Weise präparierte. In gewissen Fällen gelang ihnen das wunderbar. Wenn man die Ruhe solcher Wesen stört, die während Tausenden von Jahren in diesem Zustand waren, verstehe ich, daß sie nicht sehr glücklich darüber sind, besonders wenn man ihre Ruhe durch eine ungesunde Neugier stört, die man mit wissenschaftlichen Ideen bemäntelt. Im Guimet-Museum in Paris gab es zwei Mumien. Von einer ist nichts übrig geblieben; aber in der anderen blieb der Geist der Form sehr bewußt gegenwärtig – so bewußt, daß man damit einen bewußten Kontakt haben kann. Wenn dann allerdings eine Bande von unverständigen Idioten kommt, die einen mit runden Augen anstarren und sagen: „Oh! er ist so und so", ist das gewiß kein Vergnügen. Man tut etwas Abscheuliches: Diese Mumien sind in eine spezielle, der Form der Person angepaßte Kiste eingeschlossen, die mit allem versehen ist, was zur Konservierung benötigt wird; nun öffnet jemand die Kiste mehr oder weniger gewaltsam, entfernt hier und da einige Binden, um besser zu sehen ... Und da man niemals gewöhnliche Leute mumifizierte, handelt es sich immer um Wesen, die eine beachtliche innere Macht realisiert hatten: Mitglieder der königlichen Familie, mehr oder weniger eingeweihte Leute ...")*

Diese Dinge über die Mumien erkannte ich, als ich neun oder zehn Jahre alt war – es sind Erinnerungen aus dieser Zeit. Ich fand Gegenstände wieder, die ich in der Vergangenheit benutzt hatte (so konnte ich später die Spur rekonstruieren). Ich hatte MINDESTENS drei Inkarnationen in Ägypten (drei, auf die ich wieder stieß).

Aber mein erster Kontakt fand statt, als ich noch ganz klein war, neun oder zehn Jahre alt, mit der Mumie im Guimet-Museum: auf diese Erfahrung bezog ich mich hier.

*
* *

27. FEBRUAR 1965

(Darauf wendet sich das Gespräch einer Europäerin zu, die Mutter ein Geldgeschenk machen wollte:)

Man darf den Inspirationen der Leute nicht widersprechen, ich empfinde diese als sehr lebendig, und folglich wirkt die Kraft *(weit in den Raum weisende Geste)*.

Es öffnet sie innerlich, wenn sie geben: es schafft eine innere Aufnahmefähigkeit in ihnen.

* * *

(Später fügt Mutter diesen Kommentar zu der „Erklärung" hinzu, die sie anläßlich der Ereignisse am 11. Februar abgab: „Wir kämpfen gegen keinen Glauben, gegen keine Religion. Wir kämpfen gegen keine Regierungsform, wir kämpfen gegen keine Kaste, keine soziale Klasse. Wir kämpfen gegen keine Nation, keine Zivilisation. Wir kämpfen gegen Teilung, Unbewußtheit, Unwissenheit, Trägheit und Lüge. Wir bemühen uns, Einigkeit, Wissen, Bewußtsein und Wahrheit auf der Erde zu begründen; und wir kämpfen gegen alles, was sich der Ankunft dieser neuen Schöpfung des Friedens, der Wahrheit und der Liebe widersetzt." – 16. Februar 1965)

Das erklärt unseren äußeren Standpunkt. Viele Leute glauben, wir wollten eine „neue Religion" begründen, oder wir wären gegen diese oder jene Religion; viele solche Ideen sind überall anzutreffen. Aber dies interessiert uns überhaupt nicht. Das sind die vielen menschlichen Aktivitäten in all ihren Formen – es sind Annäherungen.

Alle menschlichen Hoffnungen sind Annäherungen, alle menschlichen Verwirklichungen sind Annäherungen: Etwas versucht das auszudrücken, was sich noch nicht ausdrücken läßt – uns fehlen noch die Mittel dazu. Eben um diese Mittel zu schaffen, versuchen wir, das Bewußtsein der Menschen zu erhellen.

Die Möglichkeit besteht innen, sehr tief, aber sie schlummert noch.

März

3. März 1965

Hast du etwas mitgebracht?

Hier ist ein schöner Aphorismus.

(Satprem liest:)

109 – Alles, was über seine bereits erreichte Stufe hinausgeht, erscheint dem Menschen schwierig, und für seine alleinige Anstrengung ist es das auch; es wird aber sofort leicht und einfach, wenn Gott im Menschen die Arbeit übernimmt.

Das ist perfekt. Dazu gibt es nichts zu sagen.

Erst vor zwei oder drei Tagen schrieb ich etwas als Antwort auf eine Frage, und ich sagte ungefähr folgendes: „Sri Aurobindo ist der Herr, aber nur ein Teil des Herrn, nicht der Herr in seiner Totalität, denn der Herr ist Alles – alles Manifestierte und Nicht-Manifestierte." Dann schrieb ich: „Es gibt nichts, was nicht der Herr ist, nichts – *there is nothing* –, es gibt nichts, was nicht der Herr ist, aber sehr wenige sind sich des Herrn BEWUSST. Und diese Unbewußtheit der Schöpfung macht ihre Lüge aus."

Plötzlich war es so offensichtlich: „Das ist es ja!..." Wie entstand die Lüge? – Aber genau so: Die Unbewußtheit der Schöpfung macht die Lüge der Schöpfung aus. Sobald sich die Schöpfung wieder bewußt wird, der Herr zu SEIN, hört die Lüge auf.

So läuft es doch: Alles ist schwierig, alles ist anstrengend, alles ist mühsam, alles ist schmerzlich, weil alles außerhalb des Bewußtseins des Herrn geschieht. Wenn Er jedoch wieder Besitz von seinem Reich ergreift (oder vielmehr, wenn man Ihn wieder von seinem Reich Besitz ergreifen läßt) und die Dinge in Seinem Bewußtsein, mit Seinem Bewußtsein geschehen, wird alles nicht nur leicht, sondern wunderbar und glorreich – und unsagbar freudig.

Das wurde ganz offensichtlich. Man sagt: „Was ist das, was nennt man Lüge? Warum ist die Schöpfung lügnerisch?" – Sie ist keine Illusion in dem Sinne, daß sie nicht existent wäre: sie ist vollkommen existent, aber ... sie ist sich nicht dessen bewußt, was sie ist! Sie ist sich weder ihres Ursprungs bewußt noch ihrer Essenz und ihrer Wahrheit. Sie ist sich ihrer Wahrheit nicht bewußt. Deshalb lebt sie in der Lüge.

Dieser Aphorismus ist großartig. Es gibt nichts hinzuzufügen, er sagt alles.

6. März 1965

(Mutter betrachtet einen ungeöffneten Brief) Ich hatte K etwas geschrieben, und er muß mir geantwortet haben ... wahrscheinlich sehr ungehalten!

Was hattest du ihm denn gesagt?

(Mutter holt eine Notiz) „Wir haben Vertrauen in Sri Aurobindo, er repräsentiert etwas für uns, was wir für uns selbst in den Worten formulieren, die uns am geeignetsten scheinen, unsere Erfahrung auszudrücken. Diese Worte sind offensichtlich für uns die beste Formulierung unserer Erfahrung. Betrachten wir sie aber in unserem Enthusiasmus als den einzigen angemessenen Ausdruck für Sri Aurobindo und die Erfahrung, die er uns vermittelte, werden wir dogmatisch und sind im Begriff, eine Religion zu gründen."

Oh ja, wie wahr!...

Ich hatte ihm auf etwas geantwortet, das er in White Roses gelesen hatte; daraufhin schrieb er mir ziemlich ungehalten: „Wie können Sie behaupten, daß Sri Aurobindo nicht den GANZEN Herrn zum Ausdruck bringt, daß Sri Aurobindo nur ein Teil des Höchsten ist!" Ich antwortete nicht direkt, sondern sagte ihm: „Hüten Sie sich davor, dogmatisch zu werden ..." Er hat gar nichts verstanden.

*
* *

Etwas später

Ich fand einige Zitate von Sri Aurobindo ... Fabelhaft!

Gestern schrieb ich etwas an jemand anderen (auf englisch). Zuerst war da ein Zitat von Sri Aurobindo: *The Power that governs the world is at least as wise as you ...* (Mutter lacht – kennst du dieses Zitat von Sri Aurobindo nicht? Es ist wunderbar), *and you need not be consulted for its organisation, God looks to it.*[1] Ungefähr so. Darunter schrieb ich dann meine Botschaft für den 21. Februar: „Über allen Komplikationen der angeblichen menschlichen Weisheit steht die leuchtende Einfachheit der göttlichen Gnade, bereit zu handeln, wenn wir es zulassen." Auf die andere Seite schrieb ich auf englisch *(Mutter holt eine Notiz)*:

In bewußter Vereinigung mit

---
1. Die Macht, die die Welt regiert, ist mindestens so weise wie du, und für ihre Organisation brauchst du nicht um Rat gefragt zu werden, Gott kümmert sich darum.

dem Höchsten Herrn erkläre ich,
daß ich ausführe,
was der Herr von mir wünscht,
um Seiner Wahrheit und Seiner Liebe
auf Erden zu dienen!

Er hatte *(lachend)* einige meiner Vorbehalte gegen gewisse Leute mißbilligt, besonders gegenüber der katholischen Religion (obwohl er gar kein Katholik ist – er ist ein eingefleischter Hindu), er fand es unklug in rechtlicher Hinsicht und meinte, daß ich mir damit Unannehmlichkeiten zuziehen könnte. Ich sagte ihm mündlich: „Wissen Sie, was alle Leute auf der ganzen Welt über mich denken mögen, ist null und nichtig, das ist mir absolut egal." Seine Augen weiteten sich vor Schreck. Darauf sagte ich ihm: „Jetzt meditieren Sie in aller Bescheidenheit darüber!", und ich gab ihm, was du gerade gelesen hast.

Aber ich möchte nicht, daß es in Umlauf kommt. Es kam mit großem Nachdruck in diesem Zusammenhang, wie eine Notwendigkeit, ich mußte es sagen, aber die Zeit ist noch nicht gekommen, es öffentlich zu verkünden.

*
* *

*(Dann fragt Satprem, ob er seinen tantrischen Lehrer „formell"
benachrichtigen solle, daß er diese Disziplin aufgegeben hat und
von nun an der tantrischen Haltung persönlichen Bemühens jene
der Hingabe an die Kraft von oben vorzieht.)*

Es ist besser, nichts zu sagen, denn er kann es nicht verstehen.

Weißt du, er ist noch in dem Stadium, wo er denkt, daß man die Spiritualität aufgibt, wenn man seinen Weg verläßt ... Warum willst du ihn verärgern?

Vielleicht wird er eines Tages in seinem Innern verstehen ... Aber ich habe das Problem gründlich erwogen, und ich denke, daß er auf dem Gipfel seiner jetzigen Entwicklung angekommen ist – erst in einem anderen Leben wird er weiterkommen. Um ihn weiterzubringen, wäre eine innere Katastrophe vonnöten – das wünsche ich ihm nicht. Es ist wohl besser, ihn in Ruhe zu lassen.

10. März 1965

*(Mutter liest eine Notiz, die sich
auf die Ereignisse des 11. Februars bezieht:)*

„Hinter allen Zerstörungen – seien es die ungeheuren Zerstörungen der Natur wie Erdbeben, Vulkanausbrüche, Überflutungen usw. oder die gewaltsamen menschlichen Zerstörungen wie Kriege, Revolutionen, Aufstände –, steht die Macht der Kali, die in der Erdatmosphäre daran arbeitet, den Fortschritt der Transformation zu beschleunigen.
Alles, was nicht nur von göttlicher Essenz ist, sondern auch göttlich in seiner Verwirklichung, steht seiner eigenen Natur nach über den Zerstörungen und kann nicht von ihnen berührt werden. Der Umfang der Zerstörung gibt das Ausmaß der Unvollkommenheit wieder.
Die beste Art, eine Wiederholung dieser Zerstörungen zu verhindern, besteht darin, seine Lektion zu lernen und den nötigen Fortschritt zu machen."

Ja, es ist die Folge dessen, was du neulich sagtest: Diese Vibrationen dringen nur in dem Maße ein, wie sie eine Erwiderung finden.

Ja, genau.

*
* *

(Etwas später, in bezug auf ein früheres Entretien vom 12. März 1951, in dem Mutter sagte, die zwei Hauptbeschäftigungen des Menschen seien die, zu vergessen und sich abzulenken.)

Ich hätte jetzt viele Dinge zu sagen ...
Gerade wenn der Herr den Menschen am nächsten ist, um eine bewußte Beziehung mit ihnen aufzubauen, begehen sie in ihrem Wahnsinn in genau diesem Augenblick die größten Dummheiten.
Das stimmt wirklich.
In dem Moment, wo alles schweigt, damit der Mensch sich seines Ursprungs bewußt wird, ersinnt oder vollführt er die schlimmsten Dummheiten, um sich abzulenken.

Um sich abzulenken, weil er die Kraft des Lichtes nicht ertragen kann.

10. MÄRZ 1965

Ja.

Der Druck ist zu stark.

Ja, manche haben Angst, sie geraten in Panik. Sie können es nicht ertragen, sie tun dann irgend etwas, um diesem Zustand zu entrinnen.

*
* *

Etwas später

Während du im Krankenhaus warst, hatte ich eine Art von ... ich kann nicht sagen, daß es eine Vision war, denn es war sehr ... es wurde gelebt. Es wurde in der subtilphysischen Welt gelebt, die symbolisch für die Realität ist (die Formen sind symbolisch für die Realität, sie drücken die Realität aus, existieren aber gleichzeitig in sich). In dieser Welt bin ich fast jede Nacht mehr oder weniger lange mit Sri Aurobindo zusammen, und allerlei Dinge ereignen sich, wie Fingerzeige[1]. Aber dies war eine sehr besondere Nacht.

Sri Aurobindo und ich befanden uns in einem äußerst bequemen Auto und ruhten in einer Ewigkeit des Friedens und der Glückseligkeit – still nebeneinander sitzend. Das Auto wurde gesteuert von ... dem ewigen Fahrer. Es war die höchste Glückseligkeit. Da wurden plötzlich zwei Papiere aus dem Auto auf die Straße geworfen (ich weiß nicht wie). Eines der Papiere war ein Brief (ein von der Post zugestellter, frankierter Umschlag), und das andere war ein beschriebenes Stück Papier; das Auto setzte die Fahrt fort, während Sri Aurobindo mit einer wirklich göttlichen Leichtigkeit auf die Straße sprang, um die Briefe aufzuheben. Ich sagte mir: „Ah, es ist zu Ende mit der Glückseligkeit ... *(lachend)* jetzt müssen wir wieder arbeiten!" Und ich stieg auch aus dem Auto (das verschwand).

Sri Aurobindo hob die Briefe auf (in jenem Augenblick wußte ich genau, was das zu bedeuten hatte, aber dies ist nebensächlich), und er nahm mich bei der Hand (das heißt, seine rechte Hand nahm meine linke Hand: ich befand mich zu seiner Rechten), und wir begannen auf der Straße zu laufen. (Es gab viele Details und viele Dinge, die ich nicht erzähle, denn es sind Nebensächlichkeiten, die in jenem Augenblick einen bestimmten Grund hatten, aber hier nicht von Bedeutung sind.) Während wir auf der Straße dahingingen, beugte er sich plötzlich zu mir und zeigte mir, daß ich auf dem Schotter lief (weißt du, wenn die Straße aus Bruchsteinen gebaut und etwas gewölbt ist, damit das

---

[1] Fingerzeige für Mutters Arbeit in bezug auf die allgemeine Lage oder die des Ashrams und der Schüler.

Wasser abfließen kann; auf der Seite ist die Erde etwas abgetragen, und manchmal liegen dort die Steine bloß), und ich ging auf diesen ... nein, er lief dort und machte mich darauf aufmerksam. Ich überließ ihm die Mitte der Straße und lief selber auf den Steinen, damit er dies nicht tun mußte (aber ich fühlte die Steine überhaupt nicht). Dann fiel mir Sri Aurobindos Kopf auf ... ein glorreicher Kopf, ein wirklich supramentaler Kopf, wunderbar! Sein ganzer Körper, JEDER TEIL SEINES KÖRPERS war jemand, in dem er sich für eine Arbeit oder aus einem bestimmten Grund oder für eine bestimmte mich betreffende Handlung manifestierte. Ich war keine Person, ich war nur eine Kraft (ich merkte, daß ich keinen Körper hatte); ich sah alle Leute, die mitarbeiteten (nicht ihre physische Erscheinung, aber ich wußte, wer es war): dieser, diese Sache; jener, jene Sache; die Hand, diese Sache; der Arm, jene Sache ... usw. Und ich sah seine Füße: es waren meine Füße, an denen ich „Tabi"[1] trug. Ich wollte ihn nicht auf den Steinen am Straßenrand laufen lassen, und deshalb ging er ...

Es war von einer wunderbaren Klarheit und Bedeutung! Ich sah und verstand den genauen Platz eines jeden im Rahmen des Werks; in dieser Arbeit, in dieser Beziehung zu mir wurde er von Sri Aurobindo unterstützt und geleitet ... in allen Einzelheiten.

Es war eine Offenbarung von absolut wunderbarer Genauigkeit. Er zeigte eine solche Fürsorge ... Zuallererst das Empfinden, daß ich seine Füße WAR (wobei seine weißen Füße Tabis trugen, wie die meinen), und er wollte nicht, daß ich am Straßenrand gehe, auf den rauhen Steinen, und somit ...

Dies hinterließ in mir einen unvergeßlichen Eindruck, denn es war eine Offenbarung des Kräftespiels – der WIRKLICHEN Natur der Dinge, trotz ihrer täuschenden äußeren Erscheinungen.

(Schweigen)

Sein Kopf war prachtvoll. Er beherrschte alles, er übernahm die Führung – die Pracht seiner supramentalen Konzeption leitete alles. Und jeder hatte seinen Platz.

Während deiner Abwesenheit hatte ich viele Visionen; aber es waren natürlich keine Visionen sondern ein intensives und WAHRES Leben – intensiv und intensiv wahr.

Dieses etwas, das er an der Hand führte [Mutter] und das alles sah, war einfach das Bewußtsein – das Bewußtsein, das arbeitet, das wahre Bewußtsein –, und die Füße waren meine physische Gegenwart auf der Erde.

---

1. Japanische Sandalen.

Es war wirklich sehr interessant.

Ich erkannte genau den Platz und die Beziehungen jener, die mitarbeiteten. Ich kann es nur nicht enthüllen. Aber was ich dir schon immer über deinen Platz und deine Arbeit sagte, war völlig wahr – ich sah es in jenem Moment. Völlig wahr. Gewisse Dinge kamen als Erkenntnisse über andere Personen – nicht viele, aber diejenigen, die mit mir in einer echten Beziehung für die Arbeit stehen. Sehr verschiedenartige Beziehungen, in verschiedenen Welten, auf verschiedenen Ebenen und für verschiedene Tätigkeiten. Sie sind nicht sehr zahlreich, aber es war sehr genau. Ich sah, daß das, was ich für dich gesehen hatte, völlig richtig war, und daß er HIER ist: Für die Ausführung der Arbeit ist er bei dir. Und wenn ich dir sagte, daß er in deinem Buch sei, ist das eine absolute Tatsache.

Dies war eines der Dinge, die ich dir eines Tages sagen wollte, denn ...

In dieser Welt sind die Dinge wahr. Wahr und Teil einer anderen Realität, als die Menschen sich vorstellen: diese wird zu einer bloßen Erscheinung – eine oft verlogene Erscheinung, jedenfalls lügnerisch in ihrer Trennung.

(Schweigen)

Ich kann dir gar nicht sagen, wie sehr der Körper nicht nur glücklich, sondern voller Seligkeit war, Seine Füße zu sein. Es war wie ein Wunder, als ich es sah. Gleichzeitig hatte ich die Empfindung und die klare Wahrnehmung aller Beziehungen für die Arbeit, mit dem Gefühl, der Empfindung und genauen Wahrnehmung der Beziehung, die ich mit diesen Leuten habe – sie sind nicht sehr zahlreich, aber ich kenne sie.

20. März 1965

Es scheint ein Augenblick der „Prüfung" zu sein (auf englisch sagt man *test*, im Sinne eines Prüfsteins), ein Auf-die-Probe-Stellen des Gleichmuts der Seele – nicht der Seele: des integralen Gleichmuts, sogar in den Körperzellen. Als ob jemand sagte: „Aha, ihr wollt, daß sich die Erde ändert? Ihr wollt, daß die Materie göttlich wird? Ihr wollt, daß die ganze Lüge verschwindet? Dann laßt uns sehen, ob ihr durchhaltet!"

Wenn wir von dem ausgehen, was Sri Aurobindo sagte, bleibt offensichtlich nur wenig Zeit. Wenn die supramentalen Kräfte bis 1967 das Leben auf der Erde wirklich beherrschen sollen (vielleicht nicht äußerlich, aber tatsächlich), bleibt nicht viel Zeit ...

Je mehr wir uns der angekündigten Stunde nähern, desto angespannter wird die Lage wahrscheinlich.

Seltsame Erscheinungen treten auf. Hast du B getroffen, als er hier war?... Er erzählte mir bestimmte Dinge, die ich nicht wußte: Offenbar erhielten gewisse Leute in allen Ecken und Enden der Welt Botschaften, insbesondere ein Wesen, das sich „Wahrheit" *(Truth)* nennt und in meinem Namen spricht. Es verkündet: „Die Mutter sagt dies ... die Mutter sagt jenes ...", und dann: „Die Mutter wird euch Erklärungen geben, und ihr müßt sie sehr ernst nehmen", solche Dinge (Leute, die ich nicht kenne). Unter diesen Leuten, die Botschaften und Offenbarungen empfangen, gibt es jedenfalls einen Geist (ich weiß nicht, ob es sich um dieselbe „Truth" oder jemand anderen handelt, ich erinnere mich nicht im Detail), der 1967 ankündigte. Ich kenne die Leute gar nicht – das ist interessant. Es scheint mir kaum möglich, daß sie je Bücher von Sri Aurobindo oder mir zu sehen bekamen, ich glaube es nicht. (Ich gebe es ungefähr wieder:) Er verkündete, 1967 kämen wir an die Schwelle des *push-button* [Knopfdruckes], der eine Zerstörung auslöst (denn sie prahlen ja in gewissen Ländern damit, daß sie nur auf den Knopf zu drücken brauchen, um eine schreckliche Zerstörung zu entfesseln). In dem Augenblick, da die Katastrophe bevorsteht, so sagt er in bildhafter Form, wird die höchste Macht auf ihren eigenen Knopf drücken, und alles wird transformiert sein – in dem Moment, wo wir die völlige Zerstörung erwarten, wird die völlige Transformation stattfinden.

Ihre Vorstellung arbeitet in diesem Bereich. Sie erhalten Botschaften dieser Art. Die Menschen fühlen also offenbar sehr stark, daß es unmittelbar vor der Veränderung einen äußerst kritischen Moment geben wird. Sie sagen es natürlich in einem sehr gelassenen Ton: „Die Transformation wird kommen, und alles wird gerettet sein" – das klingt sehr gut, aber ...

Man muß arbeiten.

Genau! Man darf sich nicht hinsetzen und sagen: „Oh, es wird schon gut gehen!" *(Mutter lacht)*

Denn ich hab zwar keine Ahnung, aber es scheint mir unmöglich, daß der Zustand der Erde ausreicht, um eine integrale Transformation zu erlauben. Sri Aurobindo selbst sagte, es werde in Etappen geschehen. Zuerst gebe es eine kleine Formation oder eine kleine Schöpfung, die das Licht empfängt und transformiert wird. Und dies wird dann wie ein Ferment für die allgemeine Transformation wirken.

Die christlichen und buddhistischen Theorien, Shankara und alle diese Leute erklären, daß die Welt eine „irreale Lüge" sei und verschwinden müsse – zugunsten eines „Himmels" (einer „neuen Welt" und eines „Himmels"), dies trifft sogar für die Teile der Menschheit mit der größten Aspiration zu, Menschen die sich nicht mit der jetzigen Welt zufriedengeben und nicht sagen: „Ach, solange ich da bin und lebe, genieße ich es; nachher ist mir alles egal" – ein kurzes und gutes Leben. „Nachher ist es eben zu Ende und damit basta; ich genieße den Augenblick, der mir gegeben ist." Welch seltsame Auffassung!... Das ist das andere Extrem.

Wenn man zur Quelle zurückkehrt, findet man übrigens einen Evangelisten (ich glaube, es ist Johannes), der einen neuen Himmel UND eine neue Erde verkündete.

Ja, eine neue Erde.

Beides.

Es ist Johannes.

Sie haben nichts verstanden.

Ja.

Immerhin verkündeten die alten Veden und alle alten Traditionen eine neue Erde, wie allgemein bekannt ist.

Und sogar die Christen.

Selbst die Christen, ja. Johannes sagte, es werde eine neue Erde geben – auch einen neuen Christus, der einem Gott der Hindus entspricht.

Kalki?

Ja, Kalki. Die Beschreibung ist sehr ähnlich.

Auch der Buddha Maitreya[1].

---

1. Der Buddha zukünftiger Zeiten.

Ja, aber offenbar müssen wir da ein bißchen vorsichtig sein. Gemäß Alexandra David-Neel ist der Text nicht wirklich authentisch, er erschien nachher, unter Buddhas Nachfolgern: Buddha selbst habe es nicht gepredigt. Es ist umstritten. Alexandra gehörte zum Buddhismus des Südens, der sehr starr ist und die Phantasien des Buddhismus des Nordens mit seinen unzähligen Boddhisattvas und all den Geschichten völlig zurückweist (es gibt da Geschichten! Zeitschriftenromane). Sie streitet all das ab, sie meint, es gehöre nicht zur authentischen Lehre Buddhas.

Buddha sagte, die Welt, die irdische Welt (vielleicht das Universum, ich weiß es nicht, dieser Punkt ist nicht sehr klar), auf jeden Fall die irdische Welt sei das Ergebnis des Verlangens – aber ich kenne jemanden, der sagt *(lachend)*: „Ja, es ist das Verlangen Gottes, sich zu manifestieren!" –, und wenn das „Verlangen" verschwinde, werde auch die Welt verschwinden, wonach nur noch das Nirvana bestehe. Das heißt, das Verlangen, sich zu manifestieren, verschwindet, und es gibt keine Manifestation mehr.

Ich glaube nicht, daß Buddha unwissend war; ich glaube, ihm war die Existenz unsichtbarer Wesen, unsterblicher Wesen (was die Menschen Götter nennen) durchaus bekannt. Sehr wahrscheinlich wußte er auch um einen höchsten Gott; aber er wollte nicht, daß die Leute so dachten, denn das schien seinen Standpunkt zu widerlegen, daß die Welt das Ergebnis des Verlangens sei und sich zurückziehen werde, sobald das Verlangen sich zurückziehe – wenn es eine unsterbliche Welt gibt, kann das nicht so ablaufen.

Je weiter man geht, um so deutlicher erkennt man, daß im Grunde alle menschlichen Lehren opportunistisch sind: Zur Rechtfertigung eines angestrebten Ziels werden gewisse Dinge ausgesprochen und andere absichtlich verschwiegen, obwohl sie bekannt sind. Eine andere Erklärung erscheint mir unwahrscheinlich, denn sobald man das Mental hinter sich gelassen hat (und diese Leute scheinen das Mental überschritten zu haben), ist das ganze Wissen ... (wie soll ich sagen?) *available*, zugänglich.

(Schweigen)

Ständig sieht man dasselbe: Gibt man den Leuten nicht eine gründlich vorgekaute Nahrung – im Sinne einer Auswahl von dem, was bewahrt werden muß, und das übrige verwirft man –, nehmen sie es nicht auf ... oder sie treffen ihre eigene Auswahl, was noch schlimmer ist.

Aber mehr und mehr öffnet sich das allgemeine Bewußtsein anderen Möglichkeiten, die von den Religionen bis jetzt überdeckt wurden. Die Gemüter sind bereit, die „esoterischen" Offenbarungen der Religionen zu verstehen.

(Mutter nickt ohne Überzeugung)

Darin besteht der gegenwärtige Fortschritt.

Das erste Ergebnis ist ein allgemeines Unbehagen – sie haben den Eindruck, nicht mehr auf festem Boden zu stehen: die Erde wankt. Das ist ihnen unangenehm.

(langes Schweigen)

Für mich sieht das Problem ganz anders aus ... Dort oben im Mental und darüber geht alles gut – alles geht gut; aber die große Schwierigkeit liegt darin, das Physische, die Materie zu verändern ... Man hat den Eindruck, ein Geheimnis berührt zu haben – einen Schlüssel zu besitzen –, und dann eine Minute später, pfft! funktioniert es nicht mehr, es ist unzureichend.

Vor ein paar Tagen sagte ich Pavitra: Im Körper treten all diese physischen Störungen auf – Funktionsstörungen oder selbst organische Störungen –, und ... (natürlich herrscht ein ständiger Zustand der Aspiration: eine intensive, beständige, bewußte Aspiration) und ganz plötzlich manifestiert sich eine verblüffende Antwort: die Störung verschwindet gänzlich, nicht nur innen sondern auch in der Umgebung (manchmal in einem recht weiten Umkreis), und alles organisiert sich, es harmonisiert automatisch, ohne die geringste Anstrengung, und bewegt sich ... *(Mutter deutet große ewige Wellen an)* in einer außergewöhnlichen fortschreitenden Harmonie; dann, ohne irgendeinen offensichtlichen Grund, ohne daß sich irgend etwas im Bewußtsein geändert hätte und ohne zwingende äußere Umstände, prrt! fällt es zurück in den vorigen Zustand: Unordnung, Konflikt, Chaos, die Dinge knirschen. Da man sich nicht des Warums bewußt ist, besitzt man keinen Schlüssel.

Ich sagte: Deshalb sprachen die Leute, die lange vergeblich gesucht haben und nichts fanden, vom „Willen Gottes"; aber das ... *(Mutter schüttelt den Kopf)*, das erscheint unvereinbar mit dem Wissen, das man erlangt, wenn man das Mental überschritten hat. Das Mental kann sich das zur Beruhigung sagen, aber es ist ganz und gar nicht befriedigend, denn es setzt eine unannehmbare Willkür voraus, die man als zur Wahrheit entgegengesetzt empfindet. Doch wie soll man denn diese Art von Umwälzungen erklären?... Natürlich sprachen die anderen, wie Buddha, von Unwissenheit; sie sagten: „Ihr seid unwissend; ihr glaubt zu wissen, aber ihr seid unwissend." Der Schlüssel, den er gab, ist auch nicht zufriedenstellend ... Denn wenn man dafür sorgte, einen scheinbar unerschütterlichen Gleichmut bis hinein in die Körperzellen zu etablieren, wie kann man dann dieses Element der Unwissenheit zulassen?

Das heißt, je weiter man geht, je mehr man sich dem Ziel nähert, um so mehr erscheint es ... unerklärlich.

Für mich (ich will sagen für diesen Körper) ist das einzige Hilfsmittel daher ein seligmachendes *surrender* [Hingabe] *(Geste der unbewegten Hingabe an den Höchsten)*, nicht schwer, nicht dumpf: intensiv! Intensiv und mit einer außerordentlichen Freude. Dies ist das einzige.

Ich weiß nicht, vielleicht ist es für andere zulässig, daß die Ekstase andauert, aber für diesen Körper hier ... Nach einer Weile kommen alle Probleme von außen zurück, das heißt, alle schwingungsmäßigen Schwierigkeiten der Welt erhalten wieder Zutritt, um erfaßt und im Licht des Herrn transformiert zu werden. Dadurch stellt sich das ganze Problem aufs neue.

Nicht wahr: durch Krankheiten bedingte Probleme, Probleme von Besessenheit (vitaler und mentaler Besessenheit), Probleme der Egos, die nicht weichen wollen (und die sich durch Umstände ausdrücken, die man menschlich auf die übliche Weise beschreibt: das und das ist dieser oder jener Person zugestoßen – aber im Bewußtsein zeigt es sich nicht so), wenn man dies auf allgemeinere Weise betrachtet, BLEIBEN diese Probleme als Probleme bestehen. Es gibt wohl etwas, aber das ist ein „Etwas", das noch ungreifbar ist (ungreifbar in seiner Essenz): es beinhaltet etwas von Gefühl, Empfindung, Wahrnehmung und schließlich Aspiration, es enthält all dies und es ist ... wir nennen es göttliche Liebe (das heißt die wesentliche Liebe, das, was sich durch Liebe ausdrückt und jenseits der Manifestation und der Nicht-Manifestation zu stehen scheint und in der Manifestation natürlich zu Liebe wird), und Das wäre die ALLMÄCHTIGE Ausdrucksweise. In anderen Worten, Das vermag das Chaos, das wir jetzt als „Welt" bezeichnen, in Bewußtsein und göttliche Substanz zu verwandeln.

Ich hatte die Erfahrung von Dem *(die großen Pulsationen)*, aber es war eine Erfahrung ... (wie soll ich sagen?) ähnlich einem Tropfen, der Unermeßlichkeit ist, oder einer Sekunde, die Ewigkeit ist. In jenem Moment ist es eine absolute Gewißheit; aber äußerlich wird alles wieder so, wie es im Augenblick zuvor war – Das *(Geste des Pulsierens, eine Sekunde)*, paff, und alles ist verändert; dann fällt alles wieder zurück, vielleicht mit einer kleinen Änderung, aber nur für ein Bewußtsein wahrnehmbar (für das Bewußtsein, aber nicht für die physischen Sinne), und gewöhnlich mit heftigen Reaktionen der Störung: etwas lehnt sich auf.

Für unsere Logik (die offensichtlich dumm ist, aber was soll's) bedeutet dies, daß es noch in sehr weiter Ferne liegt, daß die Welt nicht bereit ist.

Durch die Intensität der Aspiration, diesen Durst nach der „Sache" wird der Kontakt plötzlich hergestellt – der Kontakt kommt zustande; es ist nicht einmal ein Kontakt von zwei verschiedenen Dingen, sondern ... Das, was alles ist. Aber die Sache drückt sich in der Zeit aus und dauert nicht an, sogar der hervorgebrachte Effekt scheint nicht von Dauer zu sein. Obwohl auch das Gegenteil zutrifft: es gibt schon einen dauerhaften Effekt, der aber nicht wahrnehmbar ist, solange er nicht allgemein verbreitet ist; somit wird es sofort zu einer Übersetzung in der Welt von Zeit, Raum usw.

„Das" hingegen liegt jenseits von Raum und Zeit. Wenn man von der Schöpfung zur Nicht-Schöpfung gelangt (die nicht aufeinanderfolgen, sondern gleichzeitig bestehen) und dann darüber hinausgeht, trifft man auf dieses „Etwas", das ich, ich weiß nicht aus welchem Grund, Liebe nenne ... Wahrscheinlich weil die Schwingung der wahren Liebe (ich nenne es die göttliche Liebe, die in der Welt am Werk ist) Dem am nächsten steht. Es ist absolut unbeschreiblich, es hat weder mit Empfangen noch mit Geben, weder mit Vereinigen noch Absorbieren zu tun, nichts dergleichen ... Es ist etwas sehr Besonderes.

(langes Schweigen)

Ich erinnere mich: In der besagten Nacht WAR ich diese Pulsation, und jedes Pochen der Pulsation war schöpferisch. Dies war der erste Ausdruck von Dem in der Manifestation; es war schon in Aktion, es war schon in Bewegung, aber die Schwingung, die DAHINTER steht, ist ... man könnte vielleicht sagen, die volle Potentialität von allem – von allem, was für uns durch die Manifestation wahrnehmbar wird, denn es ist alles, was sich in unserem Bewußtsein in verschiedene Möglichkeiten aufspaltet wie: Wahrheit, Liebe, Leben, Macht usw. (aber all das ist nichts, es ist Staub im Vergleich dazu). Es ist alles zusammen, nicht als Vereinigung verschiedener Dinge sondern ALLES – es ist alles, und es ist absolut EINS, wobei alles in ihm enthalten ist. Man begegnet dem jenseits des Manifestierten und Nicht-Manifestierten – die Manifestation erscheint fast wie ein Kinderspiel im Vergleich dazu. Diese Pulsation war der Ursprung der Manifestation.

Das Nicht-Manifestierte ist selige Unbewegtheit – es ist mehr als das, aber im wesentlichen ist es: selige Unbewegtheit. Es ist die höchste und göttlichste Essenz der Ruhe. Die beiden sind zusammen *(das Manifestierte und das Nicht-Manifestierte)*, und sie kommen von Dem.

Ich habe den sehr starken Eindruck, daß nur Das – allein Das – die Dinge ändern kann, alles andere ist unzureichend.

Wenn ich mich recht erinnere, sagte Sri Aurobindo, daß diese Manifestation (die er auch Liebe nennt) NACH der supramentalen Manifestation kommen werde, nicht wahr?

Erst die Wahrheit, dann die Liebe.

Dann die Liebe.

Ja, er sprach von verschiedenen „Stufen" im Supramental – aber das ist nur das Gewürz *(lächelnd)*, um die Dinge schmackhafter zu machen! Jeder sagt es auf eine Weise, die ihm am zugänglichsten erscheint.

Aber die Erfahrung – die eigentliche Erfahrung – liegt immer jenseits der Worte, immer.

(Schweigen)

Es ist recht seltsam: in ihrer Aspiration erleben alle diese Zellen ein Ananda des Lichts, der Wahrheit, aber dies befriedigt sie nicht völlig, denn sie haben immer noch das Gefühl der Machtlosigkeit ... Mit jedem Atemzug absorbiert man ständig die ganze Dunkelheit, die ganze Lüge, all die Unordnung und Disharmonie der Welt (ohne all das andere zu berücksichtigen, was man mit der Nahrung aufnimmt, und all das – das Schlimmste von allem –, was man mental im Kontakt mit anderen absorbiert, mental und vital), all das muß man ständig ändern und transformieren. Sie fühlen ihre Unfähigkeit, der Arbeit gerecht zu werden, vor allem dann, wenn Das, diese Schwingung, nicht da ist. Diese Schwingung erscheint ihnen unwiderstehlich, als das einzig Unwiderstehliche.

Sicherlich gibt es einen Fortschritt (eine feststellbare, erkennbare Arbeit) im Bewußtsein der Zellen, in ihrer Aufnahmefähigkeit und in ihrer Widerstandsfähigkeit gegen die Störung; aber es ist nur ein gradueller Fortschritt, das heißt die Möglichkeit und selbst das wiederholte Auftreten der Störung, der Zersetzung, der Disharmonie, der Fehlfunktion, all das ist überhaupt noch nicht bewältigt ... Es besteht allerdings das wachsende Gefühl, ein folgsames Instrument des höchsten Willens zu sein; die Zellen haben sogar den Eindruck, alles beliebige ausführen zu können, was von ihnen verlangt wird, gleichzeitig besteht aber die sehr klare Wahrnehmung, daß die Reichweite dessen, was von ihnen verlangt wird, noch arg begrenzt ist und daß sie unfähig wären, es besser zu tun oder mehr zu tun. Das verleiht dem Eindruck der Abnützung und des Alterns Gewicht (auch wenn die Zellen dies nicht so empfinden), aber was von ihnen materiell verlangt wird, ist sehr begrenzt.

(Schweigen)

Am 19. hatte ich eine sehr deutliche Erfahrung: Ich war mit A zusammen, und er befand sich in einem schrecklichen Zustand der Erregung, der Revolte, der Verwirrung ... alles nur Vorstellbare. Fast eine dreiviertel Stunde lang warf er mir all das mit Heftigkeit an den Kopf. Ich war einfach da – und merkte es nicht einmal. Ich lachte, sprach, handelte, bewegte mich, und der Körper war in bester Verfassung. Danach kehrte ich hier in mein Zimmer zurück, wo sich P und V aufhielten, sie hatten es mitangehört (A schrie wie ein Verrückter), und sie waren voll erschreckten Mitleids für das, was der Junge mir „angetan" hatte – AUGENBLICKLICH spürten die Zellen Müdigkeit und schreckliche Anspannung ... was sie die ganze Zeit NICHT GEFÜHLT hatten, nicht eine Minute! Als ich mich erhob, um A zu verlassen, war es noch ganz charmant, es amüsierte mich; sobald ich aber dieses Zimmer betrat, KAMEN VON IHREM BEWUSSTSEIN Müdigkeit und Anspannung. Ich betrachtete das aufmerksam (es war interessant als Erfahrung) und sagte mir: „Seltsam, WIE SEHR dies die Zellen beeinflussen kann!" Natürlich sammelte ich sofort mein Bewußtsein, und es verschwand. Aber es verschwand aufgrund dieser Arbeit, während ich vorher nichts gegen diese Müdigkeit unternehmen mußte: es geschah spontan.

Das zeigte mir auf interessante Weise das Ausmaß der gegenseitigen Abhängigkeit.

Der Körper folgt den Aktionen sehr gut, und er tut alles, was er tun muß, aber wenn er von Menschen umgeben ist, die anders fühlen oder denken, hat das noch einen beachtlichen Einfluß; obgleich das Bewußtsein nicht berührt wird: es ist völlig klarsichtig, es sieht das ganze Spiel ständig und ist sich der ankommenden Kräfte und der Wechselwirkungen bewußt. Wie kommt es dann, daß diese Kräfte trotz des Bewußtseins noch die Macht haben, einen direkten Einfluß auf die Zellen auszuüben?... Das ist ein Problem.

Es bedeutet eine Abhängigkeit der Zellen untereinander, die das Vorhaben ÜBERAUS schwierig werden läßt.

Diese Erfahrung interessierte mich. Absolut keine Müdigkeit und das Gefühl, in einem ewigen universalen Rhythmus zu leben *(Geste einer weiten Wellenbewegung)*, und die ganze Zeit amüsierte es mich; danach: augenblicklich Spannung, Müdigkeit und das Bedürfnis nach Ruhe und Konzentration.

Dabei kamen die Vibrationen sichtlich – für das Bewußtsein ersichtlich – von den anderen [P, V].

Es erfordert eine allmächtige Schwingung, um so zu machen, vrrm! *(Geste des Einebnens ringsum)* so daß alles in seiner Wirkung aufgehoben ist.

Aber wie Sri Aurobindo schrieb: Wenn es käme *(Mutter lacht)*, würde es vielleicht zu viele Dinge zerstören.

Denn es waren die Vibrationen eines guten Willens, es gab keine Feindseligkeit, nichts, absolut nichts – die Feindseligkeit war vorher da, bei A! Seine Revolte hatte nicht die GERINGSTE Auswirkung.

Danach sagte ich mir: „Wie wenig wir doch wissen! Wie gering ist unser Verständnis im Vergleich zu dem, was wirklich IST – der Mechanismus."

24. März 1965

Was gibt es Neues?

Sujata hatte einen ziemlich schlechten Traum: Sie gelangte zu einem Haus, das Leute bewachen und beschützen sollten, aber niemand hatte gewacht; die Feinde waren eingedrungen. Sujata betrat dieses Haus, und in einem Zimmer traf sie Sri Aurobindo, er war am Fuß verletzt: er stöhnte. Er war von den Feinden verletzt worden, die man in das Haus hatte eindringen lassen. Als sie Sri Aurobindo in diesem Zustand sah, lief sie so schnell sie nur konnte, um dich zu holen.

Vielleicht ist das ganz einfach ein Abbild der Geschehnisse vom 11. Februar?
Der Fuß bedeutet etwas Physisches.
Ich glaube, das ist es. Es ist lediglich das symbolische Abbild des Geschehenen.

Es wird also nicht andauern?

Eine Vorwarnung? Nein.
Es ist die symbolische Form des Geschehenen.
Ich habe dir den Traum erzählt, in dem ich verschiedene Teile von Sri Aurobindos Körper war ... Der Fuß steht für sein physisches Handeln durch gewisse Leute, durch den Ashram oder durch mich.

24. MÄRZ 1965

Ich glaube nicht, daß es schwerwiegend ist. Es ist das Abbild des Geschehenen, das irgendwo seinen Abdruck hinterlassen hat.

(Schweigen)

Eine recht seltsame Entwicklung ist eingetreten: Schon seit einiger Zeit, aber auf immer präzisere Weise, wenn ich etwas anhöre, das man mir vorliest, oder wenn ich Musik höre oder jemand mir eine Tatsache berichtet, vibriert sofort etwas: Der Ursprung der Handlung oder die Ebene, auf der sie sich abspielt, oder der Ursprung der Inspiration drückt sich automatisch durch eine Vibration in einem der Zentren aus. Entsprechend der Qualität der Vibration ist es eine konstruktive oder eine destruktive Sache; wenn es zu einem gegebenen Augenblick einen Bereich der Wahrheit auch nur ganz kurz berührt, besteht ... (wie soll ich sagen?) ein Funken der Schwingung des Anandas. Das Denken ist absolut schweigend, reglos, nichts – nichts *(Mutter öffnet die Hände nach oben mit einer Geste der totalen Darbietung)*. Und diese Wahrnehmung wird immer präziser. So erkenne ich, woher die Inspiration kommt, wo sich die Handlung abspielt, sowie die Qualität der Sache.

Es ist von einer solchen Präzision! Oh, mikroskopisch detailliert.

Zum Beispiel spürte ich dies zum ersten Mal sehr deutlich, als ich die Musik von Sunil zu *The Hour of God* hörte; es war das erste Mal, und in jenem Augenblick wußte ich nicht, daß es etwas ganz Organisiertes war, eine Art organisierte Erfahrung. Aber jetzt, nach all den Monaten, ist es eingeordnet und für mich ein absolut sicherer Hinweis, der keinem aktiven Gedanken oder Willen entspricht – ich bin nur ein unendlich empfindlicher Empfangsapparat von Schwingungen. So weiß ich, woher die Dinge kommen. Dabei regt sich kein Gedanke. So spürte ich die Schwingung von Sujatas Traum *(nach unten, unter die Füße weisende Geste)*: es lag im Bereich des Unterbewußten. Daher wußte ich, daß es sich um eine Einprägung handelte.

Anderntags, als Nolini mir seinen Artikel vorlas, war es neutral *(vage Geste, in mittlerer Höhe)*, die ganze Zeit neutral, und plötzlich ein Funken von Ananda; das ließ es mich wertschätzen. Und als du mir eben den Text von Y vorlasest, in dem Moment, wo sie die Erfahrung des Sonnenaufgangs beschreibt, war da ein kleiner Lichtstrahl *(Geste in der Höhe der Kehle)*, da wußte ich Bescheid. Ein angenehmer Lichtstrahl – nicht Ananda, aber doch ein angenehmes Licht hier *(dieselbe Geste)*, da wußte ich, daß dort etwas war, daß sie von etwas berührt worden war.

Es gibt fast endlos viele Abstufungen.

Dieses Mittel wurde mir gegeben, um die Position der Dinge einzuschätzen.

Es geschieht gänzlich außerhalb des Denkens. Dies kommt NACHHER; für den Traum, zum Beispiel, sagte ich, als du mir deine Frage stelltest: „Da die Vibration dort ist *(unter den Füßen)*, muß es logischerweise eine Erinnerung sein." Mit einer Art Gewißheit, denn ... die Wahrnehmung ist völlig unpersönlich.

Es ist ein Mechanismus von außerordentlicher Empfindlichkeit und mit einem beinahe endlosen Empfangsbereich *(stufenweise Bewegung)*.

Auf diese Weise kenne ich jetzt auch die Leute. Aber schon seit langer Zeit, wenn ich zum Beispiel ein Foto sehe, geht es nicht durch das Denken, es sind keine Schlußfolgerungen oder Intuitionen: es schafft irgendwo eine Schwingung. Dabei kommt es auch zu amüsanten Vorfällen; neulich zeigte man mir ein Foto von jemandem, da fühlte ich deutlich: Aufgrund der Stelle, die berührt wird, nach der Schwingung, die anspricht, weiß ich, daß diesem Mann der Umgang mit Ideen geläufig ist und daß er die Selbstsicherheit von jemandem hat, der lehrt. Ich fragte (um zu sehen): „Was tut dieser Mann?" Man sagt mir: „Er ist Geschäftsmann." Ich sagte: „Nun, er ist kein geborener Geschäftsmann, er versteht nichts davon!" Drei Minuten später sagt man mir: „Oh, pardon, entschuldigen Sie, ich habe mich geirrt, er ist Lehrer!" *(Mutter lacht)* So ist das.

Dies geschieht ständig, ständig.

Die Einschätzung der Welt, der Schwingungen der Welt.

Deshalb bat ich dich vorhin, mir deine Hände zu geben – warum? Eben um die Schwingung zu empfangen. Ich fühlte, was man auf englisch *a sort of dullness* [eine Stumpfheit] nennt; ich sagte mir: es geht ihm nicht gut.

Kein Gedanke, nichts: einfach Schwingungen.

Was geht denn nicht gut? *(Mutter lacht, während sie Satprem anblickt)* Ja, es ist eine Art „dullness".

Ich bin ganz von der Materie vereinnahmt.

So ist es.

Das ist kein Spaß.

Nein, aber kannst du da nicht herauskommen?

Ach, da ist ein solcher Druck! Und mein Körper hilft mir auch nicht viel.

Oh, nein! Der Körper hilft niemals. Davon bin ich jetzt überzeugt. Bis zu einem gewissen Grad kann man seinem Körper helfen (nicht allzusehr, aber doch in einem kleinen Ausmaß), man kann seinem Körper helfen, aber der Körper hilft einem nicht. Seine Schwingung ist immer erdnah.

Ja, es ist schwer.

Immer. Ohne Ausnahme, es reißt einen nach unten, und vor allem läßt es einen stumpf werden – es schwingt nicht.

Es ist schwer.

Bei dieser Sadhana, die ich betreibe, gibt es gewisse Leitlinien, denen ich folge, ich habe gewisse Aussagen von Sri Aurobindo ... Für die anderen Sadhanas war es ganz einfach: alles, was er sagte, war klar, er wies den Weg, man brauchte nicht zu suchen. Aber hierzu gab er keine Hinweise, er sagte nur wenig oder machte gelegentlich gewisse Bemerkungen, die mir helfen (ich treffe ihn auch nachts, aber ich will nicht zu sehr darauf zählen, denn ... man ist dann zu ängstlich darauf bedacht, den Kontakt zu haben, und das verdirbt alles). Einige Bemerkungen blieben mir auf diese Weise erhalten, ja, wie Leitlinien. Zum Beispiel: „Durchhalten ... durchhalten."

Nehmen wir an, man hat irgendwo einen Schmerz; der Instinkt (der Instinkt des Körpers, der Instinkt der Zellen) ist der, sich zu verkrampfen und ihn abweisen zu wollen – das ist aber das Schlimmste, was man tun kann: es verschlimmert ihn unweigerlich. Folglich muß man den Körper als erstes lehren, unbeweglich zu verharren – keine Reaktion zu haben. Besonders keine Anspannung, aber nicht einmal eine Bewegung der Abwehr – eine vollkommene Unbewegtheit. Das ist der körperliche Gleichmut.

Eine vollkommene Unbewegtheit.

Auf die vollkommene Unbewegtheit folgt die Bewegung der inneren Aspiration (ich spreche immer von der Aspiration der Zellen – ich gebrauche Worte für etwas, für das es keine Worte gibt, aber ich habe kein anderes Ausdrucksmittel), die „Unterwerfung", das heißt die SPONTANE UND TOTALE Annahme des höchsten Willens (den man nicht kennt). Möchte der umfassende Wille, daß die Dinge in diese oder jene Richtung gehen, das heißt hin zur Zersetzung gewisser Elemente oder zu ...? Dort gibt es wieder unendliche Nuancen: es geht um einen Übergang zwischen zwei verschiedenen Ebenen (vergiß nicht, daß ich von Verwirklichungen der Zellen spreche), ich will damit sagen, man bewahrt ein gewisses inneres Gleichgewicht, ein Gleichgewicht der Bewegung, des Lebens, und man muß darauf gefaßt sein, daß beim Übergang von einer Bewegung zu einer höheren Bewegung fast immer ein Abstieg und dann ein Wiederaufstieg eintritt – es ist eben ein Übergang. Zwingt einen der empfangene Schock nun dazu herabzusteigen, um wieder aufzusteigen, oder zwingt er einen zum Abstieg, um alte Bewegungen aufzugeben? Einige zellulare Seinsarten müssen nämlich verschwinden, um anderen zu weichen; andere sind geeignet, um mit einer Harmonie, einer höheren Organisation, wieder aufzusteigen. Das ist der zweite Punkt. Man muß OHNE VORGEFASSTE MEINUNGEN abwarten und sehen, was sein soll. Vor allem das Bedürfnis, es bequem zu haben, das Bedürfnis, in Frieden zu sein, all das muß absolut aufhören, verschwinden. Man muß gänzlich ohne Reaktion sein, so *(Geste einer unbewegten Darbietung mit nach oben geöffneten Handflächen)*. Wenn man so ist („man" bezeichnet die Zellen), kommt nach einiger Zeit die Wahrnehmung der Kategorie, welcher die Bewegung angehört, und man muß dieser nur folgen, sei es, daß es sich um etwas handelt, das verschwinden muß und durch etwas anderes ersetzt werden muß (das man im Augenblick noch nicht kennt), oder daß etwas transformiert werden muß.

Und so weiter. So ist es immer.

Ich gebe dir ein Beispiel, um mich deutlicher auszudrücken: Ich habe ständig, was man üblicherweise „Zahnschmerzen" nennt (es entspricht nichts in der Wirklichkeit, aber die Leute nennen es eben „Zahnschmerzen"). Ich hatte Schwierigkeiten beim Essen, Schwellungen am Gaumen usw. Die Einstellung: man erträgt es – man erträgt es, bis man nicht einmal mehr wahrnimmt, daß die Dinge schlecht stehen. Man erduldet es, aber man weiß, daß etwas nicht stimmt (äußere Anzeichen sind auch da: Entzündungen usw.). Seit langer Zeit ist es so, aber nun ... es begann jedenfalls mit einer ersten Entzündung im Dezember – Beherrschung, Arbeit usw., alle notwendigen inneren Vorkehrungen. Dann beobachtet man die Bewegung; „man" will wissen, wohin das führt, was es ist (es ist eine lange Geschichte, gar nicht interessant – interessant nur, weil lehrreich). In der Nacht von vorgestern auf gestern war die Situation anscheinend wie gewöhnlich, die gleiche Sache, bis plötzlich der Wille aufkam, wach zu bleiben, nicht einzuschlafen. Da hatte ich die klare Wahrnehmung einer Schwellung und daß es nun an der Zeit sei, die Dinger herauszuziehen (die Zahnstücke, die sich bewegten – mal bewegte es sich mehr, mal weniger, aber es begann im Dezember), sie zu entfernen, damit die Blutstauung abfließen konnte. Früher waren schon einmal Zahnstücke locker geworden, und sie waren eines Tages von selbst ohne Schwierigkeiten herausgefallen – als ihre Zeit gekommen war, verschwanden sie; ich erinnerte mich daran, warum also nicht diesen Moment abwarten? Während langer Zeit nahm ich diese Haltung ein. Dazu kam eine Art seltsamer Widerwille der Zellen, sehr engen Kontakt mit jemandem

[dem Zahnarzt] zu haben, der nicht völlig in Harmonie mit der leitenden Kraft des Körpers war. Konkret heißt das: T (die sehr freundlich ist, wohlverstanden) kennt weder die Gewohnheiten noch die Reaktionen noch die Vibration noch was nötig ist – sie weiß nichts. Wie den Kontakt herstellen? Vorgestern Nacht wurde es mir klar: das muß ich sagen (die genauen Worte des Briefes, der zu schreiben war), und ich muß sie morgen früh kommen lassen. Dann blieb alles ruhig, es war getan, meine Nacht setzte sich gewohnheitsmäßig fort. Am nächsten Morgen schrieb ich, was entschieden worden war, und sie kam, und als sie kam, wußte sie, was sie wissen sollte, und tat genau das, was sie tun sollte. Sie sagte mir sogar: „Ich werde nur das tun, was Sie mir auftragen."

Ich füge ein Detail hinzu (ein nicht sehr angenehmes, aber es gibt das Ausmaß der Wahrheit wieder): Zwei Zahnstücke mußten gezogen werden; sie zog zuerst das eine, und es war in etwa normal, dann zog sie das zweite, und es kam zu einer Art Blutung; eine ungeheure Menge Blut, die sich angesammelt hatte, dickflüssig, schwarz – eine gefährliche Stauung. Und ich hatte dies gefühlt (ein Schmerz im Gehirn, ein Schmerz im Ohr, ein weiterer ...) und mir gesagt: „Das ist nicht gut, man muß aufpassen." Der Körper war sich der Störung bewußt. Eine ganz außergewöhnliche Blutung. Ich machte sogar die Bemerkung zu T: „Es ist gut, daß es herauskam." Sie sagte: „Oh, ja!"

All das, um dir zu sagen, daß das Denken absolut unbewegt bleibt, alles geschieht direkt: eine Frage der Schwingungen. Und nur so kann man wissen, was zu tun ist. Wenn es durch das Denken geschieht, kann man es nicht wissen – besonders dieses physische Denken ist absolut stupide. Solange es arbeitet, wird man immer dazu verleitet, Dinge zu tun, die man nicht tun sollte, vor allem dazu, eine falsche Reaktion zu haben: die Reaktion, die den Kräften der Unordnung und der Dunkelheit hilft, anstatt ihnen zu widerstreben. Ich spreche nicht von Angst, denn seit sehr langer Zeit gibt es keine Angst mehr in meinem Körper – lange, seit Jahren –, aber Angst ist, als ob man einen Becher Gift schluckte.

So ist das eben im physischen Yoga!

Über all das hinaussteigen. Die einzige Art, das zu erreichen, ist die: alle Zellen haben in jeder Sekunde in Anbetung und in Aspiration zu sein *(Geste einer unbewegten Darbietung nach oben)* – in Anbetung und in Aspiration, in Anbetung und in Aspiration ... und nichts anderes. Nach einiger Zeit stellt sich auch Freude ein, schließlich endet es mit einem seligen Vertrauen. Wenn das Vertrauen sich ausbreitet, geht alles gut. Aber ... das läßt sich sehr leicht sagen, es ist viel schwieriger auszuführen. Nur bin ich im Augenblick überzeugt, daß es das einzige Mittel ist, es gibt kein anderes.

Gib mir deine Hände ...

27. März 1965

Ich finde, daß all diese Fleischnahrung, die man mir zur Stärkung gibt, mir schwer aufliegt, besonders jetzt mit der einsetzenden Hitze. Kann ich nicht wieder auf eine vegetarische Ernährung zurückgehen?

Es hat keinen wirklichen Einfluß auf das Bewußtsein, davon bin ich absolut überzeugt. Die fleischhaltige Ernährung kann dem Körper das Gefühl einer großen Festigkeit geben, und die Festigkeit ist meiner Meinung nach sehr, sehr wichtig – ich bin keine Befürworterin der „verflüchtigenden" Spiritualität, das ist die alte Lüge von gestern.

Nein, die Schwere des Körpers ... du mußt sie nicht nur wahrnehmen, sondern auch verstehen und akzeptieren, daß diese Schwere geeignet ist, die inneren Schäden des Körpers zu heilen. Der Körper muß gerade diese Schwere in eine Art beständige Ruhe umwandeln, so daß alles in seine Ordnung kommt.

Ich glaube nicht, daß die Empfindung des „Leicht-Seins" eine gute Empfindung ist. Denn das eine wie das andere, die vermeintliche Leichtigkeit und die vermeintliche Schwere, hat ABSOLUT nichts mit dem Yoga und der Transformation zu tun. All das sind menschliche Empfindungen. Die Wahrheit ist ganz anders und von diesen Dingen gänzlich unabhängig. Die Wahrheit ist die bewußte Aspiration der physischen Zellen zum Höchsten; das ist das Einzige, was den Körper wirklich transformieren kann; und das ist völlig unabhängig vom Bereich der Empfindungen.

Im Gegenteil, es ist gut für die Nerven, zur Ruhe zu kommen, und ich glaube, wenn die Nerven stark werden, ist ihre erste Bewegung, sich zu beruhigen. Das gibt den Eindruck von Schwere, ja fast den Eindruck von *Tamas*, aber eine gewisse ruhige Stabilität ist eben nötig. So sehe ich das.

Um die Fehlwirkungen dieses physischen Mentals zu neutralisieren, wäre es im Grunde nicht schlecht ... man könnte scherzhaft sagen:

Vegetarier zu werden im Sinne von „eine Pflanze werden" – das friedliche Leben einer Pflanze, so *(Geste des sich in der Sonne Ausstreckens)*.

Ja, eine bestimmte vegetative Unbewegtheit ist ein ausgezeichnetes Mittel, um der Unruhe Herr zu werden, dieser ungezügelten Unruhe des physischen Mentals ... Verstehst du, man fühlt sich wie eine Seerose im Wasser: diese großen Blätter, die sich so ausbreiten – eine ganz ruhige Wasserfläche, ohne eine einzige Regung, und eine Seerose.

Die Seerose: eine weiße Blüte, die sich zum Licht hin öffnet, auf großen, auf dem Wasser treibenden Blättern ... Oh, wie gut das tut, getragen zu werden.

Wenn die Nerven schön ruhig sind, nachdem man gut gegessen hat, kann man in eine selige Kontemplation eintreten – sich um nichts kümmern, besonders nicht versuchen zu denken: so *(fließende, darreichende Geste)*, um dann den Herrn und seine Harmonie – eine leuchtende Harmonie – anzurufen, nach dem Essen mindestens eine halbe oder eine dreiviertel Stunde so entspannt verbleiben. Das ist sehr hilfreich, das ist ausgezeichnet. Nicht einschlafen: in Seligkeit – nichts, nichts sein. Nichts als eine selige Ruhe. Dies ist das beste Heilmittel.

Ich glaube, es ist leichter, wenn man gut gegessen hat!

Versuche, eine Seerose zu sein ... Eine Seerose ist so schön!

Selbst das Beobachten von Tieren ist wohltuend – sie verstehen es viel besser als die Menschen, sich auszuruhen.

Man könnte einen Slogan bilden: Wenn es euch gut gehen soll, so werdet wie die Seerose! *(Mutter lacht)* ... Ich sehe das Bild eines Teichs in der Sonne.

Im Grunde bin ich genau die richtige, um die Leute zu bitten, gut zu essen ... Du weißt, daß ich Schwierigkeiten hatte: während zwei Tagen war es mir fast unmöglich zu essen – und ich war so froh! Ich tadle mich immer dafür: das ist eine Schwäche – eine moralische Schwäche. Es steht mir wirklich zu, das zu sagen, denn ich habe dieselben Schwierigkeiten wie du, was die Ernährung angeht, und das ist sehr schlecht. Ich predige dies nicht aus persönlicher Vorliebe fürs Essen (!), sondern um der anderen Tendenz entgegenzutreten. Jedesmal, wenn mich irgend etwas am Essen hindert, sagt der Körper sofort spontan: „Oh, danke, Herr, jetzt brauche ich nicht zu essen!" Ich ertappe mich dabei und gebe mir einen Klaps.

April

7. April 1965

Schläfst du gut?

Nicht besonders, und mein Schlaf ist nicht bewußt: ich sehe dich nicht.

Ach, mein Kind *(lachend)*, manchmal sage ich mir: „Wie schön für die Leute, nicht bewußt zu sein!"
Weißt du, ständig ziehen Erfahrungen an mir vorbei, ohne Unterbruch – natürlich trete ich in manchen Augenblicken in einen glückseligen Zustand, aber dies ist mir nicht für lange Zeit vergönnt. Ich würde gerne mindestens vier oder fünf Stunden so verbringen, aber es wird mir nicht gewährt. Ständig, ständig ... und was für Geschichten!
Ich kann es nicht ausdrücken ... Es ist weder überbewußt noch unterbewußt ... man könnte es zwischenbewußt nennen – es ist genau die Schattenseite der Dinge. Und dann ... *(Mutter schüttelt den Kopf)*

(Schweigen)

In „dokumentarischer" Hinsicht wäre es sehr interessant, tagtäglich alles, was geschieht, zu notieren. Es ist nämlich nicht auf einen Ort oder eine gewisse Anzahl von Leuten beschränkt: es handelt sich um eine ausgesprochen weltumfassende Tätigkeit. Das wäre offensichtlich sehr interessant. Aber dazu bräuchte man mindestens ein oder zwei Stunden jeden Morgen, um die ganze Nacht zu notieren! Und man muß sich schön ruhig verhalten, sonst verschwindet alles. Dies ergäbe unglaubliche Dokumente.
Voraussagen erhalte ich nur in sehr symbolischer oder eigenartiger Form. Eine Form, die man „analog" nennen könnte. Man zeigt mir analoge Tatsachen, die in der Geschichte der Erde aufgetreten sind (manchmal nicht die historische, sondern die „prähistorische" Geschichte der Erde), mit einer speziellen Färbung, ein bißchen innerlicher als die bloßen rohen Tatsachen: damit einer geht eine Schwingung von einer Kombination aus Denken, Gefühl und besonders Kraft – der Kraft der Aktion. Das kommt mit einer Art Kraft der Projektion in die Zukunft *(Mutter bezeichnet eine Wurflinie, die von den Ereignissen der Vergangenheit zu denen der Zukunft verläuft)*, und zwischen den beiden liegt die im irdischen Fortschritt durchlaufene Kurve. Eigentlich wäre dies recht interessant ... Man darf aber nichts anderes zu tun haben!
Eines wird jedenfalls sehr deutlich: Ein Wort oder ein Satz zum Beispiel, eine Bewegung, ein Gedanke, ein Impuls, alles hat seinen speziellen Schwingungspunkt *(in der Vergangenheit)* und seinen ganzen

Verlauf an Folgeerscheinungen *(dieselbe Bewegung einer Wurflinie)*, die ganze Kurve der Folgeerscheinungen. All das zeigt sich als Ganzes *(Mutter bezeichnet einen Bildschirm, auf dem plötzlich ein Bild anhält)*. Die Kurve: diese Sache führt ... brrt! dorthin. Aber das Endergebnis (so etwas wie eine spektakuläre und hochtrabende Bedeutung mit großen Auswirkungen) wird mir nie gegeben. Das, was jemanden zu einem großen Propheten macht, wird mir nicht zuteil (ich strebe nicht danach, aber es wird mir auch nicht gewährt). Nur *(dieselbe Geste einer Kurve)*: diese Sache wird sich so abspielen, brrt! und dann wird das und das sein ... *(Mutter bezeichnet gewisse Punkte auf der Kurve)*, was aber das Endergebnis betrifft: Schweigen.

Man kann es jedoch nur notieren, wenn man nichts anderes zu tun hat. Eigentlich war es niemals zu etwas nutze. Glaubst du etwa, die Weissager hätten den Menschen geholfen?... Ich nicht. Was kommen mußte, ist schon immer eingetreten, und die Tatsache, daß man es voraussah, hat nichts daran geändert.

10. April 1965

Man hat mir eine Frage gestellt *(Mutter holt eine Notiz)*:

> Wie kann ich den Herrn lieben? Ich habe Ihn doch nie gesehen, und Er spricht nie zu mir.

Ich antworte folgendes:

> Man liebt nicht das, was man sieht oder hört, sondern man liebt die Liebe hinter den Formen und Klängen, und die vollkommenste und liebevollste Liebe ist die Liebe des Herrn.

Als ich dies schrieb, war es eine Erfahrung von außerordentlicher Intensität: Man kann nichts anderes lieben als die Liebe, und es ist die Liebe, die man hinter allem liebt – man liebt die Liebe.
Es ist die Liebe, die sich überall liebt.
Form und Klang sind Vorwände.

(Schweigen)

Findest du das schwierig zu verstehen?

Nein!

Nein, denn ich gab es N zu lesen: *he has blinked* [er blinzelte], ich gab es U zu lesen: *he has blinked* ... Und wie steht's mit dir ... blinzelst du auch?

Nein! Es erscheint mir ...

Ah, dann ist's gut! Wenn nur eine Person versteht, genügt das.

Es ist die Wahrheit, ES IST die Liebe ... Andere werden es auch verstehen.

Mir gefällt das. Es ist von einer kindlichen Einfachheit: „... und die vollkommenste und liebevollste Liebe ist die Liebe des Herrn."

17. April 1965

Du sagtest, wir hätten einen Schritt vorwärts getan. Gibt es etwas Neues?

Ich habe schon immer gesagt, daß mir in zwei Punkten die Zukunft niemals offenbart wurde. Zum einen, was genau die erste supramentale Lebensform auf der Erde sein wird, mit anderen Worten, die Stufe, die auf den gegenwärtigen Menschen folgen wird – analog der ersten Stufe, die auf das Tier folgte (die dann verschwand). Wie ist die Stufe beschaffen, die auf den Menschen folgt und die vielleicht letztlich auch verschwinden wird? Dann der zweite, persönlichere Punkt: Wird die Transformation dieses Körpers eine unbegrenzte Fortsetzung ermöglichen, oder wird ein Teil der Arbeit an den Zellen in gewisser Weise umsonst sein?

Ich kann nicht sagen, ich hätte eine Antwort darauf erhalten, aber beidseitig hat sich gleichsam etwas geöffnet. Der Eindruck, als sei man vor einer Wand gestanden, und nun öffnet sie sich, man erlaubt mir weiterzugehen. Man sieht noch keine Resultate, aber wir haben wirklich in beide Richtungen einen Schritt vorwärts getan, denn es ist offen – es ist keine Wand mehr da, es ist offen.

Besonders das Gefühl, blockiert zu sein, ist verschwunden.

Die ersten Entdeckungen sind kaum der Rede wert, denn sie sind weder präzis noch konkret oder definitiv genug. Nur das Gefühl der

Erleichterung: Anstatt vor einer Sache zu stehen, die einem den Weg versperrt, uff, kann man atmen und weiterschreiten.
Die Konsequenzen, das ist für später.

(langes Schweigen)

Der Übergang zwischen den beiden scheint tatsächlich nur dann möglich zu sein, wenn ein supramentalisiertes Bewußtsein bewußt und willentlich in einen Körper eintritt, den man als einen „verbesserten physischen Körper" bezeichnen könnte, das heißt, der menschliche Körper, wie er jetzt ist, aber in verbesserter Form: eine Verbesserung, wie sie zum Beispiel eine ECHTE Körperschulung bewirkt, nicht so, wie man sie jetzt übertrieben betreibt, sondern im wahren Sinne. Ich habe dies sehr deutlich gesehen: Bei der Körperschulung werden gegenwärtig große Fortschritte gemacht, es begann vor kaum einem halben Jahrhundert, und innerhalb der Evolution wird dieses Körpertraining eine Verbesserung hinsichtlich Geschmeidigkeit, Gleichgewicht, Ausdauer und Harmonie bewirken – dies sind die vier Qualitäten: Geschmeidigkeit (Plastizität), Gleichgewicht der verschiedenen Wesensteile, Ausdauer und Harmonie des Körpers, die aus ihm ein anpassungsfähigeres Instrument für das supramentalisierte Bewußtsein machen werden.

Der Übergang wäre also die bewußte und willentliche Verwendung eines auf diese Weise vorbereiteten Körpers durch ein supramentalisiertes Bewußtsein. Dieser Körper muß zur höchstmöglichen Entwicklung und Nutzung seiner Zellen geführt werden, um ... ja, um bewußt von den höchsten Kräften durchdrungen zu werden – was jetzt hier [in Mutter] geschieht. Und wenn das Bewußtsein, das dem Körper innewohnt und ihn beseelt, die erforderlichen Qualitäten in genügendem Ausmaß besitzt, müßte es diesen Körper eigentlich bis zu seiner maximalen Transformationsmöglichkeit benutzen können, so daß der Verlust durch das Absterben der sich zersetzenden Zellen wirklich auf ein Minimum reduziert wird – in welchem Ausmaß ist dies möglich?... Dies ist eben noch nicht bekannt.

Es entspricht dem, was Sri Aurobindo als die beliebige und unbegrenzte Verlängerung des Lebens bezeichnete.

Aber so, wie die Dinge jetzt stehen, wird es vermutlich eine Übergangsperiode geben, in der das Bewußtsein von diesem Körper in einen anderen, besser vorbereiteten, übergehen wird – äußerlich, physisch besser vorbereitet (nicht innerlich). Mit „äußerlich" will ich sagen, daß er durch die jetzige Entwicklung der vier Qualitäten gewisse Fähigkeiten erworben haben wird, die meiner weder im nötigen Ausmaß noch in *completeness* [Vollständigkeit] besitzt; das heißt, die vier Qualitäten müssen in vollkommenem Einklang und in genügendem Ausmaß vorhanden sein, um der Transformationsarbeit standzuhalten.

Ich weiß nicht, ob ich mich verständlich ausdrücke ...

Ja, aber meinst du damit, den Körper zu wechseln?

In diesem Fall müßte man den Körper wechseln. Aber ein Wechsel ... (in okkulter Hinsicht ist das eine bekannte Sache), kein Wechsel in einen neugeborenen Körper, sondern in einen schon geformten Körper. Es geschähe durch eine Art Identifikation der psychischen Persönlichkeit des zu wechselnden Körpers mit einem anderen empfangenden Körper – dieses Verschmelzen der psychischen Persönlichkeiten ist möglich, *(lachend)* ich kenne den Vorgang! Es würde eine Auslöschung des Egos erfordern – das schon, die Auslöschung des Egos ist nötig. Aber wenn die Auslöschung des Egos in der supramentalisierten Individualität ausreicht (kann man das Wort „Individualität" verwenden? Ich weiß es nicht ... es ist weder „Persönlichkeit" noch „Individualität"), hat dieses supramentalisierte Wesen die Macht, das verbleibende Ego im anderen Wesen völlig zu neutralisieren. Dadurch wäre die Verminderung, die sonst bei einer Reinkarnation immer eintritt, ausgeschaltet – durch die Verminderung beim Wechsel zu einem neuen Wesen geht ja schrecklich viel Zeit verloren! Aber durch den bewußten – willentlichen und bewußten – Übergang von einem Körper in einen anderen hat das Wesen, dessen Ego nicht mehr besteht, die Macht, das andere Ego fast völlig auszulöschen.

Dieser ganze okkulte Mechanismus muß noch entwickelt werden, für das Bewußtsein ist es aber schon fast logisch.

Das wäre der Ablauf.

Die Bedingungen für eine fast unbegrenzte Lebensverlängerung des Körpers sind bekannt oder so gut wie bekannt (sie sind mehr als erahnt: sie sind bekannt), und sie werden erlernt durch die Arbeit, die erforderlich ist, um DER ÄUSSERSTEN ZERBRECHLICHKEIT des physischen Gleichgewichts des Körpers während der Transformation entgegenzuwirken. Das bedeutet ein Studium jeder Minute, ja fast jeder Sekunde. Dies ist ein extrem schwieriger Bereich – schwierig aus all den schon erwähnten Gründen, wegen des Eindringens von Kräften, die in einem Zustand des Ungleichgewichts sind, deren Gleichgewicht nach und nach wiederhergestellt werden muß[1]. Dort stößt man auf das Unbekannte.

Das ist es.

---

1. Darin besteht das ganze Problem der evolutionären Mustersammlung, die der Ashram repräsentiert.

Aber es ist nicht mehr blockiert. Der Weg ist offen, man kann sehen – man kann sehen.

Es wird kommen.

Der wirklich schwer vorstellbare Übergang ist jedoch der von der animalischen Schöpfung (die sich ja fortsetzt) zur supramentalen Schöpfung, die noch nicht geschaffen wurde. Den Übergang von dieser Schöpfung zur supramentalen Schöpfung eines Körpers kennt man noch nicht. Der Übergang vom einen zum anderen: Wie ...? Es ist ein noch schwierigeres Problem als der Übergang vom Tier zum Menschen, denn der Prozeß der menschlichen Schöpfung hat sich zwar verfeinert, ist aber grundsätzlich noch der gleiche wie beim Tier ... Ach!

(die Unterhaltung wird durch das Eintreten des Arztes unterbrochen)

... Während es dort um eine neue Form der Schöpfung ginge.

21. April 1965

Zur letzten Unterhaltung kam mir ein Zitat von Sri Aurobindo in den Sinn.

Welches?

Du hattest von der ersten Form des supramentalen Lebens gesprochen.

Auf der Erde.

Ja, in „einem verbesserten physischen Körper". Ich habe mir Fragen zu diesem Thema gestellt ... besonders wenn du davon sprichst, „den Körper zu wechseln".

Was für Fragen?

Vor allem diese: Der Unterschied zwischen dem gegenwärtigen menschlichen Körper und der supramentalen Schöpfung ist so beträchtlich, die Substanz muß von so unterschiedlicher Beschaffenheit sein ...

Offensichtlich.

... daß ich mich frage, in welchem Maße selbst ein verbesserter physischer Körper überhaupt dienlich sein könnte? Denn es wird etwas so völlig anderes sein. Macht es da wirklich einen Unterschied, ob der Körper alt und gebeugt oder jung und sehr geschmeidig ist ...

Das wollte ich nicht mit „verbessert" sagen. Ob der Körper jung oder alt ist, spielt nicht die geringste Rolle, denn die Vorteile werden durch Nachteile aufgewogen. Ich habe auch über das Problem nachgedacht – es macht nicht den geringsten Unterschied.

Den Körper zu wechseln, mag eine Notwendigkeit werden, das ist alles, aber es ist nebensächlich.

Was ich mit einem „verbesserten physischen Körper" meinte, ist diese Art Meisterung des Körpers, die man heute durch Körpertraining erlangt. Kürzlich sah ich Zeitschriften, die zeigten, wie es begonnen hatte: die anfänglichen Resultate und die jetzigen; und hinsichtlich der Harmonie der Formen (ich spreche nicht von den Übertreibungen – die gibt es überall –, ich meine das, was unter den bestmöglichen Bedingungen erreicht werden kann), die erzielte Harmonie der Formen, die Kraft und ein gewisser Schönheitssinn, die Entwicklung gewisser Fähigkeiten wie Ausdauer und Geschicklichkeit, die Genauigkeit bei der Ausführung vereint mit Kraft, ist sehr bemerkenswert, wenn man die kurze Dauer dieser Bemühungen bedenkt. Es breitet sich im Augenblick sehr schnell aus, das heißt, der Anteil der menschlichen Bevölkerung, der sich dafür interessiert und sich damit beschäftigt, nimmt lawinenartig zu. Als ich dann all die Fotos sah (ich sehe hauptsächlich durch Bilder), sagte ich mir, daß die Zellen, die Zellgebilde durch diese Eigenschaften eine Plastizität, eine Aufnahmefähigkeit und eine Kraft erwerben, die die Substanz anpassungsfähiger für das Eindringen der supramentalen Kräfte machen.

Nehmen wir zum Beispiel die Harmonie der Form (ich nenne ein Beispiel unter vielen anderen). Die Evolution geht offenkundig in Richtung einer Verminderung des Unterschiedes zwischen der weiblichen und der männlichen Form: Das Ideal, das im Begriff ist, sich zu entwickeln, vermännlicht die weiblichen Formen und verleiht den maskulinen Formen eine gewisse Grazie und Geschmeidigkeit. Dies hat zur Folge, daß sie immer mehr dem ähneln, was ich ganz oben sah, oberhalb der Welten der Schöpfung, das, was man die „äußerste Schwelle" der Welt der Formen nennen könnte. Zu Beginn des Jahrhunderts, noch bevor ich von der Existenz Sri Aurobindos wußte und ohne das Wort „Supramental" je gehört zu haben – ich hatte nicht einmal eine Ahnung davon –, sah ich dort ganz oben, an der Schwelle zum Formlosen, an der äußersten Grenze, eine ideale menschliche Form, die der menschlichen Form ähnelte – eine idealisierte menschliche Form, weder Mann noch Frau –, eine leuchtende Form, eine Form goldenen Lichts. Als ich später las, was Sri Aurobindo dazu schrieb, sagte ich mir: „Aber was ich sah, war ja die supramentale Form!", ohne daß ich die mindeste Idee gehabt hätte, daß so etwas existieren könnte. Das Ideal der Form, dem man sich heutzutage annähert, ähnelt dem, was ich sah. Deshalb sagte ich: Da die Evolution sich auf diesen Punkt, auf die physische, körperliche Form konzentriert, scheint die Natur etwas für diese Herabkunft und Inkarnation vorzubereiten – das scheint mir logisch. Das wollte ich mit „verbesserter physischer Form" ausdrücken.

Der andere Punkt ist völlig sekundär, es ist ein Spezialfall, keine Linie der Evolution. Ich sage nur, es KANN als Mittel angewendet werden, und in der Vergangenheit geschah dies auch.

Ein Wechsel des Körpers?

Ja, darauf könnte wieder zurückgegriffen werden, WENN DIE NOTWENDIGKEIT DAFÜR EINTRITT. Es war nicht die zentrale Idee, sondern eine Eventualität – es könnte geschehen. Ich sagte lediglich, daß es dem Bewußtsein in diesen Zellen, nachdem sie das Gefühl des Egos verloren haben ... (ich glaube, sie haben es verloren, obgleich dieser Körper ohne das Gefühl eines Egos gebildet wurde – wenn es aber zu einem gegebenen Moment nötig war, ist dies jetzt nicht mehr der Fall); da die Zellen das Gefühl des Egos verloren haben, fällt es dem Bewußtsein sehr leicht, sich in einem anderen Körper zu manifestieren. Es ist eine durchaus konkrete, materielle Erfahrung, d.h. ich konnte so die Erfahrungen dieses Bewußtseins vervielfältigen, indem ich mich verschiedener anderer Körper bediente ... für gewisse Dinge; es war natürlich zeitlich beschränkt, aber es geschah willentlich und jedenfalls lange genug, um eine konkrete Erfahrung zu haben.

Aber das ist eine persönliche Angelegenheit, es hat nichts mit der Allgemeinheit und der Kollektivität zu tun, während der andere Punkt interessant ist: Ich habe den Eindruck, daß die Mitarbeit der Natur die Menschheit in diese Richtung treibt, in Vorbereitung einer empfänglicheren Materie für das Ideal, das sich manifestieren will.

Nach der letzten Unterhaltung schien mir der Unterschied zwischen den beiden Schöpfungen, der animalischen und der supramentalen, so ungeheuer, daß es keine große Rolle spielt, ob der Körper anpassungsfähiger ist, usw.

Der Unterschied ist nicht so gewaltig. Der Unterschied in der ART DER SCHÖPFUNG ist allerdings gewaltig, dort besteht ein gewaltiger Unterschied. Dort ist es schwer zu begreifen, wie man vom einen zum anderen übergehen kann, und wie es Zwischenstufen geben kann.

Genau. Und ich erinnerte mich plötzlich an ein Zitat von Sri Aurobindo, das mir interessant zu sein scheint. Es steht in The Human Cycle, *am Ende des Buches. Er sagt folgendes: „Es kann gut sein, daß das supramentale Vorhaben, einmal begonnen, nicht schnell voranschreitet; es mag eine jahrhundertelange Anstrengung erfordern, um zu einer Art beständiger Geburt zu gelangen. Aber das ist nicht unvermeidlich, denn Veränderungen dieser Art scheinen als Prinzip in der Natur eine lange dunkle Vorbereitung zu durchlaufen, gefolgt von einer schnellen Sammlung und einem jähen Sturz der Elemente in eine neue Geburt, in eine beschleunigte Umwandlung und Transformation, die in ihrem leuchtenden Moment wie ein Wunder erscheint."*[1]

Das ist sehr interessant ... Ja, *(lachend)* das sagte er mir erst kürzlich!
Das stimmt.
Im Grunde, wenn es einen Körper gibt, der durch ein Ideal und eine zunehmende Entwicklung geprägt ist, einen Körper, der genügend Substanz, Möglichkeiten und Potential besitzt, kann es gut sein, daß sich eine jähe Herabkunft einer supramentalen Form ereignet, wie dies bei der menschlichen Form der Fall war. Denn ich weiß (ich weiß es, weil ich es erlebt habe), als der sehr dunkle Übergang vom Tier zum Menschen (wovon man mehr oder weniger schlüssige Spuren fand) ausreichte, als das Ergebnis greifbar genug war, fand eine mentale Herabkunft der menschlichen Schöpfung statt. Eine zweifache Herabkunft ereignete sich, sie hatte die Besonderheit, daß sie doppelt war, männlich und weiblich: es war kein einzelnes Wesen sondern zwei. Diese ersten Menschen lebten in der Natur, sie führten ein tierähnliches Leben, mit einem mentalen Bewußtsein, aber ohne jeglichen Konflikt mit der allgemeinherrschenden Harmonie. Die Erinnerungen an ein spontanes animalisches, absolut natürliches Leben in der Natur sind absolut klar. Eine wunderschöne Natur, die eigenartig an die Natur Ceylons und der tropischen Länder erinnert: Wasser, Bäume,

---

1. *The Human Cycle,* Centenary Edition, Bd. XV, S. 252.

Früchte, Blumen ... ein harmonisches Leben mit den Tieren, ohne ein Gefühl der Furcht oder des Unterschiedes. Es war ein sehr leuchtendes, harmonisches und NATÜRLICHES Leben – in der Natur.

Seltsam, die Geschichte vom Paradies erscheint wie eine mentale Entstellung des wirklichen Geschehens. Dies alles wurde zu einer Farce, und da ist auch eine Tendenz ... Man hat den Eindruck, daß ein feindlicher Wille oder ein asurisches Wesen sich dessen bedienen wollte, um die Grundlagen für eine Religion zu schaffen und den Menschen in seine Gewalt zu bekommen. Doch das ist eine andere Frage.

Aber dieses spontane, natürliche, harmonische Leben – sehr harmonisch –, wunderschön, leuchtend und so leicht!... Ein harmonischer Rhythmus in der Natur. Im Grunde eine lichtvolle Animalität.

So begann alles, und zwar durch eine Herabkunft des höheren mentalen, menschlichen Bewußtseins in die bestehende Form. Das Phänomen kann sich auf dieselbe Weise wiederholen, mit dem Unterschied, daß es jetzt bewußter und gewollter wäre – eine Intervention des bewußten Willens kann durchaus stattfinden. Das würde oder könnte durch einen okkulten Vorgang geschehen – ich weiß es nicht, es gibt die verschiedensten Möglichkeiten. Eine Möglichkeit wäre der bewußte Übergang eines Wesens, das sich zuvor des alten menschlichen Körpers für seine Entwicklung und seinen Yoga bediente und dann die hinfällig gewordene Form verläßt, um in eine Form einzutreten, die sich dem neuen Wachstum anpassen kann.

Damit treffen sich die beiden Möglichkeiten.

Aber davon kann für den Augenblick noch nicht die Rede sein, denn obwohl die Entwicklung der Körperschulung große Fortschritte macht, ist es trotzdem möglich, daß es noch Hunderte von Jahren erfordert.

Es gibt eine Aussage von Sri Aurobindo, nach der das erste zu erreichende Stadium die beliebige Verlängerung des Lebens ist – nicht gleich die Unsterblichkeit sondern die beliebige Verlängerung des Lebens. Dies steht in seinen Aufsätzen über „Die Supramentale Manifestation".

23. April 1965

Fast jede Nacht verbringe ich jetzt einen Teil der Zeit in jemand anderem, der mir wie ich selbst erscheint – „ich" bin es zwar, aber die Umstände sind völlig anders, die Beziehungen sind völlig unterschiedlich. Letzte Nacht sah ich mich, ich weiß nicht wie (oh, es war eine lange Geschichte): ich trug einen Sari und hatte die Haare offen – weiße Haare! Weiß, mit einigen Stellen, die noch schwarz geblieben waren. Plötzlich sah ich mein Gesicht in einem Spiegel, und so wußte ich, daß ich jemand anders war.

Es scheint eine sehr alltägliche, sehr regelmäßige Beschäftigung zu sein, und immer mit völlig verschiedenen Leuten, aber alle stehen sie in Beziehung mit Sri Aurobindos Denken und Werk. Manche kenne ich sehr gut, sie treten in einer mir vertrauten Umgebung auf; andere weniger gut.

Die letzte Nacht war beschwerlich, denn ich wurde bedrängt („ich" – wer war ich? Ich weiß es nicht), ich wurde von jemandem angegriffen, der mir keine Ruhe lassen wollte und den ich ekelerregend fand, eine Verkörperung der Lüge und der Heuchelei. Es war ein symbolisches Wesen (all das war symbolisch), und es verkörperte etwas, fast wie eines der menschlichen Laster, etwas Symbolisches und sehr Allgemeines. Oh, war das anstrengend!... Ich setzte alles daran, mich seinem Zugriff zu entziehen. Aber ich erfuhr nicht, wer ich war – es war zwar „ich", aber äußerlich weiß ich es nicht.

In der letzten Nacht ergab es sich dann, daß ich im Verlauf all der Ereignisse von jemandem begleitet wurde, den ich sehr gut kannte (nicht materiell). Ich hatte weiße Haare, und diese Person sagte mir: „Oh, das ist sehr gut, trage sie so ..." Dann sah ich meinen Kopf ... Ich hatte ein blasses, aber nicht weißes Gesicht und weiße, auf den Nacken fallende Haare, sie waren sehr weiß (das Weiß ursprünglich schwarzer Haare) mit ein paar schwarzen Strähnen. Ich sagte: „Aber nein! Wenn man weiße Haare hat ... (ich weiß nicht, welche Sprache ich sprach, denn man hört keinen Laut, man versteht innerlich) ... weiße Haare sehen so nicht schön aus." Als ich *(lachend)* in meinen gewohnten Zustand zurückkehrte, sagte ich mir: „Sieh an, wie komisch ich aussah!"

Es ist ziemlich anstrengend. Jedesmal begegnet man einer neuen Schwierigkeit, die man überwinden muß, einem Problem, das man lösen muß, etwas, das in Ordnung gebracht werden muß.

28. April 1965

Mutter wirkt gedankenverloren

... Solange man nicht alles vermag, weiß man letztlich nichts. Dies ist meine Erfahrung dieser Tage, das wird immer deutlicher.

Wenn man nicht alles kann, das heißt, wenn man nicht die höchste Macht besitzt, weiß man nichts. Und die höchste Macht ist ... Ich werde mich deutlicher ausdrücken *(Mutter lächelt)*. In Amerika stirbt gerade jemand an Krebs. Ich sagte diesem Jemand, was immer auch geschehe, werde das Beste für seine Seele sein; ich sagte es in einem Augenblick, wo das sogenannte menschliche Wissen sich noch vorstellte, ihn heilen zu können. Er verlor die Sprache, aber nicht das Bewußtsein – weder das Gehör noch das Bewußtsein (es ist ein Gehirntumor). Der Arzt (eine Kapazität, nicht wahr, er gehört zu den besten) sagt, daß er nur noch aufgrund seiner Willenskraft weiterlebt – er will aber nicht leben! (Dennoch hält er durch, das Leben haftet an ihm.) Er will nicht leben, er will sterben. Nur kann er es nicht sagen, er kann nicht sprechen. Der Arzt hingegen, in seiner Unwissenheit und Verblüffung über das Phänomen, sagt von ihm, nur noch sein Wille halte ihn aufrecht.

All das erfuhr ich heute morgen; während mehrerer Stunden lebte ich durch das Bewußtsein der anderen mit diesem Problem, daß er weiterlebte. Immer zeigt sich (für ein solches Bewußtsein) der „Tod" mit einem großen Fragezeichen – was ist er genau? Was genau geschieht? Inwiefern verändert sich das Bewußtsein? Gibt es eine Bewußtseinsveränderung? Was geht vor?... Meine Arbeit besteht nämlich darin (ich habe ihm das versprochen), daß er sich der ewigen Wahrheit bewußt werde, bevor er seinen Körper verläßt. Heute morgen war ich für drei Stunden mit diesem Problem konfrontiert (deshalb war ich völlig nach innen gewandt, als ich kam), und ich sagte mir: „Aber ... solange man nicht Herr über Leben und Tod ist, weiß man nichts!"

Deshalb war ich in Gedanken versunken.

(Schweigen)

Seit so vielen Jahren habe ich die verschiedensten Erfahrungen. Seit ungefähr sechzig Jahren kümmere ich mich um Leute, von denen es heißt, sie lägen im „Sterben" – ununterbrochen. Es gibt fast ebenso viele verschiedene Fälle wie Personen – es bestehen zwar Kategorien, aber die Fälle sind zahllos (ich spreche nicht von den äußeren Umständen, den materiellen Ereignissen, sondern vom inneren Vorgang). Das heißt, ich wurde fast ständig mit dem Phänomen konfrontiert, und dennoch bleibt es ein Problem. Mindestens zweimal widerfuhr mir selber in diesem Leben das, was die Leute „sterben" nennen – und beide Male war die Erfahrung verschieden. Die Erfahrung war unterschiedlich, und dennoch blieb die augenscheinliche Tatsache dieselbe.

Wenn ich es auf eine gewisse Art betrachte (Erklärungen sind letztlich bedeutungslos), erlangt man das, was einem wirklich den Schlüssel in die Hand gibt ... erst mit der Macht. Und diese Macht ... *(Mutter schüttelt den Kopf)*.

Es ist schwer zu erklären. Zum Beispiel sagten mir viele Leute, sie wollten aus dem einen oder anderen Grund sterben; indem ich dann eine gewisse Sache tat, geschah es. Die „Sache" war nicht immer die gleiche, doch das Ergebnis blieb in seiner Erscheinung stets dasselbe: die Person verließ ihren Körper. Mindestens zweimal erlebte ich auf sehr klare und präzise Weise, wie Personen – sogenannte „Tote" – ihren Körper verließen, ohne es zu merken! Folglich machte es für diesen Teil ihres Wesens keinen Unterschied.[1] Es kam auch vor, daß ich jemanden sozusagen „wiedererweckte", den man für tot erklärt hatte. Das heißt, alle erdenklichen Umstände, alle Möglichkeiten (nicht alle, aber viele) wurden mir gezeigt.

Natürlich ist es immer eine Bewegung des Bewußtseins *(die „Sache", die den Tod herbeiführt)* und eine gewisse Bewegung des Willens, aber ...

Was ich mich heute fragte (nicht „fragte", Worte sind immer falsch, denn ich fragte nicht mental), aber plötzlich erschien es so vor mir *(Geste wie auf einer Filmleinwand)*: Könnte das, was man „Tod" nennt, etwa eine Vielfalt verschiedener Dinge sein?... Wir sagen „das Leben", „der Tod", und diesen Tod stellen wir dem Leben gegenüber – doch vielleicht sind es unzählige Dinge und verschiedene Möglichkeiten, die der Mensch mit „Tod" bezeichnet?

(Schweigen)

Was ist es?

Die Antwort der menschlichen Wissenschaft lautet: Das gleichbleibende Phänomen ist das der Zersetzung. Aber das ...

Schließlich befinden wir uns ja in einem andauernden Zustand der Zersetzung – alles, das ganze Leben ist ständig der Zersetzung und dem Wandel preisgegeben; alle Nahrung, die wir einnehmen, ist immer im Zustand der Zersetzung. Folglich ...

Vielleicht ist es einfach unsere Einseitigkeit, ich will sagen, die Begrenztheit unserer Sicht, unserer Wahrnehmung: man sieht zu viele Details statt das Ganze. In dieser angespannten Konzentration stellte

---

1. Siehe *Agenda* Bd. 3, 4. Juli 1962.

ich mir plötzlich die Frage: Welcher Art ist die physische Wahrnehmung der physischen Welt in ihrer Gesamtheit? Das Bewußtsein davon ... Ist vielleicht das, was wir Tod und Leben nennen, aus dieser Sicht lediglich ein ähnlicher Vorgang wie der der Zersetzung, Assimilation und Wandlung, der in jedem lebenden Wesen abläuft?

Da wird einem völlig schwindlig!

Die zellulare Umwandlung, die fortschreitende zellulare Transformation entspräche auf der Ebene des menschlichen Wesens (des menschlichen Wesens, des Tieres usw.) dem, was wir „Tod" nennen.

Wir werden darauf zurückkommen.

30. April 1965

Einen Teil der Nacht verbrachte ich in deinen Räumen – hast du es nicht gemerkt?... Wie hast du geschlafen?... Wie gewöhnlich?

Ich weiß nicht.

Wie soll ich sagen ... *(lächelnd)* es war eine Begutachtung der „sanitären, spirituellen" Bedingungen der verschiedenen Unterkünfte (!). Ich drücke es so aus, aber es war recht eigenartig; eine Kraft, ja, oder eine Art Bewußtsein inspirierte die verschiedenen Orte im Hinblick auf spirituelle Gesundheit – recht seltsam, interessant. Es begann mit einem Besuch in meinen eigenen Räumen, hier; dann verlangte ich sozusagen nach einer Erklärung des Prinzips, auf dem diese Inspektion beruhte, und als dies geschehen war, sagte ich mir: „Laßt uns einmal bei Satprem nachsehen." Ich hatte sogar einen vagen Eindruck, daß du nicht wußtest, daß das Moskitonetz, das man bei dir anbrachte, meines ist, daß es zuvor hier hing (in Wirklichkeit weiß ich nichts davon, ich erzähle dir nur, was ich in dieser Nacht sah).

Doch.

Ach, du weißt es also!

Als ich die Absicht äußerte, zu dir zu gehen, sagte diese Kraft (es war eine Kraft, ein Wesen, eine Aktion, es war ... – kein menschliches Wesen): „Oh, er genießt ja außergewöhnliche Bedingungen." – „Ach so," sagte ich, „warum denn?" – „Oh, er hat ja dieses Netz, und all die Luft, die hindurchdringt, – die subtile Luft – wird mit deiner Atmosphäre erfüllt." *(Mutter lacht)* Ich sagte: „Gut."

Dies geschah heute früh morgens, zwischen drei und vier Uhr, als du schliefst.

Mai

5. Mai 1965

Du siehst blaß aus.

Ich fühle mich nicht sehr wohl.

(Schweigen)

Ich habe den Eindruck, nicht hier zu sein, seit ...
Mein Körper ist weit weg von mir.
Letztes Mal, als du kamst, am Nachmittag des 30., ging es mir ziemlich schlecht *(Mutter hatte Herzbeschwerden)*. Seit diesem Augenblick habe ich den Eindruck ... ziemlich weit weg von meinem Körper zu sein ... Ich bin in einem äußerst verdünnten Bewußtsein *(Geste der Ausbreitung)*.

(Mutter geht in Meditation)

Mir scheint, daß es nur auf eines ankommt, nämlich die göttliche Schwingung mit der Materie in Kontakt zu bringen, und daß dies das einzig WIRKLICHE ist. Seit dem 30. haben sich die Dinge gewissermaßen abgeklärt. Als ich heute morgen aufstand, war es so stark, daß nichts anderes mehr existierte. Ich hatte sogar den spontanen Eindruck, daß jeglicher Überbau des Denkens dazu oder jegliche Organisation des Lebens keinerlei Bedeutung hat. Nur die Menschen messen dem Bedeutung bei, aber vom Standpunkt der Arbeit kommt es einzig und allein darauf an, diesen Zustand beizubehalten (einen sehr besonderen Zustand, in dem ich jetzt bin), wo die Schwingung der Materie mit der göttlichen Schwingung in Bezug gebracht und vereinigt wird. Alles übrige: unwirklich.

(langes Schweigen)

Es fühlt sich fast so an, als ob der Kreislauf nicht richtig arbeitet, ich weiß nicht, wie ich es ausdrücken soll.

(Mutter konzentriert sich)

Es ist so *(weitausladende Geste)*, un-be-weg-lich ... Aber mit einer starken Schwingungsintensität – eine Schwingung, die sich nicht verschiebt.[1]

Hast du von deiner Mutter gehört? Ich frage dich dies, weil ich gestern mit ihr und deinem Bruder in Kontakt stand ...

---

1. Diese Schwingung, die sich nicht verschiebt, ist die supramentale Schwingung.

(lange Meditation)

Das kann endlos so weitergehen.

Was sollen wir machen? Wenn das so weitergeht, werden wir noch lange zu tun haben!

Wir haben ja Zeit.

Wir haben Zeit, ja! Wenn man sagt: „Wir haben Zeit", dauert es noch Jahre. Aber ich tue es ja nicht absichtlich, es kommt einfach über mich, da kann man nichts machen.

Und dir geht es besser?

Ja, Mutter.

(Schweigen)

Ich habe die wachsende Empfindung einer Kraft, die allmählich grenzenlos wird. Aber dieser Zustand ist eben mit den besagten Schwierigkeiten verknüpft *(Herz- und Kreislaufbeschwerden)*. Ich entscheide nichts, ich tue nichts *(um diesen Zustand zu erlangen)*: ich bin so *(unbewegte Geste, mit nach oben geöffneten Handflächen)*, in „etwas", das sich anfühlt, als ob es ewig so sein könnte. Aber darin nehme ich Wogen, Wellen, Bewegungen von ungeheurer Kraft wahr (manchmal auch Konzentrationen, wenn es sich um globale Ereignisse handelt).

Wir brauchen nur ruhig zu bleiben, dann werden wir ja sehen, was geschieht!

Aber du mußt körperlich stärker werden.

Es geht.

Das ist überaus wichtig, denn ich weiß, wir werden zusammen viel zu tun haben.

8. Mai 1965

(Bei jedem Treffen mit Satprem übersetzt Mutter einen Vers aus Savitri, den man in großer Schrift für sie abschreibt. Dieses Mal handelt es sich um den Dialog zwischen dem Tod und Savitris Herz:)

And never lose the white spiritual touch

(Mutter wiederholt)

And never lose the white spiritual touch
Sans jamais perdre le blanc contact de l'Esprit[1]

(Schweigen)

Gestern las ich mit H die Reihe von Savitris Erfahrungen, die mit der Auslöschung beginnt: *Annul thyself so that God alone exists* (ich erinnere mich nicht mehr, aber das ist die Idee). „Annule toi pour que Dieu seul existe"[2]. Es beginnt mit ihrer Auslöschung, dann hat sie die Erfahrung, das Ganze zu SEIN, das heißt der Höchste (der Höchste in ihr) und die ganze Manifestation, alle Dinge zu sein. Es geht über drei Absätze. Das ist eine absolut ... eine wirklich wunderbare Beschreibung von außerordentlicher Schönheit.[3]

Es ist ein Kapitel ohne Titel.

(Mutter sucht den Abschnitt vergeblich in Savitri)

Zunächst begegnet sie ihrer Seele, in einem Haus aus Flammen. Sie betritt dieses und vereint sich mit ihrer Seele *(Das Finden der Seele, VII.V)*. Das ist der Anfang. Dann kommt das Nirvana *(Nirvana und die Entdeckung des alles verneinenden Absoluten, VII.VI)*. Sie geht in das

---

1. *It can drink up the sea of All-Delight*
 And never lose the white spiritual touch (X.III.635)
 Es kann das Meer des Allentzückens austrinken,
 Ohne je die weiße spirituelle Verbindung zu verlieren.
2. *Annul thyself that only God may be.* (VII.VI.538)
 Lös auf dich selbst, damit allein Gott sei.
3. *The world of unreality ceased to be ...*
 She was a single being, yet all things
 The world was her spirit's wide circumference (VII.VII.554, 556)
 Die Welt der Irrealität war nun zu Ende ...
 Sie war ein Einzelwesen, doch sie war auch alle Dinge.
 Die Welt war ihres Geistes weiter Umfang ...
 (Savitri, dt. Ausgabe, Verlag Hinder + Deelmann, 1985, S. 568, 570)

Nirvana ein und ist nur noch eine violette Spur im Nichts.[1] Danach gelangt sie wieder in ihren Körper, dort beginnt es wirklich. Ein Kapitel ohne Titel *(VII.VII)*.

Ich werde es ein andermal finden.

(Mutter legt das Buch weg)

Ich erwähne das, weil es eine Revolution in der Atmosphäre bewirkte. Alle die dort beschriebenen Erfahrungen entsprechen nämlich genau den meinen. Im Körper entstand plötzlich ... Ich war unten im Musikzimmer, H las mir das vor, und als sie fertig gelesen hatte, richtete sich der Körper plötzlich in einer ungeheuren Aspiration und mit einem so intensiven Gebet auf! Es war eine schreckliche Bedrängnis: „Die ganze Erfahrung ist da [in Mutter], vollständig, total, vollkommen, und nur weil das [der Körper] zu lange gelebt hat, kann er sie nicht mehr ausdrücken." Er sagte: „Aber Herr, warum denn? Warum, warum nur nimmst du mir das Ausdrucksvermögen, weil er schon zu lange gelebt hat?" Es war eine Art Revolution im Bewußtsein des Körpers.

Seitdem geht es sehr viel besser. Eine entscheidende Wende ist eingetreten.

Es war die genaue Beschreibung des Zustands, in dem sich der Körper befindet, und dennoch hat er stets das Gefühl, gebrechlich und in einem bedrohten Gleichgewicht zu sein. Er sagte mit seiner ganzen Aspiration: „Aber WARUM? Warum nur?... Die Erfahrung ist doch da – warum kommt sie nicht zum Ausdruck?"

Wie immer *(lachend)* hatte ich den Eindruck, daß der Herr lachte und mir sagte: „Weil du es so willst, wird es auch so sein!" Was einfach bedeutet: es war DEINE EIGENE Entscheidung, so zu sein.

Das stimmt absolut. Nur diese törichte Materie wählt all unsere Unfähigkeiten, all unsere Begrenzungen, all unsere Unmöglichkeiten – nicht mit dem Licht der Intelligenz, sondern mit einer Art Gefühl, daß es „so sein müsse", daß dies „natürlich" sei. Ein idiotisches Festhalten an der Seinsart der niederen Natur.

Ich brach in Lachen und Tränen aus, eine ganze Revolution, und danach ging alles gut.

---

1. *Unutterably effaced, no one and null,*
 A vanishing vestige like a violet trace,
 A faint record merely of a self now past,
 She was a point in the unknowable. (VII.VI.549)
 Unaussprechlich ausgelöscht, niemand und nichts,
 Violetter Fährte gleich verschwindende Spur,
 Schwache Erinnerung nur nun vergangenen Selbsts,
 Ein Punkt war sie im Unerkennbaren.

8. MAI 1965

Aber niemand in der Welt wird mich davon abbringen können, daß diese materielle Natur eben nur deswegen so ist, weil sie so sein *will*.

Und der Herr schaut, lächelt und wartet ... *(lachend)*, auf daß sie ihre Torheit überwinde.

Er tut alles Nötige, aber ... wir nehmen es nicht zur Kenntnis.

Die Antriebskraft des GLAUBENS fehlt, dieser berühmte Glaube, von dem Sri Aurobindo immer spricht.

Wenn die Leute mir lange Briefe schreiben (was für Briefe ich erhalte! Endloses Gejammer: Probleme mit der Gesundheit, mit der Arbeit, mit den Beziehungen – nichts als Gejammer), sehe ich stets dieses Bewußtsein dahinter – leuchtend, voller Glanz und wunderbar, wie die Sonne selbst –, so, als wollte es sagen: „Wann wirst du diesen Wahnsinn endlich leid sein!" Den Hang zum Tragischen und Minderwertigen.

Mit der Vernunft versteht man das irgendwo – die Vernunft begreift das Problem schon, aber ihr geht jegliche Kraft ab, um diese Materie zum Gehorsam zu zwingen.

Jetzt empfinde ich jeden Augenblick als eine Wahl zwischen Sieg und Niederlage, Sonne und Schatten, Harmonie und Unordnung, der leichten Lösung und ... ja, zwischen dem Bequemen oder Angenehmen und dem Unangenehmen. Wenn man nicht mit Autorität eingreift, herrscht ... oh, eine Art Feigheit und Schlaffheit, etwas Schlappes, weißt du, schlapp und kraftlos.

Wenn man so redet, wirkt es sehr einfach, es klingt sehr leicht, aber in JEDER MINUTE ist man mit drei Möglichkeiten für den Körper konfrontiert (gewöhnlich sind es drei): Ohnmacht (wenn nicht akutes Leiden), eine indifferente mechanische Bewegung oder aber glorreiche Meisterschaft. Dabei kann es um Dinge wie Augenwaschen, Mundspülen, um all die kleinen, absolut bedeutungslosen Dinge gehen. Bei den großen Dingen geht es meistens gut, weil die Natur gewohnheitsmäßig denkt, angesichts besonderer Umstände gelte es, sich „schicklich" aufzuführen. Das ist alles völlig lächerlich, aber bei den kleinen Dingen ist es so: Kaum wendet man sich ab, und hopp ...! Man sieht – und zwar mit extremer Genauigkeit – die drei Möglichkeiten, und wenn man nicht die ganze Zeit aufpaßt *(Geste der Autorität und Kontrolle mit geballter Faust)*, läßt sich die physische Natur mit einer widerwärtigen, ja geradezu abstoßenden Schlaffheit gehen.

Das wiederholt sich hundert und aberhundertmal am Tag ... Wenn man das nicht „Sadhana" nennen kann, dann weiß ich nicht, was eine Sadhana ist! Essen ist Sadhana, Schlafen ist Sadhana, Waschen ist Sadhana, alles ist Sadhana. Am wenigsten Sadhana ist es noch, jemanden zu empfangen, weil der Körper sofort ganz ruhig wird – er ruft den Herrn und sagt: „Sei jetzt hier!", und alles geht gut (weil er sich ruhig verhält). Der Besucher kommt, der Körper lächelt, und dann geht alles gut – der Herr ist da, also verläuft alles sehr gut. Aber wenn es um sogenannte „materielle" Dinge geht, die Dinge des Alltags, ist es die Hölle – eben wegen dieses Dummkopfs.

Nachdem du letztes Mal gegangen warst, konnte ich nichts zu mir nehmen. Ich konnte nicht essen, weil der Körper das Gefühl hatte, er löse sich in der Welt auf *(Geste der Ausbreitung)*. Er löste sich also auf (das ist sehr gut, die Erfahrung ist in Ordnung), aber er hatte den Eindruck, nicht essen zu können – warum? Ich weiß es nicht. Es war einfach unmöglich. Der Arzt, der wie immer bei meinen Mahlzeiten zugegen war, sagte: „Was ist los?..." Voriges Mal war es nämlich zu einem tückischen Anfall gekommen, ich mußte mich erbrechen. Es kommt alle sechs oder sieben Jahre vor, eine lange Geschichte. Es war ernsthaft, dauerte aber nicht lange an. Doch letztes Mal war es anders: Ich hatte den Eindruck, daß sich der Körper auflöste (du erinnerst dich, du sagtest, ich sei blaß), und als ich essen sollte, sagte der Körper *(in klagendem Tonfall)*: „Schau mal, ich kann nicht essen." Wenn ich mehr Zeit gehabt hätte, *(lachend)* hätte ich ihm einen kräftigen Klaps gegeben und ihm gesagt, er solle sich zusammenreißen! Aber ich hatte keine Zeit, es war Mittag, ich mußte mich setzen und essen – ich konnte nicht. Ich hatte dann den ganzen Tag Schwierigkeiten, denn solche Possen erschweren das Leben natürlich.

All die Dinge, die den Leuten nicht bewußt sind, die sie nicht verstehen oder die sie „Krankheiten" nennen, sind für mich sonnenklar. Sie sind immer das Resultat einer ENTSCHEIDUNG, in jedem Augenblick steht die materielle Natur vor einer Entscheidung, und wenn der Wille nicht unerschütterlich ist, wenn man sich nicht mit einer jeder Prüfung trotzenden Verbissenheit auf den höheren Willen abstützt, läßt man sich gehen. Dann wird der Körper töricht: er wird ohnmächtig, er hat Schmerzen ... Nach der Mahlzeit lege ich mich immer ein Weilchen hin, damit ... das sind die Stunden, wo ich den Körper die Kraft direkt empfangen lasse (nicht lange, ich habe nicht viel Zeit). Aber an jenem Tag hatte ich solche Schmerzen, kaum hatte ich mich auf dem Sofa ausgestreckt! Schmerzen zum Schreien, die einen an Stellen packen *(Geste zur Taille)*, die für feindliche Angriffe offen sind. Ich hatte mich hingelegt, war aber vollkommen bewußt und sagte mir: „Ach ja! Du möchtest, daß ich jetzt ein Riesenaufhebens mache ... Nun, ich werde alles ertragen und nichts sagen – ich rühre mich nicht, und du wirst ganz ruhig bleiben." Dann begann ich, ruhig mein Mantra zu wiederholen, als ob die Schmerzen nicht existierten. Und nach einem

Augenblick verschwanden sie tatsächlich. Der Körper sah ein, daß es nichts brachte, und so hörte es auf!

Ich WEISS, daß dies für alles gilt, für alle „Krankheiten", ohne Ausnahme. Ich sehe, ich erkenne die „Ursprünge" der Krankheiten, der verschiedenen Störungen, all dies ist jetzt kristallklar (darüber könnte man für Stunden und Tage sprechen), und es ist, wie ich sagte. Wenn also die Weisen mehr oder weniger dogmatisch oder hochtönend sagen: „Die Unordnung existiert, weil die Natur beschlossen hat, in Unordnung zu sein", ist das gar nicht so dumm.

Es ist ... oh! Diese Schlaffheit ist eines jener Dinge, die der göttlichen Herrlichkeit am stärksten widersprechen. Eine Schlappheit, die akzeptiert, krank zu sein. Ich sage dies meinem eigenen Körper, keinem anderen – die anderen gehen mich nichts an, das ist ihre Arbeit, nicht die meine. Für die anderen bin ich lediglich als göttliches Bewußtsein anwesend, und das ist dann sehr leicht, das ist eine sehr leichte Arbeit. Aber die Arbeit hier, die Sadhana im Körper ...

Doch die Kranken ... wenn ich ihnen sage: „Seid aufrichtig!", weiß ich genau, was ich damit ausdrücken möchte: Wenn sie das Göttliche WIRKLICH wollen, muß all dies aufhören.

Ich habe mich schon wieder verspätet.

Weißt du, was man *self-pity* nennt? *(Mutter streichelt ihre Wange)*: „Armes Kind, wie du leidest, wie arm du dran bist!" Die materielle Natur ist so, sie sagt: „Ich möchte sein wie Du, Herr. Warum läßt Du mich dann in diesem Zustand!" – Ein kräftiger Klaps und marsch!

11. Mai 1965

Nach der Übersetzung „des" Savitri-Verses:

Einer täglich, ergäbe 365, und bei uns [zweimal wöchentlich]?

104 im Jahr.

Das macht nichts. Wir leben in der Ewigkeit.

Früher schaffte ich drei oder vier Verse täglich, manchmal mehr, manchmal weniger; es ging recht flott voran. Aber jetzt, mein Kind *(lachend)*, habe ich für nichts mehr Zeit. Es ist üblich, oder es wird erwartet, daß ich am Nachmittag etwas zu mir nehmen „muß", um zwischen Frühstück und Abendessen einen Unterbruch zu schaffen – ich habe nie Zeit dafür! Die Leute, die um vier Uhr gehen sollten, bleiben bis Viertel vor fünf.

Du bräuchtest eine Polizei neben dir!

Ja.

Jemand mit einer unerbittlichen Strenge, der sagt: „Es ist Zeit, gehen Sie!"

Ja, eine Polizei.

Und vor allem darf man mich nicht bitten. Wenn man mir nämlich sagt: „Oh, dieser will Sie sehen! Oh, jener hat einen Brief geschrieben...", kann ich nicht einfach sagen: „Ach, nein, jetzt ruhe ich mich aus!" Das wäre ein wenig ... Das hinterläßt nicht gerade den besten Eindruck, und auch die Ruhe wäre nicht sehr erholsam.

Wie du weißt, sind es vier Sekretäre, und ein Bursche sagte sogar, als einer von ihnen seine Briefe nicht weiterleiten wollte: *„I'll shoot him"* [ich werde ihn abknallen]. Wie du siehst *(lachend)*, wäre deine Polizei in Gefahr!

Man kann nur lächeln, dies ist das beste Heilmittel – man lacht und lächelt.

Man muß lernen zu lachen, immer mehr.

15. Mai 1965

Wir sind immer noch mitten in der Schlacht.

In manchen Augenblicken scheint alles schlecht zu gehen, sehr schlecht sogar, und im nächsten Augenblick geht alles triumphal gut, worauf es erneut schlecht zu gehen beginnt – es ist nicht *steady*, beständig.

Zeitweilig herrscht eine Art Harmonie in den Abläufen, eine verblüffende Vollkommenheit. Und im nächsten Augenblick scheint alles aus den Fugen zu geraten. Vielleicht geschieht dies, um uns flexibler zu machen. Ja, wohl deshalb.

Auch bei den äußeren Umständen geht es so: in bestimmten Augenblicken paßt alles bestens zusammen – mit einem gewissen Wohlwollen und einer außerordentlichen zeitlichen Trefflichkeit. Einen Augenblick später werden die Leute nur noch dümmer, übelwollender und verständnisloser ... *(lachend)* und manchmal sind es gar dieselben! Leute mit außerordentlichen, bemerkenswerten Erfahrungen, die auf einen pfeilschnellen Fortschritt hinweisen, fallen ganz plötzlich in eine bodenlose Dummheit zurück.

Es ist ein Wechselbad, um uns flexibler zu machen.
Gut.
Wie geht es dir?

Auch so: Höhen und Tiefen.

19. Mai 1965

In bezug auf ein altes Entretien vom 14. März 1951

Ich möchte dir eine sehr einfache Frage stellen. Du sagst: „Wenn man dauernd das Gefühl hätte, daß unter allen Umständen stets das Beste geschieht, würde man keine Angst haben ..." Geschieht denn wirklich unter allen Umständen immer das Beste?

Es ist das Beste in Anbetracht des Zustands der Welt – kein absolut Bestes.

Man muß zwei Dinge beachten: auf totale und absolute Weise geschieht in jedem Augenblick das Bestmögliche für das göttliche Ziel des Ganzen; und für den, der sich bewußt auf den göttlichen Willen ausrichtet, ist es das Hilfreichste für seine eigene göttliche Verwirklichung.

Ich glaube, das ist die korrekte Erklärung.

Für das Ganze geschieht immer und in jedem Augenblick das Hilfreichste für die göttliche Evolution. Und für den einzelnen, der sich bewußt auf das Göttliche ausrichtet, ist es das Beste für die Vervollkommnung der Vereinigung.

Dabei darf man allerdings nicht vergessen, daß sich alles dauernd ändert, daß es kein statisches Bestes ist. Es ist ein Bestes, das, wenn man es bewahren wollte, einen Augenblick später nicht mehr das

Beste wäre. Und weil das menschliche Bewußtsein immer die Tendenz hat, was es gut findet oder für gut erachtet, statisch halten zu wollen, kommt es zum Schluß, daß dieses „Beste" nicht faßbar ist. Dieser Versuch, es festhalten zu wollen, verfälscht die Dinge.

(Schweigen)

Ich vertiefte mich in dieses Problem, als ich die Haltung Buddhas verstehen wollte, der der Manifestation ihre Unbeständigkeit vorwarf. Für ihn bedeutete Vollkommenheit Beständigkeit. In seinem Kontakt mit dem manifestierten Universum hatte er einen ständigen Wandel beobachtet. Er schloß daraus, daß die manifestierte Welt unvollkommen sei und verschwinden müsse. Da es diesen Wandel (die Unbeständigkeit) im Nichtmanifestierten nicht gibt, hielt er das Nichtmanifestierte für das wahre Göttliche. Als ich mich auf diesen Punkt konzentrierte, sah ich auch, daß seine Feststellung korrekt war: Die Manifestation ist absolut unbeständig, sie befindet sich in ständiger Wandlung.

Aber in der Manifestation besteht die Vollkommenheit darin, der essentiellen göttlichen Bewegung durch eine Bewegung der Transformation oder der Entfaltung zu folgen, während alles, was zur unbewußten oder tamasischen[1] Schöpfung gehört, sein Dasein unverändert erhalten will, anstatt im stetigen Wandel fortzudauern.

Deshalb vertraten gewisse Denker die Ansicht, daß die Schöpfung das Ergebnis eines Irrtums sein müsse. Allerdings findet man alle möglichen Vorstellungen: die vollkommene Schöpfung, dann ein „Fehler", der den Irrtum säte; die Schöpfung selbst als eine niedere Bewegung, die enden muß, da sie begonnen hat; und schließlich die Konzeption der Veden, wie sie uns Sri Aurobindo dargestellt hat, als eine fortschreitende und unendliche – unbegrenzte und unendliche – Entfaltung oder Entdeckung des Ganzen durch Ihn selbst ... Natürlich sind all dies menschliche Umschreibungen. Beim gegenwärtigen Stand der Dinge, solange man sich menschlich ausdrückt, bleibt es bei einer menschlichen Umschreibung. Aber je nach dem Ausgangspunkt des menschlichen Interpreten (je nachdem, ob man davon ausgeht, daß es sich um einen anfänglichen „Irrtum" oder einen „Unfall" in der Schöpfung oder seit Anbeginn um den bewußten höchsten Willen in fortschreitender Entfaltung handelt) sind die Schlußfolgerungen, oder was sich in der yogischen Haltung niederschlägt, verschieden ... Es gibt Nihilisten, „Nirvanisten" und Illusionisten, es gibt all die Religionen, die wie die christliche eine teuflische Intervention in der

---

1. *Tamas:* Trägheit oder Dunkelheit

einen oder anderen Form voraussetzen, und es gibt den reinen Vedismus der ewigen Entfaltung des Höchsten in einer fortschreitenden Objektivierung. Und je nach Neigung vertritt man dies oder das oder jenes oder Nuancen davon. Aber wenn man Sri Aurobindos Auffassung eines fortschreitenden Universums folgt, die er als die umfassendste Wahrheit empfunden hat, muß man sagen, daß sich in jedem Augenblick das für die Entfaltung des Ganzen Bestmögliche ereignet. Das ist absolut logisch. Ich glaube, daß alle Widersprüche lediglich von einer mehr oder weniger ausgeprägten Neigung zu der einen oder anderen dieser verschiedenen Haltungen herrühren. Natürlich können all die Denker, die die Intervention einer „Ursünde" oder eines „Fehlers" und den daraus resultierenden Konflikt zwischen rückwärts und nach vorn gerichteten Kräften voraussetzen, diese Möglichkeit bestreiten. Dazu kann man nur sagen, daß sich für den, der sich spirituell auf den höchsten Willen oder die höchste Wahrheit ausrichtet, in jedem Augenblick notwendigerweise das für seine persönliche Verwirklichung Beste ereignet – das gilt in jedem Fall. Ein unbedingtes Bestes kann nur jener akzeptieren, der das Universum als eine Entfaltung, als ein Bewußtwerden des Höchsten durch Ihn selbst betrachtet.

(Schweigen)

In Wirklichkeit sind all diese Dinge völlig unwichtig, denn das, was IST, übersteigt in jeder Hinsicht gänzlich und absolut alles, was sich das menschliche Bewußtsein darüber vorstellen kann. Man kann erst *wissen*, wenn man aufhört, menschlich zu sein. Aber sobald man sich ausdrückt, wird man wieder menschlich, und man hört auf zu wissen.

Das ist unbestreitbar.

Wegen dieser Unfähigkeit ist es eigentlich zwecklos, das Problem um jeden Preis auf etwas reduzieren zu wollen, was dem menschlichen Verständnis zugänglich ist. Es ist daher sehr weise, mit Théon zu sagen: „Wir sind hier; wir haben eine Arbeit zu verrichten; und es kommt einzig darauf an, sie so gut wie möglich zu tun, ohne uns um das Warum oder das Wie zu kümmern." Warum ist die Welt so, wie sie ist?... Wenn wir fähig geworden sind zu verstehen, werden wir verstehen.

In praktischer Hinsicht ist das offensichtlich.

Jeder nimmt eben eine Position ein ... Ich habe hier alle möglichen Beispiele, eine kleine Mustersammlung aller Haltungen, und ich sehe die Reaktionen sehr deutlich. Ich sehe eine einzige gleichbleibende Kraft in dieser Mustersammlung handeln und natürlich verschiedene Wirkungen hervorrufen; aber diese „verschiedenen" Wirkungen sind für eine tiefe Schau sehr oberflächlich. Es ist nur: „Sie denken gern so, also denken sie so." Aber in Wirklichkeit berührt das den inneren Weg, die innere Entwicklung, die essentielle Schwingung überhaupt nicht. Der eine strebt aus vollem Herzen zum Nirvana, der andere mit ganzer Zielstrebigkeit zur supramentalen Manifestation, und für beide ist das Ergebnis auf der Schwingungsebene fast dasselbe. Es ist eine ganze Masse von Schwingungen, die sich mehr und mehr darauf vorbereitet ..., das zu empfangen, was sein muß.

Es gibt einen Zustand, einen im wesentlichen pragmatischen, spirituell pragmatischen Zustand, in dem die Metaphysik von allen menschlichen Nichtigkeiten die nichtigste ist.

*
* *

Wenig später bittet Sujata um Mutters Erlaubnis, einen Augenarzt aufsuchen zu dürfen:

Geht es nur darum, um die Gläser anzupassen?

Auch untersuchen.

Untersuchen? Mein Kind, wenn du zehn Personen fragst, wirst du zehn verschiedene Antworten kriegen! Die Ungewißheit der Diagnose steht für mich fest. Es gibt nämlich keine zwei gleichen Fälle – es gibt Analogien, es kann sogar Fallgruppen geben, aber es gibt keine zwei identischen Fälle. Folglich ist es bei jedem anders, und wenn der Herr nicht sehr intuitiv ist, fängt er an, Schlußfolgerungen zu ziehen. Er täuscht sich dann bestimmt oder wird Vages sagen wie: „Sie sind kurzsichtig" oder „Sie sind weitsichtig"! Es gibt nicht einmal zwei genau gleiche Fälle von Grauem Star – die Symptome wiederholen sich zwar, Symptome von großer Ähnlichkeit, aber es gibt keine zwei genau gleichen Fälle. Die wirklich Aufrichtigen sagen einem das, aber unter Tausend gibt es nicht einen solchen. Sie halten hochtrabende Reden und verkünden großspurig, was sie nicht wissen.

(Zu Satprem:) Wenn dein Bruder mich hörte, würde er sich nicht freuen!

Oh, doch!

Er wäre einverstanden, dein Bruder ist ein aufrichtiger Mensch. Ich habe einen oder zwei aufrichtige Ärzte gekannt, und diese gaben mir gegenüber offen zu, daß es so ist. Ich sagte ihnen: „In spiritueller Hinsicht kann es keine zwei gleichen Fälle geben. Die Natur wiederholt sich nie. Es gibt Gruppen, es gibt Ähnlichkeiten, es gibt Analogien, aber es gibt keine zwei gleichen Fälle. Folglich wissen Sie sehr wohl, daß Sie nichts wissen. Wenn Sie die physische Wirklichkeit auf ihrer eigenen

Ebene studieren wollen, ergibt sich eine so ungeheure Komplexität von Möglichkeiten, daß Sie nur dann wissen können, was geschehen wird, wenn Sie eine direkte innere Wahrnehmung haben."

Der Körper weiß jetzt ein wenig davon. Wenn etwas nicht funktioniert, wenn etwas aus dem einen oder anderen Grunde gestört ist (das kann wegen der Transformation oder wegen eines Angriffs sein – es gibt unzählige mögliche Gründe), sagen meine Zellen: „Nein! Keinen Arzt, nur keinen Arzt!..." Sie fühlen, daß dies die Störung kristallisieren, verhärten würde und ihnen die Plastizität raubt, die sie brauchen, um auf die Kräfte aus der Tiefe zu reagieren. Die Störung würde sonst einem äußeren, materiellen Verlauf folgen, der kein Ende nimmt. Ich habe keine Zeit zu warten.

Den Leuten, die mich fragen, sage ich das allerdings nie; ich sage ihnen immer: „Gehen Sie zum Arzt und tun Sie, was er sagt", denn der Körper ist nur bereit, wenn er sich selbst sagt: „Nein-nein-nein! Ich will nicht." Manche Leute haben das, aber es sind nicht viele – sehr wenige. Wenn einem der Körper sagt: „Vielleicht zieht mich der Arzt aus dem Schlamassel, vielleicht wird er fündig ..." – Dann gehen Sie, gehen Sie zu ihm! Tun Sie, was er Ihnen sagt.

Die Zellen müssen zu fühlen beginnen, daß der Fortschritt dadurch bedroht ist, ein Rückgriff auf die nicht endenwollende Geschichte: „Wenn dich diese Geschichte amüsiert, können wir sie von vorne beginnen lassen." Nein, das amüsiert sie nicht mehr, sie haben keine Lust, sich wieder darauf einzulassen.

(Zu Sujata:) Wenn du aber einen netten Arzt hast, der guten Willens ist, große Geduld und Erfahrung bei der Auswahl der Gläser hat und eine prächtige Sammlung davon besitzt, dann ist es etwas anderes. Wenn du zu ihm gehst und er sich Mühe gibt, wird er dir helfen können. Aber ein Herr, der dir vom hohen Roß seiner angeblichen Wissenschaft herab sagt: „Du hast diese und jene Verzerrung ..."

> *(Sujata:) Ich glaube, es ist keine Verzerrung, es ist eher im Innern, so als ob die Kanäle nicht sauber wären, so daß die Sicht nicht durchkommen kann.*

(Mutter lacht) Was du da sagst, klingt nicht sehr wissenschaftlich!

(Satprem:) Ihre Stirnhöhlen sind schlecht dran.

Dann wird der Herr Chirurg sagen: „Wir müssen operieren", *(lachend)* und der Nichtchirurg wird Spritzen geben wollen ... Nein, um besser lesen oder arbeiten zu können, kannst du geeignete Gläser auswählen. Mein eigenes Heilmittel lautet: Setz dich sehr ruhig hin, mit den Ellbogen auf dem Tisch und den Handflächen über den Augen.

Wenn du dann in deinem Herzen eine Aspiration spüren und zum Herrn sagen kannst: „Herr, ergreif Besitz von deinem Reich, betritt dein Königreich hier und reinige es ein wenig", so ... Selbst wenn du das ganz kindlich formulierst (der Herr ist kein Oberpriester, er wünscht sich keine Zeremonien sondern Aufrichtigkeit), du brauchst da *(Geste zum Herzen)* etwas, das sagt: „Oh, oh!...", etwas, das wirklich will – das ist alles. Sag ihm: „Komm hierher, komm, komm in meine Augen, komm-komm-komm, sieh mit diesen Augen!" Das ist viel stärker als alles andere.

Inzwischen kannst du für deine Arbeit durchaus eine Brille benützen. Aber dafür brauchst du keinen Oberpriester; du brauchst einen Menschen guten Willens, der Brillen auszuwählen versteht.

29. Mai 1965

(Anläßlich des Besuches von X.)

Er ist nüchterner geworden und spricht weniger. Wie du weißt, hatte er eine Voraussagung bezüglich Ms Frau gemacht ... Wie hieß sie doch?... (Mit den Namen ist es merkwürdig: Wenn die Leute ihren Körper verlassen haben, verschwindet auch der Name, ich kann mich nicht mehr daran erinnern. Es ist wie abgetrennt, es gibt einen Schnitt. Ich muß innehalten und mich an ein gewisses materielles Gedächtnis wenden, aber in meinem Bewußtsein ist es gelöscht, es gibt keinen Namen mehr. Der Name ist mit dem Körper verschwunden, was auch ganz richtig so ist.) Er hatte ihr gesagt: „Ach, Sie werden noch zehn Jahre leben!" Im nächsten Monat starb sie. Ich glaube, das hat ihn ein wenig ernüchtert, denn diese Dinge sind für die Leute offenbar sehr wichtig. Er hätte ihr das jedenfalls nicht sagen dürfen, das hat meiner Arbeit nämlich Abbruch getan – eine Arbeit, die darin bestand, ihr vor ihrem Weggehen eine Hilfestellung zur Vereinigung mit ihrer Seele zu geben, damit sie alles, was dazu bereit war, ins spirituelle Leben mitnehmen konnte. Ich arbeitete daran, und als ihr der andere sagte, daß sie noch zehn Jahre leben würde, hatte sie es natürlich nicht mehr eilig! Mir gingen dadurch mindestens zehn Tage verloren. Sie starb am Tag, nachdem der Kontakt hergestellt worden war. Sie hatte ihre Seele gefunden, sie war ruhig, ganz ruhig geworden ... Tags darauf starb sie.

29. MAI 1965

Ich habe die Hoffnung nicht aufgegeben, daß X Fortschritte macht; dann wird alles gut gehen. Vielleicht wird er in zwei oder drei Jahren ein neuer Mann mit einem neuen Bewußtsein sein? Der Stoff ist gut.

Neulich beobachtete ich etwas sehr Interessantes, genau an dem Tag, als er unterwegs nach hier war (ich dachte nicht an ihn – ich „denke" niemals an Leute). Plötzlich sah ich, was all dieses Wissen der Pandits[1] und all jener, die ein spirituelles Gelübde ablegen, repräsentiert (die ganze Klasse der Sannyasins, der Pandits, der Purohits[2] usw. – ich spreche nicht von den Religionen anderer Länder: dies ist eine Eigenart Indiens). Das sind Leute, die zwar ein mentales, aber ein sehr genaues und exaktes Wissen über die Bewegungen im Bereich des Übermentals haben: alle Götter und Gottheiten und ihre Seinsweisen, sowie die Beziehungen zwischen den Menschen und den Göttern. Sie waren bestrebt, die Beziehungen der Menschen mit den Göttern zu organisieren und zu formulieren, damit die Menschen nicht mehr „das Vieh der Götter" seien, wie man früher sagte. Sie wollten die Stellung des Menschen in bezug auf die Gottheiten verändern. Das ist interessant, ein ganzer interessanter Bereich ... der für mich nicht das Wahre repräsentiert. Sie hingegen halten dies für das spirituelle Leben. Es ist nicht das spirituelle Leben, sondern ein Bereich des höheren Mentals, der an das Übermental heran- und sogar in es hineinreicht. Dieser Bereich ist völlig organisiert, es ist eine Art „Gesetzgebung" für die Beziehungen zwischen den Menschen und den Göttern. In dieser Hinsicht ist es interessant.

Ich habe den Platz dieses Bereichs innerhalb der universellen Organisation sehr klar gesehen. Das ist schon recht innerhalb seiner Grenzen. Jedes Ding an seinem Platz ist sehr gut.

Als X ankam, führte man ihn nach Auroville[3]. Dort steht ein kleiner Ganeshtempel, den man zusammen mit dem Land erworben hat, unter der Bedingung, daß man den Tempel in Ehren hält und die Leute dort beten läßt, wenn sie dies wollen. Man zeigte ihm den Tempel, und er freute sich sehr. Dann fragte man ihn, was man tun solle, die Rituale ... „Oh, Ganesh wird sich darum kümmern, laßt ihn nur machen!" *(Mutter lacht)* Er hat das sehr nett gesagt.

*
* *

---

1. Pandit: (insbesondere Sanskrit-)Gelehrter
2. Purohit: Priester
3. Ein erstes Zentrum nahe des Sees außerhalb von Pondicherry.

(Wenig später. Der Anlaß für die folgende Bemerkung ist nicht mehr bekannt.)

Angeblich sagte Ramakrishna zu Vivekananda: „Sie können den Herrn sehen, wie Sie mich sehen, und Seine Stimme hören, wie Sie meine Stimme hören." Manche Leute faßten das als eine Erklärung auf, daß der Herr leibhaftig auf Erden sei. Ich erklärte: „Nein, so ist das nicht! Er wollte damit sagen, daß man Ihn hören kann, wenn man in das wahre Bewußtsein eintritt." (Ich behaupte sogar: viel klarer noch, als man physisch hören und sehen kann) – „Ah, sowas!" Da reißen sie dann die Augen weit auf, denn das führt sie in einen für sie unwirklichen Bereich.

*
* *

Mutter geht zur Vorbereitung des nächsten Aphorismus über:

110 – Die Zusammensetzung der Sonne oder die Spektrallinien des Mars sehen zu können, ist sicher eine große Leistung. Aber wenn du das Instrument gefunden hast, mit dem du die Seele des Menschen wie ein Gemälde betrachten kannst, dann wirst du die Wunder der physischen Wissenschaft als ein Spielzeug kleiner Kinder belächeln.

Das ist die Fortsetzung dessen, was wir über jene sagten, die den Herrn „sehen" wollen.

Belustigen dich die Wunder der physischen Wissenschaft?

Ihre Wunder sind schon recht, das ist ihre Sache. Aber ich lächle über ihre anmaßende Selbstsicherheit. Sie bilden sich ein zu wissen. Sie bilden sich ein, den Schlüssel zu besitzen, darüber kann man nur lächeln. Sie glauben, mit all dem, was sie gelernt haben, seien sie die Herren der Natur – das ist kindisch. Solange sie nicht mit der schöpferischen Kraft und dem schöpferischen Willen in Beziehung stehen, wird ihnen immer etwas abgehen.

Dieses Experiment kann man sehr leicht machen. Ein Gelehrter kann alle sichtbaren Phänomene erklären, sich sogar der physischen Kräfte bedienen und diese für alles Beliebige einsetzen (in materieller Hinsicht haben sie ja verblüffende Ergebnisse erzielt). Sobald man ihnen aber diese eine simple Frage stellt: „Was ist der Tod?", wissen sie im Grunde nichts. Sie beschreiben einem das Phänomen, wie es materiell ersichtlich ist, aber ... wenn sie aufrichtig sind, müssen sie zugeben, das dies nichts erklärt.

29. MAI 1965

Es kommt immer ein Punkt, wo das nichts mehr erklärt. Denn Wissen ... Wissen bedeutet Können.

(Schweigen)

Das materialistische, wissenschaftliche Denken erkennt seine Grenzen am deutlichsten in der Tatsache, daß die Wissenschaft nicht die Zukunft voraussagen kann. Zwar kann sie gewisse Dinge voraussagen, aber der Ablauf der irdischen Ereignisse entzieht sich ihrer Vorherschau. Ich glaube, das ist das einzige, was sie zugeben kann: daß es etwas Unbestimmbares gibt, einen Bereich des Unvorhersehbaren, der sich all ihren Berechnungen entzieht.

Ich habe allerdings nie mit einem Wissenschaftler gesprochen, der mit den neuesten Erkenntnissen vertraut ist, daher bin ich mir nicht ganz sicher. Ich weiß nicht, inwieweit sie das Unvorhergesehene oder Unberechenbare mitberücksichtigen.

Ich glaube, Sri Aurobindo möchte damit folgendes sagen: Wenn man mit der Seele in Verbindung steht und ihr Wissen besitzt, ist dieses Wissen so viel wunderbarer als das materielle Wissen, daß man letzteres fast abschätzig belächelt. Ich glaube nicht, daß er behaupten will, das seelische Wissen lehre einen Dinge über das materielle Leben, die man durch die Wissenschaft nicht erfährt.

Der einzige Punkt ist die Unvorhersehbarkeit der Zukunft (ich weiß nicht, ob die Wissenschaft so weit gekommen ist). Vielleicht erklären sie das ja mit der Unvollkommenheit ihrer Instrumente und Methoden! Sie denken z.B. vielleicht, falls sie damals, als der Mensch auf Erden erschien, die heutigen modernen Instrumente gehabt hätten, sie wohl fähig gewesen wären, die Umwandlung des Tieres in den Menschen oder das Erscheinen des Menschen wegen „etwas" im Tier vorauszusagen – ich bin nicht vertraut *(Mutter lächelt)* mit ihren neuesten Behauptungen. In diesem Fall müßten sie jetzt in der Lage sein, den atmosphärischen Unterschied nach diesem Eindringen von „etwas", das vorher nicht da war, messen oder wahrnehmen zu können – denn das gehört noch zum materiellen Bereich[1]. Aber ich glaube nicht, daß

---
1. Satprem fragte Mutter später, ob dieses „Etwas" die supramentale Kraft sei; sie erwiderte: „Ich gebe dem lieber keinen Namen, weil man sonst ein Dogma daraus macht. Ja, es steht in einem Bezug zur ersten supramentalen Manifestation im Jahre 1956. Ich habe mein Bestes versucht, damit kein Dogma daraus gemacht würde. Wenn ich aber sage: „An diesem Datum ereignete sich dies und das", schreibt man das in fetten Lettern, und wenn dann jemand etwas anderes sagt, wird man ihn als Ketzer bezichtigen. Das will ich nicht. Aber die Atmosphäre hat sich unbestreitbar verändert, es gibt etwas Neues – man kann es die Herabkunft der supramentalen Wahrheit nennen, denn diese Worte haben für uns einen Sinn. Aber ich will daraus keine Erklärung machen, weil ich nicht will, daß dies die

101

Sri Aurobindo dies sagen wollte. Ich glaube vielmehr, er wollte zum Ausdruck bringen, daß die Welt der Seele und die inneren Wirklichkeiten so viel wunderbarer als die physischen Wirklichkeiten sind, daß man über all diese physischen „Wunder" lächeln muß – es ist eher das.

Aber ist dieser Schlüssel, von dem du sprichst, den sie nicht besitzen, nicht gerade die Seele? Eine Macht der Seele über die Materie, eine Macht, die Materie verändern zu können – auch physische Wunder zu vollbringen. Hat die Seele diese Kraft?

Sie hat diese Kraft und übt sie auch STÄNDIG aus, das menschliche Bewußtsein ist sich dessen nur nicht bewußt! Der große Unterschied wird der sein, wenn sich das menschliche Bewußtsein dessen bewußt wird. Aber es wird sich einer Sache bewußt, die schon IMMER da war! Die andern leugnen sie nur, weil sie sie nicht wahrnehmen.

Ich hatte Gelegenheit, das zu studieren. Für mich bewegen sich alle Umstände, Charaktere, Ereignisse und Wesen gewissen „Gesetzen" gemäß, wenn man so sagen darf, die nicht starr sind, die ich aber wahrnehme und die mich erkennen lassen: „Dies wird dazu führen und jenes dazu, und weil dieser so ist, wird ihm jenes zustoßen usw." Das wird immer deutlicher. Wenn es nötig wäre, könnte ich deshalb Dinge voraussagen. Aber die Ursache-Wirkung-Beziehung in diesem Bereich ist für mich ganz offensichtlich und durch die Fakten bestätigt. Für jene, die nicht diese Schau und dieses Bewußtsein der Seele haben, wie Sri Aurobindo sagt, entfalten sich die Umstände anderen, oberflächlichen Gesetzen gemäß, die sie als die natürlichen Konsequenzen der Dinge betrachten – rein oberflächliche Gesetze, die einer tieferen Analyse nicht standhalten. Da ihre innere Fähigkeit aber nicht ausreicht, stört sie das nicht, und es erscheint ihnen logisch.

Dieses innere Wissen kann sie nicht überzeugen, das erfahre ich fast täglich. Wenn ich nämlich im Zusammenhang mit irgendeinem Ereignis sehe: „Das ist doch völlig klar (für mich): ich sah darin die Kraft des Herrn am Werke, ich sah, wie sich die Sache entwickelte, und alles weitere ergibt sich daraus", dann ist das für mich glasklar. Aber ich sage nicht, was ich weiß, weil es in ihrer Erfahrung keine Entsprechung findet und ihnen deshalb als Hirngespinst oder Anmaßung erscheint. Wenn man die Erfahrung nicht selbst hat, ist die Erfahrung eines anderen nicht überzeugend, sie kann einen nicht überzeugen.

Die Macht besteht nicht so sehr darin, auf die Materie einzuwirken – obwohl das STÄNDIG geschieht –, sondern ... das Schwierige ist, das

---

einzige klassische oder „wahre" Form sei, das Ereignis auszudrükken. Deshalb lasse ich es absichtlich vage."

Verständnis wachzurufen *(Geste des Durchstoßens der Schädeldecke)*. Es sei denn, man wendet Hypnose an, doch die taugt letztlich auch nichts ... Die Sache, die man nicht selbst erfahren hat, existiert einfach nicht.

Selbst wenn sich direkt vor ihren Augen ein Wunder ereignet, werden sie eine materielle Erklärung dafür finden. Es wird für sie kein Wunder im Sinne eines Eingreifens einer sich von den materiellen Kräften und Mächten unterscheidenden Kraft oder Macht sein. Sie werden ihre materielle Erklärung haben, es wird sie nicht überzeugen.

Man kann nur verstehen, wenn man einen bestimmten Bereich in seiner Erfahrung selbst berührt hat.

Und man sieht deutlich: Nur in dem Maße, wie etwas erwacht ist, besteht eine Möglichkeit des Verständnisses. Darauf stützt man sich ab, das ist die Grundlage.

Vielleicht handelt es sich also nicht so sehr um eine „Transformation der Materie" als darum, daß man sich des wahren Ablaufs bewußt wird.

Genau das meine ich. Die Transformation kann sogar bis zu einem gewissen Grad stattfinden, ohne daß man sich ihrer bewußt wird.

Man behauptet, es gebe einen großen Unterschied, denn als der Mensch kam, konnte das Tier dies nicht wahrnehmen. Ich sage: Jetzt ist es genau dasselbe. Trotz alledem, was der Mensch verwirklicht hat, besitzt er nicht das Mittel dafür. Es können sich gewisse Dinge ereignen, von denen er erst viel später wissen wird, nämlich erst dann, wenn „etwas" in ihm genügend entwickelt ist, damit er es wahrnehmen kann.

Dies trifft selbst für den Gipfelpunkt der wissenschaftlichen Entwicklung zu, wo man wirklich den Eindruck hat, daß es fast keinen Unterschied mehr gibt. Zum Beispiel sind sie bei dieser Einheit der Substanz angelangt, wo es kaum mehr einen wahrnehmbaren oder merklichen Übergang zwischen dem einen und anderen [dem materiellen und spirituellen] Zustand zu geben scheint. Aber dem ist nicht so! Um diese Identität erkennen zu können, muß man schon die Erfahrung des ANDEREN in sich tragen, sonst ist einem das nicht möglich.

Und eben weil sie die Fähigkeit des „Erklärens" erlangt haben, erklären sie sich die inneren Phänomene auf eine solche Weise, daß sie auf der Verneinung der Wirklichkeit dieser inneren Phänomene beharren können. Sie erklären diese als eine Art Fortsetzung des schon Erforschten.

Nur gibt es immer einen Bruch in ihrer Beweiskette der Verneinung – eben wegen des Soseins des Menschen, denn man findet kaum ein menschliches Wesen, das nicht zumindest den Widerschein oder den Schatten oder den Beginn einer Beziehung mit seinem subtilen, inneren Wesen, seiner „Seele" hätte. Sie halten das für eine Schwäche – wo es doch ihre einzige Stärke ist!

(Schweigen)

Erst durch die eigene Erfahrung – die Erfahrung, das Wissen und die Identität mit den höheren Wirklichkeiten – erkennt man die Relativität äußeren Wissens. Vorher kann man dies nicht, man leugnet die anderen Wirklichkeiten.

Ich denke, das ist es, was Sri Aurobindo sagen wollte. Erst wenn der Gelehrte das andere Bewußtsein entwickelt hat, wird er lächeln und sagen: „Ja, das war sehr gut, aber ..."

Im Grunde kann das eine nicht zum anderen führen. Es sei denn durch einen Akt der Gnade. Wenn eine absolute innere Aufrichtigkeit den Gelehrten diesen Punkt erkennen oder erahnen läßt, wo das wahre Wissen sich ihm entzieht, kann ihn das in den anderen Bewußtseinszustand katapultieren, nicht aber SEINE METHODIK. Etwas muß zurücktreten – etwas muß zurücktreten und die neuen Mittel, die neuen Wahrnehmungen, die neuen Schwingungen, den neuen Seelenzustand annehmen.

Das ist eine individuelle Frage. Es handelt sich nicht um eine Klasse oder Kategorie: ein Gelehrter kann bereit sein ... etwas anderes zu werden.

(Schweigen)

Man kann nur eines festhalten: Alles, was man weiß, so schön es auch sei, ist nichts im Vergleich zu dem, was man wissen kann, wenn man die anderen Methoden gebraucht.

(Schweigen)

Das war der Gegenstand meiner Arbeit in den letzten Tagen: Wie läßt sich diese Verweigerung zu wissen durchbrechen? Das ist schon lange so. Es ist die Fortsetzung dessen, was Sri Aurobindo in einem seiner Briefe sagte. Er sagt, Indien habe mit seinen Methoden viel mehr für das spirituelle Leben getan als Europa mit all seinen Zweifeln und Fragen.[1] Genau so ist es. Es ist die Weigerung, eine gewisse

---

1. „Alles in allem hat Indien mit seiner Denkweise und seiner Methode auf spirituellem Gebiet hundertmal mehr geleistet als Europa mit seinen Zweifeln und intellektuellen Fragen. Selbst wenn ein Europäer den Zweifel und das Fragen überwindet, findet er es nicht leicht, ebenso schnell und weit wie ein Inder gleicher Persönlichkeitsstärke zu gehen, weil seine mentale Unrast immer noch größer ist.

29. MAI 1965

Wissensbasis anzuerkennen, die von der rein materiellen abweicht, und eine Verneinung der Erfahrung, der Wirklichkeit der Erfahrung – wie kann man sie davon überzeugen?... Es gibt auch Kalis Methode, eine kräftige Tracht Prügel zu verabreichen. Aber ... dabei geht für ein geringes Ergebnis viel Porzellan in die Brüche, meine ich.

Nein, das ist immer noch ein großes Problem.

Mir scheint, die einzige Methode, die alle Widerstände überwinden kann, ist die der Liebe. Aber die gegnerischen Kräfte haben gerade diesen Begriff derart pervertiert, daß viele sehr aufrechte Menschen und Sucher sich gegen diese Methode wegen ihrer Entstellung abgeschottet haben. Darin liegt die Schwierigkeit. Deshalb dauert das so lange ...

Er wird nur Erfolg haben, wenn er diese hinter sich läßt, das aber fällt ihm nicht so leicht. Trotzdem ist deine Bemerkung korrekt. „In Anbetracht der Zeit" und der überall vorherrschenden westlichen Mentalität ist das „natürlich". Wahrscheinlich ist es auch nötig, der Schwierigkeit entgegenzutreten und sie zu überwinden, ehe eine supramentale Verwirklichung im irdischen Bewußtsein möglich ist. Denn es handelt sich um die Haltung des physischen Mentals gegenüber spirituellen Dingen, und da der Widerstand im Physischen überwunden werden muß, bevor man über das Mental hinausgelangen kann, wie es dieser Yoga fordert, war es unerläßlich, daß sich die Schwierigkeiten des physischen Mentals auf die unnachgiebigste Weise präsentierten." (*Bulletin*, August 1965)

Juni

2. Juni 1965

Mutter versucht, ein Schriftstück mit der Lupe zu betrachten:

Es ist eigenartig, das hilft mir nicht mehr ... Ist sie nicht sauber? *(Mutter gibt Satprem die Lupe)* Alles erscheint wie im Dunst.

Doch, sie ist sauber.

Meine Sicht ist recht seltsam. Zwischen mir und den Dingen liegt immer eine Art Schleier, immer. Ich habe mich schon daran gewöhnt. Ich sehe alles sehr gut, aber wie hinter einem leichten Schleier. Ganz plötzlich, ohne ersichtlichen Grund (im Sinne einer äußeren Logik), wird dann eine Sache klar, genau und deutlich *(Geste des In-die-Augen-Springens)*. In der nächsten Minute ist es wieder vorbei. Manchmal handelt es sich um ein Wort in einem Brief oder sonst etwas Geschriebenes, manchmal ist es ein Gegenstand. Es ist eine andere Qualität des Sehens ... (wie kann ich das erklären?) Als ob das Licht von innen scheinen würde statt von außen, es ist kein reflektiertes Licht. Es ist zwar nicht leuchtend und strahlt nicht wie z.B. eine Kerze oder eine Lampe, aber statt eines von außen ausgesandten Lichtes enthält jedes Ding sein eigenes Licht.

Das wird immer häufiger, allerdings auf eine völlig unlogische Art, d.h. ich verstehe die Logik all dessen überhaupt nicht. Ich weiß nicht, warum es für eines gilt und nicht für ein anderes, für dies, aber nicht für jenes. Plötzlich springt mir etwas in die Augen, und dann ist es wie ein Blitz. Und von ungeheurer Präzision! Ganz außerordentlich, mit dem vollen Verständnis der Sache in dem Augenblick, wo man sie sieht. Sonst ist alles wie hinter ... ist es ein Schleier? Ich weiß es nicht.

Manchmal (oft) passiert mir dasselbe beim Sprechen. Ich habe den Eindruck, von sehr weit weg oder hinter einer watteartigen Substanz zu sprechen, welche die Präzision der Schwingungen verhindert. Im Extremfall höre ich deswegen manchmal nichts. Gewisse Leute sprechen, und ich höre absolut nichts. Bei anderen höre ich ein sinnentleertes Rauschen. Bei bestimmten Personen höre ich ALLES, was sie sagen. Aber das ist eine andere Art zu hören: ich vernehme die Schwingung ihres Denkens, die bewirkt, daß es sehr klar wird.

Beim Hören und Sehen geschieht mir dasselbe.

Auch mit dem Geschmack fängt es jetzt an, aber das interessiert mich nicht besonders, und so schenke ich dem keine Aufmerksamkeit. Aber erst kürzlich hatte ich die Erfahrung, daß sich die Qualität der Geschmackswahrnehmungen geändert hatte. Manche Dinge hatten einen künstlichen Geschmack (ihr üblicher Geschmack ist künstlich), andere hatten einen WAHREN Geschmack. Das ist dann sehr klar und genau. Aber dies ist weniger interessant, daher beschäftige ich mich weniger damit.

Am meisten hat mich das Sehen beeindruckt. Das Hören ... seit Jahren, sehr lange schon, habe ich den Eindruck, daß ich die Leute nicht verstehen kann, wenn sie nicht klar denken. Aber das ist es nicht ganz, es ist nicht so sehr eine Frage des Denkens. Wenn ihr Bewußtsein nicht in dem LEBT, was sie sagen, wenn es nur eine mentale Mechanik ist, dann verstehe ich überhaupt nichts. Wenn ihr Bewußtsein lebt, berührt es mich. Ich habe z.B. festgestellt, daß die Leute, die ich nicht verstehe, diese Tatsache damit erklären, daß ich auf gewöhnliche Weise taub sei. Sie fangen dann an zu schreien, und das macht es noch schlimmer. Als ob man mir Kieselsteine ins Gesicht werfen würde.[1]

Es muß eine Einwirkung auf die Organe bestehen.

Aber am meisten interessieren mich meine Augen. Heute morgen in der Früh stellte ich das wieder fest. Ich betrat das Badezimmer, bevor das Licht an war, denn der Schalter ist innen angebracht. Und ich sah alles genauso klar wie bei angeschaltetem Licht. Es gab keinen Unterschied. Aber alles war wie hinter einem Schleier. Dann paßte ich auf (d.h. die Aufmerksamkeit wurde wach), ich sagte mir: „Aber alles wird so trübe, das ist überhaupt nicht interessant!" Somit begann ich zu denken (nicht zu denken, aber mir verschiedener Gegenstände bewußt zu werden). Und plötzlich erblickte ich dieses Phänomen einer Flasche im Schrank, die so leuchtend wurde, wie von einem inneren Leben erfüllt *(Geste, als ob sich die Flasche von innen her erhellte)*. Ach! Ich sagte mir: „Sieh an!" – Eine Minute später war es vorbei.

Aber es war, als ob man mir sagte: „Du kannst. Du siehst nicht mehr so, aber du kannst anders sehen. Du siehst nicht mehr auf gewöhnliche Weise, aber du kannst *(innerliche Geste)* sehen ..." Man beläßt mir genügend Sehkraft, damit ich mich frei bewegen kann. Aber das ist offenbar die Vorbereitung auf ein Sehen durch das innere Licht anstelle des projizierten Lichtes. Und das ... oh! es ist warm, lebendig, intensiv – und von einer Genauigkeit! Man sieht alles gleichzeitig, nicht nur die Farbe und die Form, sondern auch die Schwingungsbeschaffenheit: in einer Flüssigkeit erkennt man die Beschaffenheit ihrer Schwingung – das ist wunderbar. Aber es ist vorübergehend. Es kommt wie ein Versprechen, um jemanden zu trösten und ihm Mut zu machen: „So wird es sein." Gut. *(Mutter lacht)* Ich weiß nicht, in wievielen Jahrhunderten!

---

1. Sie glaubten nicht nur, Mutter sei taub. Satprem hörte auch einen ihrer Assistenten sagen, der Graue Star sei für die Eigentümlichkeiten von Mutters Sehen verantwortlich. Mutter war also von Leuten umgeben, die sie für alt und gebrechlich oder krank hielten.

Mit dieser Lupe konnte ich noch sehr gut lesen (wegen dieser Blutergüsse habe ich damit aufgehört, obwohl es meinen Augen wieder gut zu gehen scheint). Aber jetzt hilft mir das gar nicht mehr *(Mutter betrachtet ein Dossier mit der Lupe)*. Es wird nicht klarer, sondern bleibt verschwommen, nur größer *(Mutter schaut erneut)*.

Eigenartig: es ist größer, aber mit demselben ... Schleier der Unwirklichkeit.

Schon seit langer Zeit hat mein Geruchssinn eine andere Beschaffenheit angenommen. Sehr lange schon, vor vielen Jahren, hatte ich zunächst geübt, nur zu riechen, wann ich will und was ich will, und ich beherrschte das völlig. Das hat das Werkzeug schon sehr gut vorbereitet. Ich sehe, daß dies schon ... Ich rieche die Dinge und nehme eher ihre Schwingungsqualität als nur den Geruch wahr. Es gibt eine ganze Klassifikation der Gerüche: Manche Gerüche machen einen leichter, als ob sie einem Horizonte eröffneten – sie machen einen leichter, lockerer, fröhlicher. Andere Gerüche erregen einen – sie gehören zur Kategorie jener Gerüche, die ich lernte, nicht zu riechen. Die abstoßenden Gerüche rieche ich nur, wenn ich will – wenn ich wissen will, rieche ich; wenn ich nicht will, nehme ich sie nicht wahr. Das geschieht jetzt automatisch. Aber der Geruchssinn war schon vor langer Zeit, als ich noch ein Kind war, weit entwickelt. Damals hatte ich die Augen und den Geruchssinn entwickelt. Aber meine Augen haben allem gedient, allen Visionen, daher ist es da viel komplizierter. Der Geruchssinn hingegen ist so geblieben. Ich rieche den psychologischen Zustand der Leute, wenn ich in ihre Nähe komme, ich rieche ihn, er hat einen Geruch – es gibt sehr spezielle Gerüche ... eine ganze Skala. Das habe ich schon sehr lange, es ist etwas voll Beherrschtes, Gemeistertes. Ich bin auch imstande, absolut nichts zu riechen. Wenn es z.B. schlechte Gerüche gibt, die das Körpersystem stören, kann ich die Verbindung vollständig unterbrechen.

In diesem Bereich stelle ich keinen sehr großen Wandel fest, weil das schon vorher sehr entwickelt war. Meine Augen hingegen sind viel weiter fortgeschritten ... (wie soll ich sagen?) Zwischen der alten Sehgewohnheit und der neuen liegt ein viel größerer Unterschied. Ich habe wirklich den Eindruck, als wäre ich hinter einem Schleier: ein Schleier. Plötzlich erscheint dann eine Sache, die in der wahren Schwingung lebt. Aber das ist selten, noch ist das selten ... Wahrscheinlich *(lachend)* gibt es nicht viel zu sehen!

Ach ja, neulich war Ys Geburtstag. Ich habe sie kommen lassen. Als sie kam, war ihr Gesicht genau wie das ihres Affen! Sie setzte sich mir gegenüber, wir wechselten einige Worte, ich konzentrierte mich, schloß die Augen, dann öffnete ich sie wieder – sie hatte den

Gesichtsausdruck einer idealisierten Madonna. Von einer Schönheit! Da ich den Affen gesehen hatte (er war nicht häßlich, aber doch ein Affe) und dann dies, war ich erstaunt und sagte mir: „Was für eine fabelhafte Plastizität!" Ein Gesicht ... oh! Ein wirklich schönes, sehr harmonisches und reines Gesicht mit einer so schönen Aspiration – oh, ein schönes Gesicht. Dann schaute ich noch mehrere Male hin, und es war weder das eine noch das andere, es war etwas (das, was sie gewöhnlich ist) hinter dem Schleier. Aber diese beiden Visionen erschienen ohne Schleier.

Für mich ist das so; ich sehe die Leute nicht – nicht mehr (schon seit langem) –, ich sehe nicht mehr, wie die Leute sehen, wie man gewöhnlich sieht. Manchmal sagt man mir: „Haben Sie bemerkt, diese Person ist so oder so", und ich antworte: „Nein, ich habe nichts gesehen". Andere Male sehe ich Dinge, die keiner sieht. Diese Entwicklung ist viel vollständiger, als einfach von einer Sichtweise zur anderen überzugehen.

Geruchssinn und Sicht wurden im Alter von zwanzig bis fünfundzwanzig Jahren sehr entwickelt. Das war eine bewußte, gewollte, methodische Erziehung, die interessante Ergebnisse zeitigte. Sie hat das jetzige Werkzeug gründlich vorbereitet. *(Mutter schaut auf die Uhr)*

Ah, ich habe wieder geschwatzt – das ist Satprems Schuld!

5. Juni 1965

Mutter zeigt den Text einer Antwort, die sie einer Schülerin geschickt hat:

... Sie redet wie ein Kind, mit einem kindlichen Charme. Sie sagte mir: „Oh, ich flehe dich an, bitte den Herrn, schnell zu machen und die Dinge zu arrangieren!" *(Mutter lacht)* Ich antwortete ihr also:

> We are always free to make
> our proposals to the Lord, but after all
> it is only His will that is realised.[1]

---

1. „Es steht einem immer frei *(lachend)*, dem Herrn Vorschläge zu unterbreiten, aber letztlich verwirklicht sich allein Sein Wille."

Die kindlich logische Konsequenz: „Ah! Man muß also wollen, was Er will." Das ist es. Ich habe das schon vor einiger Zeit gesagt: Man muß mit dem „Es beliebt Ihm" sein; nicht nur im Objektivierten, sondern auch in Dem, was objektiviert.

Das ist kindlich ausgedrückt, aber wie wahr und wie einfach das ist! Je genauer man hinsieht, desto mehr stellt man fest, daß man in mehr als neunundneunzig Prozent der Fälle einfach deshalb verkrampft, verletzt, bekümmert oder verdrossen ist, weil die Dinge nicht genau so sind, wie man sie sich vorgestellt hatte – das trifft auf die intelligenten Leute zu. Für die weniger „intelligenten" Menschen ist es eine Art Verlangen: sie wollen, daß es „so" sei (sie fühlen es mehr, als daß sie es denken), und wenn die Dinge dann anders verlaufen, oh! kriegen sie einen Schock. Wenn sie aber vorher genau dieselbe Sache selber gewollt hätten, würden sie sich darüber freuen. Die Sache wäre genau die gleiche, aber sie würden sagen: „Ah, endlich ist es eingetroffen!" Nur weil sie nicht daran dachten, weil sie es nicht so gesehen hatten: „Oh, wie fürchterlich!" Fast überall und immer geht das so. Mehr und mehr sehe ich dies in den kleinen Bewegungen jeder Minute.

*
* *

(Mutter macht sich daran, alte, auf allen möglichen Papieren verstreute Notizen zu ordnen. Sie reicht Satprem ein erstes Blatt:)

Was ist das?

Das betrifft den kleinen I.

Oh! I ... I ist Amenhotep.

Das war sehr amüsant (ich habe es seiner Mutter nicht gesagt), aber ich sah ihn vor ein oder zwei Jahren, als er mit seinen Eltern aus Amerika kam. Sie kamen hierher, um mich zu besuchen. Ich sah ihn an, ohne an irgend etwas Besonderes zu denken, ich schaute ihn einfach an (d.h., ich nahm ihn in mich auf). Er war überhaupt nicht wie ein gewöhnliches Kind, sein Verhalten war recht herrscherlich. Das hatte ich bemerkt, aber sonst nichts. Ich sah ihn morgens. Als ich mich dann nachmittags hinlegte, hatte ich eine Vision, in der ich ein Leben im Alten Ägypten wiedererlebte. Daß es das Alte Ägypten war, erkannte ich an meinem Gewand, an den Wänden, an allem (ich weiß nicht, ob ich das auf dieser Notiz vermerkte). Jedenfalls war es nicht die heutige Zeit. Ich war offenbar die Frau des Pharaos oder seine Schwester (daran erinnere ich mich jetzt nicht mehr), und plötzlich sagte ich mir: „Dieses Kind ist unerträglich! Ständig tut es Unerlaubtes!" *(Mutter lacht)* Ich trat aus meinem Zimmer auf einen großen Hof hinaus und sah den Kleinen in einer Abflußrinne spielen, *(lachend)* was ich ekelerregend fand. Sein Erzieher kam jedoch sofort herbeigelaufen und sagte (ich muß es aufgeschrieben haben): „So will es Amenhotep."

Auf diese Weise erfuhr ich seinen Namen.

Was habe ich geschrieben?

> *„I im Alten Ägypten. Ein Tempel oder Palast. Bilder in hellen und frischen Farben an den sehr hohen Wänden. Helles Licht. Über das sehr kühne, unabhängige und verspielte Kind hörte ich das Ende eines Satzes: „So will es ... tep." Der ganze Name wurde sehr klar ausgesprochen, aber da ich zu plötzlich aufstand, blieb nur die Silbe „tep" im Gedächtnis des Wachbewußtseins. Es war der Erzieher, der mir etwas über das Kind gesagt hatte. Ich bin die Pharaonin oder Hohepriesterin des Tempels mit voller Befehlsgewalt."*

Das war die erste Erinnerung beim Aufwachen.

Es ist Amenhotep.

Was steht da?

> *Es ist eine Notiz über Amenhotep: „Amenhotep III. erbaute die Tempel von Theben und Luxor ... Sein Palast im Süden von Theben bestand aus ungebrannten Ziegeln mit bemaltem Stuck. Seine Frau Taia scheint einer bescheidenen Familie zu entstammen, wurde aber von ihm und ihrem Sohn mit Ehren überhäuft. Der Sohn folgte seinem Vater unter dem Namen Amenhotep IV. nach. Er war ein religiöser Reformator, der den Ammonkult durch den Atonkult (Kult der Sonne) ersetzte. Er nahm den Namen Echnaton an."* (Encyclopedia Britannica)

Er ist es.

Das ist ein kleiner Schelm, oh, la la! Sie haben große Mühe mit ihm.

Ich habe es seiner Mutter nicht gesagt.

Wenn sie hier sind, geht alles gut. Aber sobald sie nach Bombay gehen, wo die Familie des Mannes lebt, wird er krank, absolut unerträglich und unzugänglich – hier ist er beherrscht. Und was seltsam ist: in seinem Zimmer hat man Friese mit stilisierten Tieren angebracht. Ich habe Fotos davon gesehen, das ähnelt den Gemälden Ägyptens sehr. Dort fühlt er sich wohl und ist sehr ruhig.

Das ist amüsant.

Ich hatte mich überhaupt nicht damit befaßt. Ich schaute dieses Kind an (offensichtlich ein sehr bewußtes und selbstsicheres Wesen), ich sah dies, und es belustigte mich. Danach dachte ich nicht mehr daran. Später hatte ich diese Vision und wußte, daß er es war – ich sah es. „So will es Amenhotep."

* * *

Mutter ordnet weitere verstreute Papiere:

Es gibt hier ein wenig von allem, denn ich sammle alles unterschiedslos – Notizen, Privatbriefe, Dinge, die ich nie abgeschickt habe ...

Und was ist dies?

You leave free hand to the bandits and ...

Ah, das ist eine Botschaft, die ich der indischen Regierung im Geist geschickt habe. Sie wollten uns Geld für den „See"[1] leihen, verlangten aber alle möglichen fürchterlich komplizierten Garantien, als ob sie es bei uns wirklich mit einem Haufen von Banditen zu tun hätten. Ich habe abgelehnt. Ich sagte ihnen: „Behalten Sie Ihr Geld! Zu diesem Preis will ich es nicht." Aber nachdem ich dies geschrieben hatte, ließ ich es noch lange auf meinem Tisch liegen (das ist meine Methode, ich tue das für meine Arbeit). Ich war sehr zornig und schrieb:

You leave free hand to the bandits ...
and you take all sorts of insulting measures
against honest people.[2]

Das wurde nicht veröffentlicht. Diese Papiere sind Handlungen: okkulte Handlungen. Ich schreibe sie, bewahre sie auf und „lade" sie dann wieder.

Du kannst das unter „Meditationsthemen" ablegen (!) ... über das Verhalten der Regierung.

Manchmal schreibe ich so für die eine oder andere Person einen Satz, schicke ihn aber nicht ab, sondern bewahre ihn auf. Eine Woche, zwei Wochen oder einen Monat später sagt mir die Person, sie habe eine Erfahrung gehabt, in der ich ihr etwas sagte – und zwar genau das, was ich geschrieben hatte. Das ist ein sehr wirksames Mittel.

Auch wenn man etwas zerstören möchte: Man schreibt es auf, zerreißt es und verbrennt es dann.

Ja, aber die Regierung ist taub!

---

[1] Besitz am Ufer eines Sees. Man wollte dort eine Modellfarm und Pflanzungen anlegen.
[2] „Sie lassen den Banditen freie Hand und ergreifen alle möglichen beleidigenden Maßnahmen gegen ehrliche Leute."

(Mutter lacht) Das hat gewirkt. Man hat sich fast bei uns entschuldigt. Aber es ist noch nicht abgeschlossen. Jetzt sagen sie sogar, sie werden es uns geben (nicht leihen: geben), ohne irgendeine Garantie zu verlangen.

Na gut, wir werden sehen.

*
* *

Mutter ordnet ein anderes Papier ein:

Du weißt, es ist immer dasselbe: ich „denke" nicht – ich denke nicht, ich versuche nicht zu antworten, ich frage nicht. Wenn ich etwas lese, z.B. einen Brief, lasse ich das in der Stille wirken – das ist alles. Irgendwann kommt dann ganz plötzlich, prrt! die Antwort. Sie kommt – aber nicht aus meinem Kopf, der ist ganz ruhig. Die Antwort wiederholt sich und belästigt mich solange, bis ich sie mir notiere. Deshalb habe ich überall Papier und Stifte liegen. Ich nehme ein Blatt und schreibe – dann ist es vorbei. Sobald es geschrieben ist, habe ich Ruhe. Und wenn ich Zeit habe, den Brief zu „schreiben", setze ich mich, wähle ein schönes Papier aus und schreibe es ab.

Aber die Wahl von Papier und Stift hängt davon ab, wo ich es gerade schrieb. *(Satprem betrachtet ein mit Tinte beschriebenes Stück einer Seite 3, dann ein anderes, verschieden großes, mit Bleistift beschriebenes Stück Nr. 2, während Seite 1 fehlt).* Du findest sie überall hier!

*
* *

Wenig später über eine andere Notiz:

„Im spirituellen Leben ist man immer jungfräulich ...

Ich habe das nie weggeschickt. Es richtet sich an eine Französin, die eine ziemlich merkwürdige Erfahrung hatte. Sie schrieb mir, als sie mir begegnete, habe sie ganz plötzlich gespürt, daß sie in ihrer Liebe Jungfrau war und daß sie mit der Liebe einer Jungfrau zu mir gekommen sei. Ich antwortete ihr dies, weil es wahr ist:

... jedesmal, wenn man zu einer neuen Liebe erwacht, ist man jungfräulich, denn jedesmal erwacht ein neuer Teil des Wesens, ein neuer Seinszustand für die Göttliche Liebe."

Ich schrieb es, schickte es aber nicht ab.

*
* *

5. JUNI 1965

Eine andere Notiz:

„In ihrer Blindheit verlassen die Menschen das Licht ..."

(Mutter fährt fort) „... an das sie gewöhnt sind, um eine Finsternis zu betreten, die neu für sie ist ..." Das bezieht sich auf die Kinder, die hier erzogen wurden und die in Amerika oder ich weiß nicht wo studieren wollen. Einer von ihnen ging weg, um Studien über „die wahre Erziehung" zu betreiben ... in England! Das war ein wenig zu viel.

* * *

Eine weitere Notiz:

> If you want peace in the world or upon earth,
> first establish peace in your heart.
> If you want union in the world, first unify the
> different parts of your own being.[1]

Das galt der „World-Union"![2]

* * *

*Eine letzte Notiz oder Bemerkung Mutters
über ihren gegenwärtigen Yoga:*

> „Wenn die äußere Welt durch die Menschen meiner Umgebung ihren Willen dem Rhythmus des inneren Lebens aufzuzwingen versucht, verursacht das eine Gleichgewichtsstörung, die zu überwinden der Körper nicht immer die Zeit hat."

---

1. „Wenn ihr Frieden in der Welt oder auf Erden wollt, bringt den Frieden zuerst in euer Herz. Wenn ihr die Einheit der Welt sucht, vereinigt zuerst die verschiedenen Teile eures eigenen Wesens."
2. World-Union: eine von untereinander zerstrittenen Schülern gegründete Gruppe für die „Einheit der Welt".

9. Juni 1965

Wie geht es mit deinem Mantra?

Gut, Mutter, es ist ein schönes Mantra.

Ich hatte eine recht interessante Erfahrung.

Du weißt, man hat immer den Eindruck, daß das Mantra seine Kraft verliert, wenn man es weitergibt. Aber ich sagte mir: „Da kann man nichts machen, ich werde es trotzdem tun." Und nachdem ich das beschlossen hatte, dachte ich natürlich nicht mehr daran – es war weg. Und am Abend des Tages, an dem ich dir das Mantra mitteilte, kamen die Worte plötzlich mit einer Wärme und Intensität, als hätten sie ... (wie soll ich sagen?) an Kraft gewonnen. Zugleich erinnerte ich mich, daß ich dir das Mantra mitgeteilt hatte, so schaute ich denn und sah, daß es das war, was dein Bewußtsein hinzugefügt hatte. Darüber freute ich mich sehr.

Ich sagte dir schon, daß es eine große Macht enthält, aber nun ist es ... (wie kann ich das erklären?) noch wärmer geworden *(Mutter lacht).* Ich weiß nicht, wie ich das ausdrücken soll ... ja, es hat eine größere Wärme angenommen – wie eine potentielle Macht (d.h. eine noch nicht manifestierte Macht), es hat eine sehr warme Macht der Freude erhalten. Das freute mich sehr.

(Schweigen)

Seit Jahren habe ich ein langes Mantra, ich habe dir davon erzählt *(zusätzlich zum Hauptmantra),* es ist äußerst umfassend. Es besteht aus einer langen Wortreihe und läßt sich für alle Erfordernisse und Gelegenheiten anwenden. Aber seit einiger Zeit ist auch dieses sehr spontan und in sich selbst sehr lebendig geworden. Wenn ich ganz konkret sehen will, wie es um jemanden steht, der zum Beispiel vor mir meditiert, rezitiere ich es (innerlich natürlich) und beobachte die Reaktionen. Denn das Mantra betrifft den *surrender* [Hingabe] aller Wesensteile und aller Lebensweisen, es ist sehr umfassend. An den Reaktionen *(in Mutters Chakras)* erkenne ich alles sehr klar. Als X neulich kam, tat ich dies – es war das erste Mal, daß ich es mit ihm tat. Und als ich einen bestimmten Punkt erreichte ... *(Mutter lächelt),* konnte er es nicht mehr aushalten. Er wurde steif, grüßte mich und stand auf. Normalerweise blieb er immer sehr ruhig und still. Aber diesmal ... *(Mutter lacht).* Ich rufe den Herrn an und bitte Ihn, Seine verschiedenen Seinsweisen oder Verwirklichungen zu manifestieren (dies ist überhaupt nicht im mentalen Sinne zu verstehen). Ich rezitiere die verschiedenen Teile des Mantras, und in einem gegebenen

Augenblick (denn es läuft in einer logischen Folge ab) sagte ich: „Manifestiere Dein Wissen!" Da wurde ihm unbehaglich, als ob er das Gefühl hätte, aus sich selbst hinausgeworfen zu werden. Ich versuchte, Ruhe hineinzubringen, aber er konnte es nicht aushalten. Nach fünf Minuten stand er auf und ging. Ein wirkliches Unbehagen. Denn ich bin in den Leuten, ich bin überall, ich fühle ihre Verfassung, als ob es mein eigener Körper wäre.

*
* *

*Wenig später gibt Mutter Satprem einen Brief zu lesen,
den sie soeben geschrieben hat:*

Dies sind Ratschläge für kindliche Gemüter (nicht kindlich nach Jahren). Dasselbe wie: *You say that you can't love the Lord because you have never seen him …* [Du sagst, du kannst den Herrn nicht lieben, weil du Ihn noch nie gesehen hast.] Das bewegt sich auf demselben Niveau. Aber ich mag das, weil sie wenigstens nicht vorgeben, intelligent zu sein. Gestern sagte mir ein Kind, es sei sein Geburtstag und es wolle mir zwei Fragen auf englisch stellen: *Where does God live?* oder: *Where is the house of God?* (etwas in der Art) und: *Can I ever see Him?* [Wo lebt Gott? Wo ist Gottes Haus, und werde ich Ihn jemals sehen?] Ich habe ihm geantwortet, wie man einem Kind antwortet, mit kindlicher Einfachheit:

God lives everywhere and in everything,
and you will be able to see Him
if you can find Him deep inside yourself.[1]

Im Grunde bräuchte man eine „Kinderabteilung" mit Antworten für Kinder. Ich finde das jedenfalls viel lehrreicher als die philosophischen Formulierungen, viel direkter als die intellektuellen Abstraktionen, wo immer ein wenig Anmaßung mitschwingt – man ist „über diese Kindereien hinaus", nicht wahr. Dabei sind sie genau so kindisch.

---

[1] „Gott lebt überall und in allem, und du wirst Ihn sehen können, wenn du Ihn tief in deinem Innern findest."

12. Juni 1965

Einen Brief von Mutter an einen Schüler betreffend:

... Was es nicht alles für Komplikationen gibt! Böswilligkeiten, Leute, die sich im Kreise drehen, anstatt vorwärtszuschreiten. Und idiotische Einfälle. Neulich, nachts ... Der Kopf ist immer unbewegt *(Geste zur Stirn mit nach oben zum Licht hin geöffneten Handflächen)*. Dafür danke ich dem Herrn, und das ist immer so. Ich entscheide also nicht, was zu tun ist, ich entscheide nicht, was zu antworten ist, nichts: Wenn es kommt, dann kommt es. Einige Leute hatten einen üblen Streich gespielt – *(lachend)* das läßt mich völlig kalt! –, und ich rührte mich nicht. Mitten in der Nacht aber kommt eine Kraft, ergreift mich und sagt mir: „Hier ist die Antwort, das muß gesagt werden!" Ich stimmte zu (ich lag nämlich im Bett), rührte mich aber nicht. *(Mutter nimmt einen gebieterischen Ton an:)* „Das muß gesagt werden!" – Na gut. Ich rühre mich weiterhin nicht. *(Noch strengerer Ton:)* „Das muß gesagt werden!" *(Mutter lacht)* Also stand ich auf, ging zum Pult und schrieb im Dunkeln, was ich zu sagen hatte.

Dann hatte ich Ruhe.

*
* *

(Mutter geht zur Savitri-Übersetzung über, dem Dialog mit dem Tod.)

(Mutter liest den Text) Ach, was für ein Witzbold!

Then will I give thee all thy soul desires
[Dann werde ich dir alles schenken, was deine Seele begehrt]

Das ist ein Witzbold.

All the brief joys earth keeps for mortal hearts.
[Die kurzen Freuden alle, die die Erde sterblichen Menschen vorbehält.]

But I don't want them! [Aber ich will sie nicht!] – Das ist wirklich ein Spaßvogel.
Und was geschieht mit ihr?

My will once wrought remains unchanged through Time
[Mein Wille bleibt, einmal festgelegt, unwandelbar durch Zeit]

Oho! Was du nicht sagst!

And Satyavan can never again be thine. (X.III.636)
[und Satyavan kann niemals mehr dein eigen sein.] (dt. S. 650)

Das stimmt nicht, mein Alter!

(Mutter übersetzt)

Alors je te donnerai tout ce que ton âme désire ...

Die Seele begehrt nichts. Er hat gut sagen: „Ich gebe dir, was deine Seele begehrt", denn die Seele begehrt nichts. Er verpflichtet sich also zu nicht viel.

Das ist ein Spaßvogel – er hat ihn wirklich so dargestellt.

14. Juni 1965

(Mutter sucht nach einer Karte als Antwort für einen Schüler. Auf einer ist ein großer Fisch abgebildet:)

Welche symbolische Bedeutung hat der Fisch?

Ich weiß es nicht. Die Buddhisten verwenden das Symbol zweier in entgegengesetzter Richtung schwimmender Fische. Ich glaube, es stellt die Vielfalt dar.

Ich habe oft Unterwasserträume. Neulich ging ich z.B. unter das Wasser (problemlos übrigens), wo es eine Menge Fische gab, ich fischte unter Wasser. Diese Fische waren jedoch schon tot oder gerade gestorben, eine Menge Fische, die zwar noch genießbar, aber tot waren, weil sie keine Luft oder kein Wasser mehr hatten.

Gewöhnlich stellen Fische im Meer die Vielfalt dar[1]. Aber es muß viele Bedeutungen geben. Ich habe dir gesagt, daß der Buddhismus oft das Symbol des Fisches verwendet.

---

1. In einem persönlichen Kontext, wie in diesem Traum, symbolisieren Fische gemäß Sri Aurobindo das „vitale Mental", das sich ständig bewegt und allerlei Formationen hervorbringt.

Es gibt Hunderte und Aberhunderte von Symbolismen, mein Kind. Man konstruiert immer einen Widerspruch daraus, aber eigentlich sind es lediglich Ansichten ein und derselben Sache. Meiner Erfahrung nach hat jeder Mensch seine eigene Symbolik.

Mit Schlangen z.B. ist das sehr bemerkenswert. Manche Leute haben den Eindruck, wenn sie von Schlangen träumen, würden sie von Katastrophen betroffen. Ich selbst hatte alle Arten von Schlangenträumen: Ich mußte von Schlangen wimmelnde Gärten durchqueren (sie waren überall: auf der Erde, auf den Bäumen), und die Schlangen waren nicht etwa freundlich gesinnt! Aber ich wußte noch im selben Augenblick genau, was dies bedeutete: Es hatte mit gewissen mentalen Einstellungen und Böswilligkeiten in meiner Umgebung zu tun.[1] Hat man jedoch mentale Kontrolle und mentale Kraft, kann man hindurchgehen, und sie können einem nichts antun. Andere Leute halten die Schlangen für das universelle Bewußtsein. Man kann also nichts Allgemeingültiges darüber sagen. Théon sagte immer, die Schlange sei das Symbol der Evolution, und die Leute um ihn herum sahen immer regenbogenfarbene Schlangen, Schlangen in allen Farben, die die universelle Evolution symbolisierten. Im Grunde hat wirklich jeder seine eigene Symbolik. Ich persönlich habe festgestellt, daß es von den Lebensphasen, den Aktivitäten, dem momentanen Entwicklungsstand abhängt. In manchen Dingen, die ich jetzt wiedersehe, erkenne ich eine andere, tiefere Bedeutung als jene, die ich früher gesehen hatte.

Das ist sehr interessant, es gehört aber gänzlich dem Bereich des Relativen an.

Es ist sehr mental.

Ich erinnere mich zum Beispiel, daß ich die Leute zu einer bestimmten Zeit in Gestalt von Tieren sah ... Das war ein Hinweis dafür, welchem Typus sie angehörten. Und ich erinnere mich, wie ich noch in Frankreich war, saß ich eines Tages in einem großen Zimmer und sah eine Unmenge kleiner Tiere kommen, vor allem Kaninchen, Katzen, Hunde, Vögel, alle möglichen Tiere – alle kamen sie auf meinen Schoß – viele, viele ... Und plötzlich kommt ein großer Tiger ins Zimmer, stürzt sich auf sie und husch! verscheucht sie in alle Richtungen! *(Mutter lacht)* Die Tiere waren Leute ... und auch der Tiger war jemand.

Das ist lustig.

Aber jetzt sehe ich, daß es einander überlagernde Schichten gibt: Man hat eine Symbolik, und in einer anderen, tieferen Schicht ist die Symbolik eine andere. Letztlich ist jede Form ein Symbol. Alle Formen,

---

1. In Frankreich mit Richard, nach der Rückkehr von Pondicherry zu Beginn des Ersten Weltkrieges.

unsere Form eingeschlossen, sind Symbole – kein sehr brillantes, muß ich sagen!

Ach, wenn ich nichts zu tun hätte und meine Zeit einfach damit verbringen könnte, meine nächtlichen Aktivitäten aufzuschreiben: was ich nachts sehe, höre und mit jedermann tue ... mit allen Arten von Leuten, ja, in allen möglichen Ländern. Und so viele Dinge – Dinge, die ich physisch nie gesehen und an die ich nie gedacht hatte – ganz und gar unerwartete Dinge.

Ja, das ist viel interessanter als die Romangeschichten. Aber man braucht viel Zeit.

*
* *

(Mutter geht zur Übersetzung von Savitri über, einem Ausschnitt des Dialogs mit dem Tod, dann verharrt sie inmitten eines Verses:)

Ich höre nichts, ich bin in ... ja, ich habe ganz den Eindruck, mich in einer Nebeldecke zu befinden ... *(Mutter schaut)* von einem sehr blassen Perlgrau. Und es vernebelt den Ton und die Sicht.

Als seien alle Dinge weit, sehr weit von mir entfernt: die Dinge, die Geräusche, die Bilder, alles ist fern, fern ... *(Mutter liest wieder)*:

And Satyavan can never again be thine.
And my will once wrought remains unchanged through Time
[Und Satyavan kann niemals mehr dein eigen sein
Mein Wille bleibt, einmal festgelegt, unwandelbar durch Zeit]

Er hat ihn etwas dümmlich dargestellt, denn selbst wenn Satyavan nicht in diesem Körper zurückkehrt, was hindert ihn denn daran, einen anderen anzunehmen?

Er gibt nur an!

Und später sagt ihm Savitri (oder „die Stimme"), du erinnerst dich: „Ach, wir werden dich trotzdem behalten, wir brauchen dich noch ein Weilchen." Wie er dann völlig niedergeschlagen und erledigt ist, sagt sie ihm: „Wir werden dich noch behalten, weil wir dich noch brauchen."[1] Erinnerst du dich?

---

1. *I have given thee thy awful shape of dread*
And thy sharp sword of terror and grief and pain
To force the soul of man to struggle for light ...
Thou art his spur to greatness in his works,
The whip to his yearning for eternal bliss,
His poignant need of immortality.
Live, Death, awhile, be still my instrument. (X.IV.666)

Ein schönes Geschenk ... Oh, es ist wahr, in vielen Fällen ist der Tod unerläßlich.

Ich erinnere mich, als ich noch die Zeitung *Le Matin* erhielt, las ich dort eine Geschichte. Sie druckten dort Romane ab, die ich las, um den Geisteszustand der Leute kennenzulernen. Darunter fand sich ein außergewöhnlicher Roman, in dem die Hauptperson eine unsterbliche Frau war. Sie war von ich weiß nicht welcher Gottheit dazu verdammt worden, unsterblich zu sein, und unternahm nun alles nur Erdenkliche, um zu sterben, aber es gelang ihr nicht. Das war idiotisch, die Geschichte war idiotisch, aber sie basierte auf dem umgekehrten Gesichtspunkt: sie war zur Unsterblichkeit verurteilt, und ... uff! Sie sagte: „Wann werde ich endlich sterben können?", mit der üblichen Vorstellung, daß der Tod das Ende sei, daß alles zu Ende sei, daß man ruhe. Man hatte ihr gesagt: „Du wirst erst dann sterben können, wenn du die wahre Liebe auf Erden gefunden hast ..." Alles war auf den Kopf gestellt. Aber das gab mir viel zu denken – manchmal geben einem die größten Dummheiten am meisten zu denken. Und um die Geschichte zu vervollständigen ... Sie war verschiedene Personen gewesen, Priesterin in Ägypten, alles mögliche, und am Schluß lebte sie in unserer Zeit (ich erinnere mich nicht mehr genau). Sie hatte ein jungvermähltes Paar getroffen. Der Gatte war ein bemerkenswerter, intelligenter Mann (ich glaube, er war Erfinder). Seine Frau, die er leidenschaftlich liebte, war dumm und bösartig, sie verdarb all seine Arbeit und zerstörte sein ganzes Leben ... aber er hörte nicht auf, sie zu lieben. Und dies *(lachend)* wurde als ein Beispiel vollkommener Liebe dargestellt!

Ich las das vor mehr als fünfzig Jahren und erinnere mich noch heute daran, denn ich mußte lange darüber nachdenken. Als ich das sah, sagte ich mir: „So verstehen die Menschen!"

Ach, das liegt sicher mehr als fünfzig Jahre zurück, weil ich schon der „Kosmischen Tradition" (Théons Lehre) und der inneren göttlichen Gegenwart begegnet war. Ich wußte, daß die neue Schöpfung eine unsterbliche Schöpfung sein würde. Das hatte ich sofort als wahr empfunden – als ein Ausdruck von etwas Wahrem. Und als ich diese Geschichte las, sagte ich mir: „Wie die Menschen doch alles verdrehen!

Ich habe dir deine unheimliche Gestalt verliehen,
dein scharfes Schwert von Schrecken, Leid und Schmerz,
um die Menschenseele zu zwingen, für das Licht zu kämpfen...
Du bist sein Sporn, der ihn zur Größe treibt in seinen Werken,
die Peitsche seines Sehnens nach ewiger Wonne,
sein brennendes Bedürfen der Unsterblichkeit.
So lebe, Tod, noch eine Weile und sei weiterhin mein Werkzeug.
[*Savitri*, dt. S. 680]

14. JUNI 1965

Den Kopf nach unten, die Füße in der Luft." Und ich dachte sehr lange über dieses Problem nach, wie man dort die wahre Haltung hineinbringen kann. Und ich fing an zu arbeiten ... Zu diesem Zeitpunkt übte ich mich schon darin, diesen Standpunkt einzunehmen, die Dinge von diesem Standpunkt aus zu betrachten, zu verstehen, wie dieser Standpunkt existieren konnte. Diese beiden Dinge gaben mir zu denken: der Wunsch zu sterben und was dieser Mann als die „vollkommene Liebe" betrachtete – beides Eseleien.

Aber ich entdeckte, was an Wahrem darin steckte, und das war interessant. Ich suchte lange, und plötzlich verspürte ich ein Verlangen nach dem Unwandelbaren, nach unveränderlichem Frieden. Nun, es war verkehrt herum: nur der unwandelbare Frieden kann einem die Ewigkeit des Daseins geben. Dort war alles verkehrt, man wollte das Dasein beenden, um den unwandelbaren Frieden zu finden. Aber was man sucht, ist der unwandelbare Frieden, und daher ist man gezwungen, das Dasein zu beenden, um die Transformation zu ermöglichen.

Bedingungslose Liebe hängt gewiß nicht davon ab, ob man geliebt wird oder nicht, intelligent ist oder nicht, gemein ist oder nicht – das versteht sich. Dort wurde das auf lächerliche Weise gesagt. Es ist jedoch klar, daß Liebe bedingungslos ist, sonst ist es keine Liebe, sondern das, was ich einen Kuhhandel nenne: „Ich gebe dir meine Zuneigung, damit du mir deine gibst; ich bin nett zu dir, damit du nett zu mir bist." So verstehen es die Menschen, aber das ist idiotisch, das ist sinnlos. Ich verstand das schon, als ich ganz klein war, und sagte: „Nein, es mag euch gefallen, daß die anderen nett zu euch sind, wenn ihr nett zu ihnen seid, aber das hat nichts, rein gar nichts mit Liebe zu tun." Die Essenz der Liebe ist bedingungslos.

*
* *

Wenig später

Wir sind dabei, eine ... (wie kann man das nennen?) Aufnahmeregelung (oh, welch häßliches Wort!) für den Ashram auszuarbeiten ... Ja!... Es ist nicht so, daß man automatisch angenommen wird, wenn man die Regeln akzeptiert, aber wenn jemand aufgenommen wird (wenn er potentiell aufgenommen wird), sagt man ihm: „Hier, damit Sie wissen, wozu Sie sich verpflichten, wenn Sie Mitglied des Ashrams werden." Denn die Aufnahmeanträge strömen herein wie Heuschrecken, und mindestens neunundneunzig Prozent davon sind Leute, die hierherkommen wollen, um es bequem zu haben, sich auszuruhen und nichts zu tun. Einer von hundert kommt, weil er eine spirituelle Aspiration hat (wenn überhaupt). Dann können sie uns später nicht vorhalten (es gibt Beispiele dafür): „Ach! Aber ich wußte nicht, daß es so ist", mit der Entschuldigung, man habe es ihnen nicht gesagt. „Ich wußte ja nicht, daß man nicht ..." *(Mutter zögert einen Augenblick)* Was darf man nicht?... *(Dann zeigt sie lachend mit dem Finger auf Satprem:)* Nicht rauchen. Und man darf keinen Alkohol trinken, man darf nicht heiraten, nur der Form halber, usw. Aber man muß arbeiten, und all eure Wünsche werden nicht automatisch erfüllt. Man schreibt mir Briefe: „Aber Sie haben mir gesagt, daß ... (oh, Dinge, die ich natürlich nie gesagt habe); zu jenem Zeitpunkt (weißt du, es liegt so lange zurück, daß ich mich nicht mehr erinnern kann!) haben Sie mir gesagt, daß ..." Und daran, was sie schreiben, erkenne ich sehr gut, was ich sagte, und wie sie es verdrehen. Daher wird jetzt ein Papier aufgesetzt, das man ihnen zu lesen gibt, worauf man sie fragt: „Haben Sie richtig verstanden?" Und wenn sie dies bejahen und das Papier unterzeichnen, wird es aufbewahrt. Wenn sie dann später unangenehm werden, kann man es ihnen zeigen: „Pardon, Sie wurden ja gewarnt, daß dies kein ... (wie soll ich sagen?) Garten Eden ist, wo man nichts zu tun braucht und einem die gebratenen Tauben in den Mund fliegen!"

Als erste Bedingung nannte ich (ich sagte es auf englisch): Das einzige Ziel des Lebens besteht darin, sich der göttlichen Verwirklichung zu widmen (ich drückte es nicht mit diesen Worten aus, aber so ist es gemeint). Man muß zunächst davon überzeugt sein, daß man nur dies will und nichts anderes (man kann sich selbst etwas vormachen, aber das ändert nichts). Primo. Nolini sagte mir dann, die zweite Bedingung müsse lauten, daß man meine absolute Autorität anerkenne. Ich sagte: „So nicht!" Es muß heißen: „die absolute Autorität Sri Aurobindos anerkennen" – *(lachend)* man kann hinzufügen: „die durch mich repräsentiert wird", weil er nicht mehr sprechen kann – zu mir spricht er sehr wohl, aber die anderen hören es nicht! Dann gibt es viele andere Dinge, die ich nicht mehr weiß, und schließlich einen letzten Abschnitt wie folgt ... *(Mutter sucht die Notiz)* Ich erinnere mich, daß Sri Aurobindo früher auch ein kleines Papier aufgesetzt hatte, das er an die Leute verteilte, aber das ist veraltet (es ging darum, sich nicht mit der Polizei anzulegen und ich weiß nicht was – es ist veraltet). Aber ich möchte keine Verbote aussprechen, zunächst einmal, weil Verbote zum Widerspruch herausfordern; es gibt immer einen hohen Prozentsatz an Individuen, die sofort Lust bekommen, genau das zu tun, was man ihnen verbietet. Sonst würden sie vielleicht nicht einmal auf die Idee kommen, aber es genügt, daß man es ihnen verbietet, und sofort denken sie: „Ach so! Aber ich mache, was ich will." Na gut.

(Mutter beginnt zu lesen) To those ... Ich mache eine Unterscheidung: Einige Leute kommen zwar hierher, um sich dem göttlichen Leben zu

widmen, aber tatsächlich kommen sie, um zu arbeiten, und sie werden arbeiten. Sie werden keinen intensiven Yoga ausüben, denn unter fünfzig gibt es nicht einen, der dazu fähig wäre. Aber immerhin können sie ihr Leben der Sache widmen und arbeiten und selbstlos gute Arbeit als Dienst am Göttlichen verrichten – das ist sehr gut. Aber insbesondere: *To those who want to practise the integral yoga, it is strongly advised to abstain from three things* [Jenen, die den integralen Yoga ausüben wollen, wird dringend angeraten, sich dreier Dinge zu enthalten] ... also, die *three things (lachend)*, du hältst dir die Ohren zu: *sexual intercourse* (das kommt als Drittes) *and drinking alcohol and ... (flüsternd) smoking* [Geschlechtsverkehr, Alkoholgenuß und ... Rauchen].

Ich muß dir sagen, daß ich in eine Familie geboren wurde, in der niemand rauchte. Mein Vater hatte niemals geraucht, und seine Brüder auch nicht – man rauchte einfach nicht. Folglich war ich von früher Kindheit an nicht daran gewöhnt. Als ich später mit Künstlern lebte ... Künstler rauchen halt, das scheint die „Inspiration" anzuregen! Aber ich verabscheute stets den Geruch. Ich sagte nichts, um nicht unfreundlich zu sein, aber ich verabscheute es. Dann kam ich hierher – Sri Aurobindo rauchte. Er tat es absichtlich, um zu sagen: „Man kann den Yoga rauchend ausüben; ich sage, man kann rauchen und den Yoga ausüben, und ich rauche." Er rauchte. Und alle Schüler rauchten natürlich mit, weil Sri Aurobindo rauchte. Eine Zeitlang gab ich ihnen sogar Taschengeld, damit sie sich Zigarren kaufen konnten (sie rauchten Zigarren – war das ein Gestank!). Dann zog ich in Sri Aurobindos Haus, wir sprachen offen miteinander, und eines Tages sagte ich ihm: „Wie der Qualm doch stinkt! *(lachend)* Widerlich!" Er zu mir: „Ach, Sie mögen den Geruch nicht?" – „Oh, nicht nur das. Ich mußte sogar eine yogische Anstrengung aufbringen, damit mir nicht übel wurde!" Am nächsten Tag hörte er auf damit. Aus, vorbei, er hat nie wieder geraucht ... Das war sehr entgegenkommend. Es war nicht aus Prinzip, er wollte mir lediglich den Geruch nicht aufzwingen. Aber ich hatte nie etwas gesagt. Ich sagte es ihm nur, weil er mich im Laufe des Gesprächs gefragt hatte. Und als er zu rauchen aufhörte, mußten alle aufhören – es war nicht mehr erlaubt zu rauchen, weil er nicht mehr rauchte.

Für Nichtraucher *(lachend)* ist der Rauch der anderen sehr ...

Und was das Essen, das Fleisch usw. betrifft, war es dasselbe. Für lange Zeit aßen wir Fleisch. Das war sogar sehr amüsant: Als Pavitra hierherkam, war er ein hartgesottener Vegetarier. Damals waren wir nicht nur keine Vegetarier, sondern man schlachtete die Hühner auf dem Hof (!) und ... *(lachend)* Pavitra hatte sein Zimmer genau neben der Küche – man schlachtete die Hühner vor seinem Fenster! Oh, der arme Pavitra! Das hörte dann aus einem sehr einfachen Grund auf (überhaupt nicht aus Prinzip): Leute mit Fleisch zu ernähren kommt viel teurer als vegetarische Nahrung. Das wurde zu einem Problem. Ich selbst war Vegetarierin aus Neigung – alles aus Neigung, nichts aus Prinzip. Ich wurde Vegetarierin schon zu Beginn des Jahrhunderts, ja, vor langer Zeit ... ja, es muß über sechzig Jahre her sein. In meiner Kindheit hatte man mich gezwungen, Fleisch zu essen, was mich anekelte (nicht die Idee: der Geschmack widerstrebte mir, er ekelte mich an). Der Arzt verlangte, daß man mir *Pickles* [Gewürze] und alles mögliche gebe, um den Geschmack zu überdecken. Sobald ich unabhängig und frei war, sagte ich mir somit: „Schluß damit! *(lachend)* Nein, kein Fleisch mehr!" – aber nicht aus Prinzip, denn von Zeit zu Zeit esse ich noch Gänseleber (das ist nicht vegetarisch!), und lange aß ich auch Langusten oder Hummer. Keine Regeln, ach, bloß keine Regeln, sondern aus Neigung. Wie du eben sagtest[1], das schafft nur „Komplikationen", genau so empfand ich. Und als ich ins Obergeschoß zog (du weißt, daß sie mich ich weiß nicht wie lange ins Bett steckten – ich kann nicht herausfinden, wie lange, weil es mir keiner sagen will) und wieder zu essen anfing, verordnete mir der Arzt Hühnerbouillon. Für diese Hühnerbrühe mußte man jeden Tag ein Hühnchen töten – jeden Tag töteten sie ein Huhn, damit ich meine Hühnerbrühe bekam. Als dann die Hitze einsetzte, sagte man mir, die Hühner seien krank, die Hitze habe sie krank gemacht, und es sei vielleicht doch nicht gut, Suppe von kranken Hühnern zu essen. Also sagte ich: „Aufhören, aufhören!", und sobald ich aufgehört hatte, war ich so erleichtert: „Jetzt *(lachend)* bringt man keine Hühner mehr um!" Und ich sagte: „Schluß damit!" Aber ich hatte in dieser Zeit zwei Kilo zugenommen. Der Arzt kontrollierte damals mein Gewicht, und er sagte mir: „Sieh an, Sie haben zugenommen!" Ich antwortete ihm: „Aber das möchte ich ja gar nicht!"

(Zu Sujata) Du siehst, ich spreche offen mit ihm! *(Lachend:)* Man muß das tun, was ich sage, und nicht, was ich tue!

Nicht aus Prinzip – keine Prinzipien: aus Neigung.

Voilà.

---

[1]. Ein wenig früher hatte Satprem noch einmal gebeten, seine Fleischdiät zugunsten einer einfachen vegetarischen Ernährung aufgeben zu dürfen. Mutter hatte das mit Rücksicht auf seine Gesundheit abgelehnt.

18. Juni 1965

Erinnerst du dich noch, was ich sagte? Daß ein „verbesserter physischer Körper" – *improved* – den Übergang vom menschlichen zum supramentalen Körper darstelle?[1] ... Sri Aurobindo sagte mir letzte Nacht auf seine Weise, daß dies zutreffe. Das war sehr interessant.

Sehr interessant.

Letzte Nacht besuchten wir alle möglichen mir unbekannten Orte: Städte, Felder, Wälder usw. Das dauerte sehr lange. Einmal befanden wir uns in der Nähe eines Waldes auf einem Weg, der durch den Wald führte. Wir waren beschäftigt und „redeten", als er plötzlich aufsprang ... Weißt du, er trägt fast nie Kleider. Als ich ihn zum ersten Mal in seinem supramentalen „Haus" im Subtilphysischen sah, trug er keine Kleider. Es ist eine Art vibrierende Materie, sehr materiell, sehr konkret, von einer unbestimmten Farbe, leicht golden und leuchtend – diese Materie gibt keine Strahlen ab, sie vibriert aber in einem hellen Licht. Mindestens neun von zehn Malen erscheint er so. Wenn wir zusammen arbeiten, ist er gewöhnlich so, auch letzte Nacht. Ich war also beschäftigt – wir hatten etwas arrangiert –, als er plötzlich mit einem Satz aufsprang und einen Hundertmeterspurt, *a dash-race*, hinlegte. Zuerst erschrak ich, und ich fragte mich: „Was ist los?" Mit großer Leichtigkeit, wie der Blitz, rannte er los, verharrte dann einige Minuten und kam rennend zurück. Dann hielt er wieder an und spurtete zum dritten Mal los. Aber diesmal war er größer und hatte einen schlanken Körper. Er war sehr gewachsen, als wollte er mir zeigen: So wird sich der Körper umwandeln. Sehr groß, sehr stark.

Das war hoch interessant und völlig unerwartet.

Beim zweiten Mal war er schon viel stärker als beim ersten Mal, und das dritte Mal war er prachtvoll: ein erhabenes großes Wesen aus dieser schwingenden, strahlenden Substanz. Und was für ein Spurt! Solche Sätze! Beim letzten Mal war es phantastisch, als ob er den Boden nicht berührte.

Wir „sprechen" äußerst selten. Wenn er mir manchmal etwas sagt, hat dies eine besondere Bedeutung und einen besonderen Zweck. Wir verstehen uns ohne Worte. Diesmal sagte er nichts, und ich verstand.

Es war Teil einer sehr langen Tätigkeit, aber diese Sache verblüffte mich, weil es wie eine Antwort auf etwas kam, was ich vor einiger Zeit sagte – er erklärte: „Ja, es ist wahr, du hast recht, so ist es." Und wie sich der Körper zwischen den drei Malen veränderte: das erste Mal

---

1. Siehe das Gespräch vom 17. April, S. 69.

war er, wie ich ihn gekannt habe, nur jünger und flinker, das zweite Mal war er schon viel stärker, und das dritte Mal war er prachtvoll.

Das wollte ich dir erzählen.

Das ist alles.

Was hast du mir jetzt zu sagen?

(Schweigen)

Gut, ich sage nichts mehr!

Die Frage, die ich dir dazu stellte, bleibt immer noch unbeantwortet: ich sehe nicht recht, wie der supramentale Körper, der aus einer sehr materiellen, aber dennoch anderen Substanz besteht ... [1]

Ach, darüber hatte ich vor einigen Tagen eine andere Erfahrung ... Du weißt, daß man von einer Substanz spricht, die „dichter" als die physische Substanz ist ... Wie nennt man sie? *(Mutter sucht vergeblich)* Théon hatte schon darüber gesprochen, aber damals glaubte ich, es sei seine Phantasie. Doch nun sagte man mir, daß dies „wissenschaftlich" entdeckt worden sei und daß die Menge dieser „dichteren Materie" ZUZUNEHMEN scheine.

Wie nennen sie das? Es gibt eine Bezeichnung. Ich erinnere mich nicht mehr, aber vor einiger Zeit, vor ein oder zwei Monaten, sagte mir jemand, der aus Frankreich kam, daß man jetzt in wissenschaftlichen Kreisen zu sagen scheint, daß diese Materie, die dichter als die physische Materie ist, auf Erden an Quantität zuzunehmen scheine. Das wäre äußerst interessant.[2]

Théon sagte, der glorreiche Körper werde aus einer Materie bestehen, die dichter als die physische Materie ist, aber Eigenschaften aufweist, welche die physische Materie nicht hat. Und es scheint, daß sie tatsächlich Eigenschaften besitzt, welche die Materie nicht hat, wie z.B. Elastizität. Vor einigen Nächten (ich erinnere mich nicht mehr wann) befand ich mich an einem Ort, wo man eine Substanz, eine Art hellgrauen, verdünnten Ton (eine Paste) angehäuft hatte, elastisch, *(lachend)* klebrig. Es war wie verdünnter Zement, aber sehr blaß, von einem sehr schönen Perlgrau, und klebrig: es dehnte sich wie Kaugummi. Einige Leute hatten sich dort eingefunden, um in dieser Substanz zu baden. Einige wateten mit Wonne darin. Sie besudelten sich überall, und wie das klebte! Und ich selbst ... Einmal dort, mußte man

---

1. Satprem wollte damit sagen, daß es ihm schleierhaft sei, wie diese trotz allem von der Materie sehr verschiedene Substanz durch eine Schulung des physischen Leibes vorbereitet werden kann.
2. Handelt es sich hier vielleicht um „ionisierte Materie"?

mehr oder weniger da hineintauchen. Es war, als ob diese Substanz sogar in der Luft anwesend war, man konnte ihr nicht ausweichen. Da war aber eine Dame, die sich sehr fürsorglich um mich kümmerte, damit mir das nicht zu lästig fiel. Ich erinnere mich, daß ich ein leuchtendes, weißrotes Gewand trug (weiß mit roten Ornamenten), in das ich mich hüllte, damit nicht alles an mir kleben blieb. Aber ich schaute zu und sah zum Beispiel, wie unser Purani[1] sich darin wälzte und mit Vergnügen umherschlitterte. Er triefte von diesem Schlamm. Alle befanden sich in diesem Schlamm. Perlgrauer Schlamm, von einer sehr schönen Farbe, aber so klebrig! Als ich morgens aufwachte, sagte ich mir: Das muß die neue Substanz sein, die vorbereitet wird – sie ist noch nicht fertig, aber in Vorbereitung.

Es gab ganz lustige Einzelheiten: weißt du, es war eingerichtet wie die Thermalbäder in den schicken Badeorten. Man ging dorthin, um in dieser Substanz zu baden.

Wie nennen sie diese Materie?... Pavitra wüßte den Namen. Früher kannte ich ihn. Théon hatte ihr die Bezeichnung gegeben, die sie jetzt hat. Ich erinnere mich nicht mehr. Eine Materie, die dichter ist als die physische Materie. Aber elastisch.

Vielleicht eine Materie, die einige Umwandlungen durchmachen wird, ich weiß es nicht. Vielleicht war dieser lose Mantel, den ich trug, das Symbol von ... Er war weiß mit goldenen Fäden und roten Stickereien (sehr hübsch), und ich hüllte mich darin, damit dieser Schlamm nicht lästig wurde.

Was symbolisierte das?

Eine Kraft, welche dies in eine akzeptable Substanz verwandeln wird.

(Schweigen)

Wahrscheinlich wird das Bewußtsein, das fähig sein wird, diese Substanz zu gebrauchen (ebenso wie es ein Bewußtsein gab, das die körperliche Substanz verwenden konnte), daraus etwas Nützliches machen. Wir sind zwar daran gewöhnt, aber es ist klar, daß so etwas wie eine Superchemie diese körperliche Materie geschaffen hat. Sie erscheint uns ganz natürlich, aber das war nicht immer so – zwischen der Qualle, zum Beispiel, und diesem Körper liegt eine Kluft.

Ich hatte den Eindruck einer Substanz, die einer Arbeit der Anpassung, Umwandlung, Nutzbarmachung unterworfen werden muß und die dem supramentalen Wesen als äußere Form dienen wird.

---

1. Purani starb wenige Monate später, am 11. Dezember 1965.

Mein Eindruck ist, daß Sri Aurobindo bereits seine subtile supramentale Form besitzt. Es scheint einem beispielsweise, daß er nicht denselben Gesetzen wie wir unterworfen ist, wenn er sich bewegt. Aber da es feinstofflich ist, erscheint es nicht erstaunlich. Auch eine Art Allgegenwart: er ist an mehreren Orten zugleich, mit einer Plastizität, einer Anpassungsfähigkeit gemäß der zu verrichtenden Arbeit und den Leuten, die er trifft. Ich bin mir bei diesen Aktivitäten durchaus bewußt, daß ich Sri Aurobindo auf eine bestimmte Weise sehe, andere sehen ihn wahrscheinlich nicht so – sie sehen ihn anders, wahrscheinlich bekleidet. Als er im Walde rannte, waren wir ganz allein. Es war ein großer menschenleerer Wald. Einige Augenblicke später befanden wir uns an einem anderen Ort, wo Leute waren, mit denen er sprach, und ich hatte überhaupt nicht den Eindruck, daß ihn die anderen unbekleidet sahen.

Vor recht langer Zeit sah ich ihn einmal – du erinnerst dich – in einem Schiff, das auch aus Ton war.

Aus Lehm.

Ja, aus Lehm.

Aus rosafarbenem Lehm.[1]

Ja, es war eine Art rosafarbener Lehm. Damals schien er Kleider zu tragen. Dort herrscht nämlich nicht dieselbe Starrheit wie in unserer Materie.

Es war wie diese Vision des „supramentalen Schiffes"[2], in der jedermann durch seinen eigenen Willen bekleidet war.

Aber in meinen nächtlichen Aktivitäten ist das ganz natürlich, ich denke gar nicht daran. Dann beobachte ich nicht mit dem dummen, kleinen, durch Gewohnheiten regierten Verstand – all das wirkt ganz natürlich.

Nun aber genug geschwatzt!

(Sujata:) Auch du bist nachts groß.

Ich höre nichts, mein Kind, ich bin in meiner Wolke!

(Sujata wiederholt:) Wenn man dich nachts sieht, erscheinst du groß.

---

1. Siehe das *Agenda*-Gespräch vom 29. Juni 1963.
2. Siehe *Agenda* vom 3. Februar 1958.

Aber ja! Das weiß ich! Alle kommen mir klein vor – allein dadurch merke ich es –, ich weiß nicht, daß ich groß bin, aber die Leute erscheinen mir klein.

(Sujata:) Du bist mindestens so groß (Sujata deutet auf die Decke in etwa 4,50 m Höhe).

Ja, das habe ich bemerkt: oft schaue ich so auf die Leute *(Mutter blickt von ihrem Sessel nach unten)*. Aber das ist ganz natürlich, ich habe nicht das Gefühl, groß zu sein.

(Schweigen)

Letzte Nacht, in einem bestimmten Augenblick, bereiteten wir eine bestimmte Anzahl von Dingen zu, die zugleich Nahrung, Heilpräparate und ein Mittel für die Umwandlung der Materie waren. Sie waren verschiedenfarbig, in Reagenzgläsern, und Sri Aurobindo erklärte alles. Aber dies ist nicht das erste Mal, es kam schon oft vor. Das Schönste daran ist jedoch, daß alle präzisen Details sofort ausgelöscht werden, sobald ich erwache. Wie eine Hand, die alles wegnimmt – absichtlich.

Ich erinnere mich, das Bild ist mir noch gegenwärtig, wie er diese Dinge in seinen Reagenzgläsern zeigte. Da war ein Mann, der wie ein Gelehrter aussah, ungefähr vierzig Jahre alt (zwischen vierzig und fünfzig Jahren, jung aussehend, aber nicht jugendlich). Er sah sehr nachdenklich aus. Er saß. Ich weiß nicht, welcher Nationalität er angehörte, ich erinnere mich nicht, aber er war aus unserer Zeit, er trug moderne Kleider, und Sri Aurobindo zeigte ihm seine gefüllten Reagenzgläser und die Wirkung auf eine bestimmte Materie. Ich war auch dabei und schaute zu, ich beobachtete mit großem Interesse, und in dem Augenblick verstand ich alles. Ich habe noch das Bild vor mir, aber das mentale Wissen, die mentale Übersetzung, aufgrund der ich sagen könnte: „Jetzt weiß ich", prrt! ist weg. Es ist jedesmal dasselbe.

Das heißt, es muß anderen Leuten als mir gegeben werden, damit sie davon Gebrauch machen, weil sie ein besser vorbereitetes Gehirn als meines und bessere Forschungsbedingungen haben.

Die Arbeit ist offensichtlich im Gange.

(Schweigen)

Gestern gab es noch etwas anderes ... Etwas ist in Vorbereitung ... Früher, als Sri Aurobindo noch da war und ich das Haus bewohnte, in dem jetzt der zweite Schlafsaal ist, gab es dort eine große Veranda. Ich pflegte auf der Veranda auf und ab zu gehen (Sri Aurobindo hielt sich immer in seinem Zimmer auf und arbeitete), und zwar ganz allein. Aber ich war nie allein: Krishna war immer da, der Gott Krishna, wie man ihn kennt, nur größer, schöner und nicht von diesem lächerlichen Blau, diesem Porzellanblau! Nein, so nicht. Und die ganze Zeit gingen wir zusammen auf und ab – wir gingen zusammen spazieren. Er folgte unmittelbar hinter mir *(nach hinten, dicht hinter den Nacken und die Schultern weisende Geste)*; ich ging ein bißchen vor ihm, und es war, als ob mein Kopf auf seiner Schulter ruhte; wir gingen spazieren und sprachen miteinander. Ich hatte nicht das Gefühl, daß mein Kopf auf seiner Schulter ruhte, aber so war es. Das dauerte länger als ein Jahr, Tag für Tag. Dann hörte es auf. Danach sah ich ihn noch gelegentlich, zum Beispiel als wir umzogen. Wenn ich sehr müde war, kam er manchmal nachts, und ich schlief an seiner Schulter. Und ich wußte damals ganz genau, daß es Sri Aurobindo war, der sich so zeigte. Als ich dann hierher, in dieses Zimmer kam – Sri Aurobindo war gegangen –, begann ich, mit meinem Mantra auf und ab zu gehen. Und Sri Aurobindo kam, er war genau an derselben Stelle wie Krishna *(dieselbe direkt hinter den Kopf weisende Geste)*, er war da, und wir gingen jeden Tag zusammen einher, jeden Tag. Das wurde so konkret, so wunderbar, daß ich mir zu sagen begann: „Warum soll ich mich mit den Leuten und Dingen herumschlagen, ich möchte es immer so haben!" Als er das mitbekam, sagte er mir: „Wenn das so ist, komme ich nicht mehr." Und er hörte damit auf. Ich sagte: „Also gut", begann mein Mantra an den Höchsten Herrn zu richten, und versuchte mit Nachdruck, Ihn zu veranlassen, mit mir zu gehen, aber unter keiner anderen Form als Er selbst. Und alles war da, die Kraft, die Gegenwart, und ich fühlte immer klarer, daß er sich auf unpersönliche Weise genau hinter mir befand. Seit einigen Tagen hatte ich das Gefühl, daß ich unmittelbar vor einem Durchbruch stand, und dann gestern eine halbe Stunde lang: DIE Gegenwart – eine Gegenwart ... eine absolut konkrete Gegenwart. Und Er sagte mir: „Zuerst Krishna, dann Sri Aurobindo, dann Ich."

Aber *(lachend)* Er will nicht, daß die Wirkung dieselbe ist und ich sage: „Ich habe genug von den Leuten!"

*
* *

(Der folgende wichtige Themenwechsel wurde durch eine banale Frage ausgelöst: Mutter fragt Sujata, ob ihre neue Schreibmaschine gut funktioniert.)

(Sujata:) Sie haben die Tastatur so entworfen, daß es sehr schwierig ist, die Schreibmaschine zu benutzen.

18. JUNI 1965

Ist es denn keine internationale Version?

Ja, aber sie wollten sie „verbessern".

O je! Als ich in Japan war, geschah dasselbe: Sie „verbesserten" alles, was man ihnen beibrachte – es wurde völlig unbrauchbar! Nach der amerikanischen Besetzung begriffen sie das.

(Schweigen)

„Man" fragt sich wirklich, ob sich hier nicht eine amerikanische Besetzung aufdrängt, die den doppelten Effekt hätte, die Amerikaner zu „bekehren" und die Inder einen Fortschritt machen zu lassen ... Sie würden einen praktischen Fortschritt machen, wie es bei den Japanern der Fall war. Und jetzt sind die Amerikaner die Schüler der Japaner: was die Schönheit betrifft, haben sie einen wunderbaren und absolut unerwarteten Fortschritt gemacht. Wenn die Amerikaner hierher kämen, würden sie sich wandeln und ... oh, sie würden das spirituelle Leben begreifen. Das wäre zwar gar nicht angenehm (!), aber es ist der sicherste Weg – der Herrschende lernt stets vom Beherrschten. Wenn die Amerikaner Indien besetzten, würden sie vielleicht die militantesten Spiritualisten der Welt. Aber die Inder hätten es schwer ... Sie würden jedoch sehr praktisch werden und in das, was sie tun, Ordnung zu bringen wissen – das geht ihnen gänzlich ab. Du brauchst nur hinzusehen: du hast es selber mit deiner Schreibmaschine gesehen.

Das ist mühsam. Es ist noch ungewiß *(die amerikanische Besetzung)*. In meinem aktiven Bewußtsein will ich sie nicht. Vor allem würde es lange dauern – so etwas kostet immer viel Zeit: viel verlorene Zeit, viele Leiden, viele Demütigungen. Aber es ist ein sehr radikales Mittel.

Wenn eine neue Herrschaft unerläßlich ist, wäre es auf jeden Fall UNENDLICH besser, sie geschähe durch die Amerikaner anstatt durch die Russen. Von den Russen würde man eine NUTZLOSE Lektion lernen: die soziale Gemeinschaft, die Wahrheit der Gemeinschaft – die Inder wußten das schon vor den Russen: die Sannyasins waren die ideale Gemeinschaft. Folglich haben sie in diesem Bereich nichts zu lernen, das ist völlig nutzlos. Und um die Wahrheit zu sagen, es ist mir völlig gleichgültig, ob die Russen Spiritualisten werden, denn die Russen sind ihrer Seele nach Mystiker – sie sind MINDESTENS so mystisch veranlagt wie die Inder. Ihre ganze soziale Gemeinschaft, ihr Kommunismus ist Dünkel. Das würde nichts nützen, überhaupt nichts.

Die amerikanische Besetzung wäre ein drastisches Mittel, aber ... Oh, wenn ich sehe, wie sie sich hier vom englischen Geist durchdringen ließen! Das ist abscheulich – ich mag die Engländer nicht. Und die Engländer ... die Engländer haben von den Indern gelernt, was sie nur konnten, aber ihr Bestmögliches bedeutet nicht viel. Die Amerikaner wollen lernen. Sie sind jung, und sie wollen lernen, die Engländer aber sind alt, ausgetrocknet, verhärtet und ... ach so anmaßend – sie wissen alles besser als die anderen. Daher haben sie sehr wenig gelernt. Sie haben das Maximum herausgeholt, aber das ist nicht viel. Die Engländer ... *(Geste des Untergehens)* sind dazu bestimmt, im Meer zu versinken.[1]

Ach, hoffentlich zeichnest du das nicht auf!

Es scheint aber wahrscheinlicher, daß die Chinesen hierher kommen und nicht die anderen.

Oh, aber die Chinesen ... Die Chinesen stammen vom Mond, was tun sie auf Erden! Die Chinesen sind nicht irdischen, sondern lunaren Ursprungs.

Ja, aber jedenfalls scheinen eher sie in Indien eindringen zu wollen als die Amerikaner oder Russen, nicht wahr?

Eher als die Amerikaner ...

Die Umstände scheinen eher ...

Nein, die Amerikaner mögen kommen, um Indien vor China zu „retten".

(Schweigen)

Wenn die Chinesen kämen ... Es wäre besser zu sterben, als unter chinesischer Herrschaft zu leben. Sie sind ... was ihr Empfindungsvermögen angeht, sind das Monster.

Sie sind lunar – lunar, das heißt: kalt, eisig.

Zwischen diesen beiden gibt es kein Schwanken. Die Chinesen, die chinesische Herrschaft auf Erden bedeutet ... eine Verhärtung der Erde, ein Erkalten der Erde so wie beim Mond. Oh! Das wäre schrecklich.

Ach! Auf Wiedersehen, meine Kinder.

---

1. Mutter hatte Satprem schon vor vielen Jahren gesagt, das Schicksal der Insel Großbritanniens sei es, im Meer zu versinken. Die folgende Beobachtung englischer Fachleute ist daher bemerkenswert (*Sunday Standard* vom 20. Januar 1974): „London ist anfälliger für Überschwemmungen geworden, weil England sich langsam neigt: Der Südosten senkt sich allmählich, während der schottische Nordwesten ansteigt."

Wir wollen keine Katastrophen.

23. Juni 1965

Hast du schon von Auroville gehört?

Lange Zeit hatte ich den Plan einer „idealen Stadt", aber das war noch zu Sri Aurobindos Lebzeiten, und Sri Aurobindo hätte in ihrem Zentrum gelebt. Danach ... interessierte mich das nicht mehr. Dann griff man die Auroville-Idee wieder auf (*ich* hatte es „Auroville" genannt), aber man begann vom andern Ende her: anstatt der Formation, die ihren Platz finden mußte, ließ der Platz (in der Nähe des Sees) die Formation entstehen. Bis jetzt interessierte mich das nur am Rande, denn ich hatte nichts direkt empfangen. Dann setzte es sich die kleine H in ihren Kopf, nahe am See ein Haus zu bauen, und eines daneben für mich, das sie mir schenken will. Sie schrieb all ihre Träume für mich auf. Ein oder zwei Sätze riefen dann plötzlich in mir eine uralte Erinnerung wach – die Erinnerung an eine Schöpfung, die sich manifestieren wollte, als ich ganz klein war (ich erinnere mich nicht mehr, in welchem Alter). Ganz zu Beginn des Jahrhunderts, als ich Théon besuchte, wollte sie sich erneut manifestieren. Später vergaß ich das alles. Und mit diesem Brief kam es zurück: plötzlich hatte ich meinen Plan für Auroville. Jetzt habe ich meinen Gesamtplan und warte auf R, der die Einzelheiten ausarbeiten soll, denn von Anfang an hatte ich gesagt: „R wird der Architekt sein", und so schrieb ich ihm.

Als er letztes Jahr in Indien war, ging er nach Chandigarh, der von Le Corbusier im Pandschab erbauten Stadt. Er war nicht sehr glücklich darüber; mir erscheint die Stadt auch recht mittelmäßig, ich habe sie allerdings nicht selbst gesehen, nur abscheuliche Fotos davon. Als er mit mir sprach, sah ich, daß er fühlte: „Ach, wenn ich nur selber eine Stadt erbauen könnte!..." Und so schrieb ich ihm: „Wenn du willst, habe ich eine Stadt zu bauen." Jetzt freut er sich riesig und kommt. Wenn er da ist, werde ich ihm meinen Plan zeigen, und dann wird er die Stadt bauen.[1]

Mein Plan ist sehr einfach.

---

1. Auroville wird drei Jahre später, im Februar 1968, gegründet werden.

Ihr Standort ist nördlich von Pondicherry, an der Straße nach Madras, oben auf dem Hügel. *(Mutter nimmt ein Papier und beginnt zu zeichnen)* Hier haben wir einen zentralen Punkt (in der Natur ist es selbstverständlich nicht so, da muß man sich anpassen). Dieser zentrale Punkt ist ein Park, den ich als ich ein kleines Mädchen sah; etwas Schöneres auf der Welt punkto physischer, materieller Natur kann man sich kaum vorstellen: ein Park mit Wasser und Bäumen wie alle Parks, und Blumen (aber nicht viele), blühende Kletterpflanzen, Palmen und Farne (alle Arten von Palmen), Wasser (möglichst fließendes), und wenn möglich ein kleiner Wasserfall. Das wäre sehr praktisch: am Ende, außerhalb des Parks, könnte man Stauseen bauen, die den Bewohnern zur Wasserversorgung dienen.

In diesem Park sah ich den „Pavillon der Liebe". Ich verwende dieses Wort allerdings nur ungern, denn die Menschen haben etwas Groteskes daraus gemacht, während ich vom Prinzip der göttlichen Liebe spreche. Also soll es der „Pavillon der Mutter" sein, aber nicht diese *(Mutter deutet auf sich)*, sondern die Mutter, die wahre Mutter, das Prinzip der Mutter (ich sage „Mutter", weil Sri Aurobindo dieses Wort verwendete, sonst hätte ich ein anderes Wort genommen – „schöpferisches Prinzip" oder „verwirklichendes Prinzip" oder ... etwas in der Art). Und es wird ein kleines Gebäude sein, nicht groß; unten ein Meditationsraum mit Säulen und wahrscheinlich von runder Form (ich sage „wahrscheinlich", weil ich das R entscheiden lasse). Oben im ersten Stock wird ein Zimmer sein, und ganz oben eine überdachte Terrasse. Kennst du die alten indo-mongolischen Miniaturen von Palästen mit ihren durch Säulen gestützten Terrassen und kleinen Dächern? Ich habe Hunderte davon gesehen ... Aber dieser Pavillon wird sehr hübsch: ein kleiner Pavillon mit einer überdachten Terrasse und niederen Wänden, an denen Diwane stehen, wo die Leute sitzen, um abends und in der Nacht im Freien zu meditieren. Und unten im Erdgeschoß einfach ein Meditationsraum – ein völlig leerer Raum. Wahrscheinlich im Hintergrund etwas aus lebendigem Licht (vielleicht das Symbol[1] in Form eines lebendigen Lichts), ein permanentes Licht. Ansonsten ein sehr ruhiger, stiller Ort.

Daneben eine kleine Unterkunft (eine kleine Unterkunft, die immerhin drei Stockwerke hätte), aber nichts groß Angelegtes, und das wäre Hs Haus, die als Wärterin fungieren würde – sie wäre die Hüterin des Pavillons (sie schrieb mir einen sehr schönen Brief, aber natürlich hat sie nichts verstanden).

Dies ist das Zentrum.

---

1. Das Symbol von Mutter und Sri Aurobindo.

23. JUNI 1965

Außen herum führt eine kreisförmige Straße, die den Park vom Rest der Stadt trennt. Wahrscheinlich würde es (müßte es wohl) eine Eingangstür zum Park geben. Eine Eingangstür mit dem Hüter der Pforte. Die Hüterin der Pforte ist ein gerade aus Afrika gekommenes Mädchen. Sie hat mir in einem Brief geschrieben, daß sie die „Wächterin Aurovilles" sein möchte, um nur die „Diener der Wahrheit" hereinzulassen ... *(lachend)*, das ist ein sehr netter Plan (!). Ich werde sie also wahrscheinlich als Hüterin des Parks einsetzen, mit einer kleinen Behausung an der Straße, am Eingang.

Interessant ist nun, daß es um diesen zentralen Punkt herum vier große Sektoren wie vier große Blütenblätter gibt *(Mutter zeichnet)*. Die Ecken der Blätter sind abgerundet, und es gibt kleine Zwischenzonen: vier große Sektoren und vier kleinere Bereiche ... Natürlich ist das ziemlich abstrakt: konkret muß es den Gegebenheiten angepaßt werden.

Wir haben vier große Sektoren: im Norden, d.h. Richtung Madras, den kulturellen Sektor, im Osten den industriellen Sektor, im Süden den internationalen Sektor und im Westen, d.h. zum See hin, den Wohnsektor.

Im einzelnen heißt das: Im Wohnsektor liegen die Häuser der Leute, die sich bereits beworben haben, und all jener zahlreichen Leute, die kommen, um *a plot in Auroville* [ein Grundstück in Auroville] zu erwerben. Das wird nahe des Sees sein.

Der internationale Sektor ... Man hat schon eine Anzahl von Botschaftern und Ländern angesprochen, damit jedes Land seinen Pavillon hat – für jedes Land ein Pavillon (das war meine alte Idee). Einige haben schon zugestimmt, es ist im Gange. Jeder Pavillon hat seinen Garten, in dem möglichst viele Pflanzen und Produkte des repräsentierten Landes vertreten sind. Wenn sie genug Geld und Platz haben, können sie auch so etwas wie ein kleines Museum oder eine Dauerausstellung von Erzeugnissen des Landes einrichten. Und die Konstruktion soll der Architektur des jeweiligen Landes entsprechen, wie zur Information darüber. Je nachdem, wieviel sie investieren wollen, können sie auch Unterkünfte für Studenten, Konferenzräume, die Küche des Landes, ein Restaurant des Landes usw. haben – alle Arten von Entwicklungen.

Dann der Industriesektor ... Viele Leute, einschließlich der Regierung in Madras (die Regierung in Madras leiht uns das Geld), wollen schon Industrien eröffnen, die auf einer besonderen Grundlage beruhen werden. Dieser industrielle Sektor befindet sich im Osten. Er ist sehr groß: es gibt dort viel Platz, und er kann sich bis zum Meer erstrecken. Tatsächlich gibt es im Norden von Pondicherry einen recht großen unbewohnten und nicht kultivierten Bereich entlang der Küste. Dieser Industriesektor würde sich also bis zum Meer erstrecken und wenn möglich eine Art Landestelle besitzen (keinen Hafen, aber eine Stelle, wo die Schiffe anlegen können). All die Industrien mit den nötigen internen Transportmitteln hätten die Möglichkeit des direkten Exports. Dort würde es ein großes Hotel geben, für das R schon den Plan entworfen hat (ursprünglich wollten wir das Hotel hier bauen, anstelle der „Messageries Maritimes", doch der Besitzer sagte wieder nein, nachdem er schon zugesagt hatte), aber dort wird es besser sein, ein großes Hotel, um die Besucher aufzunehmen. Etliche Industrien haben sich schon für diesen Sektor eingeschrieben; ich weiß nicht, ob es genug Platz geben wird, aber man wird sich arrangieren.

Im Norden (wo es natürlich am meisten Platz gibt) nach Madras zu, liegt dann der Kultursektor. Dort gibt es einen Vorführungssaal (von dem ich schon lange träumte: es existieren schon Pläne davon). Ein Auditorium mit einem Konzertsaal und großen Orgeln, den besten, die man jetzt baut (offenbar macht man heute wunderbare Sachen). Ich wünsche mir große Orgeln. Auch eine Theaterbühne mit Kulissen, Drehbühne usw. – das Beste vom Besten. Also ein prächtiges Auditorium. Dann eine Bibliothek, ein Museum, Ausstellungsräume (nicht im Auditorium: zusätzlich), ein Filmstudio, eine Filmschule. Sogar einen *gliding club* [eine Segelflugschule]: wir haben fast schon die Genehmigung und das Versprechen der Regierung. Nach Madras zu, wo viel Platz ist, ein Stadion. Wir wollen das modernste und vollkommenste Stadion, das möglich ist, mit dem Gedanken (ein Gedanke, den ich schon lange habe), daß in zwölf Jahren (1968 findet die Olympiade in Mexiko statt, die Olympischen Spiele werden alle vier Jahre abgehalten), daß wir zwölf Jahre später die Olympischen Spiele in Indien, hier, haben werden. Dafür brauchen wir viel Platz.

Zwischen diesen Sektoren liegen die vier Zwischenzonen: eine für die öffentlichen Dienste (Post usw.), eine für das Transportwesen (Bahnhof und womöglich ein Flughafen), eine für die Ernährung (sie wäre beim See und umfaßt Molkereien, Hühnerställe, Obstgärten, Pflanzungen usw. – das würde sich dort ausdehnen und den *Lake Estate*[1] einschließen: was sie getrennt tun wollten, wird nun im Rahmen Aurovilles geschehen). Dann eine vierte Zone ... (ich nannte öffentliche Dienste, Transport, Ernährung), und die vierte Zone: Läden. Man braucht nicht viele Läden, aber man muß einige haben, um das zu bekommen, was man nicht selber herstellt, wie verschiedene Stadtviertel.

---

1. *Lake Estate*: das bereits kultivierte Seegrundstück.

Und du wirst dort im Zentrum sein?

H hofft es! *(Mutter lacht)* Ich habe weder nein noch ja gesagt. Ich sagte ihr: „Der Herr wird entscheiden." Das hängt von meinem „Gesundheitszustand" ab. Umziehen werde ich jedenfalls nicht – ich bin aufgrund des Samadhis hier und bleibe hier, das ist ganz sicher. Aber ich kann besuchsweise dorthin gehen (es ist nicht so weit, mit dem Auto braucht man fünf Minuten). H möchte es ruhig und still haben, weit weg von der Welt. In ihrem Park, der von einer Straße umgeben ist und von jemandem bewacht wird, der die Leute fernhält, ist das gut möglich – man kann es dort sehr ruhig haben –, aber wenn ich dort bin, ist das vorbei. Es würde kollektive Meditationen usw. geben. Das heißt, wenn ich Zeichen (zunächst physische Zeichen), dann den inneren Auftrag bekomme, hinauszugehen, werde ich mit dem Wagen hinfahren und mich nachmittags eine Stunde dort aufhalten – das kann ich gelegentlich tun ... Wir haben noch Zeit, denn bis alles fertig ist, werden Jahre vergehen.

Das heißt, die Schüler werden hierbleiben.

Ja! Der Ashram bleibt hier – der Ashram bleibt hier, ich bleibe hier, das ist klar. Auroville ist ...

Eine Trabantenstadt.

Ja, als Kontakt zur äußeren Welt. Der Mittelpunkt meiner Zeichnung ist ein symbolischer Mittelpunkt.

Aber H hofft, ein Haus zu haben, wo sie ganz allein neben dem Haus wäre, in dem ich mich ganz allein aufhalten würde – der zweite Teil ist ein Traum, denn ich „ganz allein" ... man braucht nur zu schauen, was sich tut! Das ist eine Tatsache, nicht? Also klappt das nicht mit dem „ganz allein". Man muß die Einsamkeit im Innern finden, das ist die einzige Lösung. Aber ich werde bestimmt nicht dort wohnen, weil der Samadhi hier ist. Ich kann jedoch zu Besuch dorthin gehen. Zum Beispiel kann ich dort an eine Eröffnung oder an gewisse zeremonielle Anlässe gehen – wir werden sehen. Das wird noch Jahre dauern.

Auroville ist also eher für die Außenwelt gedacht.

Oh ja, das ist eine Stadt! Folglich gibt es den ganzen Kontakt mit der Außenwelt. Und es ist ein Versuch, ein etwas idealeres Leben auf Erden zu verwirklichen.

In meiner alten Formation gab es einen Hügel und einen Fluß. Ein Hügel war nötig, weil Sri Aurobindos Haus oben auf dem Hügel war. Sri Aurobindo hätte im Mittelpunkt gestanden. Es war entsprechend dem Entwurf meines Symbols angeordnet, d.h. ein Bereich im Zentrum mit Sri Aurobindo und allem, was Sri Aurobindos Leben betrifft, dann vier große Blütenblätter (nicht dieselben wie in dieser Zeichnung). Um sie herum zwölf weitere Blütenblätter (die eigentliche Stadt), und darum herum die Wohnhäuser der Schüler. Du kennst mein Symbol: statt einer Linie sind es Bänder[1], und im äußersten kreisförmigen Band befand sich der Wohnbereich der Schüler. Jeder hatte sein eigenes Haus mit Garten. Es gab auch Verkehrsmittel. Ich war mir nicht sicher, ob es private oder öffentliche Verkehrsmittel sein würden (wie die kleinen offenen Bahnen in den Bergen, weißt du), kleine Straßenbahnen, die in allen Richtungen verkehren, um die Schüler ins Zentrum der Stadt zu bringen. Das Ganze war von einer Mauer mit Eingangspforten und Torhütern umgeben, und man durfte nur mit Genehmigung eintreten. Es gab auch kein Geld: innerhalb der Mauer kein Geld. Bei den verschiedenen Eingangstüren gab es etwas wie Banken oder Schalter, wo die Leute ihr Geld gegen Tickets eintauschten, mit denen sie Unterkunft, Nahrung, dies und jenes bekommen könnten. Aber kein Geld. Im Innern gab es absolut keines davon, niemand hatte Geld – die Tickets waren lediglich für die Besucher, welche auch nur mit Erlaubnis eintreten durften. Es war alles bestens organisiert ... Kein Geld, ich wollte kein Geld!

Ach ja, in meinem Plan habe ich etwas vergessen: ich wollte eine Arbeiterstadt bauen. Aber die Arbeiterstadt sollte zum Industriesektor gehören (vielleicht eine Verlängerung am Rande des Industriesektors).

Außerhalb der Mauern gab es in meiner ersten Formation auf der einen Seite eine Industriestadt, auf der anderen Seite Felder, Farmen usw., welche die Stadt versorgen sollten. Das stellte ein richtiges Land dar – kein großes Land, aber ein Land. Jetzt ist alles viel kleiner konzipiert: es ist nicht mehr mein Symbol, sondern nur noch vier Zonen, und es gibt keine Mauern. Und Geld wird es geben. Die andere Formation war wirklich ein idealer Versuch ... Aber ich rechnete mit vielen Jahren, bevor ich den Versuch unternehmen würde: zu jenem Zeitpunkt rechnete ich damit, erst in vierundzwanzig Jahren damit zu beginnen. Jetzt ist alles viel bescheidener, es ist ein Übergangsexperiment, viel leichter zu verwirklichen – der andere Plan war ... Beinahe hätte ich das Land bekommen: das war zur Zeit Sir Akbars von Hyderabad (erinnerst du dich?). Man hatte mir Fotos aus dem Staat Hyderabad geschickt, und auf diesen Fotos fand ich meinen idealen Platz: ein alleinstehender Hügel (ein ziemlich großer Hügel), und unten ein großer Fluß. Ich sagte ihm: „Diesen Ort hätte ich gern", und er

---
1. Ähnlich dem Symbol auf dem Umschlag der *Agenda*.

regelte die Angelegenheit (alles war geregelt, man hatte mir die Pläne und die Papiere gesandt, um das Gebiet dem Ashram zu übergeben). Aber sie hatten eine Bedingung gestellt: es war Urwald, unbebautes Land – man gab das Land natürlich nur unter der Bedingung, daß wir es bebauten, aber mit der zusätzlichen Auflage, daß die Erzeugnisse vor Ort genutzt werden sollten; das Holz beispielsweise sollte *on the spot* [vor Ort] genutzt und nicht wegtransportiert werden, man konnte nichts aus dem Staat Hyderabad hinausbringen. N, der Seemann war, wollte sich sogar aus England ein Segelschiff besorgen, um damit den Fluß hinaufzusegeln und alle Produkte oben abzuholen und hierherzubringen. Alles war sehr gut arrangiert. Dann stellten sie diese Bedingung. Ich fragte, ob es nicht möglich wäre, diese rückgängig zu machen, dann starb Sir Akbar, und alles war zu Ende, das Ganze fiel ins Wasser. Später war ich froh, daß es sich nicht verwirklicht hatte, denn nachdem Sri Aurobindo gegangen war, konnte ich Pondicherry nicht mehr verlassen – ich hätte Pondicherry nur mit ihm verlassen können (vorausgesetzt, er hätte eingewilligt, in seiner idealen Stadt zu wohnen). Zu jener Zeit sprach ich mit Antonin Raymond, der „Golconde" erbaut hatte, über das Projekt, und er war begeistert, er sagte mir: „Sobald Sie mit dem Bauen anfangen, rufen Sie mich, und ich komme." Ich hatte ihm meinen Plan gezeigt (gemäß meinem Symbol im größeren Maßstab), er war ganz begeistert.

Daraus ist nichts geworden. Aber das andere können wir versuchen, es ist nur ein kleiner Zwischenversuch.

Ich mache mir keine Illusionen darüber, daß es genau so ausgeführt werden wird, aber ... der Versuch läuft jedenfalls.

Vieles wird von jenen abhängen, denen du die finanzielle Organisation des Projekts anvertraust.

Die finanzielle Organisation liegt derzeit bei Navajata, weil er die Gelder durch diese *Sri Aurobindo Society* bekommt, und er hat die Ländereien gekauft, er hat bereits ziemlich viel Land gekauft. Das läuft gut. Die Schwierigkeit besteht natürlich darin, genug Geld aufzutreiben. Aber zum Beispiel wird jedes Land die Kosten für seinen eigenen Pavillon selber übernehmen, und jede Industrie wird ihr eigenes Geld in das Geschäft investieren. Auch werden alle Bewohner ihre Grundstücke selber finanzieren. Und die Regierung (Madras hat es uns schon versprochen) gibt 60 bis 80 % (ein Teil davon Subventionen, d.h. geschenkt, ein Teil Darlehen, zinslos und in zehn, zwanzig oder vierzig Jahren rückzahlbar – eine späte Rückzahlung). N kennt sich da aus¹, er hat schon gute Resultate erzielt. Aber es wird mehr oder weniger schnell gehen, je nachdem, ob das Geld schnell oder nur allmählich hereinfließt.

Die Architektur wird von Rs Einfühlungsvermögen abhängen ... Die Einzelheiten sind mir völlig egal, nur diesen Pavillon möchte ich sehr hübsch haben – ich sehe ihn. Weil ich ihn sah, weil ich eine Vision davon hatte, werde ich versuchen, R zu vermitteln, was ich sah. Auch den Park habe ich gesehen – das sind alte Visionen, die ich wiederholte Male hatte. Aber das ist nicht schwierig.

Am schwierigsten ist das Wasser, denn dort oben gibt es keinen Fluß. Aber man versucht bereits, Flüsse umzuleiten, es gibt sogar ein Projekt, das Wasser vom Himalaya zu sammeln und durch ganz Indien zu kanalisieren. L hatte einen Plan gemacht und davon in Delhi gesprochen. Man entgegnete ihm, daß dies offensichtlich ein wenig kostspielig wäre. Aber auch ohne derart grandiose Projekte muß man etwas tun, um Wasser herbeizuschaffen. Das wird die größte Schwierigkeit sein und am längsten dauern. Alles übrige (Licht, Energie) wird vor Ort im Industriesektor erzeugt werden – aber Wasser kann man nicht machen! Die Amerikaner haben sich ernsthaft darum bemüht, ein Verfahren zu finden, um das Meerwasser nutzbar zu machen, denn die Erde hat nicht mehr genug Trinkwasser für die Menschen (was sie „Süßwasser" nennen, ist ein Hohn ...). Da nicht genug Wasser für den menschlichen Gebrauch verfügbar ist, wurden bereits in großem Maßstab chemische Versuche angestellt, um das Meerwasser umzuwandeln und es verwendbar zu machen – offensichtlich wäre das die Lösung des Problems.

Aber das existiert schon.

Ja, aber nicht in ausreichender Menge.

Doch, in Israel.

Sie machen das in Israel? Sie nutzen Meerwasser? Das wäre natürlich die Lösung. Das Meer liegt gleich daneben.
Wir werden sehen.
Das Wasser müßte auch hinaufgepumpt werden.

Ein Yachtclub wäre auch nicht schlecht! (Gelächter)

---

1. Er versteht sich sogar sehr gut darauf: Nach Mutters Weggang wollte er sich zum „Besitzer" von Auroville aufschwingen, mit der Rechtfertigung, er habe die Spenden für Auroville gesammelt. Die Aurovillianer, die sich gegen diese Schurkerei wehrten, ließ er verhaften und aus Indien ausweisen, während Auroville in einen Belagerungszustand versetzt wurde und die für Auroville bestimmten Fonds für korrupte Zwecke benutzt wurden.

Ja, sicher, im Industriesektor!

In der Nähe deines Hafens.

Es wird kein richtiger „Hafen" sein, aber immerhin. Ja, das Hotel für die Besucher mit dem Yachtclub gleich daneben, das ist eine Idee. Ich werde das hinzufügen *(Mutter notiert).*

Das hätte bestimmt großen Erfolg (!)

Du sagst es! Mein Kind, es hagelt Briefe! Von überallher, aus allen Ländern schreiben mir die Leute: „Endlich! Das Projekt, auf das ich gewartet habe" usw. Eine Flut.

Wie gesagt, wird es auch eine Segelflugschule geben. Man hat uns bereits einen Lehrer und ein Segelflugzeug versprochen – das ist zugesagt. Das wird im Kultursektor sein, oben auf dem Hügel. Der Yachtclub wird natürlich am Meer, nicht am See liegen. Aber ich dachte an eine dortige Wasserflugzeugstation (man spricht viel davon, den See auszubaggern, er ist fast zugeschwemmt).

Auf dem See kann man auch Boot fahren.

Nicht, wenn es Wasserflugzeuge gibt. Er ist nicht groß genug zum Segeln. Aber als Wasserflugzeugstation würde er taugen. Wenn wir einen Flugplatz haben, wird dies nicht nötig sein. Es gab schon im *Lake Estate* Projekt einen Flugplatz, und S, der *Squadron Leader* [Geschwaderchef] geworden ist, schickte mir auch einen Plan für einen Flugplatz, allerdings nur für kleine Flugzeuge, während wir einen Flughafen wollen, der eine regelmäßige Flugverbindung mit Madras hat: einen Passagierflugplatz. Man hat schon viel darüber gesprochen, es gab Diskussionen zwischen der *Air India* und einer anderen Gesellschaft, aber sie konnten sich nicht einigen – allerlei kleine dumme Schwierigkeiten. Doch all dies wird mit Aurovilles Wachstum ganz natürlich verschwinden – man wird nur allzu froh sein, über einen Flugplatz zu verfügen.

Nein, zwei Schwierigkeiten gibt es. Die kleinen Geldsummen haben wir (eben das, was die Regierung ausleihen kann, was die Leute für ihren *plot* [Grundstück] bezahlen – das kommt). Aber die großen Summen: man braucht Milliarden für eine Stadt!...

Die Amerikaner sind im Begriff, sich zu ruinieren ... Es gibt ein seltsames Phänomen: das Geld scheint irgendwo zu versickern, dem Kreislauf entzogen zu sein – in Amerika verliert der Dollar an Wert, man stöhnt allgemein. Hier sind die Leute ruiniert ... Es gibt einen Industriellen, der ein prächtiges Geschäft besaß, und die Regierung hat es tatsächlich geschafft, ihn mit dieser *income tax* [Einkommensteuer] zu ruinieren – er hat zugemacht. Dann hat er einen Teil wiedereröffnet und Antragsformulare für seine neue Gesellschaft und seine neuen Industrien ausgefüllt. Nun hatte er einen Hund, und er signierte die Formulare mit dem Namen seines Hundes! Dann fügte er noch die Fotografie des Hundes bei ... *(Lachend)* Natürlich bekam er empörte Briefe und wurde gefragt, ob er sich über alle lustig machen wolle. Er sagte: „Nein, aber nur ein Hund kann Ihre Bedingungen akzeptieren." Nicht schlecht, meinst du nicht?

Ja, sie halten die Leute zum Narren.

Sie sind im Begriff, das Land zu ruinieren.

Es gab nur noch einen Ort, wo die Dinge leicht waren: in Afrika. Das ist jetzt auch vorbei. Die Afrikaner *(lachend)* sind jetzt am schlimmsten dran! Du weißt, wie viele Freunde wir dort hatten, wie viele Dinge wir von dort bekamen – alles vorbei. Sie sind ruiniert. Dann kommen sie hierher und müssen sich wieder mit denselben Schwierigkeiten herumschlagen.

Die Menschen komplizieren wirklich alles!

Aber ja, da sind wir uns einig!

Man könnte glauben, es macht ihnen Spaß.

Ich schrieb einige Zeilen über die Regierung, erinnerst du dich? Wo habe ich das hingelegt? *(Mutter sucht)* Ich habe etwas hinzugefügt (das wird für später sein, wenn ich meine „politische Reihe" beginne):

> Sie lassen den Banditen freie Hand und treffen beleidigende Maßnahmen gegen ehrliche Leute. Dies wird solange so sein, als das Land nicht von den weisesten Leuten regiert wird.
> Die weisesten Leute sind jene, welche frei und korrekt im Herzen und im Geist der Menschen lesen können.

Das kam mir in Gesprächsform. Ich sage darin den Regierenden:

> – Sie lassen den Banditen freie Hand und treffen beleidigende Maßnahmen gegen ehrliche Leute.

Die Antwort:

> – Aber wie können wir zwischen Banditen und ehrlichen Leuten unterscheiden, bevor wir sie am Werk sehen?

Ich darauf:

– Ja, das wird immer so sein, Sie werden stets dieselben Dummheiten begehen, bis das Land von den weisesten Leuten regiert wird.

– Ach! Aber wie können wir denn wissen, ob es wirklich die weisesten Leute sind?

– Die weisesten Leute sind jene, welche frei und korrekt im Herzen und im Geist der Menschen lesen können.

*
* *

Einige Zeit später, am 7. September, umschreibt Mutter das Auroville-Projekt folgendermaßen:

Auroville wants to be a universal town ...

Eine universale Stadt – nicht international: universal.

... where men and women of all countries will be able to live in peace and progressive harmony above all creed, all politics and all nationalities, straining to realize human unity.[1]

26. Juni 1965

(Sujata zeigt Mutter eine Art Zyste, die sich an ihrem Hals entwickelt hat. Dieser banale Zwischenfall bildet den Ausgangspunkt für eine wichtige Entdeckung: „die zellulare Einwicklung".)

Das ist ein Tumor. Wahrscheinlich ist ein Haar nach innen gewachsen, und der Organismus hat es mit einer Hautschicht umgeben. Dann, aus reiner Gewohnheit, bildete er weitere Haut darumherum: eine Schicht und noch eine Schicht, und ... Es ist ein törichter guter Wille. Mit fast allen Krankheiten geht das so.

*
* *

---

1. „Auroville will eine universale Stadt sein, wo Männer und Frauen aus allen Ländern friedlich und in fortschreitender Harmonie jenseits aller Glaubensbekenntnisse, Politik und Nationalität im Bemühen leben können, die menschliche Einheit zu verwirklichen."

Etwas später

> *Ich möchte dir ein kleines Problem unterbreiten. Ich hätte gerne, daß du mir einen Hinweis gibst oder Sri Aurobindo um einen Hinweis bittest. Es handelt sich um die Übersetzung gewisser Worte ins Deutsche: die Worte „mental" [franz.] und „esprit".*

Und?

> *Alle deutschen Übersetzer streiten sich, sie sind sich alle uneins.*

Ja, ich weiß!

> *Seit langem stehe ich mit C.S. wegen der deutschen Übersetzung dieses Buches [Das Abenteuer des Bewußtseins] in Briefkontakt. Er dachte lange nach (ich auch), und schließlich machte P einen Vorschlag. Das im Deutschen für „esprit" gebrauchte Wort „Geist" wird undifferenziert verwendet, vor allem dann, wenn das „Mental" gemeint ist. Wie im Französischen wird es sehr unbestimmt verwendet. P schlug daher vor, man solle das Wort „Geist" für das „Mental" beibehalten, indem man es näher umschreibt: denkender Geist, erleuchteter Geist usw. Aber dann bliebe immer noch das Wort „esprit" zu übersetzen, für das es im Deutschen keine Entsprechung gibt. Es gibt einige vom lateinischen „spiritus" abgeleitete Adjektive, aber nichts für „esprit". P schlug vor, das vom Lateinischen abgeleitete „der Spirit" zu benutzen, aber C.S. zögert noch. Ich möchte dich daher fragen, ob du eine Idee hast. Kann man „der Spirit" ins Deutsche einführen? Diese Dinge führen zu Streitigkeiten zwischen den deutschen Übersetzern.*

Aber es ist nicht gesagt, daß sie es dann annehmen werden.

> *Doch, schon, wenn dieses Wort bei der Übersetzung dieses Buches verwendet wird und es weit verbreitet ist, kann das eine erste Grundlage für eine Akzeptanz bilden. Ich weiß es nicht.*

Wie lautet das Sanskritwort für „esprit"?

> *Purusha, im Gegensatz zur Natur, Prakriti.*

Aber C.S. will diesen „Spirit" nicht?

> *Er ist sich unschlüssig. Er wendet ein, es sei ein lateinisches und kein deutsches Wort.*

Welches Wort verwenden sie dann? Dasselbe wie für „Mental"?

Ja: „Geist".

Das geht nicht. „Geist" geht wirklich nicht. Für das Mental ist es in Ordnung.

Ja, das habe ich auch empfunden, um so mehr, als es sehr gut wäre, für das Supramental „Übergeist" zu sagen.

(*Mutter nickt*) Was für eine Sprache werden die zukünftigen Menschen wohl sprechen?... All unsere Sprachen sind so armselig. Schon innerhalb Indiens versteht man sich nicht von einer Provinz zur anderen – ohne das Englische würde man sich überhaupt nicht verstehen.

Gibt es nichts Besseres als diesen „Spirit"?... Purusha geht nicht, das ist zu lang, drei Silben ... Man muß das C.S. sagen. Aber wenn er damit nicht einverstanden ist, wird es ihn ärgern ...

Es ist ein Notbehelf.

Auch im Französischen ist alles, was man sagt, nur eine Annäherung! Das heißt, wenn man seine eigene Sprache erfindet, ist das sehr gut, allerdings ist man dann der einzige, der sie wirklich versteht.

Wenn man ein neues Wort prägt, muß es ein kraftvolles Wort sein, das ist wichtig.

Wörter wie Tat, Sat, Chit sind stark, aber Purusha ... Du kannst „Spirit" vorschlagen.[1]

*
* *

(*Mutter bittet Satprem, ihr einen Brief aus Amerika vorzulesen. Dieser Brief berichtet von einem Sterbenden, der auf wunderbare Weise den Gebrauch des Verstandes und der Sprache wiedererlangte:*)

Das ist sehr interessant, meine Kinder! Als ich nämlich das Telegramm mit der Nachricht erhielt, daß er im Sterben lag ...

Zuerst sollte ich sagen, daß mich E bat einzugreifen, als T Krebs bekam. Ich antwortete: „Ich bin einverstanden, aber es wird das geschehen, was in SPIRITUELLER Hinsicht das Beste für ihn ist (keineswegs gemäß der menschlichen Vorstellung)." Er verweigerte die Behandlung durch die Ärzte, und es ging ihm immer schlechter. Dann kam dieses Telegramm, das ich bis vorgestern noch hier hatte. Als ich

---

1. In Anlehnung an Sri Aurobindos englische Terminologie wurde in der vorliegenden Übersetzung der Agenda das Wort „Mental" für die Bereiche des Denkens gewählt und *„esprit"* entsprechend dem normalen Sprachgebrauch mit „Geist" übersetzt.

die Botschaft erhielt, es gehe dem Ende zu, sagte ich mir plötzlich: „Es wird ihm bald besser gehen." Ich sagte niemandem etwas. E schrieb mir noch einen Brief, in dem sie fragte, was sie mit all den Sachen machen solle, die ihr rechtmäßig zuständen. Aber dauernd kam: „E wird es jetzt immer besser gehen ..." während alle das Telegramm mit der Mitteilung seines Endes erwarteten. Und jetzt ...

Das ist interessant.

Es war ein Krebs IM GEHIRN.

(Schweigen)

Er fing wieder an zu sprechen, zu denken ... Das ist wirklich interessant.

Aber die Idee (nicht die „Idee" – du siehst, es ist unmöglich zu sprechen, mein Kind!) ... Äußerlich sah man nur: Dieser Mensch glaubte weder an eine göttliche Kraft noch an eine höhere Wirklichkeit als die im Menschen manifestierte, an nichts. Die „Idee" war, daß er eine Art „Intervention" verspüren sollte, die allem, was man auf Erden kennt, überlegen wäre.

Hat er sie erkannt?... Was sagt sie?

Oh, nein – in ihrem Brief heißt es: „Schreibt der Kranke diese eindeutig wunderbare Besserung Ihnen zu? Ich fragte ihn dies klar – „Nein, ich sehe das nicht so", war seine Antwort. Auch nicht der Arzt und alle, die seinen Fall verfolgten. So sei's denn."

Wie erklären sie es sich dann?

Das ist eigenartig.

(Schweigen)

Die Exaktheit, mit der ich es wußte, ist bemerkenswert, aber ich sagte nichts – ich sage niemals etwas. Und zwar aus einem okkulten Grund, weil das Sprechen – die Tatsache, es auszusprechen – die Aktion sehr stört.

Es beruhte auf einem Handeln DER NATUR – der Natur, die auf einen Druck von oben reagierte. Und es war sichtbar: es war keine bloße Einbildung sondern sichtbar.

Das Leben ist komisch, das kannst du dir gar nicht vorstellen! Wirklich interessant.

Es war eindeutig ein Höherer Befehl an die materielle Natur, die gehorchte.

Ich weiß nicht, ob er gesund werden wird – das ist nicht sicher. Aber wichtig war, daß er Verstand und Sprache wiedererlangte.

30. Juni 1965

(Über Sujatas Zyste)

Was soll man für Sujata tun?

Was sagt der Arzt?

Sie soll morgen operiert werden.

Er will die Zyste herausschneiden?

Ja, aber seit sie mit dir darüber gesprochen hat, ist die Zyste viel kleiner geworden!

(Mutter lacht und sieht sich Sujatas Hals an:) Tut es noch weh?... Man entfernt sie besser, wenn ein kleiner Rest bleibt, fängt es nämlich von vorne an.

Aber sie ist wirklich kleiner geworden.

(Sujata:) Und wird noch kleiner.

Sag dem Arzt, daß sie kleiner wird, er wird dann schauen – vielleicht wird er vorschlagen, noch ein paar Tage zu warten ...

Es stimmt *(lachend)*, sie ist geschrumpft.[1]

(Schweigen)

Ich empfing einen „Augenarzt", weil neulich sein Geburtstag war (ich wußte nicht, daß er Arzt ist). Man hatte mich gebeten, ihn an seinem Geburtstag zu empfangen. Jemand mußte ihm gesagt haben, daß ich Augenbeschwerden (!) oder so was Ähnliches habe, deshalb hatte er Augentropfen zubereitet. Er kam, setzte sich, und ich musterte ihn (wie ich alle Leute mustere, um zu sehen). Dann ... sah er plötzlich sehr

---

[1]. Tatsächlich schrumpfte die Zyste fast um die Hälfte, seit Sujata vor vier Tagen Mutter davon berichtet hatte. Aus „Gewohnheit" operierte man aber trotzdem.

erstaunt aus *(Mutter lächelt)*, ich weiß nicht warum, und er sagte sehr schüchtern: „Ich habe Tropfen für Sie mitgebracht, aber ich denke, Sie brauchen sie nicht." *(Mutter lacht)* Er sah ganz erstaunt aus.

(Schweigen)

Ach, vorgestern nacht ist mir etwas Eigenartiges zugestoßen. Ich war bei Sri Aurobindo, in einem Zimmer ... ja, ein prachtvolles Zimmer, mit einer sehr hohen Decke, sehr groß, und ganz leer; ein sehr großes Zimmer mit Glastüren, die auf einen Balkon oder eine Terrasse führten (es überragte eine Stadt) und die von unten bis oben aus großen Glasscheiben bestanden, was ein wunderschönes Licht ergab. Er war anwesend, und ich bekam aus dem einen oder anderen Grund den Eindruck, er hätte gerne eine Tasse Tee. Ich ging also los, um ihm seine Tasse Tee zu besorgen, und hatte dabei Zimmer, Säle, ja sogar Baustellen (!) zu durchqueren. Es waren alles große Zimmer, aber im Gegensatz zu dem sehr hellen Zimmer, in dem er sich befand, waren die anderen düster. Und da war ein großer Raum wie ein Speisesaal mit einem Tisch und allem, was man zum Auftragen brauchte, aber düster – auch gab es nichts mehr zu servieren. Dort waren Leute (die ich kannte), die sagten *(untröstlicher Ton)*: „Ach! Alles ist aufgebraucht." – Man hatte alles aufgegessen! *(Mutter lacht)* Es gab nichts mehr. Schließlich fand ich unten in einer Art Küche eine Person (ich will sie nicht nennen, aber ich kannte sie), die mir sagte: „Ja, ja! Ich werde Ihnen das sofort bringen", und sie brachte mir einen Topf und sagte: „Bitte sehr!" Ich zog mit meinem Topf los, schöpfte draußen aber Verdacht und öffnete den Deckel ... und was sehe ich als erstes? – Rote Erde! Ich kratzte die Erde mit den Fingern weg, und darunter *(lachend)* war ein Stück Brot!

So ging das weiter, und ich hatte alle möglichen Abenteuer. Dann schaute ich nochmals, ob Sri Aurobindo seine Tasse Tee immer noch brauchte ... denn es schien so schwierig. Ich sah ihn: Da war diese wunderbare helle Glastür und wie in die Wand eingelassen eine Art erhöhter Diwan, ein Platz zum Sitzen. Das war sehr hübsch, und er saß oder lag halb darauf, sehr bequem. Er hatte einen Jungen gerufen (oder ein Junge war gekommen, um ihn etwas zu fragen). Eine Art Treppe führte zum Diwan hinauf, und der Junge hatte sich auf die Stufen gesetzt und stellte ihm Fragen – Sri Aurobindo erklärte ihm etwas. Ich erkannte den Jungen ... Ich dachte *(lachend)*: „Ah! Zum Glück denkt er nicht mehr an seine Tasse Tee!" Dann wachte ich auf. Aber ich dachte: „Wenn das seine Meinung über uns ist ..." Daß wir alles aufgegessen haben, verstehst du.

Vor einigen Jahren erzähltest du mir von einer ganz ähnlichen Vision, wo du auch nach Nahrung für Sri Aurobindo suchtest und nichts finden konntest: die Leute, die sie zubereiten sollten, hatten nichts zubereitet oder konnten es nicht[1] ...

Das ist es, es war dasselbe.

Aber es war sehr konkret, sehr materiell, und man hatte das Gefühl, daß zuvor eine üppige Fülle dagewesen war. Es war aber nichts mehr davon übriggeblieben, alles war aufgegessen. Ich traf diese Frau, die ich hier nicht nenne und die mir sagte: „Oh, war das ein Schmaus! Wir haben alles aufgegessen, es ist nichts übriggeblieben."

Was soll das heißen?

Ich wachte auf – nein, nicht ganz so – jedenfalls als ich aus der Vision auftauchte und morgens nachdachte, sagte ich mir: „Oh! Wenn er uns so sieht! Einfach alles aufzuessen!..." Und ich brachte ihm ein bißchen Erde in einem Topf.

Das ließ mich für einige Stunden nachdenklich zurück.

(Schweigen)

Aber er war wie in einen sehr geschmeidigen Stoff gehüllt (du weißt, die dem Vital angehörenden Dinge, besondere, nicht gewebte Stoffe), von einem schönen Violett, das Violett einer großen Macht.

Aber das Zimmer, in dem er sich befand ... Ich erinnere mich noch an diesen Eindruck von Licht, ein so überaus klares, REINES Licht, das durch das Fenster schien – man sah nur Licht.

(Schweigen)

Wir haben also alles aufgegessen.

Ich wußte nicht einmal, daß ein Festessen stattgefunden hatte. Ich erfuhr es erst beim Betreten der Räume. Ich hatte übrigens keinen Hunger verspürt und wollte nichts. Ich hatte nicht den Eindruck, daß mir etwas fehlte, das war sehr gut.

Und es war keineswegs böser Wille, im Gegenteil: ein großes Verlangen zu dienen ... *(Mutter lacht)*, aber: „Es gibt nichts mehr."

Wer verschlingt das alles?

Ich weiß nicht ...

In dieser Vision sprach ich mit zwei Personen vom Ashram und mit einigen Leuten von außerhalb (einem oder zweien). Sie waren durchaus

---

1. Siehe das Gespräch vom 17. März 1961.

guten Willens, sie wollten dienen, aber es gab nichts mehr. Die Frau, die mir den Topf gab, zögerte nicht, sie sagte: „Ja, ja! Ich bringe Ihnen das", und dann kam sie *damit* zurück! Wahrscheinlich wußte sie selbst nicht, daß das, was sie als Tee ausgegeben hatte, nur Erde war – Brot und rote Erde.

Der Tee in meiner Vorstellung war sehr golden – klar und golden, und ich wollte ihm dazu etwas servieren, an das ich mich nicht mehr erinnere.

Das muß alles symbolisch sein.

Aber[1]...

*
* *

Beim Weggehen konzentriert sich Mutter erneut auf Sujatas Zyste:

Weißt du, es gibt einen Trick. Er besteht darin, den Zellen zu sagen, daß man dies überhaupt nicht von ihnen erwartet, wie ich es dir neulich sagte. Daß man keineswegs von ihnen erwartet, daß sie sich dort zu einem Knoten ballen, daß dies nicht ihre Aufgabe ist – man muß sie überzeugen.

Das ist sehr eigenartig, es ist der Ursprung der Gewohnheiten. Sie haben das Gefühl: „Das muß man machen, das muß man machen, das ..." *(Mutter beschreibt Kreise mit dem Finger).*

Bei mir ist es dasselbe, aber ich habe es ihnen gesagt. Man muß sich der Bewegung jedoch bewußt sein und dann ganz ruhig, aber sehr SICHER, überaus sicher – wie zu Kindern – sagen: „Nein, das müßt ihr nicht tun, das ist nicht eure Aufgabe!"

Alle chronischen Krankheiten entstehen so. Es mag einen Zwischenfall geben, etwas ereignet sich, ein Zwischenfall, und so etwas wie ein unterwürfiger und unbewußter guter Wille bewirkt, daß sich das wiederholt: „Man muß das wiederholen, wiederholen, wiederholen ..." *(kreisende Geste).* Und es hört erst dann auf, wenn ein Bewußtsein mit den Zellen in Kontakt tritt und sie verstehen läßt: „Nein, in diesem Fall muß man nicht wiederholen!" *(Mutter lacht)*

Es gibt Fälle, wo diese Fähigkeit des Wiederholens außerordentlich nützlich ist. Ich denke sogar, genau das gibt der Form ihre Stabilität,

---

1. In den Jahren 1972-73 hatte ein Ashramjunge (V.), ein ausgezeichneter Hellseher, den Mutter in der Agenda verschiedentlich erwähnt, folgende Vision, die zu der von Mutter passen könnte: Er sah den Ashram wie von oben, und das ganze Ashramgelände war wie abgenagt und voller Löcher und unterirdischer Gänge, in denen die Ratten in einem unaufhörlichen Kommen und Gehen ein- und ausgingen – es gab nichts mehr, alles war von den Ratten abgenagt worden.

sonst würde man seine Form und sein Aussehen wechseln oder sich verflüssigen.

Es sorgt für Dauerhaftigkeit.

Da ist diese Gewohnheit des Wiederholens und dann das Gefühl einer Fatalität. Wenn man zum Beispiel einen Schlag erhält oder etwas nicht funktioniert, gibt es sofort dieses Gefühl der Schicksalhaftigkeit: „Ach! Jetzt ist es so, jetzt ist es so …" *(dieselbe kreisende Geste)*. Auch in diesem Fall (all dies spielt sich im Bewußtsein der Zellen ab) muß man ihnen sagen: „Nein! Es ist nicht ausweglos. Wenn etwas zufällig verdreht ist, so macht die Bewegung halt andersherum, dann wird es heilbar sein!"

Das sind keineswegs aufsehenerregende Willensakte, keine heftigen Maßnahmen, nein: eine sehr ruhige Überzeugungskraft – sehr sanft, aber sehr sicher und beharrlich.

All die vitalen Dinge nützen nichts – sie wirken sehr vorübergehend und halten nicht.

Ja, das ist sehr interessant.

Um diese Arbeit zu tun, muß man jedoch sehr bescheiden sein, man darf nicht auf große Effekte aus sein – sehr bescheiden. Und sehr ruhig.

Juli

3. Juli 1965

Nach der Lektüre des letzten „Kommentars über die Aphorismen"[1]:

Das hört sich so langweilig an, daß mir übel wurde.

(Satprem protestiert)

Aber das macht nichts.

Für mich ist das ganz anders: die Dinge erscheinen mir immer veraltet, sie scheinen Teil einer weit zurückliegenden Vergangenheit. Besonders in den letzten Tagen ... Diese Erkältung zum Beispiel *(Mutter ist sehr erkältet)*, ich habe klar erkannt, warum ich sie auflas. Der äußere Grund war sehr einfach: Die Person, die meine Karten bereitstellt, ist erkältet, und als ich die Karten anfaßte, steckte ich mich an. Aber warum steckte ich mich wirklich an? Nun, es entsprach einem steilen Aufstieg des Bewußtseins der Zellen, und natürlich entstand dadurch ein Mißverhältnis: Alles, was sich weigerte (sich weigerte oder unfähig war – man hat eher das Gefühl von Dingen, die vor sich hindämmern und nicht gewillt sind, einen Fortschritt zu machen), all das hinkt nach, und kommt so natürlich durch eine Störung zum Ausdruck.

Gut.

7. Juli 1965

(Über Mutters letzte Erkältung. Anfangs, nachdem sie sich gerade die englische Übersetzung des letzten „Aphorismus" angehört hat, spricht Mutter Englisch:)

Ich weiß nicht, wie es anderen ergeht, aber während einer ziemlich langen Zeit in meinem Leben vergaßen die Zellen sofort alles – ihre ganze Sadhana, alles –, sobald sich eine Krankheit entwickelte (egal welche Krankheit), und erst wenn man aus der Krankheit herauskommt, erinnern sie sich wieder allmählich. Deshalb war mein Bestreben (ich weiß noch, es war vor langer Zeit, vor vielen Jahren), daß die Zellen sich auch erinnern sollten, während sie krank waren – was absurd ist, denn es wäre besser gewesen, danach zu streben, gar nicht

---

[1]. Nr. 110 vom 29. Mai 1965.

erst krank zu werden! Aber eine Zeitlang war es jedenfalls so. Als sich dann die Zellen zum ersten Mal erinnerten, freute ich mich so ... Aber jetzt ist es genau umgekehrt: Sobald die Störung kommt, fangen die Zellen an ... Zuerst waren sie etwas ängstlich: „Oh, wir sind so unfähig, daß wir immer noch Krankheiten auflesen" – das ging eine Weile so; später hatten sie den Eindruck: „Oh, Du willst uns eine Lektion erteilen, wir haben etwas daraus zu lernen!" – das war schon viel besser: eine Art Begeisterung. Und jetzt herrscht eine intensive Freude, eine Art Kraft, eine Kraft der Aspiration und der Verwirklichung, die mit dem Gefühl einhergeht: „Wir erringen einen Sieg, wir erringen einen neuen Sieg ..."

Das ist der Zustand dieser letzten Tage.

Ich weiß, wie es zu dieser Erkältung kam, sie entwickelte sich nur aus Nachlässigkeit – nicht genau das ... man ist unvorsichtig.

Zum Beispiel war der Arzt erkältet, was ich sofort erkannte. Sofort tat ich das Nötige und wurde nicht angesteckt. Aber jemand anderer hatte eine Erkältung, ich paßte nicht auf, und beim Berühren seiner Sachen las ich sie auf – ich merkte dies erst, als sie in mich eindrang: da war es bereits zu spät. Ich sagte „gut", und so nahm sie ihren Lauf. Ich glaube, sie war deshalb besonders heftig, weil die Zellen fühlten: „Ah! (zuerst Freude) Ah, jetzt können wir einen Fortschritt machen!" Dann stellte sich mit der Krankheit eine Art Kraft ein, eine starke Kraft der Transformation, und so entwickelte sich die Krankheit ungehindert. In einem gewissen Augenblick aber wäre ein bestimmtes Maß überschritten worden, was sich für die Arbeit sehr störend ausgewirkt hätte. Daher sagte ich: „Nein, nein! Paß auf, ich kann meine Arbeit nicht einfach unterbrechen." Als ob man sagte: „Genug des Unfugs, ich will nicht mehr krank sein". Eine Kraft kam, so etwas ... wie ein Boxer.

Das war sehr interessant.

Das Spiel des Willens mit den Zellen, die Art, wie die Zellen dem Willen gehorchen, ist sehr interessant. Denn selbstverständlich handelt es sich nicht um einen individuellen Willen (es ist kein persönlicher Wille, nichts, was den alten Geschichten von einst gleichen würde), sondern ... es ist der Wille zur Harmonie in der Welt: der Herr unter seinem Aspekt der Harmonie. Der Herr existiert sowohl unter seinem Aspekt der Transformation als auch unter seinem Aspekt der Harmonie. Und unter seinem Aspekt der Harmonie ist der Herr bestrebt zu harmonisieren, und so macht sich dieser Wille zur Harmonie bemerkbar und sagt: „Nicht alles dem Willen zur Transformation unterstellen! Nicht zu schnell vorangehen, sonst zerstört man alles! Es bedarf auch des Willens zur Harmonie, damit sich die Dinge gemäß einer rhythmischen und harmonischen Bewegung entwickeln", und so kommt alles wieder in seine Ordnung.

Offen gestanden (das Ergebnis einer sehr intensiven Studie der letzten Tage), weiß ich nicht, was mit „Krankheit" gemeint ist. Man spricht von Viren, von Mikroben, von ... aber wir sind doch völlig aus diesen Dingen aufgebaut! Einzig ihr Zusammenspiel, ihre Art der Anpassung und Harmonisierung macht den ganzen Unterschied aus. Eine „Mikrobe" oder ein „Virus" als solche gibt es nicht – man bezeichnet die Dinge, die man nicht mag, mit häßlichen Namen, aber es ist doch alles dasselbe!... Für die Zellen stellt sich das Problem jedenfalls nicht so, denn entweder folgen sie dem Willen zur Transformation (der manchmal ein wenig brutal ist – heftig für etwas so Kleines wie ein Körper), oder sie folgen dem Willen zur Harmonie, der immer angenehm und immer da ist, auch wenn sich die Dinge äußerlich auflösen.

Das ist eine treffendere Erklärung, die den Sachverhalt besser erläutert als alle medizinischen Begriffe von Krankheit.

Ich glaube nicht eigentlich an Krankheiten.

Es gibt keine zwei identischen Krankheitsfälle.

Ich bin sicher ... ich bin kein Wissenschaftler, aber ich bin mir sicher, daß es keine zwei identischen Mikroben gibt.

*
* *

Daraufhin geht Mutter zu Savitri über: Der Dialog mit dem Tod.

Er macht weiter? Was hat er denn Savitri noch zu bieten?

„Daughters", „sons"! [Töchter und Söhne].

Oh, er ist gemein *(lachend),* voll gemeiner Vulgarität. *(Mutter liest:)*

Daughters of thy own shape in heart and mind
Fair hero sons and sweetness undisturbed ...[1] (X.III.637)

Welch ein Spaß! Oh, ist dieses Wesen von einer Vulgarität! Nein, gibt es wirklich Leute, die sich davon verlocken lassen?

Ich glaube, Sri Aurobindo stellte den Tod absichtlich sehr vulgär dar, um alle Illusionisten und Nirvana-Anhänger zu entmutigen.

Schon als ich ganz klein war, mit fünf, erschien mir dies *common place* [vulgär]. Hätte man mir stattdessen gesagt: „Möge es keine Grausamkeit mehr auf der Welt geben", oh ja, dann hätte sich das in meinen Augen gelohnt! „Möge es keine Ungerechtigkeit, kein Leid mehr geben

---

1. Töchter in deinem Ebenbild an Herzen und Mental
und lichte Heldensöhne und die ungestörte Süße ... (s.a. dt. Ausgabe, S. 651)

durch die Bosheit der Menschen", ja, das ist etwas, für das man sich einsetzen kann. Aber Töchter und Söhne in die Welt setzen ... Ich habe mich physisch nie sehr mütterlich gefühlt. Schließlich gibt es Millionen und Abermillionen von Menschen, die das tun, warum es also wiederholen? – Nein wirklich, dafür wird man nicht geboren.

10. Juli 1965

(Über eine „idiotische" Tuberkulose:)

Wie geht es dir?

Nicht besonders.

Was ist nicht in Ordnung?

Hier, da (Gesten).

Oh, mein Kind, alle Empfindungen sind lügnerisch! Diese Erfahrung mache ich zigmal am Tag in allen Einzelheiten. Man fühlt, daß man dies oder das bräuchte, es tut einem hier weh, da weh ... aber das ist alles falsch. Die Wahrheit ist, daß man den Zustand der Harmonie verlassen hat – eine Harmonie, die immer herrscht, aber man selber hat sie verlassen, und so braucht man dies, braucht man das, fühlt hier einen Schmerz, dort einen Schmerz. Etwas fehlt, und was fehlt, ist DAS.

Man könnte sagen, daß es drei Zustände gibt: den Zustand der Harmonie – das ist der, nach dem man ständig strebt, manchmal erhascht man ihn für ein paar Sekunden, und alles kommt wie durch ein Wunder wieder in seine Ordnung; dann den gewöhnlichen Zustand der Unordnung, in dem man immer bedrohlich nahe am Rand von etwas Unangenehmem schwebt; und wenn die Unordnung deutlicher sichtbar wird, herrscht schließlich das, was man „Krankheit" nennt, aber das ist völlig unwirklich. Man sieht den Körper als gesund und im Gleichgewicht an und glaubt, „etwas dringe von außen ein, das einen krank werden läßt", aber so ist es nicht! Man befindet sich IMMER im Zustand der Unausgewogenheit, der Körper ist immer (mehr oder weniger spürbar) unausgeglichen, aber etwas anderes, oben, ein Wille und ein Bewußtsein, hält ihn zusammen und erlaubt ihm zu funktionieren. Wenn man diesen Willen ins Spiel bringen kann – diesen Willen zur Harmonie – und fähig ist, die innere Flamme zu entfachen, den Kontakt mit dieser Flamme der Aspiration herzustellen, dann kommt man aus der sogenannten „Krankheit" heraus, die unwirklich ist, eine unwirkliche und irreführende Empfindung, eine bloße Erscheinungsform der allgemeinen Unordnung. So tritt man in die Harmonie ein, und alles geht gut. Erst letzte Nacht hatte ich diese Erfahrung, deshalb kann ich mit Sicherheit sagen: alle Empfindungen sind irreführend.

Wenn sich aber bestimmte äußere Zeichen bemerkbar machen, wie zum Beispiel Bluthusten?

Nun ja, das ist eine Störung. Aber die Störung ist überall! Falls dich das trösten kann: auch mein Körper ist gestört ... Es ist allerdings keine eindeutige Störung, sondern ein fast vollständiger Mangel an Harmonie – dies ist der beständige Zustand des Lebens; es ist die Folge der Bemühung, des Widerstands, des Erduldens und auch das Resultat dieser Spannung durch die Suche nach etwas, das man zu erreichen hofft, das sich einem aber ständig entzieht – dieses Etwas, das sich einem entzieht, ist DAS, diese Harmonie (eine Harmonie, die in ihrer Vollkommenheit offensichtlich das Ananda ist). Das ist es, was die Müdigkeit, die Spannung usw. verursacht. Die ganze letzte Nacht verbrachte ich damit, dies zu beobachten und fragte mich: „Wie ist das nur möglich?... Ständig lebt man in diesem angespannten Zustand, auf der Suche nach etwas, das sich einem entzieht." Die Sinne, der gesamte Bereich der Sinne scheint sich in einem konstanten Zustand der Lüge zu befinden, und die Sinne bedienen sich dieses Zustands der Spannung, um einem weiszumachen, dies sei nicht in Ordnung, jenes sei nicht in Ordnung ... Und wenn unglücklicherweise noch so etwas wie eine mentale Mitwirkung hinzukommt (von diesem berühmten physischen Mental), dann nimmt alles eine schlimme Wendung, und es entwickelt sich etwas wirklich Unangenehmes.

Aber dies ist nicht unabwendbar. Es ist nicht unabwendbar, und es ist nicht wirklich – was ich „wirklich" nenne, ist etwas, das direkt vom höchsten Willen kommt. Das ist wahr; alles übrige ist nicht wahr, sondern lediglich das Produkt der gesamten Verwirrung *(Zickzackgeste nach unten)*, des gesamten Wirrwarrs des menschlichen Bewußtseins – die Krankheit ist nicht wahr. Ich glaube nicht, daß unter hundert (ach, vielleicht unter tausend!) Krankheiten auch nur eine existiert, die wahr ist. Manche sind der Ausdruck eines Willens, um etwas, das nicht in Ordnung ist, gehörig durchzuschütteln, zu vernichten, damit aus diesem Chaos etwas Wahreres entstehen kann – aber das ist ein Ausnahmezustand.

Ich verfüge über ein sehr weites Erfahrungsfeld. Ich erhalte Fluten von Briefen von allüberall, jeder schreibt wegen seiner kleinen Störung, seiner kleinen Krankheit, seiner kleinen Schwierigkeit, natürlich mit der Bitte, all das wieder in Ordnung zu bringen. So komme ich mit der Schwingung in Kontakt (all die Leute hier: das ist eine ganze Menge). Nun, ich kann wirklich sagen, daß nicht ein Fall von hundert Ausdruck des direkten Willens ist – stets geht es so, so, so ... *(selbe Zickzackgeste)*, und das verheddert sich im menschlichen Bewußtsein wie ein dermaßen verzwirbelter Faden, daß man ihn gar nicht mehr entwirren kann. Ja, dieser Zustand ist daran schuld, daß wir uns fast permanent am Rande eines Unwohlseins, einer Krankheit, einer Störung befinden. Das schwarzseherische Mitwirken des Mentals (denn das Charakteristische an diesem Mental ist seine Schwarzseherei), die Komplizenschaft des defätistischen Mentals und der trügerischen Sinne macht unser Leben zu dem, was es ist, und das ist nicht gerade amüsant.

Letzte Nacht sah ich das zwei Stunden lang mit klaren Beweisen und Beispielen. Ich schaute mir das an und war geradezu entsetzt zu sehen, wie sehr die Sinne alles entstellen – und sie entstellen stets ... ich weiß nicht, vielleicht gibt es Leute, die zum Guten hin entstellen *(lachend)*, aber zu denen gehöre ich nicht. Das müssen fabelhafte Optimisten sein. Die Sinne entstellen alle Schwingungen und machen daraus ständig unangenehme oder jedenfalls keine erfreulichen Dinge, oder sogar „Gefahrensignale" und „Anzeichen von Katastrophen". Es war ziemlich abstoßend. Aber ich ließ dieser ganzen Bewegung freien Lauf, um sie genau zu beobachten, und alle zellularen und sonstigen Strukturen begannen zu ächzen und stöhnen ... als wollten sie sagen: „Aber dieses Leben ist un-er-träg-lich, unerträglich." Ich hörte mir das eine Weile an, um zu sehen: ein allgemeines Jammern und Stöhnen ... Schließlich: *(Geste der Herabkunft des Willens)* und es war in einer Sekunde vorbei!... Das Ganze war nichts als eine Komödie, die die Sinne sich selbst vorgaukeln. Wir sind wirklich lächerliche Wesen *(Mutter lacht)*. Das war meine Beobachtung der letzten Nacht.

Natürlich sind die Leute nicht offen und konstant so, denn zum Teil ist ja ein anderes Bewußtsein da, das die Dinge kontrolliert. Wenn man sich aber gehen ließe ... Ich stellte jedenfalls den Versuch an, diesem Bereich des zellularen Bewußtseins seinen freien Lauf zu lassen, und das hatte ein Klagen und Stöhnen zur Folge. Aber dahinter, in der Tiefe, auf dem tiefsten Grund der Zellen, regte sich diese Art Glauben, das absolute Verlangen nach dem Ananda; und sie klagten: „Man hat uns irregeführt, wir sind nur für DAS da, warum wird es uns denn nicht gegeben?" (Ich drücke dies in Worten aus, es waren aber keine Worte, sondern Empfindungen.)

Natürlich nimmt man dies nicht wahr, denn im Strom des Lebens ist es nicht das Vorherrschende – zum Glück! Man betrachtet es ein wenig von oben herab und möchte es nicht sehen – aber ES IST DA. Und es ist schrecklich mutlos.

Du kannst es nicht wissen ... Selbst ich, hätte man mir das vor einiger Zeit gesagt, hätte dies abgestritten!

Ja, wenn sich aber gewisse Störungen Tag für Tag wiederholen, sagt man sich selbst, daß etwas nicht in Ordnung ist.

Aber da ist nicht „etwas", das nicht in Ordnung wäre! Nichts ist in Ordnung, alles läuft schief.

Kennst du das Theaterstück von Jules Romains, in dem der Arzt erklärt, der gesunde Mensch sei lediglich ein Mensch, der nicht weiß, daß er krank ist? Genau so kommt es einem vor. Ständig herrscht Unordnung, und gerade weil man in einem anderen Bewußtsein lebt, sieht man sie nicht, sobald man aber beobachtet, kann man sicher sein, auf sie zu stoßen. Wenn ich mit dieser Sichtweise beobachte, existiert nirgendwo etwas, das normal wäre, harmonisch verliefe – nichts. Alles ist so *(gleiche Zickzackgeste)*, ein Chaos, das einfach nur deshalb weiter funktioniert, weil es nicht sich selbst überlassen bleibt, weil ein höherer Wille wirkt, der sich all dessen so gut es eben geht bedient. Aber es ist mehr schlecht als recht.

Ich habe mir alle Fälle angeschaut (denn dies interessiert mich sehr), ich betrachtete deinen Fall, Sujatas Fall und alle Fälle, aber da ist keiner, von dem man sagen könnte, es sei eine wirkliche Krankheit. Unter einer Krankheit stellt man sich doch folgendes vor: Ein Körper (ein physisches Wesen) lebt nach gewissen Gesetzen, und plötzlich entsteht eine Störung, etwas dringt ein, breitet sich aus und stört; aber das ist es nicht! Das ist es nicht: etwas ist nicht in Ordnung – der Körper ist nicht in Ordnung –, aber das Bewußtsein ist der springende Punkt: Dort ist etwas, das mit dieser Störung in Kontakt kommt, und etwas, das sich nicht darum kümmert, das einfach weitermacht. Die gleiche Studie stellte ich mit sogenannt gesunden Leuten an: es ist genau dasselbe. Also lautet die Schlußfolgerung: Man muß sich gänzlich einem höheren Willen anvertrauen, das heißt, man muß diesem Willen erlauben, dieses ganze Durcheinander zu beherrschen. Auch wenn es nicht wieder völlig in Ordnung kommt, wird die Störung doch zumindest in Grenzen gehalten, und der Körper kann weiterhin dem Willen, der sich manifestieren möchte, als Instrument dienen.

Ich sehe das sehr deutlich, nicht nur für diesen Körper hier, sondern auch für alle anderen; für diesen Körper hier trifft es jedoch bis ins kleinste Detail zu, weil die Beobachtung konstanter ist: er hatte mindestens schon hundert Gründe zu sterben, und wenn er nicht tot ist, so liegt das nicht an ihm. Es ist nicht seine Schuld, weil da etwas war (das zum Glück kein persönlicher Wille ist), das sagte: „Nein, geh voran, mach weiter, befaß dich nicht mit dir selbst!" Denn sonst bricht alles auseinander.

Das heißt aber nicht, daß du es unbedingt so halten mußt wie ich; wenn du die Sache wie gewohnt angehen und sie als eine „Krankheit" sehen willst, dann geh zum Arzt und nimm Medikamente, ich bin nicht dagegen, aber es ist lediglich eine Art, die Dinge zu sehen.

Und jetzt sag mir, was deine *grievances* [Beschwerden] sind. Ja, was siehst du, das nicht geht?

(Geste an die Brust, hier und da)

Ich kann dir sagen, die durch die Ärzte verursachten mentalen Entstellungen sind schrecklich: sie nageln sich im Gehirn fest und kehren nach zehn Jahren wieder zurück. Ich weiß das aus persönlicher Erfahrung, ständig kehrt es zurück: „Der Arzt sagte, es sei dies, der Arzt sagte, es sei das, der Arzt sagte ..." Nicht mit Worten, aber es kommt.

Das spielt aber keine Rolle, man kann die Störung auch auf diese Weise angehen, und dann werden wir sehen.

Aber ich glaube nicht an ihre Mittel. Ihre Arzneien haben mir nicht geholfen.

Sie haben dir nicht geholfen? Mir auch nicht! Aber das macht nichts, ich nehme sie trotzdem.

Ich unterziehe mich einer Behandlung.

Ach, du läßt dich behandeln?

Ja, in Form von Tabletten.

Oh, das nützt nichts.

Ich habe auch nicht den Eindruck. Nun, ich weiß nicht.

Du weißt es nicht. Wie der arme Pavitra, der alle möglichen Behandlungen versuchte und dann ...

Also sag mir, wo fehlt's? Hast du Atembeschwerden?

Ja, ein wenig. Und mir ist immer heiß, heiß.

Ja, *(lachend)* es ist heiß!

Das auch! Besonders abends fühlt sich der Körper ein wenig wie ein Heizkessel an. Auch spucke ich wieder Blut.

Hast du das noch nicht versucht: Man muß den Kontakt zu den Zellen des Körpers herstellen und ihnen sagen, es sei nicht notwendig, Blut herauszuspucken – *(lachend)* das gehört nicht zum Spiel! Du kannst dich ein wenig über sie lustig machen: „Ihr braucht das nicht zu tun!" Ich versichere dir, es ist dermaßen grotesk, daß man nur noch darüber lachen kann.

Ja, man darf sich nicht darum kümmern.

Nein, das ist es nicht! Wenn du dich nicht darum kümmerst, führen sie ihren Tanz fort und glauben im Gegenteil, du seiest einverstanden mit ihrer Verhaltensweise. Man muß den Willen herbeiziehen, man muß sich des Willens bemächtigen – diesen Willen setze ich in dich, mein Kind! Ich verlange von dir nicht, dich einer illusorischen Sache zu bedienen: ich setze ihn in dich, einen un-ge-heu-ren Willen; und er ist ruhig, etwas, das keine Gewalt anwendet, so: *(Geste einer unerschütterlichen massiven Herabkunft).*

Jedenfalls kann ich dir sagen, daß das genauso wirkungsvoll ist wie Medikamente. Auch hat es keine der nachteiligen Nebenwirkungen der Medikamente, die einen von einer Sache heilen und einem eine andere verpassen.

Seit wann nimmst du Medikamente?

Seit Vellore. Die Behandlung dauert zwei Jahre.

Sagten sie zwei Jahre? Dann mußt du es zwei Jahre lang durchziehen. Man muß tun, was sie sagen. Oh, sie üben eine hypnotische Macht über das materielle Bewußtsein aus. Das ist ein wenig ... beängstigend.

Ich könnte dir alle möglichen Geschichten erzählen, doch die Geschichten der Ärzte sind nicht gerade amüsant; es handelt sich immer um lächerliche Einzelheiten. Jedenfalls kommt es immer wieder zurück: Man weist ihre Suggestionen ab, kümmert sich nicht weiter darum, glaubt, es sei endgültig vorbei, und dann verschwindet es ins Unterbewußtsein; aber eines schönen Tages bringt ein winziger Anlaß es plötzlich wieder zum Vorschein, ungeheuerlich: „Der Arzt sagte ... ein gewisser Arzt sagte – der Arzt mit einem großen A oder „die medizinische Wissenschaft" sagte ...", und so geraten die Zellen in Panik – eine schreckliche hypnotische Macht.

Nein, das ist sicher ein interessantes Thema ... *(lachend)* Ich erwecke den Anschein, als nähme ich dein Unglück nicht ernst! Aber ich versichere dir, dies ist ein sehr interessantes Thema. Für mich gehört es gänzlich der Welt der Unordnung an, es enthält keine grundlegende Wahrheit – gar keine. Deshalb muß es weichen, sobald man die Kraft der Wahrheit wirken läßt. Ich behaupte nicht, es weiche bereitwillig, ich behaupte nicht, es verschwinde wie durch ein Wunder, nein, aber es MUSS weichen.

Oh, ich könnte stundenlang darüber sprechen!

Du solltest dich setzen. [Mutter stand die ganze Zeit]

Nein. Es liegt mir nichts daran, mich zu setzen!

(Schweigen)

Worin besteht diese Behandlung?

Die normale Behandlung für solche Fälle.

Ja, ja, klassisch ...

Ich kann dir sagen (falls das deinem physischen Mental hilft), daß mich in Japan eine Art Masern befiel (aus ziemlich tiefen Gründen), woraufhin der japanische Arzt (der übrigens in Deutschland studiert hatte, also ein Doktor der „Schulmedizin") mir sehr ernsthaft nahelegte, ich müsse aufpassen, ich befände mich im Anfangsstadium dieser seltsamen Krankheit und dürfe mich vor allem nie in ein kaltes Klima begeben und auch dies nicht und das nicht ... Ich magerte ab usw. Das war in Japan. Dann kam ich hierher und erzählte das Sri Aurobindo, der mich einfach anschaute und lächelte: da war es vorbei, wir sprachen nicht mehr darüber. Wir sprachen nicht mehr darüber, und so existierte es auch nicht mehr! *(Lachend)* Viele Jahre später, als ich Doktor Sanyal kennenlernte, fragte ich ihn. – „Nichts, alles ist in Ordnung; da ist absolut nichts, nicht die kleinste Spur ist zurückgeblieben." Ich hatte nichts dagegen unternommen, keine Medikamente geschluckt, keine Vorsichtsmaßnahmen getroffen. Ich hatte es nur Sri Aurobindo gesagt, der mich einfach anschaute und lächelte.

Ja, ich bin überzeugt, daß es so ist. Allerdings glaubt das physische Mental es nicht. Es glaubt, daß dies in höheren Regionen sehr wohl der Fall sein mag, daß die Dinge auf der materiellen Ebene aber einem materiellen Gesetz folgen, daß sie materiell und mechanisch sind, also einen Mechanismus darstellen, und wenn dieser Mechanismus ... usw. (nicht mit diesen Worten, aber das ist die Idee). Deshalb ist man ständig gezwungen, es zu bearbeiten, ständig muß man ihm sagen: „Oh, hör doch auf mit all deinen Schwierigkeiten, sei still!"

Allerdings bedarf es der Flamme, der inneren Flamme, der Flamme der Aspiration, der Flamme des Glaubens, ja, und des gewissen Etwas, das will, daß es aufhört. Verstehst du, wie dem auch sei, es ist jedenfalls

10. JULI 1965

nicht nötig, daß ich die Angelegenheit meinem Denken präsentiere, daß mein Kopf sie akzeptiert, denn das ist ein sehr gefährliches Spiel: sobald man nach Gleichmut strebt, sagt man sich: „Nun gut, angenommen, dies oder jenes würde passieren, was wäre da meine Reaktion?" Dieses Spiel treibt man solange, bis man sich schließlich sagt: „Mir ist es egal." Das ist ein sehr gefährliches Spiel. Es ist immer noch eine Art, das Ziel zu umkreisen, anstatt in es einzudringen.

Es gibt nur eines, und zwar eine Art Flamme – eine Art Flamme, die diese ganze Lüge verbrennt.

Ich selber kann mich nicht rühmen. Ich predige dies meinem Körper genausogut wie den andern. Ich selber müßte aufrecht, stark, fest sein ... Warum bin ich so gekrümmt? – Ich weiß warum, und das ist kein Kompliment. Ich weiß es, denn der Körper ist immer noch sämtlichen Suggestionen der Welt unterworfen, dem ganzen medizinischen Denken und dem, was sich daraus ergibt, allen Suggestionen des Lebens, den Gewohnheiten und all den Leuten hier ... Da ist wirklich kein Grund, sich zu rühmen. Wenigstens weiß ich, daß es anders sein müßte (der Vorteil ist, daß ich es weiß). Ich weiß es, und die Zellen wissen es auch, und wie ich dir schon sagte: gestern abend weinten sie hier auf meinem Bett; sie stöhnten und ächzten: „Wir sind nicht für dieses Leben der Finsternis und Unordnung geschaffen, sondern für das Licht, für die Kraft und die Liebe." Und die Antwort: „Oh, dann nimm es dir doch!" Und sie stöhnten: „Warum zwingt man uns, so zu sein?..." Anstatt ihnen freies Spiel zu lassen, war plötzlich die volle Gegenwart zu spüren – und weg war es in Sekundenschnelle. Nur ist die kollektive Suggestion, die kollektive Atmosphäre dermaßen ... man kann sagen, verdorben, daß sie ständig einwirkt.

Aber du *(Mutter wendet sich an Sujata)*, du gehörst zu jenen, die, wenn ich nachts komme, sagen können, daß ich groß und stark bin. Nachts arbeite ich, ich bin groß, ich bin stark. Aber das Stöhnen hört nicht auf. Das ist blödsinnig. Nicht nur blödsinnig, sondern es herrscht immer noch diese Art *self-pity*, Selbstmitleid *(Mutter streicht sich über die Wange)*, was das Abstoßendste von allem ist: „Oh, mein armes Kind, wie müde du bist! Oh, mein armes Kind, wie sehr die Leute dich ermüden, wie hart, wie schwierig doch das Leben ist!..." Da wird gestöhnt und geächzt wie ein Schwachkopf. Wenn es nur nach mir ginge, würde ich ihnen eine tüchtige Tracht Prügel verpassen. Man bittet mich aber, es nicht zu tun, so tue ich es nicht. Doch ich habe wirklich das Gefühl, daß wir angesichts dieser wunderbaren Gnade – dieser herrlichen göttlichen Liebe und dieser allmächtigen Kraft – zutiefst lächerlich sind, voilà.

(Schweigen)

Es gibt auch boshafte Geister. Boshafte Geister, die alle möglichen Dinge suggerieren. Da ist solch eine Zone hier ganz nahe dem Physischen, ganz nahe – ein Bereich voller Larven, mein Kind! Alle möglichen Katastrophen, alle Bosheiten, alle Gelüste werden hier suggeriert. Ekelhaft ... Das alles wimmelt, als stecke man seine Nase in einen Schlamm voller Würmer – sehr unangenehm.

Ja, ich werde versuchen, einen Kokon zu bilden. Vor dem Einschlafen, wenn du im Bett liegst, mußt du das weiße Licht herbeirufen, mein weißes Licht, und ich meinerseits werde darauf achtgeben. So eingehüllt als Kokon, als guter kleiner, ganz weißer Kokon, kann man ausgezeichnet schlafen.

Die Nächte sind fürchterlich.

Ja. Deshalb rate ich dir, mein Licht zu rufen. Ja, es ist fürchterlich. Hast du Albträume?

Nicht einmal Albträume: es ist ekelhaft. Dreiviertel der Dinge, an die ich mich erinnere, sind irgendwelche Kloaken, widerliche Orte. Es ist ... schrecklich.

Ja, das ist es. Wenn du wüßtest, was ich alles zu sehen bekomme! ...

Vor zwei oder drei Nächten hatte ich einen symbolischen Traum. Du weißt, daß man dein altes Moskitonetz in meinem Zimmer anbrachte?

Ja.

Nun, da war ein kleines Wesen, das ein Loch hineinriß. Ein ziemlich vertrautes Wesen, denn ich schnappte es wie ein Kind und sagte ihm: „Aber wenn du da ein Loch machst, kommen alle Mücken herein." Da merkte ich, daß es ein großer Riß war.

Ach!

Und ich dachte: „Alle Feinde werden hereinkommen" oder „alle Mücken werden hereinkommen." Ein großer Riß.

Hast du es geflickt?

Nein, es weckte mich auf, weil es mich so sehr ärgerte.

(Mutter verharrt in Konzentration, dann fragt sie:) Dein Bruder, der Arzt, hat er dir denn nichts gesagt? Gab er dir keinen Rat?

Doch, Anweisungen über die Anzahl der einzunehmenden Tabletten. Das ist alles.

Glaubt er an Tabletten?

Er sagt: „Wenn man sich schon einer Behandlung unterzieht, sollte sie optimal sein."

Ach, ja! Damit bin ich völlig einverstanden, man muß sich ihr peinlich genau unterziehen, denn sie stellt ja eine Formation dar. Wenigstens neunzig Prozent der Ärzte sind guten Willens, sie wollen einen heilen (einigen ist es gleichgültig, aber nicht vielen – 90% wollen einen heilen), deshalb muß man ihrer Formation die volle Macht lassen, ihr nicht widersprechen, denn sonst hat die Behandlung keine Wirkung, und alles ist umsonst.

(die Uhr schlägt)

Rede ich schon eine Stunde lang? Wie schändlich!
Warte, ich habe eine Blume für dich, sie ist wunderschön.
„Der Wille zu siegen", mein Kind! Kein Wille hier oder da oder dort *(Geste auf verschiedene Stellen des Körpers)*, nein, nicht der persönliche Sieg über die Krankheit: der Sieg über die Welt. Dafür sind wir im Grunde hier. Ich weiß nicht, ob es diesmal gelingen wird, aber jedenfalls ist es das, was von uns erwartet wird. Dafür sind wir hier: um zu kämpfen. Also müssen wir es ausfechten, und da es sich (wie soll ich sagen?) auf die intimste Weise abspielt, ist der Körper derjenige, der betroffen ist.

(Schweigen)

Ich glaube, das genügt für heute!
Ernährst du dich gut?

Ja, ja!

Wirklich gut, oder tust du nur so?

Ich esse ordentlich.

Ist das, was du zu essen bekommst, gut? Ich meine: ist es nahrhaft?

Oh, ja! Es ist sehr nahrhaft.

Assimilierst du die Nahrung trotz deiner Verdauungsstörungen?

Ich glaube schon.

Nun, das genügt. Verdauungsstörungen, mein Kind, hindern einen nicht, 86 oder 87 Jahre zu leben. Das ist überhaupt kein Hindernis. Seit der Geburt von André ist das bei mir so; das macht ... ich war gerade zwanzig Jahre alt, es liegt also siebenundsechzig Jahre zurück. Ich gebe dir noch *(lachend)* siebenundsechzig Jahre zu leben!

Weißt du, ich habe schon immer gesagt: Wenn Feinde einem Angst machen wollen oder einen betrüben oder beunruhigen wollen, kann man ihnen nur ins Gesicht lachen, einfach so. Sich ärgern? Dann freuen sie sich und sagen: „Er ist wütend" – Nein, nein. Umsichschlagen? Sie entwischen einem, sie sind schlüpfrig wie Pudding, man kriegt sie nicht zu fassen. Lacht man ihnen aber ins Gesicht, dann ärgern sie sich sehr. Das einzig Wirksame ist, sich über sie lustig zu machen. Ihre Geschichten mögen kleine Kinder erschrecken, aber nicht uns.

Wir leben in der Ewigkeit.

Ich sage dir (und das ist der normale, natürliche Bewußtseinszustand), es dauerte kaum eine Minute letzte Nacht: in nur einer Sekunde, brrf, war es vorbei! Dann tauchte ich in eine Art ruhige Freude ein, einfach so, ein Zustand, der drei Stunden ununterbrochen anhielt. Danach wurde die Arbeit wieder aufgenommen.

Aber vor dem Einschlafen machst du es so: Du stellst dir ein weißes Licht vor (stell es dir vor, wenn du es nicht siehst). Kein kristallklares, durchsichtiges Licht, sondern ein absolut weißes, strahlendhelles Licht, ein weißes Licht, das solide wirkt. So stellst du es dir vor (und es ist auch so, aber stell es dir vor): ein weißes Licht. Es ist das Licht der Schöpfung – wie heißt sie?... Maheshwari? *(Lachend)* Die höchste Dame da oben.

Ja, Maheshwari.

Das Licht von Maheshwari. Wie es scheint, hatte ich es immer um mich, denn es war das erste, was mir Madame Théon sagte, als sie mich sah; sie sprach zwar nicht von „Maheshwari", aber sie sagte mir: „Sie haben das weiße Licht", das automatisch jeden bösen Willen auflöst; und das konnte ich tatsächlich erfahren: ich sah Wesen zu Staub zerfallen. Das also nimmst du, du stellst es dir vor und bildest vor dem Einschlafen einen Kokon um dich herum – weißt du, so wie sich die Raupen ihren Kokon formen. Ich werde ihn hier bilden, aber deine „Einbildungskraft" hilft dabei, daß er sich dir besser anpaßt, angleicht. Du bildest einen Kokon, und wenn du gut darin eingewickelt bist, so daß keine Feinde mehr eindringen können, dann läßt du dich in den Schlaf sinken. So kann nichts mehr eindringen, was von außen oder von einem schädlichen bösen Willen kommt. Das ist gewiß. Natürlich bleibt noch das, was man in seinem Unterbewußtsein mit sich trägt ... dies muß man nach und nach mit seinem eigenen Willen aus dem Weg räumen.

Aber dieses Licht, mein Kind, ist allmächtig! *(sich an Sujata wendend:)* Auch du kannst dasselbe tun, wenn dir nachts Feinde begegnen.

(Sujata:) Weißt du, ich habe dieses weiße Licht gesehen.

Du hast es gesehen?

Ja, das hab ich.

Das ist ausgezeichnet. Du bist eine gute Hellseherin, natürlich hast du es gesehen. Ich sah es aber so, als sei es das Licht von jemand anderem, das entspricht meiner Natur. Ich bediente mich seiner sogar schon, bevor ich Théon begegnete: ich wußte nichts, aber ich sah es. Erst Madame Théon erklärte mir: „Das ist Ihr Licht". Madame Théon war die erste, die mir sagte, was ich war, was sie sah: die Krone mit den zwölf Perlen auf meinem Kopf. Dann machte ich selbst diese Erfahrung, und danach konnte ich mich seiner nach Belieben bedienen: es genügte, daß ich das Licht herbeirief. Ich sah es so, wie ich dich jetzt sehe, auf völlig objektive Weise.

Aber erzählte ich dir nicht die Geschichte von I, die mit Dilip zusammen war? Bevor sie Dilip kennenlernte, war sie bei einem Guru, einem Sannyasin oder was weiß ich. Der war äußerst wütend, daß sie ihn verlassen hatte und verfluchte sie. Sein Fluch rief bei ihr eine Art Thrombose hervor (weißt du, wenn das Blut dickflüssig wird und gerinnt), hier am Hals, über der rechten Schulter, glaube ich, und es war sehr schmerzhaft – sogar gefährlich. Sie erzählte mir davon. Ich sagte es Sri Aurobindo, und er bat mich, sie zu beschützen. Ich schickte diesem Herrn mein Licht. Daraufhin stießen ihm fürchterliche Dinge zu, eine schreckliche Krankheit, an der er starb. Kurz bevor er starb, ging I zu ihm, und da sagte ihr dieser Mann (der bewußt war): „Sehen Sie nur, was Ihre Mutter mir angetan hat!" Er war bewußt. Ich sah, daß meine Sache völlig objektiv war, denn ich hatte mit niemandem auch nur ein Wort darüber gesprochen. Aber vor allem war dieses Licht durch Sri Aurobindo gegangen ... Ich hatte ganz einfach das Licht zu diesem Herrn geschickt, damit das ein Ende nehme. Und weil er nicht besonders rein war, kam es in einer schrecklichen Krankheit zum Ausdruck.

Jetzt auf Wiedersehen, meine Kinder!

Wenn du also ruhig schlafen willst, dann machst du dir vor dem Einschlafen einen kleinen Kokon zurecht. Auf Wiedersehen, mein Kind.

Und dir empfehle ich: die Unwirklichkeit der menschlichen Ansichten über Krankheiten.

14. Juli 1965

Mutter hält verschiedene kleine Zettel in der Hand:

Heute morgen befand ich mich in einer gewissen Zone – einer Zone oder Ader ... Weißt du, die Goldadern in der Erde? So war das. Mitten durch die mentale Banalität der Welt zog sich eine Art leuchtende Ader, in die ich eingetaucht war – man fühlte sich gut darin, es war sehr angenehm. Ich hatte gerade begonnen, einige Dinge zu notieren, als die Leute mit all ihren üblichen Dummheiten daherkamen, jeder fragte etwas, jeder war so eingeschlossen *(Geste wie Scheuklappen)*, da verschwand es wieder.

Ich nannte dies: „Einige Definitionen."

Die erste handelte von jemandem, der im Begriff war wegzugehen und etwas *(von Mutter Gesegnetes)* für die Familie mitnehmen wollte. Ich sagte ihm: „Oh, sie sind nicht empfänglich." Da fragte er: „Was heißt es, empfänglich zu sein?" (Er fragte nicht mich, sondern auf dem Weg zur Tür hinaus kratzte er sich am Kopf und fragte seinen Freund: „Was meint Mutter? Was heißt es, empfänglich zu sein?") Ich antwortete auf englisch, und es nahm viele, viele Formen an. Heute kam das als eines der Dinge in dieser „Ader" wieder zum Vorschein. Das Besondere an einer solchen Erfahrung ist, daß die Worte darin eine ganz präzise Bedeutung annehmen; ich habe keine Ahnung, ob es die gewöhnliche Bedeutung ist, aber die Worte sind von der Schwingung ihres Sinns getragen, von einer kristallklaren kleinen Schwingung. Es kommt ohne jede Retusche. Ich notierte mir:

„Empfänglich zu sein bedeutet, das Verlangen und die
Freude zu spüren, dem göttlichen Werk alles zu schenken,
was man hat, was man ist und was man tut."

Das kam als erstes. Dann kam die alte Geschichte, „rein zu sein" – was bedeutet es, rein zu sein? Hier geht es nicht um alle möglichen alten moralischen Ideen, nein.

14. JULI 1965

„Rein zu sein, bedeutet ...

Es herrschte die starke Empfindung von etwas sehr Aktivem: es genügte nicht, passiv zu sein, man mußte sehr aktiv sein.

... jeden anderen Einfluß als den der
höchsten Wahrheits-Liebe abzulehnen."

Wahrheit und Liebe in einem.
Dann kam eine dritte Definition:

„Aufrichtig zu sein bedeutet, sein ganzes Wesen
um den höchsten inneren Willen zu sammeln."

Sein ganzes Wesen um den höchsten inneren Willen sammeln. Dieser höchste Wille war sichtbar wie eine Flamme in Form eines Schwertes; und man läßt nichts geschehen, was nicht DAVON gelenkt wird.

Dann die letzte Definition (es war die letzte, weil man mir mein Frühstück brachte und ich aufhören mußte):

„Ganz sein bedeutet, eine harmonische Synthese
all seiner Möglichkeiten zu bilden."

Es wurde begleitet von der Schwingung, die dies beinhaltete. Das hätte einfach so weitergehen können, es war da, ich wurde aber unterbrochen. Jedenfalls ist das amüsanter, als ihre Geschichten anzuhören.

Und diese Goldader war die Inspiration von alledem?

Ja, es war Licht, kein Gold. Das Licht war wie ein Band *(Geste)*. Man badet darin und fühlt sich sehr wohl.

Was ich hier gerade sagte, ist nichts, es war lediglich das Ende. Dieses Licht vermittelte mir eine klare Sicht dessen, was diese Welt bedarf, die notwendige Transformation in der mentalen Atmosphäre der Erde, damit es zum Beispiel keine Kriege mehr gibt. Dieses „keine Kriege mehr" war eine der Folgen. Jedes Ding war an seinem richtigen Platz im Verhältnis zu allen anderen *(Mutter deutet ein Schachbrett an)*; es war eine so klare Vision, völlig klar in all ihren Beziehungen, in all ihren Positionen, in allem.

Das ist sehr „amüsant".

Ich will damit sagen, es ist ein angenehmer Zeitvertreib. Es vermittelt einem den Eindruck eines sehr klaren Bildes, was alles im Bereich ... nicht eigentlich der Ideen, sondern der psychologischen Reaktionen zu geschehen hat.

Das hängt jedoch nicht von mir ab, ich bemühe mich nicht: es kommt einfach so. Wenn es kommt, dann taucht man mich gleichsam in ein Bad, und ich brauche nur zuzuschauen. Es kommt fix und fertig, ohne Mühe. So befinde ich mich in einem ZUSTAND, in dem sich beispielsweise eine Vision des mentalen Fortschritts auf der Erde präsentiert, der Art, wie sich die menschliche Mentalität organisiert *(dieselbe Geste wie ein Schachbrett).* Das ist sehr interessant, denn die Lebensbedingungen hängen von den gedanklichen Zuständen ab; daraus ersehe ich, wie das Denken geändert werden muß, um das Leben zu ändern *(Mutter deutet Kräfteströmungen auf diesem Schachbrett an).* Ich sitze hier wie in einem Theaterstück, schaue zu, und es läuft ab.

Wenn ich die nötige Ruhe hätte, würde ich es aufschreiben (denn es kommt fertig formuliert), und es könnte von Interesse sein. Es muß dem Bereich der Offenbarungen angehören. Es ist wie ein leuchtendes Band, das vorbeizieht, aber es ist vollständig organisiert. Man muß allerdings die nötige Ruhe haben (die letzte Notiz konnte ich noch schnell hinkritzeln, als man mir das Frühstück brachte, und dann ...) So überragend wichtig ist es allerdings auch wieder nicht: es ist nur interessant, weil es sehr klar und präzise ist und selbstverständlich nicht den Charakter des gewöhnlichen menschlichen Denkens aufweist: es kommt fix und fertig.

In diesem Zustand verhalten sich zum Beispiel alle Zellen und der ganze Körper ruhig – man hat gar keinen Körper, keine Zellen mehr, man ist nicht mehr all diesen Störungen und Reibungen ausgesetzt: all das verschwindet. Es verschwindet, und dieses andere Bewußtsein herrscht vor. Man begreift, daß jemand, der darin verharren könnte, fähig wäre, ewig zu leben. Aber wahrscheinlich ist dies nur bedingt so, da die anderen Anspruch auf ihren eigenen Tätigkeitsbereich haben, sonst wäre der Fortschritt nicht generell. Aber nun, das ist wirklich nicht so wichtig, aber jedenfalls interessant.

*
* *

(Kurz darauf schlägt Satprem Mutter vor, einige kurze Auszüge aus dem so interessanten letzten Gespräch über die Krankheiten in den Notizen auf dem Weg zu veröffentlichen, einer neuen Rubrik im Ashram-Bulletin, die auf Satprems Drängen hin entstanden war. Er wollte nämlich, daß sich der Ashram Mutters Erfahrungsschatz ein wenig zunutze mache, und wenn auch nur ein paar Tropfen davon. Genau diese Notizen auf dem Weg wurden nach Mutters Hinscheiden von den Machthabern des Ashrams kurzentschlossen in „Mutters Agenda" umgetauft, in

der Hoffnung, den Titel zu stehlen, die Gemüter zu verwirren und um jeden Preis die vollständige Veröffentlichung der wahren Agenda zu verhindern, die sie als „nicht-authentisch" zu erklären wagten, so sehr fürchteten sie Mutters klare Aussagen über ihre nähere Umgebung und den Ashram im allgemeinen. Satprem erinnert sich, wie sehr er auf Mutter eindringen mußte, damit sie ihm erlaubte, diese Notizen auf dem Weg zu veröffentlichen. Jetzt versteht er ihre Bedenken besser.)

Ich habe mich gefragt, ob man dieses letzte Gespräch nicht in den nächsten Notizen auf dem Weg verwenden könnte?

Das kann unmöglich veröffentlicht werden. Es gehört in die *Agenda*.

Warum? Würde das eine Revolution unter den Ärzten auslösen?

Oh, ja! Es wäre ein Drama.

Zu schade, daß es nicht veröffentlicht werden kann.

Es ist zu polemisch und außerdem viel zu persönlich. Oh, es würde Geschichten ohne Ende heraufbeschwören und Anlaß zu zahllosen Legenden geben; in Amerika, Afrika, England, überall würden alle möglichen Geschichten über alle möglichen Krankheiten erzählt, die ich angeblich hatte – unmöglich!

Ich kann nichts über mich erzählen, außer vielleicht einen Satz – aber selbst ein Satz, der im *Bulletin* erscheint, würde Scherereien ohne Ende heraufbeschwören.

Ich verstehe, aber es ist schade!

Später, später. Nicht jetzt.

Dieses Problem der Krankheiten bildet nämlich einen wesentlichen Teil dieses Yogas.

Oh, das weiß ich sehr wohl! Ich weiß es, aber nicht jetzt: später.

Die Leute machen zu viele persönliche Geschichten aus dem, was ich sage; weißt du, „Anekdoten über den Guru", wie sie in den Büchern stehen.

Sie sind albern.

Ja, aber *(lachend)* was willst du machen? Sie sind eben albern, das läßt sich nicht so schnell beheben.

Ich stimme mit dir überein, es ist völlig idiotisch, aber ... Ach, wenden wir uns lieber *Savitri* zu!

17. Juli 1965

(Über das letzte Gespräch, in dem Satprem über unangenehme Nächte klagte.)

Ich kann nicht verstehen, warum ich immer nur an diese Seite erinnert werde, immer nur Kloaken und Schlamm ... Schließlich muß es ja auch noch andere Aspekte geben, oder?

(Mutter lacht) Der Grund dafür ist einfach: diese Seite steht dem gewöhnlichen Bewußtsein sehr nahe, deshalb erinnert man sich daran; die andere ... die „Verbindung" zu ihr genügt nicht, und beim Aufwachen vergißt du.

Genau das ist ja das Entmutigende, denn immer erinnert man sich nur an die schlechte Seite, aber nicht an das übrige!

Vielleicht ist das nur, um zu sehen, ob wir uns nicht entmutigen lassen.

Heute morgen war es wieder ...[1]

(Schweigen)

Das muß es sein: um zu sehen, ob wir durchhalten – nicht einmal das: ob unser GLAUBE standhält.

(Schweigen)

Betrachtet man die Frage von einer genügend hohen Warte aus, erkennt man, daß diese Macht der Wahrheit eines Widerhalls bedarf, um sich zu manifestieren, aber ohne dabei eine Vorliebe zu hegen: es ist unwichtig, ob genau dieser oder jener Punkt, dies oder das sie manifestieren wird; sie wirkt so *(Geste eines massiven, allgemeinen Drucks)*, sie setzt sich in der Erdatmosphäre durch, und alles, was

---

1. Mutter sieht „müde" aus.

17. JULI 1965

fähig ist zu antworten, antwortet. Die Kraft manifestiert sich dann an dem Punkt, der antwortet.

Es ist nicht die Kraft, die den Punkt auswählt (ich weiß nicht, ob ich mich verständlich ausdrücke): es ist ein globaler Vorgang, und was immer fähig ist zu antworten, antwortet.

Wir, die wollen, die streben und vielleicht sogar ein Wissen haben, sind irgendwie überzeugt, wir seien dafür bestimmt zu antworten ... Aber es ist keine Frage der Überzeugung: es muß eine Tatsache sein.

Ja, um das zu erreichen ... muß man eben durchhalten.

(Schweigen)

Ich habe im Gegenteil eher den Eindruck, daß diejenigen, die mehr wissen, auch mehr können, und daß deshalb auch mehr von ihnen verlangt wird – man verlangt nicht weniger von ihnen sondern mehr.

Dieser Körper gehört noch fast ausschließlich der alten Schöpfung an. Er neigt dazu zu sagen: „Oh, das ist aber nicht nett! Wir sind so guten Willens, und je mehr wir dies sind, desto mehr wird von uns verlangt." Aber das sind sehr menschliche Vorstellungen, allzu menschlich ... Je mehr wir guten Willens sind, desto mehr wird von uns erwartet – nicht aufgrund irgendeiner Entscheidung, sondern spontan, ganz natürlich.

Wir sprechen von Transformation, sogar von Verwandlung, aber vorher kommt der Übergang von der alten Bewegung zur neuen Bewegung, vom alten Status zum neuen Status, und das bedeutet einen Bruch im Gleichgewicht; und für alles, was noch der alten Schöpfung angehört, bedeutet dies einen gefährlichen Bruch des Gleichgewichts, der immer den Eindruck erweckt, als würde sich einem alles entziehen, als fände man keinen Halt mehr. Gerade hier bedarf es eines unerschütterlichen Glaubens. Kein solcher Glaube wie der mentale Glaube, der autark ist, sondern ein Glaube der Empfindung. Und das *(Mutter schüttelt den Kopf)* ist sehr schwierig.

(Schweigen)

Es ist immer das gleiche. Das alte System des Rückzugs ist relativ leicht: man legt sich hin, bricht alle Verbindungen ab, verharrt in tiefer innerer Versenkung und wartet, bis die Krise vorbeigeht. Das dauert mehr oder weniger lange, man kümmert sich nicht darum. Wenn man aber wie hier von Leuten umgeben ist oder mitten in der Arbeit steckt und Verantwortungen trägt (keine moralischen sondern materielle), kurz, Dinge, die materiell von einem abhängen, dann ... muß man die Möglichkeit finden, ohne die Stütze des gewohnten Gleichgewichts weiterzumachen.

Das ist ein wenig schwierig.

Aber es ist klar, wenn man von sich sagt: „Ich bin um Deinetwillen hier, für Dich und Dir zu Diensten", ja, dann muß es eben auch so sein, das ist alles.

*
* *

(Satprem unternimmt einen weiteren Versuch, Mutter davon zu überzeugen, einige dieser Gespräche in den Notizen auf dem Weg zu veröffentlichen:)

Nein.

Ich hätte sowieso einige Kürzungen vorgenommen.

Oh, aber dies sind mehr als Kürzungen!

Dann muß man eben alles streichen! Gut.

Nein, einige Abschnitte kann man verwenden – vorausgesetzt, sie sind unpersönlich.

Ja, wenn man aber lediglich „Abschnitte" daraus verwendet (was möglich wäre), nimmt es sofort einen dogmatischen Charakter an. Das klingt wie Erklärungen. Wenn man nicht den Anlaß erwähnt, bei dem es gesagt wurde, wird die Äußerung sofort dogmatisch.

Ja, aber ich will das nicht bekanntgeben. Das ist endgültig.

Ich verstehe sehr wohl. Die Gefahr bei diesen Auszügen ist die, daß sie wie eine Lehre wirken: Mutter hat entschieden, daß „es so und so ist" – obgleich das gar nicht der Fall ist.

Ja, ja! *(Mutter will nichts mehr davon hören.)*

*
* *

(Kurz darauf schlägt Satprem vor, E zu bitten, Tonbänder zu kaufen, um diese Gespräche aufzuzeichnen:)

Arme E! Ihr Ehemann hat sie ruiniert!

Sie pflegte ihren Mann, ließ ihn sogar beinahe wiederauferstehen, und kaum hatte er seine Sprache und sein Bewußtsein wiedererlangt, verweigerte er ihr unverzüglich den Unterhalt und verleumdete sie! Als

Dank verkündete er überall, er sei nicht mehr für sie verantwortlich. Ja, „so ist das Leben"[1].

Interessiert es dich, ihren Brief zu lesen?

(Auszug aus einem Brief von E)

„... Immer werde ich mich an den Moment erinnern – er war so lebendig –, als Ihre Kraft sich der Situation bemächtigte und diese Rückkehr zum Leben bewirkte, die selbst der Arzt nicht verstand und die mehrere Wochen anhielt. Darf ich Ihnen diese kleine Geschichte erzählen?
Der Patient wurde von Krämpfen geschüttelt: seine gesamte rechte Körperhälfte verkrampfte sich fürchterlich, er konnte nicht mehr sprechen. Dann trat eine Entspannung ein, und ich erinnere mich, wie ich dachte: „Warum signalisiert das Gehirn dem Körper, sich so zu verkrampfen? Warum nur?" Ich nahm Montys rechte Hand und setzte mich an den Rand des Bettes. Da wurden unsere beiden rechten Arme wie die Stecker einer großen Telefonzentrale – wissen Sie, diese langen Verbindungskabel. Durch diese Telefonverbindung rief ich. Ich rief die göttliche Mutter an; genauer gesagt, ich rief Sie, wenn ich das sagen darf – so wie ich es immer tue. Genau in dem Augenblick erschienen Sie mir, aber nicht wie gewöhnlich über meinem Kopf, sondern über dem Kopf des Patienten. Dieses „Sie" rief ich dreimal: „Mutter", so wie Sie es mich einst gelehrt haben. Das war alles. So einfach. Sie waren in strategischer Position anwesend, und dreimal rief ich Ihren Namen. Plötzlich floß ein gewaltiger Kraftstrom, sozusagen durch diese „Telefonverbindung"; eine gewaltige Kraft durchströmte die ganze lange Distanz von Ihnen bis zum kranken Gehirn dieses kleinen Mannes und bis in diesen rechten Arm hinunter, der ruhig geworden war, worauf sie die ganze Länge meines rechten Armes bis hinauf zu meinem Denkapparat stieg. Ja, und dort breitete sich ein tiefer Friede und ein Wissen aus. Fräulein Carter saß in diesem Augenblick zufällig auf der anderen Seite des Bettes, aber sie bemerkte nicht, daß etwas geschah, obwohl ich einen Moment lang die Augen ruhig geschlossen hielt. Ist das nicht merkwürdig? Jetzt, da ich es Ihnen schreibe, erscheint es mir noch seltsamer. Als es passierte, wirkte es so normal. Es war so normal, daß am

---

[1]. Mutter hatte diesen Fall bereits im Gespräch vom 26. Juni 1965 erwähnt: der von Gehirnkrebs geheilte Mann, der trotzdem nicht an das Eingreifen einer höheren Macht glaubte.

nächsten Morgen jede Spur des Zitterns verschwunden war und der glückliche Kranke seine Sprache wiederfand, zur größten Freude aller Anwesenden ..." (11. Juli 1965)

Was sagst du dazu?

Das ist interessant.

Ich war mir hier dieser ganzen Angelegenheit durchaus bewußt.

Unsere Briefe hatten sich gekreuzt ... Genau an dem Tag, als es dort geschah, hatte ich hier die Erfahrung und spürte den Willen, der wirkte: „Jetzt wird er wieder gesund und wird den Gebrauch der Sprache und des Bewußtseins wiederlangen." Das hielt zwei Tage an und dann, hopp *(Geste einer jähen Unterbrechung)*, hörte es auf.

Das war in jenem Augenblick, als sie dort die Erfahrung hatte, von der du gerade lasest. Einige Tage später erhielt ich ihren ersten Brief, worin sie mir mitteilte, daß er wieder gesund sei und daß seine erste Tat darin bestand, sie bei allen Leuten, deren Vertrauen sie genoß, zu verunglimpfen. Ich schrieb ihr und teilte ihr meine Erfahrung mit, woraufhin sie mir das schrieb, was du gerade gelesen hast.

Und es hörte abrupt auf, verbunden mit dem Gefühl: Nun ist der Beweis erbracht, das genügt. Jetzt ist er wieder ins Koma zurückgefallen[1] – ich glaube nicht, daß er noch lange leben wird ... Wohl gerade lange genug, um einen weiteren Beweis für die menschliche Undankbarkeit abzugeben.

* * *

Satprem steht auf, um zu gehen:

Man muß durchhalten. Uns bleibt auch gar nichts anderes übrig – was können wir denn sonst tun?... *(Lachend)* Ruhig bleiben.

---

1. Der Brief, aus dem obiger Auszug entnommen wurde, enthielt gleichzeitig die Nachricht über einen Rückfall des Patienten.

21. Juli 1965

Es besteht eine kleine Hoffnung, daß dieses materielle Mental, das Mental der Zellen, sich transformiert.

Das ist eine gute Neuigkeit!

Sicher! Ich bin recht erstaunt. Gestern oder vorgestern bemerkte ich es. Es ging mir nicht gut, kurz, es war ziemlich unangenehm, da stieß dieses Mental [der Zellen] plötzlich ein Gebet aus. Ein Gebet ... Du weißt, wie ich früher betete – die *Prières et Méditations* [Gebete und Meditationen] –, damals betete das Mental, es hatte seine Erfahrungen und betete. Jetzt aber ist es die Erfahrung aller Zellen: eine intensive Aspiration, und plötzlich drückt sich all dies in Worten aus.

Ich notierte mir das.

Ja, das ist recht interessant ...

Es war zur Zeit des Abendessens; mich überkam eine Müdigkeit, eine Spannung (das kommt immer) und das Bedürfnis nach mehr Harmonie in der Atmosphäre ... es wird ein wenig unbehaglich; ich saß da, und plötzlich loderte all das wie eine Flamme auf, oh, mit einer solchen Intensität, als stieße dieses Körpermental im Namen des Körpers (der Körper begann, mentalisiert zu werden) ein Gebet aus ... *(Mutter sucht eine Notiz)* Es fühlt sehr stark die Einheit der Materie (ein Gefühl, das seit langem schon äußerst stark ist, das jetzt aber sehr bewußt wird: eine Art Identität); es war beherrscht vom Gefühl der gesamten Materie – der irdischen menschlichen Materie – und es sagte:

„Ich bin unserer Unwürdigkeit müde. Aber nicht
nach Ruhe sehnt sich dieser Körper ...

Das war eine Empfindung in allen Zellen.

... Nicht nach Ruhe sehnt sich dieser Körper,
sondern nach der Glorie Deines Bewußtseins,
der Glorie Deines Lichts, der Glorie Deiner Macht,
und vor allem ...

Hier wurde es noch intensiver:

... nach der Glorie Deiner allmächtigen
und ewigen Liebe."

All diese Worte hatten einen so konkreten Sinn.

Ich notierte mir dies rasch und ließ es dann hier liegen. Aber siehe da, dieses Mental ist wie das andere ... *(Mutter sucht eine zweite Notiz)*, es ist gewissermaßen um Vollkommenheit des Ausdrucks bemüht. Am darauffolgenden Nachmittag, nach meinem Bad (im allgemeinen setzt nach dem Bad eine besondere Aktivität ein), befand es sich wieder in diesem Zustand, und ich mußte mir folgendes notieren (es kam genau wie ein Gebet):

„OM, höchster Herr,
Gott der Güte und der Barmherzigkeit
OM, höchster Herr,
Gott der Liebe und der Glückseligkeit ...

Als es zur „Glückseligkeit" kam, waren alle Zellen wie aufgeplustert davon.

... Ich bin unserer Schwäche müde. Aber nicht nach Ruhe
sehnt sich dieser Körper, er sehnt sich nach der Fülle
Deines Bewußtseins, er sehnt sich nach der Pracht
Deines Lichts, er sehnt sich nach der Majestät Deiner
Macht; vor allem sehnt er sich nach der Glorie Deiner
allmächtigen und ewigen Liebe."

In den Worten liegt ein bestimmter konkreter Inhalt, der nichts mit dem Mental zu tun hat. Es ist etwas Erlebtes – nicht nur gefühlt: erlebt.

Später am Nachmittag war es kein Gebet mehr sondern eine Feststellung *(Mutter sucht eine dritte Notiz)* ... Ich fand, daß es interessant wurde. Es sagte:

„Die anderen Seinszustände ...

Wenn du wüßtest, mit welcher Art von Verachtung, welcher Miene von Überlegenheit es sprach!

„Die anderen Seinszustände, das Vital, das Mental,
mögen sich an teilweisen Kontakten erfreuen ...

Damit sind alle dazwischenliegenden Seinszustände, auch die Götter, die Wesenheiten und all das gemeint. Es sprach mit Kraft und einer Art Würde – ja, Würde, beinahe Stolz, aber kein Hochmut. Es war Edelmut im wahrsten Sinn.

... Allein der höchste Herr kann mich zufriedenstellen."

Plötzlich kristallisierte sich diese Vision in der klaren Erkenntnis, daß nur das äußerst Vollkommene diesen Körper zur vollen Entfaltung bringen kann *(Geste der Verbindung von oben und unten)*.

Ich fand das sehr interessant.

21. JULI 1965

Es ist der Anfang von etwas.

(Schweigen)

Es fing an mit Ekel – einem Ekel ... einem herzzerreißenden Ekel angesichts all dieses Elends, all dieser Schwächen, all dieser Erschöpfung, all dieser Unpäßlichkeiten, diesem ganzen Ächzen und Knirschen, dieser Reibungen, uff!... Es war deshalb so interessant, weil zugleich mit diesem Ekel etwas wie eine Suggestion der Auflösung, des Nichts kam: die Sehnsucht nach dem ewigen Frieden. Doch der Körper fegte all das hinweg, als richtete er sich auf: „He, aber das ist es nicht! Das ist nicht das, was ich will. Ich will ... (und plötzlich brach ein strahlendes Licht durch – ein herrliches goldenes Licht) ... ich will die Pracht Deines Bewußtseins."

Ja, das war eine Erfahrung.

(Schweigen)

Die Reibungen bestehen noch immer ein wenig, aber jedenfalls geht es besser. Vorhin ... Weißt du, sie bedrängen mich zu zweit oder zu dritt auf einmal, sei es mit den Bitten all dieser Leute, mit Arbeit, die getan werden muß, mit Fragen, die beantwortet, oder Schecks, die unterzeichnet werden müssen; das ist eine Arbeit, als ob ... man wird von allen Seiten traktiert wie mit Krallen. Diese Müdigkeit fühle ich jeden Tag, ständig, darum brauche ich vollkommene Ruhe (es ist, als würde man zerkratzt), und ich sah: Es liegt daran, daß die ganze Arbeit, die man diesem Körper aufzwingt, nicht das ist, wonach er sich sehnt – es kommt nicht von oben, sondern von hier, von dem, was mich umgibt – darum knirscht es so, als würde etwas zerrieben. Deshalb appellierte dieses Mental ganz bewußt an die Aspiration der Zellen, an den Gleichmut und die Gelassenheit der Zellen: „Jetzt ist der Augenblick, gelassen zu sein", und sofort trat eine Art ruhige Unbewegtheit ein, es ging besser, und ich konnte bis zum Schluß durchhalten.

Ich habe den Eindruck, als hätte ich einen Zipfel der Lösung zu fassen bekommen[1]. Natürlich muß man jetzt ... *work it out* [es ausarbeiten].

Zumindest besteht Hoffnung.

---

[1] Man kann nicht umhin, an Sri Aurobindos „mathematische Formel" zu denken: „Jetzt", schrieb er im August 1935, „habe ich den Dreh gefunden ... Wie ein wahrer Einstein bin ich nun im Besitz der mathematischen Formel dieser ganzen Angelegenheit (unverständlich für jeden außer mir, wie im Falle Einsteins), und ich arbeite sie aus [*work it out*], Ziffer um Ziffer." Mutter verwendet fast die gleichen Worte.

Ich stand immer unter dem Eindruck dessen, was Sri Aurobindo gesagt hatte: „Dieses Instrument [das physische Mental], taugt nichts, am besten wird man es los ..."[1] Es war sehr schwierig, sich davon zu befreien, denn es war so eng mit dem physischen Körper und seiner gegenwärtigen Form verquickt ... es war schwierig. Als ich es versuchte und sich schließlich ein tieferes Bewußtsein einstellen wollte, kam es zu einem Ohnmachtsanfall. Ich will damit sagen, daß die Vereinigung, die Verschmelzung, die Identifikation mit der höchsten Gegenwart ohne dieses physische Mental, durch seine Auflösung, einen Ohnmachtsanfall hervorrief. Ich wußte nicht, was ich tun sollte. Jetzt, da es mitarbeitet, bewußt mitarbeitet (und wie es scheint, mit großer Empfindsamkeit), werden sich die Dinge vielleicht ändern.

Alles, was mental war ... Ich erinnere mich noch sehr genau an den Zustand, in dem ich mich befand, als ich die *Gebete und Meditationen* schrieb, vor allem jene, die ich hier schrieb (die von 1914): das erscheint mir jetzt alles kalt und trocken ... ja, trocken, leblos. Es ist leuchtend, schön, angenehm, aber kalt und leblos. Hingegen hat diese Aspiration hier [des Mentals der Zellen], oh, eine ganz außergewöhnliche Macht – eine Macht der Verwirklichung. Wenn sich das ordnet, könnte etwas getan werden. Dort liegt eine geballte Kraft.

(Schweigen)

Seit den letzten zwei Nächten drehen sich plötzlich alle morgendlichen Aktivitäten – jene, die sich im Subtilphysischen mit Sri Aurobindo und allen Leuten von hier abspielen – um die Nahrung, aber unter einem völlig andersartigen Aspekt. Dies geschieht immer, um mir Hinweise über Leute und Dinge zu geben. Vorletzte Nacht ereignete sich ein lustiger Vorfall. Wie ihr wißt, befindet sich Mridou, die rundliche Frau, die für Sri Aurobindo kochte, im Subtilphysischen. Als sie starb (ich wußte nicht einmal, daß sie tot war), ging Sri Aurobindo sie in ihrem Haus holen, brachte sie zu mir und legte sie mir vor die Füße: so erfuhr ich, daß sie gestorben war (am nächsten Morgen teilte man es mir dann mit). Zunächst verstand ich nicht, was geschehen war; ich sah Sri Aurobindo in Mridous Haus gehen und wieder herauskommen: *(lachend)* mit so einem kleinen Paket, und er legte es mir zu Füßen. Ich war ganz verblüfft, ich sah, daß es Mridou war und rannte

---

1. Siehe insbesondere Sri Aurobindos *Conversations with Pavitra*, S. 162, vom 20. November 1926. Pavitra klagte über diesen „mechanischen Teil des Mentals, der mich mit sich reißt". Sri Aurobindos Antwort lautete: „Das ist nur eine äußere Funktion, im Laufe des Prozesses wird sie fallengelassen und abgestoßen." Das war 1926. Sri Aurobindo änderte später seine Meinung, vielleicht genau dann, als er seine „mathematische Formel" entdeckte.

Sri Aurobindo nach, um ihn zu fragen: „Aber was soll das bedeuten?" Dann verschwand alles. Am nächsten Morgen teilte man mir mit, daß sie gestorben sei. Nun lebt sie also im Subtilphysischen, und ich sehe sie sehr oft, wirklich sehr oft (sie ist ein wenig besser, als sie physisch war, aber nicht viel intelligenter). Vorletzte Nacht brachte sie mir große Pflaumen (sie waren so groß), ich aß welche und fand sie köstlich. Dann kam Pavitra und schaute sich diese Pflaumen an und sagte mir: „Oh, die darf man nicht essen, die sind doch schimmelig!" Ich erinnerte mich, weil es mich belustigte. Ich schaute und sagte *(lachend):* „Ich sehe keinen Schimmel, und außerdem schmecken sie köstlich." Letzte Nacht war da ein Mann (den ich sehr gut kenne, an dessen Name ich mich aber nicht erinnere), der mir sagte, ich müsse unbedingt Milch trinken. (Seit vielen, vielen Jahren trinke ich keinen Tropfen Milch mehr.) Er zeigte mir die Milch und sagte mir: „Sehen Sie, man muß die Milch mit der Suppe oder mit diesem und jenem mischen." Ich fragte mich: „Sie mal an, warum plötzlich so etwas?" Noch nie habe ich vom Essen geträumt! (Übrigens sind das keine Träume: ich schlafe nicht, sondern bin vollkommen bewußt). Das fing vor zwei Nächten an, zuerst aß ich Pflaumen – so große Pflaumen –, und letzte Nacht sollte ich Milch trinken. Dies war aber so eindringlich, daß ich mich heute morgen einen Augenblick lang fragte, ob ich nicht doch anfangen sollte, Milch zu trinken.

Auch das ist neu.

Die Serie begann mit jener Vision (immer noch im selben Bereich), in der ich versuchte, Tee für Sri Aurobindo zu besorgen und man mir stattdessen Erde mit einem Stück trockenen Brotes gab.[1]

Eine ganze Welt beginnt sich zu öffnen. Wir werden sehen.

Gut. Hast du etwas mitgebracht?...

Es stimmt wirklich, ich habe den Eindruck, die Atmosphäre ist seit ein oder zwei Tagen angenehmer.

Ah!

Ich weiß nicht, ob es an mir persönlich liegt, ja, eine glücklichere Atmosphäre...

Ja, das ist es.

... die weniger knirscht.

Ja, so sollte es eigentlich sein. Wir werden sehen ... Wenn das, was ich wahrnehme, stimmt, dann müßte es in diese Richtung gehen.

---

1. Siehe Gespräch vom 30. Juni, S. 151.

> *Sonst bin ich immer in einer miserablen Laune, wenn es dir „nicht gut geht".*

Ja ... Oh, aber ich sage genau das Gegenteil, mein Kind! *(Lachend)* Ich wollte nicht unhöflich sein, aber eigentlich wollte ich dir sagen: „Verflixt nochmal, welch schlechte Laune du hast, das macht mich ganz krank!" *(Lachen)*

Es ist wahr, es geht weder in diese noch in die andere Richtung *(Geste von Mutter zu Satprem und von Satprem zu Mutter):* alles ist eins. Deshalb sagte ich nichts. Wir sind es zwar gewohnt, so vorzugehen *(Geste vom einen zum anderen)*, aber das entspricht nicht der Wahrheit, so ist es nicht: es ist ein Ganzes, das in jedem einzelnen seinen eigenen Ausdruck annimmt.

Gut.

*
* *

Kurz darauf über Savitri, den Dialog mit dem Tod:

Er sagte, er wolle diesen ganzen Abschnitt neu schreiben, was er aber nie tat. Als man ihn fragte *(ich weiß nicht, ob es Nirod oder Purani war)*, sagte er: „Nein, später."

Er wußte in jenem Augenblick bereits, daß es kein „später" geben würde. Er wußte es schon damals.

„Nein, später."

Ich weiß nicht ...

*
* *

Satprem steht auf, um zu gehen:

Man sollte also besser nicht schlecht gelaunt sein. *(Lachend)* Du wirst mir sagen, man sollte nicht krank sein ... Gut, gut.

24. Juli 1965

(Satprem hatte Mutter geschrieben, um sie zu fragen, was ein Traum bedeute, in dem sein Bruder plötzlich eintrat, um ihm den Tod seines Sohnes mitzuteilen, ein sehr lebendiger Traum. Durch den emotionalen Schock wachte Satprem auf.)

Ich habe deinen Brief erhalten ... Ich denke nicht, daß der Traum eine Vorahnung ist. Hast du keine Nachrichten von Frankreich? Wenn etwas passiert wäre, hätte er dir bestimmt ein Telegramm geschickt.

Das ist nicht sicher ... Aber was für eine Konstruktion oder Vorstellung ist es denn?

Ich will es dir sagen.

Vor drei Tagen hatte ich eine ähnliche Erfahrung – ich will dir sagen, worin die Ähnlichkeit besteht.

Zuerst einmal, wie ich dir letztes Mal sagte, beginnt sich dieses physische Mental zu transformieren. Vor drei oder vier Tagen, jedenfalls vor unserem letzten Gespräch, wachte ich zu früher Stunde plötzlich inmitten einer Art Vision und Aktivität dieses besagten physischen Mentals auf. Das war ganz und gar ungewöhnlich für mich. Ich befand mich hier in diesem Zimmer, genauso wie es physisch ist, als jemand (ich glaube, es war Champaklal) plötzlich die Tür öffnete und sagte: *„Oh, I am bringing bad news"* [Oh, ich bringe eine schlechte Nachricht]. Ich hörte den Ton physisch, das bedeutet, daß es dem physischen Bereich sehr nahestand. *„He has fallen and broken his head"* [er ist gefallen und hat sich den Schädel gebrochen]. Aber es war, als spreche er von meinem Bruder (der schon seit langem tot ist), und während der Aktivität sagte ich mir: „Aber mein Bruder ist doch schon lange tot!" Dadurch entstand eine gewisse Spannung *(Geste zu den Schläfen hin)*, weil ... Es ist ein wenig kompliziert zu erklären. Als Champaklal mir die Nachricht brachte, befand ich mich in meinem üblichen Bewußtsein, und ich fragte mich sofort: „Wie kommt es, daß der Schutz nicht wirkte?" In dieser Betrachtung tauchte eine Art ferne Erinnerung auf, daß mein Bruder ja tot ist. Ich schaute (es ist schwierig, das mit Worten zu erklären, es ist sehr komplex). Ich schaute in Champaklals Gedanken, um zu sehen, von wem er sprechen wollte, wer eigentlich gefallen war und sich den Schädel gebrochen hatte. Ich sah den Kopf von A. All das bewirkte eine Spannung *(gleiche Geste zu den Schläfen)*. Da erwachte ich und schaute. Ich sah: Dies war eine Erfahrung, um mich klar erkennen zu lassen, daß dieses materielle Mental die Katastrophen LIEBT („liebt" ist ironisch gemeint), es liebt sie, zieht sie an und fabriziert sie sogar, weil es den emotionalen Schock braucht, um seine Unbewußtheit wachzurütteln. Alles, was unbewußt und träge ist, bedarf heftiger Gefühle, um wachgerüttelt zu werden. Dieses Bedürfnis ruft eine Art morbide Anziehung oder Einbildung dieser Dinge hervor – ständig stellt es sich alle möglichen Katastrophen vor oder öffnet schlechten Suggestionen oder bösen Wesenheiten Tür und Tor, die sich dann einen Spaß daraus machen, die Möglichkeit für genau diese Katastrophen zu schaffen.

Ich sah dies sehr deutlich, es war ein Teil der Sadhana dieses materiellen Mentals. Ich bot all das dem Herrn dar und dachte nicht mehr daran. Als ich dann deinen Brief erhielt, sagte ich mir: „Genau dasselbe!" Dasselbe ungesunde Verlangen eben dieses physischen Mentals, das den heftigen Schock der Gefühle und Katastrophen sucht, um sein Tamas [Trägheit] aufzurütteln. Bei A's angeblichem Schädelbruch wartete ich sogar noch zwei Tage und sagte mir: „Wir werden ja sehen, ob es vielleicht doch wahr ist." Aber nichts geschah, er brach sich nicht den Schädel! Auch in deinem Fall sagte ich mir: „Ich rühre mich nicht, bis ich Nachricht erhalte", denn es mag vorkommen (einmal unter einer Million Fällen), daß es wahr ist, darum sage ich nichts. Aber heute morgen schaute ich erneut und sah, daß es genau dasselbe war: Es ist der nötige Entwicklungsprozeß, damit wir uns der „wundervollen" Funktion dieses Mentals bewußt werden.

Oh, ja! Beim kleinsten Kratzer macht sich sofort etwas im Wesen bemerkbar, das schreckliche Krankheiten vorhersieht – augenblicklich.

Ja, genau. Aber Sri Aurobindo sagte mir dies schon. Ich hatte ihn des öfteren gefragt, warum die Leute (die äußerlich, bewußt, eher die angenehmen Dinge und günstigen Ereignisse lieben) sich ständig unangenehme Dinge und sogar schreckliche Katastrophen anziehen. Ich kenne Frauen (auch Männer, aber weniger), die ihre Zeit damit verbringen, sich das Schlimmste vorzustellen: sie haben Kinder – so stellen sie sich vor, jedem könnten die schlimmsten Katastrophen zustoßen; jemand fährt Auto – oh, der Wagen könnte einen Unfall haben; man nimmt den Zug – der Zug könnte entgleisen und so weiter. So ist das. Sri Aurobindo erklärte das ausgezeichnet: All diese Teile des Wesens sind schrecklich träge, und erst die Heftigkeit des Schocks erweckt etwas in ihnen. Das ist der Grund, warum sie diese Dinge geradezu instinktiv anziehen ... Das Vital der Chinesen zum Beispiel ist extrem träge, und ihre Physis ist unempfindlich: ihr Empfinden ist völlig stumpf – so erfanden sie die furchtbarsten Foltern; sie benötigen nämlich etwas Extremes, um überhaupt fühlen zu können, sonst fühlen sie nichts. Ein Chinese hier hatte eine Art Milzbrand, glaube ich, mitten auf dem Rücken (offenbar eine im allgemeinen äußerst empfindliche Stelle), aber wegen seines Herzens konnte man ihm keine Narkose geben, um ihn zu operieren, und so war man etwas besorgt. Man operierte ihn ohne Narkose – er war wach, rührte sich nicht, schrie nicht, sagte nichts, man bewunderte seinen Mut; schließlich fragte man ihn, was er gefühlt habe: „Oh ja, ich fühlte, wie es am Rücken ein wenig kratzte." So ist das. Genau dies führt zur Notwendigkeit von Katastrophen, unerwarteten Katastrophen: die Sache, die den Schock bewirkt, um einen wachzurütteln.

Was du hier von den morbiden und krankhaften Vorstellungen sagst, habe ich mir vor kurzem selbst gedacht: im Nu ist die Einbildung katastrophal.

Ja, schrecklich.

Lange, lange Zeit bestand die ganze Arbeit darin, das zu heilen: das ständig zu ändern.

Gewöhnlich spielen sich meine nächtlichen Aktivitäten nie im Materiellen ab, sondern immer im Subtilphysischen, sozusagen dem dichtesten Teil. Ich habe wohl kaum ein halbes Dutzend Visionen in meinem Leben gehabt, die von solch materieller Wirklichkeit waren: ich sah das Zimmer, so wie es ist, und hörte klar den Klang von Champaklals Stimme. Da verstand ich, daß es sich um einen Traum des physischen Mentals handelte, das aktiv war, und daß es im Grunde darum ging, mir diese morbide Anziehung zu verdeutlichen ... Die Tür öffnete sich abrupt, der Mann trat ein und sagte mir *(Mutter nimmt einen dramatischen Ton an):* „*I am bringing very bad news*" [ich bringe eine sehr schlechte Nachricht], dazu diese gespannte Atmosphäre, und dann: „*He has fallen down and broken his head*" [er ist gestürzt und hat sich den Schädel gebrochen]. Daraufhin versuchte ich herauszufinden, wer dieser *he* [er] eigentlich war ... und nach und nach usw.

In dieser Bemühung um vollkommenen Gleichmut stoße ich nichts sofort zurück, indem ich mir sage: „Nein, das ist nicht möglich." Man muß allen Dingen still und ruhig gegenübertreten. Ich blieb still und ruhig und sagte mir: „Wir werden sehen, ich werde zwei Tage warten, und falls er sich wirklich den Schädel gebrochen hat *(lachend)*, werde ich es ja erfahren!" Natürlich geschah nichts. Auch als ich deinen Brief erhielt, hatte ich denselben Eindruck, aber ich sagte mir: „Wir werden ja sehen ..." Ich schaute und sah nichts. Ich schaute durch deinen Brief und deine Worte hindurch und sah nichts. Ich hatte den Eindruck, daß dieses selbe physische Mental mit einer Formation in Verbindung gebracht worden war – einer eher bösartigen Formation, wie das ja die Gewohnheit des physischen Mentals ist.

Jetzt, da ich bemüht bin, meine Seinsweise zu korrigieren, merke ich, worum es hier geht ... Es ist wirklich ekelhaft. Unaufhörlich dreht das seine Runden, und immer so pessimistische wie nur möglich. Wie du sagst, beim kleinsten Schmerz: „Oh, ist das womöglich Krebs?"

Zigmal am Tag kann man sich dabei ertappen.

Ja, ja. Dieser Zustand ist fast konstant.

Aber dieses physische Mental bemüht sich jetzt selber, ihm ist endlich ein Licht aufgegangen; es versteht, daß sein Treiben nicht besonders lobenswert ist, und es versucht, sich zu ändern. Ist das erst einmal erkannt, geht es ziemlich schnell. Das Schwierige ist nur, daß die meisten unserer materiellen Bewegungen mechanisch ablaufen, wir kümmern uns nicht darum, das ist der Grund, warum sie immer so bleiben, wie sie sind. Aber seit einiger Zeit habe ich mir angewöhnt, mich damit zu befassen. Das ist nicht amüsant, aber man muß es tun, um das zu korrigieren.

Dies bedeutet eine ständige, ständige Arbeit, in allen Bereichen. Es ist sehr merkwürdig: beim Essen denkt es, die Nahrung sei vergiftet oder schwer verdaulich, dies und jenes, und überhaupt werde gar nichts funktionieren; geht man zu Bett, taucht sofort die Suggestion auf, man werde eine unruhige Nacht verbringen, sich nicht ausruhen können und schlecht träumen; spricht man mit jemandem, plagt einen erneut die Suggestion, man hätte nicht gesagt, was gesagt werden muß, oder womöglich könnte es ihn verletzt haben; schreibt man etwas, scheint es nie das Richtige zu sein. Fürchterlich, einfach fürchterlich.

Das muß sich ändern.

Sri Aurobindo sagte mir, bei den Indern sei dies nicht so ausgeprägt wie bei den Europäern, weil die Europäer sehr stark auf die Materie konzentriert und viel mehr an sie gebunden sind.

Nun ja ...

Dieses Gebet, von dem ich dir das letzte Mal erzählte, kam nachher; nicht unmittelbar danach, aber einen Tag später. Es war, als ob durch diese Erfahrung im physischen Mental und die klare Erkenntnis seiner Natur ein gewisser Fortschritt erzielt worden sei.

Den Hinweis über die Unwahrheit dieses Bewußtseins und seiner Aktivitäten erhielt ich, als ich mich so bemühte, mich daran zu erinnern, daß mein Bruder ja schon vor Jahren gestorben war; da sah ich die Kluft zwischen meinem wahren Bewußtsein und dem Bewußtsein, das ich in diesem Traum hatte. Ich erkannte die Falschheit dieses Bewußtseins. Für mich war das ein sehr klarer Hinweis. Statt des ruhigen und friedlichen Bewußtseins, das einer Wellenbewegung gleicht – einer Wellenbewegung aus Licht, die immer so verläuft *(Geste gewaltiger Flügel im Unendlichen)*, wie eine sehr weite und friedliche Bewußtseinsregung, die sehr ruhig der universellen Bewegung folgt –, war da eine Verkrampfung *(Geste zu den Schläfen hin)*, hart wie Holz oder Eisen, ja, so verkrampft und angespannt!... Da sah ich, wie falsch dies war. Das zeigte mir das genaue Ausmaß.

(langes Schweigen)

In den letzten Tagen hatte ich sehr stark den Eindruck, daß ... Ich weiß nicht, ob du dich erinnerst (warst du überhaupt schon geboren?), als Émile Zola sagte: „Die Wahrheit ist auf dem Vormarsch." Nein, da warst du noch nicht am Leben. Er sagte dem Kriegsgericht seine vier Wahrheiten, und es gab einen Riesenaufruhr, man legte ihm nahe, Frankreich zu verlassen, weil man ihn sonst ins Gefängnis gesteckt hätte. In England angekommen, sagte er: „Das spielt keine Rolle, die Wahrheit ist auf dem Vormarsch." Ich erinnere mich noch an den Eindruck – ich war noch jung, aber immerhin schon zwanzigjährig ... Unser Altersunterschied beträgt mehr als zwanzig Jahre, wie alt bist du? Vierzig?

Einundvierzig.

Ja, ein Unterschied von vierzig Jahren – mehr als das, 45 Jahre ... Ich war zwanzig, und diese Geschichte machte einen starken Eindruck auf mich. Erst kürzlich fiel mir das wieder ein, angesichts dieser katastrophalen und defätistischen Gewohnheit. Ich kannte sie schon lange, aber bisher schien sie sich völlig meiner Kontrolle zu entziehen; jetzt ist sie unter Kontrolle. Nicht nur das, sondern sie wird auch abgelehnt und willentlich zurückgewiesen[1]. Das war damit gemeint, als es hieß: „Ich bin unserer Unwürdigkeit müde."

Die Schlußfolgerung lautet: Die Wahrheit ist auf dem Vormarsch.

(Schweigen)

Es gibt viel zu tun, sehr viel. Aber es kann relativ schnell gehen. Wenn man beobachtet, merkt man, daß es am meisten Zeit braucht, sich darüber klarzuwerden, was geändert werden muß, und den bewußten Kontakt herzustellen, der die Änderung ermöglicht. Das dauert am längsten. Die Änderung selbst ... Es kommt zwar zu Rückfällen, aber sie verlieren weitgehend an Intensität. Alles hängt ab von der Menge

---

1. Vom Mental des Körpers selbst.

der Unbewußtheit und Tamas [Trägheit], die im Wesen steckt. Je mehr das abnimmt, desto stärker die Erfahrung.

*
* *

Mutter geht über zur Übersetzung von Savitri, dem Dialog mit dem Tod:

... Vom universellen Gesichtspunkt aus gesehen, wurde gerade aufgrund dieser Trägheit, dieser Unbewußtheit, die Existenz des Todes notwendig – die „Existenz" des Todes!

28. Juli 1965

(Satprem schlägt vor, den Text einer Antwort von Mutter an ein Kind im Rahmen der Zitate des Bulletins zu veröffentlichen. Mutter scheint aber nicht das geringste Interesse dafür aufzubringen:)

Diese Dinge sind in dem Augenblick, wo sie kommen, sehr stark und besitzen eine transformierende Kraft – diese übt Druck auf die Materie aus. Sobald sie ihre Arbeit getan hat, ist es vorbei – es wird *ad acta* gelegt und landet in irgendeiner Ecke. Es hat keine Bedeutung mehr.
Das sind Aktionen.
Es sind keine Gedanken, sondern Aktionen. Ist die Aktion erst einmal getan, ist Schluß. Wir wollen doch nicht wieder über das reden, was bereits erledigt ist, nein!

*
* *

Später

Und sonst, geht es dir gut? Nicht so besonders?

Doch, physisch geht es.

28. JULI 1965

Ja, so ist es ... Ganz offensichtlich will man, daß wir so wie dieser Herr sind, der alles konfrontiert, ohne je zu ermüden¹. Das ist offensichtlich. Denn sobald etwas zu jammern anfängt, sehe ich den Herrn lächeln, ich sehe sein Lächeln (nicht seinen Kopf, für mich hat er keinen Kopf!), aber ich sehe sein Lächeln, und er scheint zu sagen: „Schon wieder!... Steckst du noch immer darin?"

Man findet ständig Entschuldigungen, aber das ist idiotisch.

(Schweigen)

Ein ruhiger und beharrlicher Wille, der sich von nichts beeinträchtigen läßt, egal was kommt – das ist im Grunde, was von uns erwartet wird ...

– „Ach, welch kindische Reaktionen! Das Leben ist nun mal so. Es ist so und wird so bleiben, bis es sich ändert."

– „Oh, mir reicht's!"

– „Du sagst: »Mir reicht's?« Aber das will ja heißen, daß du für nichts zu gebrauchen bist."

Deshalb behält man sein Gejammer besser für sich.

Die Beispiele kommen auf so präzise Art und Weise, um einem zu zeigen: „Siehst du, wenn man so ist, sind auch die äußeren Dinge so *(Geste in die falsche Richtung)*; und wenn man so ist *(Geste in die richtige Richtung)*, ordnen sich auch die äußeren Dinge entsprechend."

Man braucht sich nur an den Ohren zu ziehen und zu sagen: „Das ist ja noch immer die gleiche Dummheit."

Ich weiß nicht, ob man mich versteht, ich jedenfalls verstehe mich.
(Mutter lacht)

---

1. „Im Yoga wie im Leben wird derjenige, der bis zum Schluß unermüdlich durchhält, trotz aller Niederlagen und Enttäuschungen, trotz aller feindlichen Mächte und widrigen Ereignisse, letztendlich siegen und seinen Glauben gerechtfertigt finden, denn für die Seele und die Shakti im Menschen ist nichts unmöglich." *(The Synthesis of Yoga*, XXI.745)

31. Juli 1965

Ich habe ein Problem, das ich dir unterbreiten wollte.

Welches Problem?

Ein praktisches Problem, kein Problem des Yogas. Es handelt sich um Italien, um N und die Veröffentlichung des Buches über Sri Aurobindo [Das Abenteuer des Bewußtseins]. N übersetzte es und gab es seinem Freund S, damit er sich um die Veröffentlichung in Italien kümmere. S besuchte einen Verleger, der das Buch auf französisch zu lesen wünschte und es interessant fand. Nun tauchte die Frage auf (ich weiß nicht, ob es eine Anregung des Verlegers oder von S ist), ob man nicht zuerst ein Buch von Sri Aurobindo veröffentlichen sollte, wie zum Beispiel den „Wegweiser des Yogas".

Der existiert nicht!

Doch, denn für die „Grundlagen des Yogas" wurden Auszüge aus Briefen verwendet, und nachher wurde das unter dem Titel „Wegweiser des Yogas" zusammengefaßt.

Das ist eine Kompilation von M für Anfänger.

Das meine ich.

Sie ist nicht besonders gelungen. *(Lachend)* Es ist wie „*English without Tears*"! [„Englisch lernen ohne Tränen".]

Mir scheint es ziemlich beschränkt zu sein.

Dieses kleine Buch ist ganz unten *(Geste auf den Boden)*.
Es ist schwierig, ein Buch zusammenzustellen, das eine Vorstellung von Sri Aurobindo vermittelt.

Weil man immer nur einen einzigen kleinen Aspekt auswählt.

Vor allem wird die Auswahl von der Idee geprägt sein, es müsse „leicht verständlich" sein. Gestern erlebte ich ein Beispiel dafür, als ich mit einer Holländerin sprach: ich erklärte ihr den Unterschied zwischen der alten Spiritualität, die die Materie ablehnte, ihr vollkommen zu entfliehen suchte, und der neuen Spiritualität, der Spiritualität von morgen, die sich der Materie annimmt, sie meistert und transformiert. Weißt du, für mich ist das ganz einfach – doch sie hat nichts verstanden.

Sobald man den Geisteszustand annimmt, der es einem erlaubt, den Leuten das zu sagen, was sie verstehen können, entstellt man alles.

Es ist gewissermaßen eine taktische Frage, Italien betreffend. Weil dort noch nichts von Sri Aurobindo veröffentlicht wurde, wäre es aus taktischen Gründen nicht besser, anfangs ein Werk, irgendein kleines Werk von Sri Aurobindo zu veröffentlichen, und erst dann dieses Buch?

Aber das ist kein Werk! Dieser „Wegweiser des Yogas" ist kein Werk! Sri Aurobindo sagte die Dinge nie auf diese Art. Genau das entstellt ihn sofort.

Es wäre gut, wenn ein Buch von ihm bereitstünde, denn nachdem die Leute deines gelesen haben, werden sie Sri Aurobindo lesen wollen – der Meinung bin ich auch, etwas muß bereitliegen, aber nicht dieser „Wegweiser" ...

Ihre Idee ist, etwas vor der Herausgabe meines Buches zu veröffentlichen.

Nein, genau umgekehrt! Genau umgekehrt. Ich weiß nicht, das hieße, den Gaul beim Schwanz aufzäumen. Es sei denn, die Italiener laufen auf dem Kopf mit den Beinen in der Luft ... Schon möglich.

Wenn man vor der Herausgabe deines Buches der Öffentlichkeit etwas zeigen möchte, sollte es eine Art biographische und bibliographische Aufstellung sein: Sri Aurobindo wurde dort und dort geboren usw., mit einer Liste seiner Werke, der Anzahl der geschriebenen Bände. Das, ja. Das wäre eine gute Einführung. Eine bibliographische Notiz – kein kleines Buch, das alles entstellt. Eine einigermaßen vollständige bibliographische Notiz, etwas Massives! *(Mutter lacht)*

Jedenfalls kannst du N in meinem Namen ausrichten, daß ich die Sache so sehe: eine Art vollständige biographische und bibliographische Notiz, die ihnen sagt: „Dies ist der Herr, von dem Satprem spricht." Man könnte diese gleichzeitig mit dem Buch veröffentlichen oder in den Zeitungen, um das Buch anzukündigen (das ist eine praktische Frage, je nachdem, was ihrem Geschmack entspricht).

Welches Buch denn?

Dein Buch, als Einführung für dein Buch. Danach – nachdem die Leute das Buch gelesen haben –, falls sie fragen: „Ach, wir würden so gerne lesen, was Sri Aurobindo selber geschrieben hat!", wird man anfangen müssen zu übersetzen.

Aber ich glaube, N ist dabei, *Die Synthese* zu übersetzen?

197

Er sagte mir, er habe dich diesbezüglich gefragt.

Aber das ist abgemacht. Ich dachte, er hätte seine Arbeit längst begonnen.

Für ernsthafte Leute ist *Die Synthese* und *Das Göttliche Leben* das Richtige.

Sage ihm also: eine biographische und bibliographische Notiz, „wörterbuchartig", gleich einem Hammerschlag – das ist das beste!

Um mein Buch anzukündigen.

Ja, als Einführung für das Buch.

Und danach: Übersetzungen.

Danach müßte man sehen, wie die Leser reagieren. Er kann sofort mit *Der Synthese* beginnen – *Die Synthese* und *Das Göttliche Leben* sind die beiden wichtigsten Werke.

Ja, keine kleinen Bücher, die entstellen.

Oh ja, Zitate entstellen.

Als wir ein „kleines Buch" brauchten, übersetzten wir *The Mother*, „Die Mutter", aber dieses berührt vor allem Indien, denn hier verehren sie die göttliche Mutter; aber woanders hat das nicht die gleiche Bedeutung. Obwohl ein Mann wie T, ein waschechter Amerikaner, von dem Buch *Die Mutter* am meisten berührt wurde. Für ihn war das eine Offenbarung, denn es enthielt alle möglichen Dinge, die er nicht verstanden hatte, und hier verstand er sie.

Was jetzt die Italiener angeht, ihre geistige Haltung ist sehr vom Kult der Jungfrau geprägt, sehr, und sie könnten über diesen Zugang verstehen (diejenigen, die intelligent sind und das Symbol hinter der Geschichte sehen). Da war ein Papst (nicht der letzte, auch nicht der vorletzte, sondern der drittletzte[1]), der bemerkenswerte Dinge leistete, weil er eine Beziehung zur Jungfrau hatte. Er war ein Verehrer der Jungfrau, und das brachte ihn wirklich auf den richtigen Weg. Ich glaube also, wenn sie sich ein kleines Buch wünschen (ein kleines Buch, das man in die Tasche stecken kann – sie haben Angst vor dicken Büchern, die Leute haben keine Zeit) ... in diesem kleinen Buch *Die Mutter* ist viel, sehr viel enthalten. Allerdings kann kaum jemand außer den Indern den Teil über die „Vier Aspekte der Mutter" nachempfinden. Die Leute mit einer christlichen Erziehung *(lachend)* könnte es ordentlich erschrecken. Aber dieses Kapitel kann man ja weglassen.

---

1. Pius XII.

31. JULI 1965

Das Buch wurde aus Briefen zusammengestellt, so ist jeder Teil ein Ganzes. Es ist keineswegs ein zusammenhängender Text: man ordnete ihn gemäß Sri Aurobindos Anweisungen so an. Aber das letzte (und übrigens größte) Kapitel war vor allem für Indien bestimmt. Das kann man auch weglassen.

Du kannst N also ausrichten: eine biographische, wörterbuchartige Notiz, um die Herausgabe deines Buches anzukündigen.

August

4. August 1965

*(Beim Einordnen von Mutters alten Notizen stößt
Satprem auf folgenden Text:)*

„Höre immer auf das, was der Herr der Wahrheit
dir zu sagen hat, und laß dich in deinem Tun
von ihm führen."

Das ist gut.

*Ich frage mich oft ... Man sagt doch, man solle das Handeln
dem Herrn überlassen, aber muß man ihm denn nicht ein wenig
behilflich sein?*

(Mutter lacht) Gewiß kann er Hilfe gebrauchen!
Nein, das klingt wie ein Scherz, aber in Wirklichkeit WILL Er, daß man ihm hilft. Er will, daß wir ihm helfen, er möchte keineswegs, daß wir passiv und träge bleiben.
Er will, daß man ihm hilft.

*Wenn man nämlich reglos in den Höhen verharrt, erscheint mir
alles weiß, aber ein Weiß, in dem nichts geschieht.*

Doch, es ist wunderbar! Aber vorausgesetzt, man lebt nicht in der Welt, sondern hat sich in eine Berghöhle oder in den Wald zurückgezogen. Denn im Leben der Welt kommen ständig all die Forderungen, Anwandlungen, Impulse und Wünsche der Umwelt auf einen zu, und wenn man passiv ist, wirken sie auf einen ein. Um sich davor zu schützen, muß man aktiv bleiben – dem Herrn helfen.
Aber diese Notiz war für jemanden bestimmt, der es nötig hatte, dies zu hören. Das sind keine – das sind NIE universelle Dinge, die auf jeden zutreffen.

Ich finde es schwierig, die Grenzlinie zu ziehen ...

Ja, ja!

*... zwischen dem persönlichen Eingreifen des Willens, der etwas
tun möchte, und dem, was, wie mir scheint, in vollkommener
Stille kommen sollte.*

Ich bin jetzt in einem Zustand, wo ... Ich höre Ihn nicht, aber ich nehme Ihn auf ganz konkrete Weise wahr: „Tue. Tue dies, tue das, tue jenes!..." So ...

Ja, das bräuchte man.

Sonst fragt man sich die ganze Zeit, ob es das Richtige ist. Aber nun ist es so geworden: „Tue!" Und wenn nichts kommt, tue ich nichts. Aber ich habe festgestellt, daß es kommt, wenn es notwendig ist, und zwar ständig, sogar nachts. Sogar im „Schlaf" wird es so: „Tue dies, tue das!..." – nicht in Worten, aber sehr deutlich, man kann sich nicht irren.

Es hat lange, lange gedauert, bis es so weit war. Aber den Zustand, von dem du sprichst, in dem man sich ständig Fragen stellt, kannte ich jahrelang ... Denn, wie ich dir sagte, um vollkommen weiß und reglos zu sein, muß man von der Welt zurückgezogen leben, darf niemanden sehen, nichts tun; dann kann man klar erkennen. Wenn man aber in der Welt lebt und ständig all diese Suggestionen auf einen zukommen, muß man das einsetzen, was man den „persönlichen" Willen nennt, solange man nicht einen sehr präzisen Befehl erhält.

Aber meine Aspiration war, immer das Richtige zu empfangen. Und es kommt, von einem bestimmten Punkt an kommt es sehr klar – für alles, selbst für die belanglosesten Dinge des täglichen Lebens: „Tue das und das und das!..."

Ja, genau das braucht man.

Aber ich muß sagen, es ist das Ergebnis einer jahrelangen Anstrengung – nicht Anstrengung sondern Wachsamkeit. Wachsamkeit: nie vergessen, daß man nur DAS will, und daß die andere Art nur eine vorübergehende Notlösung ist.

Jedenfalls ist gewiß (Sri Aurobindo schrieb dies irgendwo, ich habe es erst vor zwei oder drei Tagen gelesen), ganz gewiß, daß der Herr keine Automaten will, die Er antreibt. Das ist nicht das, was Er will: Er wünscht eine bewußte Zusammenarbeit. Allerdings kommt dann der Punkt, wo das Gefühl, eine Person zu sein, wirklich verschwindet; man fährt zwar fort „ich" zu sagen, denn wie soll man sich sonst ausdrücken? Aber wenn man „ich" sagt, hat man das Gefühl (nicht den Gedanken, das Denken dauert zu lange), eine Art Empfindung eines höheren Willens, der sich hier, an diesem Ort mit diesen Mitteln manifestiert.

Das kommt erst nach Jahren.

*
* *

Kurz darauf, eine andere Notiz betreffend:

„Es mag jedoch sein, daß sie sich teilweise und vorübergehend in einem Individuum manifestiert hat, wie ein Versprechen und ein Beispiel ..."

Das ist eine Antwort an jemanden, der mich fragte, ob sich die supramentale Kraft schon vorher auf der Erde manifestiert habe.

* * *

(Gegen Ende des Gesprächs teilt Satprem Mutter mit, daß er einen Brief vom Krankenhaus in Vellore erhalten habe, worin man ihn fragt, wann er sich wieder untersuchen lassen wolle.)

Wirst du ihnen antworten?

... Oh, nein! Nie wieder kehre ich dorthin zurück. Dieser Ort ist für mich wie die Erinnerung an einen Albtraum.

Ich verstehe!

Es war schlimmer als im Krankenhaus von Pondicherry.

Oh! Hier war es abscheulich.

Ja, es war abscheulich, aber hier kam ich mir nicht krank vor. Dort dagegen hatte ich das Gefühl, krank zu sein[1].

Im Moment, wo man ein Krankenhaus betritt, ist man krank!

Das ist es, genau das habe ich schon immer gesagt. So ist die medizinische Atmosphäre. Jules Romain sagte: „Der gesunde Mensch ist nur ein Kranker, der nicht weiß, daß er krank ist." Man ist *von vornherein* krank – es bleibt dabei, man ist krank, und wenn sie nicht sofort finden, was man hat, dann nur deshalb, weil man sein Leiden gut zu verstecken weiß!

Aber ich hatte so viele kleine interessante Erfahrungen dieser Art. Etwas, was hier und da im Körper nicht stimmte, eine Kleinigkeit. Solange man es nicht beachtet – vor allem solange man mit niemandem darüber spricht – und es dem Herrn übergibt (zum Beispiel wenn es weh tut), dann geht alles gut, man ist nicht krank: da ist nur „irgendwo eine Störung". Sobald man aber unglücklicherweise zu irgend jemandem ein Wort darüber verliert, insbesondere dem Arzt gegenüber, wer

---

[1]. Das Krankenhaus von Vellore mit amerikanischen Ärzten war viel besser „in der Krankheit organisiert", wenn man so sagen darf.

immer es auch sei, dann wird es sofort zu einer Krankheit. Und ich weiß warum: Weil die Zellen, die gestört sind, plötzlich den Eindruck haben, sehr wichtig, sehr interessant geworden zu sein. Und da dem so ist, muß man sich noch interessanter machen. Sobald man eine unharmonische Regung spürt, übertreibt man sie – und schon ist sie noch weniger harmonisch und setzt sich noch stärker durch.

Das hört sich an wie ein Scherz, aber es ist wahr. Es ist so, ich weiß es. Ich habe das sehr aufmerksam in meinen Zellen beobachtet. Wenn man ihnen jedoch stattdessen sagt *(Mutter schlägt auf den Arm ihres Sessels):* „Ihr Idioten! Das ist doch gar nicht eure Aufgabe, ihr seid lächerlich", dann halten sie sich still.

Was für eine herrliche Komödie!

Genau so war es mit meinem Auge[1]. Es passierte auch anderweitig (winzige Kleinigkeiten, irgendwo eine Störung, etwas, das sich aus irgendeinem Grund querstellte): Solange man nicht darauf achtet, geht alles seinen gewohnten kleinen Weg; sobald es aber jemand bemerkt oder man es dem Arzt zeigt (ja, vor allem, wenn es der Arzt sieht!), dann wird es zur Krankheit: es bläht sich immer mehr auf: „Oh, ich bin wichtig, man kümmert sich um mich!" Und schon wird die Regung intensiviert. Ein Glück, wenn es dann nicht wirklich ernst wird.

Man muß sofort sagen: „Nein, nein und nochmals NEIN! Du bist auf dem Holzweg, du machst dich nur lächerlich – sei still!" Dann kommt alles wieder in Ordnung.

Das ist sehr interessant.

Der Arzt kristallisiert die Krankheit, er läßt sie konkret und hart werden, und hinterher hat er das Verdienst, sie zu heilen ... falls er kann.

*
* *

(Beim Weggehen legt Satprem seine Stirn auf Mutters Knie und empfängt eine massive Flut von Kraft. Wahrscheinlich sieht er nach dieser „Lawine" ein wenig benommen aus, denn Mutter bemerkt:)

Es kommt so *(Geste Mutters, als ob sie die Materie behämmerte).* Interessant ist aber, daß es direkt von oben kommt, und wenn es die Erdatmosphäre erreicht, sammelt es sämtliche Energien der Erde und schlägt ein *(gleiche Geste).* So ist es jetzt. Ein ziemlich starkes goldenes Licht, das als massive Flut herabsteigt, worauf es die Erdatmosphäre

---

1. Mutter hatte vielfach blutunterlaufene Augen.

berührt, die vitalen Energien der Erde ANZIEHT und sammelt, und dann so macht *(die gleiche Geste mit der Faust)*. Ich sehe es – ich sehe die Sache – sie geht durch meine Arme, meine Hände ... *(Mit einem spitzbübischen Lächeln:)* Fühlst du etwas, oder fühlst du nichts?

Oh ja, ich fühle die Kraft!

(Mutter lacht über Satprems Ton) Um so besser!

Wirklich sehr interessant. Es wird stärker und stärker ... Tag für Tag. Monat für Monat.

(Die Uhr schlägt)

Gut, wir pfeifen auf die Ärzte. Auf Wiedersehen, mein Kind!

7. August 1965

Heute morgen habe ich ein langes Gespräch mit dir geführt. Ich sagte dir viele Dinge. Hast du es gehört?

Nein, nichts.

Heute morgen hatte ich, ja, mindestens eine gute Stunde lang eine Erfahrung: die wahre Haltung und die wahre Rolle des materiellen Mentals – erlebt, nicht erdacht. Erlebt. Sehr interessant. Eine Art ruhige Glückseligkeit ... Es betraf die Beziehung zwischen dem konstanten Zustand und der Tätigkeit, die ununterbrochen von außen kommt und den konstanten Zustand unterbricht (oder die Gewohnheit hat zu unterbrechen, obwohl das nicht sein dürfte). Es gab Beispiele, und das erste davon betraf dich, die Beziehung zu dir und die Mittel, um den „Krankheitszustand" zu überwinden, sodann die volle Entfaltung des Bewußtseins, die Harmonie des gesamten Wesens – wie die neue Verwirklichung alles ändern könnte.

Es dauerte eine gute Stunde. Du hast wohl noch geschlafen: es war zwischen 4 Uhr 30 und 5 Uhr morgens – du schliefst ... *(Mutter lacht schelmisch)* Um so besser, denn so hat es eine größere Wirkung!

Aber nie schwappt etwas auf diese Seite herüber! Das ist schade. Ich bin nicht bewußt.

Du bist bewußter, als du glaubst. Es geht gut.

Aber es war wirklich interessant! Ich verstand, und ich sagte mir: „Wenn das Leben ständig so wird, dann, ja dann ... braucht man sich nicht mehr zu beklagen."

Nicht nur sind die unerfreulichen, unangenehmen Auswirkungen aller Störungen beseitigt (d.h., um es in der Umgangssprache auszudrücken, der Schmerz verschwindet), sondern die Störungen BETEILIGEN SICH sogar bewußt am Fortschritt des Wesens. Das wird phantastisch!

Aber ich habe dir ja gesagt (du siehst, wie es ist!), ich würde nicht darüber sprechen, weil es die Erfahrung unterbricht und ich eine Zeitlang warten muß, bis sie sich wiederholt – sie wiederholt sich nie auf dieselbe Weise. Das heißt, daß meine heutige Erfahrung jetzt abgeschlossen ist. Ich habe darüber gesprochen, sie ist zu Ende. So muß ich zu etwas Besserem übergehen. Wenn man nicht darüber spricht, kann man die Erfahrung einige Zeit aufrechterhalten, bis ihre Wirkung erlischt.

Etwas treibt mich immer-immer-immer zu etwas Neuem voran – einen Schritt weiter. Das ist gut so.

Aber um was ging es? Um eine Aktion des materiellen Mentals?

Um eine Haltung.

Eine Haltung des materiellen Mentals?

Ja, eine Haltung, aber ... ach, weder eine gewollte noch koordinierte Haltung, nichts von alledem: es hatte einfach verstanden.
Es verstand zu schweigen und zu handeln.
Schweigen und handeln.
Oh, wie schön das war!

(Schweigen)

Jedesmal, wenn ich es ausdrücke, rückt es weiter in die Vergangenheit zurück.

Ach, ich glaube, wir sollten uns *Savitri* zuwenden! *(Mutter schaut Satprem an:)* Sag, hast du eine Frage?

Nein, ich hatte keine Frage, ich war nur mit dem beschäftigt, was du gerade sagtest.

Es folgte einer langen Kurve ... Es begann mit einem tiefen Ekel vor der gewöhnlichen Aktivität [des materiellen Mentals]; ich fing an (nicht jetzt: vor einigen Wochen), alle seine gewohnten und fast automatischen Aktivitäten zu erwischen – ich habe dir schon oft erzählt, wie hoffnungslos und pessimistisch es immer ist und sich ständig in alles einmischt, mürrisch, unzufrieden, ohne Glauben und Vertrauen … Selbst wenn es gerade fröhlich und zufrieden gestimmt ist, kommt etwas dazwischen und sagt: „Ach, hör auf, du wirst ja sowieso wieder eine Ohrfeige abbekommen!" Solche Dinge. Es dauerte Wochen, eine ständige, ununterbrochene Arbeit … und immer endete es als Darbringung. Schließlich machte sich ein Fortschritt bemerkbar, als … Nein, erst muß ich erzählen, was vorher geschah. Zunächst wurde das Japa, das Mantra, als eine Disziplin aufgefaßt; dann ging der Zustand der Disziplin über in einen Zustand der Zufriedenheit (aber immer noch verbunden mit dem Gefühl einer zu erfüllenden Pflicht); dann verwandelte es sich in einen Zustand ständiger Zufriedenheit mit dem Wunsch (nicht „Wunsch", sondern ein Wille oder eine Aspiration), daß es öfter, beständiger, ausschließlicher werden sollte. Es entstand eine Art Widerwille und Ablehnung gegenüber allem, was stören will, vermischt mit einem Pflichtgefühl gegenüber der Arbeit, den Leuten usw., kurz, ein einziger Brei und ein Riesendurcheinander. Und es endete immer damit, daß es dem Höchsten dargeboten wurde, mit der Aspiration, daß es sich ändere. Ein langer Entwicklungsprozeß.

Vor kurzem hat sich nun eine Art Wille zum Gleichmut gegenüber denjenigen Aktivitäten entwickelt, die nur als Folge der Hingabe und des Gehorsams zum höchsten Willen unterstützt und akzeptiert worden waren. Plötzlich wurden sie zu etwas sehr Positivem, verbunden mit einem Gefühl der Freiheit und Spontaneität und einem beginnenden Verstehen, in welcher Haltung die Aktion getan werden muß. All das entwickelte sich nur allmählich. Und heute morgen kam dann diese Erfahrung.

(Schweigen)

Man kann es so ausdrücken: die Fähigkeit zu schweigen und nur unter dem Impuls von oben einzugreifen.

Nur dann eingreifen, wenn man für jede Handlung, die zu tun ist, durch die höchste Weisheit bewegt wird.

Daraus ergab sich die genaue Bedeutung der Nützlichkeit des materiellen Mentals; denn immer war da im Hintergrund meines Bewußtseins der Satz von Sri Aurobindo, daß es ein unmögliches Instrument sei und man es wahrscheinlich loswerden müsse. Es bestand fort. Ich sah, daß es immer noch da war: Trotz aller Kritik, aller Darbringung, allen Ekels, sogar aller Zurückweisung blieb dieses materielle Mental bestehen. Allerdings hat es sich sehr allmählich gewandelt, wobei jetzt, mit der Erfahrung des Aussetzens seiner automatischen Aktivität, der erste Schritt getan ist, ein Schritt auf dem Weg zur Transformation.

Das war die Erfahrung von heute morgen.

Ich behaupte nicht, daß es endgültig sei, weit entfernt davon, aber es ist viel mehr unter Kontrolle. Seine Aktivität wurde vielleicht für ein oder zwei Stunden aufgehoben, ich erinnere mich nicht, jedenfalls ist sie nicht mehr so mechanisch. Weißt du, diese mentale Stille, in der alles völlig aufhört *(unbewegte, horizontale Geste)*, läßt sich jetzt auch mit diesem materiellen Mental erreichen – völlig still, nach oben gewandt.

Das ist ein Anfang, erst ein Anfang.

Aber es ist eine Gewißheit. Auch wenn es nur einige Minuten lang angehalten hätte, haben wir dennoch die Gewißheit, daß es so sein wird – und es dauerte viel länger als nur einige Minuten. Infolgedessen wird das materielle Mental mittransformiert.

Das gibt eine ungeheure Kraft. Wenn es aufhört, kann die Schwingung der Liebe sich in ihrer ganzen Fülle manifestieren.

Das war heute morgen in einer solchen Glorie zu sehen.

Das ist für später.

*
* *

(Gegen Ende des Gesprächs fragte Satprem Mutter um Rat, da er ein zweites Mal aufgefordert worden war, einen Artikel für eine Zeitschrift zu schreiben.)

Weißt du, daß man mich gebeten hat, einen Artikel zu schreiben?

Ja. Wirst du es tun?

Sag du es mir. Ich weiß nicht.

Das erste Mal verhinderte ich es; ich ließ ihren Vorschlag nicht einmal an dich herankommen. Dann kam dieser Brief von M, den man mir vorlas, und statt an dich zu denken, dachte ich an die Leute und sagte mir, daß es für sie gewiß sehr gut wäre. Deshalb ließ ich es durch.

Ja, ich fühlte, daß du es durchließest, denn es fing an, sich in meinem Kopf festzusetzen – es gibt mir jedenfalls ziemlich zu denken!

Sie wollen „persönliche Reminiszenzen".

„Wie und warum ich von Sri Aurobindo eingenommen wurde."

Weißt du es?

Ja, aber ich habe es mir nie mental zu erklären versucht.

Nein, nein, ich frage dich, ob du es WEISST.
Und sie verlangen mehrere Seiten ...

Zwölf!

Zwölf Seiten ... Ich würde ihnen einen einzigen Satz sagen, und damit basta.

Wie würde denn dein Satz lauten?

„Weil es der Wahrheit meines Wesens entsprach."
Oder dem Gesetz – man kann sagen „der Wahrheit" oder „dem Gesetz".

Diese Fragen sind wirklich idiotisch. Sie fragen einen nur das, was der Kopf glaubte oder sich vorstellte – das ist sinnlos.

Man könnte auch sagen (das würden sie allerdings als Frechheit auffassen): „Weil es sein sollte." Aber die wirkliche Antwort lautet: „Weil es dem Gesetz meines Wesens entsprach." Ich bin auf die Erde gekommen, um ihm und dem, was er repräsentiert, zu begegnen, und weil ich dafür kam, hat es mich natürlich gepackt – ich habe es ergriffen, es hat mich ergriffen, basta. Man kann viele Phrasen dreschen!

Aber sie verstehen nur mentales Geschwätz.

Wenn du willst, schlage ich dir etwas vor (sie werden damit nicht zufrieden sein, aber es wird ihnen guttun!), du sagst ihnen: „Auf Ihre Frage kann ich nur folgendes antworten, mehr nicht." Und das werden ein oder zwei Sätze sein, eine halbe Seite, das ist alles. So brauchst du nicht nein zu sagen und beugst dich gleichzeitig nicht ihrer ignoranten Beharrlichkeit.

Ich hatte nicht die Absicht, dir all dies zu sagen, aber so jedenfalls sehe ich das Problem. Seitenlang darüber zu schreiben, wäre bloßes Geschwätz (natürlich wird ihre ganze Ausgabe bloßes Geschwätz sein[1], aber das ist kein Grund, es ihnen gleichzutun). Zudem ist es eine gute Lektion: man zeigt seinen guten Willen – „Gut, ich sage euch jetzt die Wahrheit; wenn es nicht das ist, was ihr erwartet, habt ihr eben Pech gehabt."

Wenn sie nur etwas Verstand haben, werden sie es veröffentlichen. Und wenn sie es veröffentlichen, wird es für alle gut sein ... Ich habe dir noch nicht die folgende kleine Geschichte erzählt, die deinem Fall gleicht: Die *Illustrated Weekly* stellte vor ungefähr zwei Jahren Fragen über die Lage Indiens, und sie wollten, daß man ihren Fragebogen so knapp wie möglich beantworte. Also antwortete ich mit einem, zwei oder drei Worten, denn man kann die Dinge in sehr wenigen Worten

---
1. Es handelt sich um eine Sri Aurobindo gewidmete Sonderausgabe.

sagen[1]. Sie druckten es eingerahmt mitten unter den Antworten der Leute, die lange Spalten füllten. Wie es schien, hatte dies eine größere Wirkung als alles übrige. Sie sagten sich: „Das gab uns allen zu denken." Bei dir wird es genauso sein, wenn du den Mut hast, nur das Notwendige zu sagen: das Ganze so genau wie möglich.

Wenn sie den Mut haben, es zu veröffentlichen, wird es viel Gutes bewirken.[2]

Es geht nicht um eine Kürzung, sondern darum, nur das Wesentliche zu sagen, das Wesentliche hinter allem zu erfassen und es zu sagen.

Mach das, es wird interessant sein!

Sri Aurobindo freut sich.

*
* *

Anhang

Die Lage Indiens

Mutter antwortet

*(Fragebogen der Illustrated Weekly of India
Sonderausgabe zum Nationalfeiertag 1964)*

1. Wenn man Sie bitten würde, Ihre Vision von Indien in einem einzigen Satz zusammenzufassen, wie würde Ihre Antwort lauten?

Die wahre Bestimmung Indiens ist die, der Guru der Welt zu sein.

2. Wenn man Sie bitten würde, die Realität, so wie Sie sie sehen, in einem Satz zu beschreiben, wie würde dieser lauten?

Die gegenwärtige Realität ist eine große Lüge, ... die eine ewige Wahrheit verdeckt.

3. Welches sind Ihrer Meinung nach die drei größten Hindernisse, die zwischen der Vision und der Realität stehen?

Unwissenheit, Angst, Lüge.

---

1. Siehe den Text von Mutters Antwort im Anhang.
2. Der Artikel wird im Anhang wiedergegeben.

4. Sind Sie zufrieden mit dem allgemeinen Fortschritt, den Indien seit der Unabhängigkeit gemacht hat? (Antworten Sie mit ja oder nein.)

Nein.

5. Was ist unsere herausragendste Leistung in der jüngsten Geschichte? Warum betrachten Sie diese als so bedeutend?

Das Erwachen zur Notwendigkeit der Wahrheit – denn ohne Wahrheit gibt es keine wahre Freiheit.

6. Können Sie uns auch unser traurigstes Scheitern nennen? Warum erachten Sie dieses als so tragisch?

Die Unaufrichtigkeit. Weil die Unaufrichtigkeit zum Untergang führt.

(12. November 1963)

*
* *

„Warum Sri Aurobindo?"

(Ein Artikel von Satprem)

An einem Dezembermorgen vor fast zwanzig Jahren war ein Jugendlicher auf dem Bahnsteig des Pariser Nordbahnhofes im Begriff abzureisen nach ... egal wohin, solange es nur möglichst weit weg und abenteuerlich genug war – zuerst einmal nach Südamerika. Unter der riesigen, tonnenschweren Bahnhofsuhr, die ihm ebenso schwer erschien wie die westliche Zeit, wiederholte dieser Jugendliche in seinem Herzen immer wieder ein seltsames Mantra: *Sri Aurobindo-Mauthausen.* Allein diese beiden Worte waren ihm geblieben, um zu leben und zu gehen. Hinter ihm lag eine unter den österreichischen Wachtürmen für immer untergegangene Welt. Aber die Wachtürme hätten ebensogut am Boulevard Montparnasse stehen können, es war dieselbe Sache; ein anderer Scheinwerfer hatte die Szenerie vollständig durchdrungen. In diesem einen Wort lag die ganze Kraft eines Menschen, der den Toten entronnen war. Dann dieser Name, der keinen genauen Sinn ergab, *Sri Aurobindo*, aber natürlich spricht ein „Sesam öffne dich" nie zum Kopf – es öffnet einfach die Tür. In diesem Mantra lag die ganze Kraft eines Menschen, der eine einzige kleine wahre Sache zum Leben benötigt.

Denn wir können unseren Geist unterhalten, solange wir wollen: die Bibliotheken sind voll; wir können alle möglichen Erklärungen der Welt sammeln, aber nichts werden wir getan haben, keinen Schritt werden wir vorankommen, solange wir nicht die geheime Triebfeder hinter den Verzierungen des Geistes berührt haben. Denn die Wahrheit ist nicht das, was uns zum Denken bringt, sondern das, was uns zum Gehen bewegt.

Wohin? Wir wissen alle, wohin wir letztlich gehen. Es ist nicht größer als zwei mal zwei Meter, nachdem wir gewisse Sprößlinge gezeugt haben, die das tun werden, was wir und die Väter unserer Väter schon getan haben, mit einigen technischen Verbesserungen und auch mit sehr viel Fernsehen, aber ohne die einzige Vision, die alles ändert. Denn wir haben nichts in der Welt geändert, solange wir uns nicht innen ändern.

Das ist der Grund, warum die Mystiker uns mit dem Paradies vertrösten, und die Realisten mit dem Sankt-Nimmerleins-Tag der vollkommenen Gesellschaft samt automatischer Freizeitgestaltung.

Sri Aurobindo öffnet eine Tür in dieser Welt, die an ihren materiellen oder himmlischen Exzessen erstickt. Als erstes sagt er uns, daß es etwas zu entdecken gibt und daß wir reich sind, viel reicher als alles, was wir uns mit unserem Kopf vorstellen können – wir sind wie Bettler, die auf einer Goldmine sitzen. Aber man muß in die Mine hinabsteigen. Und er sagt uns, daß wir die Macht haben, wenn wir nur rein genug sind, sie zu entdecken. Die Macht über den Tod und über das Leben und über die Materie, denn der Geist ist in uns, und hier unten will er siegen:

Des Himmels Eingriff erfüllt unsre Erde, er hebt sie nicht auf.[1]

Und er sagt, daß wir nicht fertige Menschen sind, nur weil wir ein paar Raketen und geistige Pyramiden erfunden haben. Ein noch größeres Abenteuer erwartet uns, göttlich und übermenschlich, wenn wir nur den Mut haben, uns auf den Weg zu machen.

Er gibt uns auch die Mittel dazu.

Denn „Sri Aurobindo repräsentiert keine Lehre, nicht einmal eine Offenbarung in der Geschichte der Welt – sondern eine Aktion"[2]. Sri Aurobindo ist kein Denker oder Weiser, auch nicht ein Mystiker oder ein Träumer. Er ist eine Kraft der Zukunft, die die Gegenwart ergreift und uns führt zum:

---

1. *Savitri*, dt. Ausgabe XII.733
2. Die Mutter

7. AUGUST 1965

Wunder, für das unser Leben erschaffen wurde [1]

OM

Satprem
Pondicherry, 11. August 1965

P.S. Vielleicht liegt eine gewisse Überheblichkeit darin zu sagen: „Warum Sri Aurobindo? – Aus diesem oder jenem Grund"; das ist immer noch unser Mental, das sich der Dinge bemächtigen will, um sie zu etikettieren, als ob ohne seine „Klarstellungen" nichts existieren könnte. Dennoch sind die wirkungsvollsten Ereignisse unseres Lebens jene, die wir uns nicht erklären können, denn ihre Kraft arbeitet weiter in uns, ohne durch EINE Erklärung erstarrt zu sein – es gibt viele weitere Erklärungsebenen, auch jene, die nichts sagt, sondern still in der Tiefe ruht wie ein ewig ruhiges Wasser, klar wie der Blick eines Kindes. Vielleicht ist es noch überheblicher zu sagen, Sri Aurobindo sei dies und nicht das – er ist dies und das und vieles andere dazu, er ist mit dem Ja und dem Nein, dem Für und Wider und mit allem, was ohne zu wissen sucht, denn alles sucht die Freude, durch das Ja oder das Nein, die Finsternis oder das Licht, langsam und durch alle taumelnden Jahrhunderte hindurch oder mit einem Schlag im alles erhellenden Licht. Von Zeitalter zu Zeitalter richtet sich dieses Licht auf die Erde, um ihr zu helfen, schneller das zu werden, was sie schon immer ist und in ihrem gequälten Herzen sucht. Dieses Licht kleidet sich in das eine oder andere Wort, nimmt ein sanftes oder schreckliches oder ein so weites und mächtiges Antlitz wie das Meer an, das alles umfaßt, aber immer das gleiche ist, und die Seele, die sich in diesem Strahl öffnet, erkennt insgeheim ein Antlitz, das sie viele Male geliebt hat. Von Jahrhundert zu Jahrhundert entdeckt sie sich immer mehr, ein und dasselbe Kind mit gefalteten Händen, das die Welt in Liebe betrachtet.

12. August 1965

---

1. *Savitri*, dt. Ausgabe II.xii.288

14. August 1965

Über die Sekretäre des Ashrams:

... Ich schimpfe jeden Tag mit ihm und sage ihm, daß er meine Zeit vergeudet. Darüber wundert er sich sehr.

Erst gestern war da wieder eine Angelegenheit, die schon völlig abgeschlossen war, ich hatte mit zwei Worten geantwortet (weißt du, in einer Sekunde ist es entschieden; ich sagte ihm: „Das und das ist zu tun – fertig", und dann war es erledigt), er aber fährt fort, mir sämtliche Argumente aller Leute, die schreiben, vorzulesen. Ich sagte ihm: „Aber warum vergeudest du meine ganze Zeit!" Er war so verblüfft, als hätte ich ihm etwas gesagt, das ihm nie in den Sinn gekommen wäre.

Mit ihm wird sogar das Einfache kompliziert.

Ich dachte, es sei nur meine eigene Erfahrung, dies sei nur mir beschert ... Ich glaubte, er habe Skrupel und wolle, daß ich alles erfahre, was die Leute schreiben – aber das ist absurd!

Wenn man mir einen Brief vorliest, dann nehme ich damit Kontakt auf, erfasse einige Worte, und die Sache ist geregelt. Die Entscheidung kommt oder kommt nicht von hier – sie kommt einfach. Und wenn ich die Entscheidung gefaßt habe, dann ist es geregelt. Aber sie fahren alle fort mit dem Vorlesen des Briefes. Ich sage: „Mein Gott, wozu denn? Das sind doch nur Worte und Sätze!"

Für ihn müssen die Dinge Punkt für Punkt ihren Verlauf nehmen, und er fügt noch einige hinzu.

Aber so wird sich die Welt nie ändern!

Seit Jahren überfällt mich jedesmal eine furchtbare Müdigkeit, wenn ich in seine Nähe komme und mit diesen Dingen in Berührung gebracht werde.

Er ermüdet mich schrecklich – ich glaubte, nur mir ginge es so.

Nein, nein!

Als ich noch gute Augen hatte, brauchte ich keine Sekretäre, ich ließ niemanden an meine Sachen rühren, und die Arbeit war in einer Minute getan. Bei einem Brief zum Beispiel sah ich *(Mutter deutet kleine leuchtende Funken an verschiedenen Stellen des Briefes an)*, so wußte ich, daß ich hier lesen sollte, dann da, dann dort. Das geht prima. Ich las nur dann alles, wenn es von jemandem mit einem prägnanten, klaren Geist kam, der auch wirklich etwas zu sagen hatte. Wozu nützt es sonst, wenn man sieht, daß es nur Geschwätz ist?

Für mich ist die Arbeit hundertmal schwieriger geworden, seit ich selbst nicht mehr sehen kann. Was man mir vorliest, geht durch die Gedanken dessen, der liest – im allgemeinen legt sich dann ein Nebel darüber, der mich am Verständnis hindert. Wenn man mir etwas von Sri Aurobindo vorliest, dann verbreiten selbst diejenigen Leute, die ihn verstehen, immer einen Nebel. Manchmal werde ich ungeduldig, nehme eine Lupe und lese, und sobald ich lese, sehe ich *(Geste von etwas, das in die Augen sticht):* „Ach, das ist es!" Dann sehe ich die Angelegenheit sofort, und es ist hell und klar.

Es muß eine große Strafe gewesen sein – ich weiß nicht, wer mich bestraft hat. *(Lachend)* Wahrscheinlich ich selbst, denn ich habe die Augen zu sehr strapaziert. Aber jetzt nimmt die Arbeit mindestens zehnmal mehr Zeit in Anspruch.

(Schweigen)

... Es ist ein wenig abstumpfend.

Nein, ich habe festgestellt, das einzig Anstrengende ist die Zeit. Wenn man bei der Arbeit seinen eigenen ewigen Rhythmus beibehalten könnte, dann wäre alles zum besten bestellt – ob man nun das eine oder das andere tut (man tut immer irgend etwas), hat keine Bedeutung; das Schreckliche ist die ständige Eile – die Leute drängen einen, die Zeit drängt. So ist man gezwungen, mehr Dinge zu tun, als man in dieser Zeit tun sollte, und das ist sehr anstrengend. Ich weiß nicht ... Es ist schwierig.

15. August 1965

(Botschaft zu Sri Aurobindos Geburtstag:)

Eines Tages wird gewiß auch die Welt durch die Liebe vom Tode errettet werden.

Sri Aurobindo

18. August 1965

(Zwei Amerikaner haben Mutter Fotos von einem ehemaligen Schüler gebracht, der in die USA ausgewandert war.)

Erinnerst du dich an C? Er ist dort ein großer Guru mit einer Gruppe geworden, und er scheint die Leute zu hypnotisieren ... Zwei Amerikaner (sehr nette Leute, der eine ist Maler und der andere Bildhauer) sind gerade hier; der eine war in die Klauen von C geraten, und der andere hatte ihn gerettet, indem er ihn fast gewaltsam drei Tage lang physisch von C fernhielt – am dritten Tag war er dann frei (was tatsächlich zu beweisen scheint, daß es sich um einen hypnotischen Einfluß handelt), und er sagte ihm: „Wir reisen nach Pondicherry, Sie brauchen keinen Vermittler zwischen der Mutter und Ihnen." Denn C spielt den großen „Vermittler" zwischen Sri Aurobindo und dem armen Volk.

(Mutter betrachtet die Fotos)

Ach ja, das ist es!
Oh, schau dir das an ...

(Dann liest sie den Brief, der den Fotos beiliegt)

„... Z und ich sind ihm mehrere Male begegnet. Als ich in ihm eine diabolische Bosheit erkannte, brachen wir den Kontakt ab. Ich lege das jetzt in Ihre Hände."

Z lebt mit seinem Freund S im Wald, in einem Blockhaus. Vor einiger Zeit habe ich Fotos davon gesehen. Der Wald ist wunderbar.

Aber, siehst du, ich wußte es ja ...

Er beantragte ein Visum als „Prediger" (!), und es scheint, daß man auf diese Weise unbegrenzt lange bleiben kann. Er muß nicht mehr zurückkehren – das ist ausgezeichnet, ich bin sehr froh, daß er dort ist! Denn die Leute, die von ihm eingenommen sind, folgen nur ihrem Schicksal, sie mußten davon eingenommen werden. Außerdem kann man das Ziel ebensogut mit einem Teufel erreichen wie mit einem Engel – manchmal sogar besser! *(Mutter lacht)*

Aber hier war es sichtbar: ein phantastischer Hochmut und Ehrgeiz, der auf diese Weise enden mußte. Er hat ein häßliches Gesicht, sehr häßlich.

Trotzdem ist es ärgerlich, daß er sich als „Abgesandter" des Ashrams ausgibt.

Ja! Aber ich schrieb sofort an Doktor Sanyal, der meine Antwort an all seine Bekannten weiterleitete.

18. AUGUST 1965

Dieser S *(ein Amerikaner)*, der Freund von C, betet ihn förmlich an – aber das ist sehr gut, es mußte ihm passieren.

Die Amerikaner haben so wenig Unterscheidungsvermögen. Sie stürzen sich auf das erstbeste.

Überhaupt kein Unterscheidungsvermögen.

Er (C) muß etwas haben, ich fühle aber nichts! *(Mutter deutet mit einer Geste etwas Dünnes wie ein Zigarettenpapier an.)* Es ist etwas ohne Kraft. Aber als K in Amerika war, geriet auch sie unter seinen Einfluß. Sie sagte, sie habe wunderbare Meditationen mit ihm gehabt ... Dann schrieb ich ihr, weil er ihr Ratschläge für ihr Leben gab und ihr sagte, was sie tun solle und was nicht; deshalb schrieb sie mir und fragte: „Was soll ich davon halten?" Ich antwortete :"Nichts!" ... Er verbot ihr, in den Ashram zu kommen; er sagte ihr, dies sei nicht der richtig Ort für sie, sie sei eine viel zu große Persönlichkeit, um hierherzukommen. Der Ashram sei gut für Entwicklungsbedürftige, die Betreuung brauchen, wohingegen fähige Leute unabhängig leben müssen.

So nimmt er sie für sich ein.

Aber das ist sehr gut. Es ist komisch.

Wenn man einen solchen Ehrgeiz hat, kann man relativ leicht ein *(subtiles)* Wesen an sich ziehen, das natürlich in einem sehr täuschenden Gewand daherkommt, und dann bildet man sich ein, die Inkarnation einer großen Persönlichkeit zu sein.

Wenn die Leute aufrichtig sind, kann das aber nicht lange anhalten.

* * *

Etwas später

Gestern gab man mir mehr als 200 Fotos zu signieren ...

Das ist nicht vernünftig!

Ach, die Welt ist nicht vernünftig. Sie hat auch nie behauptet, es zu sein. Und dann all diese Leute, die wollen, daß ich ihre Angelegenheiten regle und dazu noch die Angelegenheiten ihrer ganzen Familie bereinige. Sie fragen mich um meine Meinung für alles, was sie beschäftigt, angefangen vom „business" bis zur Heirat ihrer Tochter. Ich antworte nicht mehr, ich sage: „Das geht mich nichts an." – „Oh! Warum denn?" – „Fragen Sie Ihren inneren Ratgeber!" *(Mutter lacht)*

* * *

Satprem schickt sich an wegzugehen:

Geht es dir gesundheitlich gut? Sind die Nächte besser?

Ja, ich werde nicht mehr belästigt, seitdem du diesen Kokon gebildet hast. Wenn du mir aber ein wenig Bewußtsein gäbest, wäre ich sehr froh!

Nein, wenn ich dich jede Nacht sähe, würde ich es dir sagen. Warum kommst du nicht? Ich sehe dich sehr selten.

Ja, warum? Woran liegt das?

Ich glaube, seit einigen Nächten nähere ich mich dem Ort, an den du gehst. Denn seit zwei Nächten habe ich deutlich den Eindruck, daß ich dich durch die Beschäftigung mit diesen Dingen bald sehen werde. Es sind interessante Dinge, aber sehr intellektuell, das ist das Leidige daran!

Was mich betrifft, bin ich mehr am Handeln als am Denken interessiert.

Es gibt Orte (die gewiß interessant sind, ich sage nicht, sie seien uninteressant), wo der präzise Ausdruck der Ideen, die die Welt beherrschen sollen, ausgearbeitet wird. Es geht in diese Richtung. Seit zwei oder drei Nächten gehe ich an diesen Ort. Er erscheint mir ziemlich grau und eintönig, aber ... immerhin mangelt es ihm nicht an einem gewissen Reiz. Mehrere Personen haben dich dort gesehen. Es sind wie große Säle mit riesigen Gängen, und sehr hell – die Atmosphäre ist sehr klar. Dort geht es sehr gewissenhaft zu, ja, eine Arbeit, als seien Tausende von Schreibern eifrig am Werk. Und es ist riesig, riesig – so groß wie die Erde.

Wenn ich dort hingehe, werde ich dich antreffen.

BIN ich denn nichts anderes als das?

Oh, doch! Aber dies ist dein aktives Bewußtsein, mein Kind, nicht dein physisches: das Bewußtsein, das in deinen Träumen bewußt ist ... Jedenfalls ist das besser als deine Ausflüge in der vitalen Welt, viel besser. Denn da mußte ich eingreifen.

Wenn ich dorthin gehe, wird es wahrscheinlich plötzlich eine andere Beschaffenheit annehmen; das wird einen Orkan von Kraft und Licht auslösen *(alles hinwegfegende Geste)*, dann wird es interessant werden.

Dieser Bereich interessiert mich doch gar nicht besonders.

Ich weiß nicht.

Du mußtest jedenfalls um jeden Preis aus dem Vital herausgerissen werden, in dem du heftige Schläge erlittest, das war nicht gut. Hier ist es viel besser. Es ist hell und sehr friedlich. Sehr weiträumig, sehr weit, so als gäbe es keine Wände, keine Mauern.

Ein Glasgefängnis.

Das ist es.

(Spöttisch) Aber ein großes Gefängnis! Es ist nicht klein.

Es kommt. Sei nicht besorgt, es kommt.

Etwas viel Interessanteres: ich spüre im Mantra sehr präzise Schwingungen deines Bewußtseins. Das ist mir aufgefallen, und es ist sehr gut. Sehr präzise und sehr intensive Schwingungen. Folglich werden wir es schaffen. Das ist doch etwas.

Man muß geduldig sein. Ich war sehr geduldig. Man muß geduldig sein.

Das gehört zur notwendigen Gelassenheit.

Denn Gelassenheit und Friede sind UNERLÄSSLICH, damit sich etwas verwirklichen läßt. Und Geduld ist Teil der unentbehrlichen Gelassenheit. Die Nerven sind ein wenig ungeduldig, und das ist schlecht für sie, sehr schlecht.

21. August 1965

(Über ein im letzten „Bulletin" veröffentlichtes Gespräch vom 17. März 1951, in dem Mutter erzählte, daß sie bei ihrer Rückkehr aus Japan Sri Aurobindos Atmosphäre zwei Seemeilen vor Pondicherrys Küste spürte:)

Wie es scheint, haben wir 1958 eine Sache gesagt, während wir jetzt eine andere sagen, nun fragt man mich, was denn stimme. Es betrifft die Atmosphäre Sri Aurobindos, die ich auf dem Meer spürte. 1958 sprach ich von zehn Seemeilen (wahrscheinlich erinnerte ich mich damals besser als jetzt – ich erinnere mich, daß ich mich auf dem Schiff danach erkundigt hatte), und wie es scheint, sagte ich diesmal zwei Seemeilen. Deshalb fragt man ...

Welche Bedeutung hat das schon!

So sind sie nun mal. Es ist idiotisch.

Ja.

Es ist erschlagend. Ich habe geantwortet ...

Du hast geantwortet, daß es neun-komma-acht-sieben-fünf Meilen waren!

(Mutter lacht) Ja, genau!
Das habe ich ihnen nicht gesagt, ich sagte einfach, man habe die Küste noch nicht sehen können (denn daran erinnere mich). Aber jetzt erscheint mir das wie aus einem anderen Leben ...

Was macht das schon aus!

Genau! Das ist idiotisch.
So liest man das, was ich schreibe. Man nimmt eine Lupe und sieht hier einen Fehler, dort einen Fehler ...

(Mutter gibt Satprem eine Rose)

Sie ist schön – viel schöner als die Menschen.

Oh, ja, das ist sicher.

(Mutter gibt Satprem noch eine Blume, „Gebet" genannt) Hier, ein Gebet, auf daß sie sich ändern!
Nein, man sollte nie genaue Angaben machen, dann können sie einen nicht daran aufhängen.

Aber ich finde das so idiotisch!

Ja, sie sind idiotisch – aber es ist nicht ihre Schuld.
Wenn man ihnen sagen würde, dies sei unwichtig, würden sie entgegnen: „Ach, das ist nur eine Ausrede, um den Fehler zu vertuschen!" ...

*
* *

Mutter wirkt müde. Sie verharrt lange in sich versunken und beginnt dann zu sprechen:

Am 15. August war Sri Aurobindo hier auf dem Balkon. Er kam und ging mit mir hinaus. Ich habe niemandem etwas davon gesagt, absolut niemandem. Hier lebt ein Mädchen, das jetzt fünfzehn Jahre alt ist, man hielt sie für eine schlechte Schülerin, unpünktlich, eigenwillig (es war bereits die Rede davon, sie hinauszuwerfen), aber ich ließ sie an ihrem Geburtstag kommen und fand sie gut. Sie schrieb mir vor zwei oder drei Tagen, daß sie am 15. August, am Tag des Darshans, Sri Aurobindo zu meiner Rechten gesehen habe. Sie fragte mich *(lachend)*: „Stimmt das?"

Das amüsierte mich sehr. Ich sagte mir: „So werden hier also moralische Urteile über die Schüler gefällt."

Aber jetzt sehe ich die Kinder nicht mehr; vorher sah ich sie jeden Tag oder jedenfalls regelmäßig einmal im Monat. Als ich noch auf den Sportplatz ging, sah ich sie jeden Tag. Aber jetzt nicht mehr, außer ab und zu an ihren Geburtstagen.

Das interessiert mich jedenfalls. Vielleicht haben andere es auch gesehen und mir nichts gesagt. Aber sie schrieb mir: „Ich sah Sri Aurobindo neben Dir stehen, stimmt das?"

(Schweigen)

Seit dem 15. ist eine ganze Vorbereitungsarbeit für die Transformation im Gange ... Wie könnte man das nennen?... Eine Machtübertragung.

Die Zellen, das ganze materielle Bewußtsein, gehorchten bis jetzt dem individuellen inneren Bewußtsein – meistens dem psychischen Bewußtsein oder dem mentalen (doch das Mental ist schon seit langem still). Aber jetzt fängt dieses materielle Mental an, sich wie das andere zu organisieren, oder eher wie alle anderen, wie das Mental aller Wesenszustände. Stell dir vor, es will lernen! Es lernt Dinge und verarbeitet das gewöhnliche Wissen der materiellen Welt. Zum Beispiel habe ich festgestellt, daß es, wenn ich schreibe, sorgfältig bemüht ist, keine Fehler zu machen; und wenn es etwas nicht weiß, dann erkundigt es sich, es lernt, es schaut im Lexikon nach, oder es fragt. Das ist sehr interessant. Es möchte wissen. Weißt du, die ganze Erinnerung, die aus dem mentalen Wissen stammt, ist schon lange, lange verschwunden, und ich empfing die Anweisungen nur noch so *(Geste von oben)*. Aber jetzt baut sich eine Art Gedächtnis von unten her auf, mit der Sorgfalt eines lernenden Kindes, das wißbegierig ist und keine Fehler machen will – das sich seiner Unwissenheit voll bewußt ist und das wissen möchte. Das wirklich Interessante daran ist: obwohl es weiß, daß Dinge wie Rechtschreibung usw. völlig ... nicht nur relativ, sondern eine bloße Frage der Übereinkunft sind, ist es wie ein Instrument, das keine Fehler duldet, wie eine Maschine, die perfekt sein will.

Dieses Erwachen hat erst vor kurzem begonnen. Es war wie ein Umschwung des Bewußtseins.

Und nachts bringt das sehr seltsame Tätigkeiten mit sich: eine ganz neue Art, die Leute und die Dinge zu sehen, zu fühlen und zu beobachten. Letzte Nacht zum Beispiel hatte ich mehr als zwei Stunden lang eine klare Vision – eine aktive Vision (das heißt, durch die Handlung) –, wie das menschliche Bewußtsein die einfachsten Dinge kompliziert und schwierig macht. Es war phantastisch, ganz und gar phantastisch. Dieses Bewußtsein wurde spontan durch die göttliche Gegenwart geleitet, aber es folgte den menschlichen Regungen der anderen mit einer klaren Wahrnehmung der zunächst einfachen Sache und der Art, wie diese dann kompliziert wird. Es war symbolisch, bildhaft; eine bildhafte Aktivität in dem Sinne, daß sie nicht rein materiell, physisch war, so wie wir sie hier kennen, sondern in einer symbolischen, bildhaften Physis (auf einer Ebene, wo die materielle Welt wie Lehm gestaltet wird). Das war sehr interessant.

Es war aber eine sehr intensive Transformation im Gange, und ... (wie soll ich sagen?) Es ist wie eine Verschiebung des leitenden Willens. Materiell, physisch herrschte ein Staunen und ein Verlangen, sich mit der neuen Richtung zu identifizieren – gar nicht so leicht. Es ist auch schwierig, das zu erklären ... Es ist nicht mehr das, was einen früher veranlaßte zu handeln – „handeln", weißt du, alles: sich bewegen, gehen, egal was. Das Zentrum ist nicht mehr dasselbe. Und wenn man aus Gewohnheit versucht, sich an das alte Zentrum zu klammern, oh, dann entsteht ein Riesendurcheinander! Man muß sehr vorsichtig sein, damit nicht die alte Gewohnheit zum Ausdruck kommt.

Es ist schwierig auszudrücken. Es liegt noch zu sehr auf der Ebene des Handelns.

*
* *

(Mutter macht sich an die Übersetzung von Savitri. Ein oder zweimal stellt sie fest, daß sie nichts hört, wenn Satprem zu ihr spricht.)

... Das ist ein sehr merkwürdiges Phänomen. Es gibt Momente, da sehe ich mit einer viel größeren Präzision als gewöhnlich, so wie ich noch nie zuvor gesehen habe; dann gibt es Momente, wo es mir vorkommt, als läge eine dicke Nebelschicht zwischen mir und der Welt. Ich sehe zwar ... (ich WEISS die Dinge eher, als daß ich sie sehe), und es ist wie eine Sicht durch einen Schleier hindurch.

Mit dem Hören ist es das gleiche. Manchmal ist der leiseste Laut ganz klar zu hören; aber der Ton ist nicht hier *(im Ohr)*, sondern ... irgendwo *(Geste um den Kopf herum oder darüber)*. In anderen

Momenten höre ich überhaupt nichts mehr. Lange lag es an den Leuten, der Stunde oder den Orten – dich zum Beispiel hörte ich immer sehr gut. Aber jetzt ist das auch nicht mehr so, sondern ... Heute morgen hatte ich, ja, wie eine dicke Nebelschicht zwischen mir und der Welt, als ich aufstand und aus all dem heraustrat – oh, zwei Stunden lang in einer überaus schrecklichen Aktivität (die aber gleichzeitig äußerst interessant war, in der viele Leute und phantastische Dinge vorkamen).

Nachts zuvor verbrachte ich zwei Stunden mit Sri Aurobindo ... Wir saßen, ohne wirklich zu sitzen (das ist etwas Merkwürdiges, aber so konkret). Wir waren damit beschäftigt, Sätze zu korrigieren, das heißt, Ausdrücke zu präzisieren[1]. Er hielt sogar einen Bleistift oder Federhalter zwischen den Lippen, wie ein Kind, fast mit dem Gesicht eines Kindes (ich hatte ihn gerade etwas gefragt), und nach einer Weile sagte er mir: *„No, you put it like that"* ... [Nein, drücke es so aus.] Hinterher fragte ich mich: „Ja, aber wie saßen wir eigentlich?" Da waren keine Stühle, auch standen wir nicht, und dennoch war es sehr bequem!

Dem Denken hier in diesem Gehirn fällt es schwer, sich anzupassen.

Denn seit zwei Tagen (ich will damit sagen, seit zwei Tagen ohne Unterbruch) war ich von der brennenden Frage erfüllt: „Wie wird die neue Welt sein, wenn sie hier Materie geworden ist? Wie wird diese neue Welt sein ...?" Das hat mich so sehr nach „innen" gezogen, daß ich ... ich war nicht weit weg, aber da war diese dicke Nebelschicht zwischen mir und der Welt, so wie sie ist.

Das war auch heute noch so.

(Schweigen)

Heute morgen zum Beispiel hatten die Zellen des Körpers, d.h. die Form des Körpers, mehrmals die Erfahrung, daß es von einer gewissen Haltung abhängt, ob sie zusammenbleiben oder sich auflösen (ich weiß nicht wie lange, aber es war nicht bloß flüchtig: vielleicht eine halbe Stunde lang) – von einer Haltung oder einem Willen (ein wenig von beidem). Und verbunden mit der Wahrnehmung dessen, was uns veranlaßt, uns zu bewegen, zu handeln, zu wissen; diese Wahrnehmung war manchmal fast doppelt, gleichzeitig: die alte Art wie eine Erinnerung und die neue Art wie etwas Erlebtes, in dem es selbstverständlich überhaupt keinen Grund gibt, sich aufzulösen, außer man

---

1. Erinnern wir uns an das letzte Gespräch (vom 18. August), wo Mutter von gläsernen Sälen, groß wie die Erde, sprach. Interessanterweise war Satprem seit mehreren Wochen in die Durchsicht der französischen Übersetzung der *Synthese des Yoga* vertieft.

entschließt sich dafür – es hat keinen Sinn, es ist etwas Sinnloses: warum sich auflösen?

Gestern war es ein wenig so, und heute morgen kam es sehr stark.

Wenn man in dem Augenblick, wo man zurückfällt ... Genauer gesagt: Wenn man in dem Augenblick, wo das alte Bewußtsein wieder an die Oberfläche tritt, nicht sehr wachsam ist, führt es normalerweise zu einem Ohnmachtsanfall.

Es dauerte ... oh, lange, die ganze Zeit zwischen fünf Uhr und Viertel vor sechs.

Das vermittelt einem GLEICHZEITIG ein Gefühl der Unwirklichkeit des Lebens und einer Wirklichkeit, die man als ewig bezeichnen könnte[1]: Der Tod hat keinen Sinn, er bedeutet nichts. Es ist lediglich eine Frage der Wahl. Eine sinnlose Auflösung, die keine Daseinsberechtigung hat, eine reine Laune der Natur.

Die ganze alte Art zu sehen, zu fühlen, wahrzunehmen, verbleibt wie eine dicke Schicht, eine Nebelschicht, die den Kontakt verschleiert und trübt.

Jetzt habe ich wieder mein normales Bewußtsein zurückgewonnen, deshalb kann ich es ausdrücken; sonst wäre es schwierig. Der Kontrast oder der Widerspruch ist quälend, schmerzhaft. Beide sind unzufrieden: das Alte hat das Gefühl, ohnmächtig zu werden, und das Neue beschwert sich, weil man es nicht in Ruhe läßt. Wenn man sich in einem der beiden Zustände befindet, dann geht es, wenn aber beide zusammen bestehen, ist es nicht sehr angenehm. Es herrscht eine Unsicherheit: Man weiß nicht genau, wo man ist, ob man hier oder dort steht, man weiß es nicht genau.

Nun ja.

Auch wird die Dummheit der Leute und der Dinge grausam, denn schon im gewöhnlichen Bewußtsein haben all diese Dinge für mich keinen Sinn. Wenn man aber gezwungen ist, zwei fast gegensätzliche Zustände gleichzeitig beizubehalten (ein Übergangsstadium) und obendrein noch mit einer Flut von Dummheiten überschüttet wird, dann ist das nicht gerade angenehm.

Das ist wie dieser „Monsieur" *(der Tod in Savitri)*, er gibt solche Dummheiten von sich!

---

1. Mutter zögerte beim Sprechen: das gesuchte Wort war eigentlich „unsterblich" und nicht ewig – eine „unsterbliche Realität" (siehe nachfolgendes Gespräch vom 28. August).

25. August 1965

(Mutter liest einen Abschnitt aus Sri Aurobindos Essays über die Gita vor, den sie im nächsten Bulletin veröffentlichen will:)

„Es kann keinen wahren Frieden geben, solange das Herz des Menschen keinen Frieden verdient: Das Gesetz Vishnus [des Gottes der Liebe] kann nicht siegen, solange die Schuld gegenüber Rudra [dem Gott der Zerstörung] nicht beglichen ist. Sich also abwenden und einer noch unentwickelten Menschheit das Gesetz der Liebe und Einheit predigen? Lehrer des Gesetzes der Liebe und der Einheit muß es gewiß geben, denn die letztliche Rettung wird auf diese Weise zustandekommen. Solange aber der Zeitgeist im Menschen nicht bereit ist, vermag sich die innere und höchste Wirklichkeit nicht gegenüber der äußeren und unmittelbaren Wirklichkeit durchzusetzen. Christus und Buddha sind gekommen und gegangen, aber Rudra hält die Welt noch immer in seinen Händen. Das unbändige Streben nach Fortschritt einer Menschheit, welche von Kräften, die Nutznießer und Diener der egoistischen Macht sind, gequält und unterdrückt ist, schreit unterdessen nach dem Schwert des Helden dieses Kampfes und nach dem Wort seines Propheten."

(Essays über die Gita, XIII.372)

Das ist das genaue Bild der Lage.

Letztes Mal sagte ich, wie nahe die Sache ist, und dann ... *(Geste wie eine Flutwelle)* macht sich unmittelbar darauf das genaue Gegenteil breit: alle Leute stellen sich quer, die einen werden krank, die anderen böswillig, wieder andere wütend ... Oh, alles knirscht und schreit und ... Jedesmal, wenn sich etwas nähert: „Ach, endlich haben wir es!", dann sofort: vrrrm!

Nun gut.

Die Schuld ist noch nicht beglichen, wie Sri Aurobindo sagt.

Was tun?... Weitermachen. Mehr Ausdauer an den Tag legen als der Widersacher.

Mehr Ausdauer. Sri Aurobindo sagte: „Der Sieg gebührt dem, der die größere Ausdauer besitzt." Soviel ist sicher.

So heißt es eben durchzuhalten.

28. August 1965

(Über das Gespräch vom 21. August und die Erfahrung der „Übertragung der Macht" an das zellulare Bewußtsein:)

Neulich sagte ich, daß sich dieses Zellaggregat einer neuen Antriebskraft unterstellt. Dies erschien mir wie eine einzigartige Erfahrung, etwas noch nie Dagewesenes. Leider hielt es nicht lange an. Aber die Erfahrung hinterließ im Körper eine Art Gewißheit: er ist sich der Zukunft weniger unsicher. Als sei es gekommen, um ihm zu sagen: „So wird es sein."

Wenn es bestehenbleibt, dann bedeutet es offensichtlich die Unsterblichkeit.

Als ich es dir erzählte, war es – wie ich mich erinnere – überhaupt keine persönliche Angelegenheit mehr. Wenn du das begreifen kannst ...

31. August 1965

(Über die Gespräche vom 21. und 28. August, wo von der „Machtübertragung" an das zellulare Bewußtsein die Rede war:)

Wie würdest du dieses physische Mental, das die Machtübertragung erfuhr, definieren?

Es handelt sich nicht um das physische Mental. Das physische Mental ist schon seit langem ... Hier geht es um das materielle Mental – nicht einmal das materielle Mental: das Mental der MATERIE[1]. Es ist die mentale Substanz, die der Materie selbst, den Zellen angehört. Früher bezeichnete man das als den „Geist der Form", der den Körper einer Mumie fortbestehen läßt[2]. Um dieses Mental handelt es sich, dieses

---

1. Mutter bestand ausdrücklich darauf und fügte diese Präzisierung später hinzu.
2. In einem früheren Gespräch (am 10. März 1951) sagte Mutter über die Grabschändungen in Ägypten: „In der physischen Form befindet sich „der Geist der Form", und dieser Geist der Form bleibt eine gewisse Zeit erhalten, selbst wenn man sagt, die Person sei äußerlich tot. Solange der Geist der Form bestehenbleibt, zerfällt der Körper nicht. Im alten Ägypten besaß man dieses Wissen. Sie wußten, daß der Geist der Form den Körper nicht verlassen und der Körper nicht zerfallen

völlig materielle Mental. Das andere, das physische Mental, ist schon seit langem organisiert.

Was ist dann der Unterschied zwischen diesem materiellen Mental und dem physischen Mental? Wie würdest du das physische Mental im Gegensatz zu diesem materiellen Mental definieren?

Das physische Mental ist das Mental der vom Körper geformten physischen Persönlichkeit. Es wächst mit dem Körper, aber es ist nicht das Mental der Materie sondern das Mental des physischen Wesens. Zum Beispiel bestimmt dieses physische Mental den Charakter: den körperlichen Charakter, den physischen Charakter, der hauptsächlich durch die Atavismen und die Erziehung geprägt wird. All das nennt man das „physische Mental". Ja, es ist das Resultat der Atavismen, der Erziehung und der Entwicklung des Körpers. Es ist das, was den physischen Charakter ausmacht. Zum Beispiel gibt es Leute, die geduldig sind, die stark sind usw.; ich meine physisch, nicht aus vitalen oder mentalen Gründen, sondern rein physisch besitzt man einen Charakter. Das ist das physische Mental. Und es ist immer Teil des integralen Yogas: man diszipliniert dieses physische Mental. Vor mehr als sechzig Jahren habe ich das bereits getan.

Aber zum Beispiel dieses Mental, das von Natur aus pessimistisch ist, das alle möglichen Befürchtungen und Ängste nährt, das immer das Schlimmste sieht und ständig die gleichen Dinge wiederholt, ist das nun das physische Mental oder das materielle Mental?

Das ist der unbewußteste Teil des physischen Mentals, es ist das, was die Verbindung zwischen dem physischen Mental und dieser materiellen Substanz herstellt. Aber es ist bereits ein organisiertes Mental, verstehst du? Es ist der materiellste Teil, derjenige Teil, der dieses andere Mental berührt (wie könnte man das nennen?), man kann es nicht einmal als das „körperliche Mental" bezeichnen: es ist das Mental der Zellen, es ist ein zellulares Mental.

Dieses zellulare Mental existiert in den Tieren, und selbst in den Pflanzen gibt es einen kleinen Anflug davon (aber sehr klein, wie ein Versprechen): sie sprechen auf eine mentale Handlung an. Sie reagieren. Sobald sich das Leben manifestiert, besteht bereits ein Anfang – wie ein Versprechen des Mentals, der mentalen Regung. In den Tieren kommt es sehr klar zum Ausdruck. Das physische Mental hingegen hat

---

würde, wenn sie ihn auf eine bestimmte Weise präparierten." Siehe Gespräch vom 27. Februar 1965, S. 36.

erst im Menschen wirklich zu existieren begonnen. Schon ein kleines Kind besitzt das: es hat bereits ein physisches Mental, was bedeutet, daß keine zwei kleinen Kinder gleich sind, ihre Reaktionen sind nicht dieselben, es besteht bereits ein Unterschied. Es ist insbesondere das, was durch den Atavismus in der speziellen FORM des Körpers schon angelegt ist und anschließend durch die Erziehung voll entwickelt wird.

Nein, um das physische Mental muß man sich kümmern, sobald man den integralen Yoga ausübt, dieses materielle, zellulare Mental hingegen ist vollkommen neu, das kann ich dir versichern! Es ist vollkommen neu.

Es ist das Mental, das wie eine unkoordinierte Substanz war, beherrscht von einer ständigen ungeordneten Aktivität *(Mutters Geste deutet ein unaufhörliches Vibrieren an).* Und dieses ist jetzt im Begriff, sich zu organisieren. Das ist wichtig, denn Sri Aurobindo sagte, es sei nicht organisierbar und man müsse es aus der Existenz ausschließen. Auch ich bekam diesen Eindruck. Wenn aber die transformierende Einwirkung auf die Zellen konstant ist, fängt dieses materielle Mental an, sich zu organisieren, genau das ist so wunderbar! Es fängt an, sich zu organisieren. Und indem es sich organisiert, lernt es, STILL ZU SEIN – das ist das Schöne daran! Es lernt, ruhig zu bleiben, zu schweigen und die höchste Kraft wirken zu lassen, ohne einzugreifen.

Am schwierigsten ist das für die Nerven, denn sie sind so sehr an den gewohnten bewußten Willen gewohnt, daß sie geradezu verrückt spielen, wenn dieser aussetzt und man das direkte Wirken von ganz oben erstrebt. Gestern morgen machte ich diese Erfahrung, die mehr als eine Stunde dauerte, und es war schwierig; aber sie hat mich vieles gelehrt – vieles. All das könnte man als „Übertragung der Macht" bezeichnen: die alte Macht zieht sich zurück, aber bevor sich der Körper an die neue Macht anpaßt, gilt es, eine kritische Zeitspanne durchzustehen. Da sich alle Zellen in einem Zustand bewußter Aspiration befinden, geht es relativ schnell, aber dennoch ... die Minuten sind lang.

Mehr und mehr macht sich in den Zellen eine Art Gewißheit breit, daß alles, was geschieht, der Transformation und diesem Umschwung der leitenden Macht dient. Selbst in Momenten, wo es materiell schmerzhaft ist (nicht einmal physisch, sondern materiell schmerzhaft), behalten die Zellen diese Gewißheit. Sie halten dem Schmerz stand, sie ertragen ihn ohne Depression, ohne nur im geringsten in Mitleidenschaft gezogen zu werden, mit der Gewißheit, daß es nur darum geht, die Tranformation vorzubereiten, daß es eben Teil des Transformationsprozesses und der Übertragung der führenden Macht ist. Wie ich schon sagte, ist die Erfahrung am schmerzhaftesten in den Nerven (natürlicherweise, denn sie sind die empfindlichsten Zellen, jene mit der größten Empfindsamkeit). Aber sie sind außergewöhnlich empfänglich für die harmonische physische Schwingung (die sehr selten ist, aber immerhin bei einigen Individuen existiert), eine spontane und starke Empfänglichkeit – ohne sich anstrengen zu müssen –, und diese physische Schwingung, die man als eine physische KRAFT bezeichnen könnte, eine harmonische physische Schwingung (weißt du, spontan harmonisch, ohne daß es eines mentalen Eingreifens bedürfte – wie die Schwingung einer Blume zum Beispiel; es gibt physische Schwingungen dieser Art, die eine harmonische Kraft in sich tragen), und die Nerven sind gegenüber dieser Schwingung äußerst sensibel und empfänglich, sie bringt sie sofort wieder ins Gleichgewicht.

Das ist sehr interessant und erklärt viele, viele Dinge. Eines Tages wird all das erklärt und an seinen Platz gestellt sein. Noch ist der Zeitpunkt nicht gekommen, es zu enthüllen, aber es ist sehr interessant.

Ich habe wirklich den Eindruck, daß es sich allmählich organisiert, die Arbeit beginnt sich zu organisieren.

Natürlich muß man es sehr sorgfältig vermeiden, eine mentale Organisation eingreifen zu lassen, deshalb versuche ich, nicht zu viel zu erklären. Sobald das Mental dazukommt, ist es nicht mehr das.

September

4. September 1965

(Über die zweite Operation, der sich Satprem unterziehen sollte. Mutter spricht sich dagegen aus und schlägt gewisse Übungen vor:)

Gerade darum bat ich dich ja, daß du mich heilst – ohne Operation!

Gewiß! Man muß dem Körper jedoch beistehen. Selbstverständlich werde ich in die Übungen, in die materiellen Hilfsmittel und in alles das Bewußtsein hineingeben, aber man muß helfen – man muß dem Körper beistehen. Das ist eine notwendige Bescheidenheit.

Dasselbe gilt für das Essen. Wir müssen natürlich essen, und das ist nicht eben interessant, es macht keinen Spaß, aber ... *(Mutter spricht zum Körper:)* „Nun sei bescheiden, wie es sich gehört: Es ist nötig zu essen, und man muß essen." Und obendrein muß man das essen, was gegessen werden MUSS, was dem Körper am meisten hilft ... Diese Geschichte habe ich mir schon seit Jahren eingeredet, aber sie stimmt vollkommen. Wenn man zu überheblich wird, bekommt man eine tüchtige Ohrfeige, d.h. ein Schmerz stellt sich ein, oder es geschieht ein Unfall: „Hier, nimm das, und jetzt sei bescheiden! Verstehst du?" Dann sagt er: „Ja, ja, ich habe verstanden!"

8. September 1965

Mutter liest einige Verse aus „Savitri" vor,
die sie übersetzen will:

> The great stars burn with my unceasing fire
> And life and death are both its fuel made.
> Life only was my blind attempt to love:
> Earth saw my struggle, heaven my victory.[1]

---

1. Savitris Herz spricht: (X.III.638; siehe auch dt. Ausgabe S. 652)
Die gewaltigen Sterne brennen mit meinem unlöschbaren Feuer
für das Leben und Tod als Brennstoff erschaffen sind.
Das Leben allein war mein blinder Versuch zu lieben:
Die Erde sah mein Ringen und der Himmel meinen Sieg.

Sie sagt: *Life and death are the fuel* [Leben und Tod sind der Brennstoff], und *In my blind attempt ... LIFE ONLY was my blind attempt to love* [DAS LEBEN ALLEIN war mein blinder Versuch zu lieben[1]]. Weil mein Versuch zu lieben blind war, beschränkte ich ihn auf das Leben – aber den Sieg errang ich im Tod.

Das ist sehr interessant *(Mutter wiederholt:)*

Earth saw my struggle, heaven my victory
[Die Erde sah mein Ringen und der Himmel meinen Sieg]

Sollte es nicht heißen „Earth should see the victory"? Der Sieg sollte auf der Erde stattfinden?

Ja, aber sie konnte den Sieg auf der Erde nicht erringen, weil ihr der Himmel fehlte – sie konnte den Sieg im Leben nicht erringen, weil ihr der Tod fehlte, sie mußte den Tod bezwingen, um das Leben zu erobern.

Das ist die Idee. Solange man den Tod nicht bezwingt, ist kein Sieg errungen. Der Tod muß bezwungen werden, es darf keinen Tod mehr geben.

Das ist völlig klar.

(Schweigen)

Nach dem, was er hier sagt, verwandelt sich das Prinzip der Liebe in eine Flamme und schließlich in Licht. Nicht das Prinzip Licht verwandelt sich in eine Flamme, indem es sich materialisiert, sondern die Flamme verwandelt sich in Licht.

Die großen Sterne spenden Licht, weil sie brennen; sie brennen, weil sie das Resultat der Liebe sind.

Somit wäre die Liebe das Urprinzip?

Genau das scheint er zu sagen.

An diese Stelle erinnerte ich mich nicht. Aber ich habe dir schon gesagt, in meiner Erfahrung[2] verhielt es sich so: Wenn man immer höher steigt, ist das letzte, was man berührt – das letzte jenseits des Lichts, jenseits des Bewußtseins, jenseits von ... –, das letzte, was man berührt, ist die Liebe. „Man", dieses „man", ist ... das große „Ich" – ich weiß nicht. Meiner Erfahrung nach ist die Liebe das letzte, das sich nun in seiner Reinheit manifestiert, und sie wird die Macht haben, alles zu transformieren.

---

1. Später betonte Mutter erneut: „Es heißt nicht *Life was only*" (das Leben war nur), sondern *„Life only"* (allein das Leben).
2. Die Erfahrung „der großen Pulsationen" der göttlichen Liebe (im April 1962).

8. SEPTEMBER 1965

Dies sagt er hier offenbar: Der Sieg der Liebe wird der endgültige Sieg sein.

(Schweigen)

Er nannte *Savitri* „eine Legende und ein Symbol"; *er* machte es zum Symbol. Es ist die Geschichte der Begegnung von Savitri, dem Prinzip der Liebe, mit dem Tod; und den Sieg errang sie im Kampf gegen den Tod, nicht im Leben. Sie konnte den Sieg im Leben nicht erringen, solange sie nicht den Sieg über den Tod errungen hatte.

Ich wußte nicht, daß es hier so klar zum Ausdruck kommt. Ich hatte es gelesen, aber nur einmal.

Das ist sehr interessant.

Wie viele Male habe ich schon gesehen, daß er darin meine Erfahrungen beschrieb ... Denn während vieler Jahre hatte ich Sri Aurobindos Werk nicht gelesen; erst kurz bevor ich hierherkam, las ich *Das Göttliche Leben, Die Synthese des Yoga* und noch ein paar andere Sachen. Die *Essays über die Gita* zum Beispiel hatte ich nie gelesen, *Savitri* hatte ich nie gelesen, erst vor einiger Zeit las ich es (vor ungefähr zehn Jahren, 1954 oder 55). Das Buch *Sri Aurobindo über sich selbst und über die Mutter* hatte ich nie zuvor gelesen, und erst als ich es las, entdeckte ich, was er über mich geschrieben hatte – ich wußte nichts davon, er hatte mir nie etwas davon gesagt!... Weißt du, wenn ich mit den Leuten sprach, sagte ich eine Menge Dinge – einfach so, weil es kam *(Geste von oben herab)* –, später stellte ich dann fest, daß er es geschrieben hatte. Natürlich machte es den Anschein, als würde ich einfach seine Worte wiederholen – aber ich hatte es nie gelesen. Das ist auch jetzt der Fall: diese Stelle in *Savitri* hatte ich gelesen, aber ohne sie zu bemerken – weil ich nie die Erfahrung hatte. Erst jetzt, wo ich die Erfahrung gemacht habe, sehe ich, daß er dies auch gesagt hat.

Das ist wirklich interessant.

Vielleicht sollte ich *Savitri* noch einmal lesen?...

Wir sollten eigentlich schön brav sein und das ganze *Savitri* übersetzen, oder nicht? Das, was wir jetzt mit dem Ende tun *(Buch X.)*, sollten wir mit dem ganzen übrigen Band tun. Ich versuchte, einen Teil allein zu übersetzen, aber es wäre doch amüsant, es gemeinsam zu tun. Wir könnten es versuchen. Nicht, um es zu veröffentlichen, denn das führt sofort zu einer Minderung: Alles, was man publiziert, wird in seinem Wert vermindert, weil die Leute es sonst nicht verstehen. Wir sollten es für uns tun.

Es ist jedenfalls sehr interessant.

Erst vor einigen Tagen habe ich mir in diesem Zusammenhang etwas notiert *(Mutter sucht eine Notiz und liest sie dann vor:)*

„Sehr selten und außergewöhnlich sind die Menschen, welche die göttliche Liebe verstehen und fühlen können, denn die göttliche Liebe ist frei von Gebundenheit und dem Bedürfnis, dem geliebten Objekt zu gefallen."

Das war eine Entdeckung.

Deshalb verstehen die Menschen nicht; denn für sie bedeutet die Liebe so etwas *(Mutter verhakt die Finger ihrer rechten Hand mit denen der linken)*, sie können nicht einmal fühlen oder glauben, daß sie lieben, wenn keine derartige Bindung besteht *(gleiche Geste)*. Als Folge dieser Bindung erwacht notgedrungen der Wille, der Wunsch oder das Verlangen, dem Objekt, das man liebt, zu gefallen.

Wenn man aber die Bindung und das Verlangen zu gefallen beseitigt, dann kratzen sich die Menschen am Kopf und fragen sich, ob sie überhaupt noch lieben. Erst wenn man auf diese beiden Dinge verzichtet, beginnt jedoch die göttliche Liebe.

Darauf werden wir noch einmal zurückkommen, mein Kind, das ist eine Offenbarung.

Deshalb verstehen sie nicht, und deshalb können sie es nicht fühlen.

11. September 1965

(Nach unzähligen, monatelangen Grenzgefechten in der Wüste von Kutch drangen indische Truppen am 6. September in Pakistan ein. Karachi bittet die „Westlichen Alliierten" um Hilfe. Neu-Delhi ruft zur Generalmobilmachung auf. Am 16. September bietet China Pakistan seine Unterstützung an. Am 19. September befiehlt der UNO-Sicherheitsrat Indien und Pakistan, die Waffen niederzulegen, und Rußland schlägt eine Zusammenkunft in Taschkent vor. Am 22. September geben Indien und Pakistan den Befehl zum Waffenstillstand. Am 25. September wiederholt China seine Ansprüche auf 90 000 km2 indischen Territoriums. Dies ist der zweite indisch-pakistanische Konflikt seit der Unabhängigkeit. 1971 wird es im Zusammenhang mit Bangladesh zu einem dritten kommen.)

11. SEPTEMBER 1965

Uns droht ein Blackout.

Es hat bereits begonnen.

Ja, aber vorläufig haben sie nur die Straßenbeleuchtung ausgeschaltet – um den Dieben die Arbeit zu erleichtern. Aber über die Innenbeleuchtung haben sie noch nichts verlauten lassen.

Wollen sie die auch abschalten?

Ja. Dann bleibt uns nichts anderes übrig, als um sieben Uhr abends schlafen zu gehen (oder sogar noch früher) bis sechs Uhr morgens. Dann wird man nichts mehr unternehmen können. Das ist idiotisch. Um so mehr, als ein wunderbarer Vollmond scheint und man zum Bombardieren gar kein Licht benötigt.

Wie sollen die Flugzeuge von Pakistan bis hierher kommen? Sie könnten nicht mehr zurückkehren.

Das ist kein Problem. Sie haben Flugzeugträger entsandt.

Pakistan?

Ja. Sie haben bereits mehrere Orte bombardiert.

Wirst du diesmal den Indern erlauben, ihr Ziel zu erreichen?[1]

Ich habe nichts damit zu tun.

Du hast nichts damit zu tun?... Du läßt es einfach geschehen?

Nein, wirklich ... Es wurde mir vieles gesagt, unter anderem, daß dies geschehe, um eine Entscheidung zu erzwingen.
Das war doch lächerlich![2]

Oh, ja!

Wir werden sehen.

Werden die Inder den Mut haben, dem Druck der Amerikaner, der Engländer usw. standzuhalten? Das ist das Schwierigste. Die Schwierigkeit liegt nicht auf der militärischen Ebene,

---

1. Ihr Ziel = Karachi. Sri Aurobindo hatte immer wieder gesagt, solange die Teilung Indiens nicht aufgehoben sei, „kann Indien ernsthaft geschwächt, sogar verstümmelt werden: Ein Bürgerkrieg bleibt immer möglich, sogar eine neue Invasion und Fremdherrschaft." Erinnern wir uns auch daran, daß Pakistan ein von den Engländern künstlich geschaffener Staat ist, und zwar nach dem Prinzip „teile und herrsche". Die Amerikaner und die Chinesen haben diese Politik wieder aufgenommen.
2. Mutter bezieht sich auf die ständigen Grenzscharmützel.

sondern im politischen Druck all dieser Leute, die sagen: „Ihr müßt Frieden schließen!"

Aber sie sind nicht aufrichtig.
Unglücklicherweise ist keine dieser Nationen aufrichtig. Sie behaupten es zwar und stellen sich so, aber es ist nicht wahr.

Man sagt, Amerika predige nach außen hin den Frieden, während es heimlich gewissen Leuten Geld anbiete, damit sie anderen Regierungen den Krieg erklären (man sagt vieles, aber immer verbirgt sich dahinter eine entstellte Wahrheit). Ich weiß nicht, ob das stimmt ... Es muß etwas Wahres daran sein. Der neue Präsident, ich weiß nicht welchen Landes (Vietnam, glaube ich), erklärte öffentlich, Amerika habe ihm eine phantastische Summe angeboten, damit er Partei ergreife – ist das wahr oder nicht? Man weiß es nicht. Alle lügen, aber hinter all diesen Lügen steckt etwas.

Ich weiß es nicht.

Man sollte endlich zu einem Abschluß kommen.

Ein bedeutsamer Punkt ist, daß Pakistan ausschließlich von auswärtiger Hilfe abhängt – es produziert selbst nichts. Es hat keine Fabriken, keine Industrie, nichts. So befindet es sich natürlich in einer schwächeren Lage.

Aber nun, all das ...
Einige Leute sehen mit Recht eine Analogie zwischen diesem Krieg und dem der Gita, wo Arjuna gegen seine eigenen Familienmitglieder kämpfen mußte. Man sagt, es seien Mitglieder ein und derselben Familie, die hier gegeneinander kämpfen, vielleicht genau, um zu ...

Ich fühlte jedenfalls sehr stark, daß etwas explodieren mußte, die Lage war zu absurd und gespannt, ohne jegliche Wahrheit.

Ich weiß nicht, ob du schon weißt, daß ich in der Nacht, bevor man erfuhr, daß es wirklich zu einer Art Krieg gekommen war, eine Erfahrung hatte, die ich bisher erst zwei oder dreimal in meinem Leben hatte, immer unter ähnlichen Umständen. Diesmal erwartete ich überhaupt nichts, und in der Nacht lag in der IRDISCHEN Atmosphäre und besonders stark über Indien eine Art ... etwas, was man den „Druck des Höchsten" nennen könnte (als übte das Bewußtsein des Höchsten einen Druck aus). Das bewirkte eine gewisse Unbewegtheit, die von einer solchen Festigkeit und Konsistenz war, wie man sie sonst nirgendwo findet. Weißt du, fester und konsistenter als die trägste Trägheit. Es ist der Druck der höchsten Macht. Für die Materie, für die materielle Substanz ist es unerträglich, kaum auszuhalten. Und es wirkt so *(Geste einer massiven Herabkunft)*, absolut unmöglich, sich zu

11. SEPTEMBER 1965

bewegen, und zugleich fühlt man, daß es die höchste Macht ist. Das hielt in der Nacht stundenlang an, und ich war äußerst aufmerksam, um zu erfahren, was es wohl bedeutete. Am nächsten Morgen sagte man mir, daß plötzlich der Krieg ausgebrochen sei: all diese Geplänkel seit ... Jahren haben nun plötzlich diese Form angenommen.

Es ist klar, daß ein ganz außergewöhnlicher Eingriff dies verursacht haben muß.

Aber während meiner Erfahrung war nicht das leiseste Bewußtsein einer Absicht, eines Motivs oder eines Zwecks zu spüren, nichts: es war so *(dieselbe massive Geste, die alles ergreift)*, etwas Absolutes, ohne Erklärung.

Ich habe das bereits zwei- oder dreimal in meinem Leben erlebt, immer in den kritischsten Situationen der Erde.

Deshalb nehme ich es sehr ernst. Am nächsten Tag teilte man mir mit, was passiert war, und man fragte mich, was ich fühle. Ich antwortete lediglich: „Es ist ernst."

Es kann nur ernst sein.

Aber ... vielleicht sollte man es als „ernst" bezeichnen, wenn der Konflikt sich weltweit ausbreiten würde.

Bisher scheint Pakistan drei oder vier Länder um Hilfe gebeten zu haben, die jedoch ablehnten. Aber die Nachrichten ... ich nehme sie nicht besonders ernst, denn sie sind immer gefälscht. Wenn zum Beispiel ein Land wie England beschließt, seine Unterstützung zu geben, wird es offiziell sagen: „Wir haben nichts mit eurem Krieg zu tun." Das hat also überhaupt nichts zu besagen.

Ich hoffe trotzdem, daß man uns abends ein wenig arbeiten läßt. Sonst ruhen wir uns eben aus ... „Ausruhen": sobald ich mich hier auf dem, was man als mein „Bett" bezeichnet, hingelegt habe, fange ich an zu arbeiten.

Gut.

15. September 1965

Ich verbrachte meine Nacht in ... Es war kein Orkan, kein Zyklon, sondern ... schlimmer als jeder Zyklon. Ich befand mich in einer finsteren Halle, ganz von Glas umgeben (symbolisch), und durch die Scheiben sah ich ... Überall, wo ich hinblickte, blies der Wind von allen Seiten und riß alles mit sich: Häuser, Bäume, einfach alles. Es nahm kein Ende.

Ein höllischer Lärm. Eigentlich hätte das den Ort, wo ich mich befand, auch fortreißen müssen, aber nichts bewegte sich dort.

Ein Hinweis ... Der Ort, wo ich mich befand, war sehr groß (größer als ein Haus), und ich ging umher. Ich wollte mich irgendwo ausruhen, aber der Lärm und Krach waren so fürchterlich, daß es unmöglich war, und so stand ich auf. Drei Personen waren anwesend, zwei davon haben noch einen Körper, die andere nicht (ich kenne sie), sie befanden sich nicht alle am selben Ort. Die erste Person war bei mir, dort, wo ich mich ausruhen wollte, aber ich sagte: „Es ist unmöglich", und so ging ich von dort auf die andere Seite, wo ich die Person antraf, die keinen Körper hat und die wie gebannt durch die Glaswände schaute (was beweisen würde, daß dies auch im Subtilphysischen oder sogar im materiellsten Vital stattfindet). Oh, man kann sich das gar nicht vorstellen!... Ich schaute dem eine Weile zu und ging dann weg, um an den Ort zurückzukehren, wo ich mich ausruhen wollte (mit einer gewissen inneren Anstrengung, indem ich mir sagte: „Gut, ich werde trotzdem einen Ort zum Ausruhen finden"). Im Vorbeigehen sah ich jemanden (N, um seinen Namen nicht zu nennen), der in einer Art Korridor stand (es war aber nicht eng: ein breiter Korridor), auch er schaute wie gebannt hinaus.

In diesem Korridor hatte der Orkan nicht genau die gleiche Farbe wie an dem Ort, wo sich die Person ohne Körper befand (wie soll ich das erklären?); dort war es sehr rot, als ob alle Blätter rot wären, die Bäume waren rot (es gab auch andere Farben, aber das Rot dominierte), während hier schlammigere Farben vorherrschten. Aber es war so stark. So stark, daß es schwierig war, von dort herauszutreten.

Als ich schließlich herauskam (um drei Uhr morgens), sagte ich mir: „Gut, nun will ich mich mit etwas anderem beschäftigen." Ich konzentrierte mich auf eine bestimmte Weise, um dem ein Ende zu setzen, und fand mich an einem Ort wieder, den ich sehr gut kenne, der wie eine Nachbildung ist – eine mentale Nachbildung dessen, was man als gewisse „Räume des Ashrams" bezeichnen könnte (es ist nicht genau das, aber es entspricht diesen), und hier befand sich ein Herr, den ich sehr gut kannte, ein Franzose, der mich besuchen wollte. Er saß an einem großen Schreibtisch und wartete auf dich (deshalb erzähle ich es dir). Aber ich wollte ihm etwas mitteilen, bevor er dich sah. Und so nahm ich statt der gewohnten Tür einen anderen Weg und kam dir zuvor. Ich traf ihn (wir tauschten keine Worte aus – ich spreche nie mit den Leuten), aber er war sehr warmherzig, sehr begeistert, sehr freundlich und erfüllt von einem angenehmen Eifer – unwissend, aber angenehm. Ein größerer Mann, wie mir schien, in europäischer Kleidung. Ich kann ihn nicht genau beschreiben; wenn ich ihm begegnete, würde ich ihn jedoch sofort erkennen. Er sagte mir zwei Worte wie ... (sie hatten überhaupt keine Bedeutung), aber sie waren wie der Ausdruck seines Gefühls. Ich erinnere mich nicht mehr genau, aber es war nichts: „oh!" oder so ähnlich. Daraufhin übermittelte ich ihm meine Botschaft und ging dann wieder, und im Weggehen *(lachend)* wäre ich fast über dich gestolpert, du kamst so schnell herein. Ich sagte dir: „Mach dir keine Sorgen, alles geht gut!"

Vielleicht ist es einer deiner Verleger oder vielleicht der Mann, dem du deinen Artikel geschickt hast[1].

Aber ich ging nur an diesen Ort, um dem Orkan zu entkommen: ich hatte nicht wirklich die Absicht, mich um all das zu kümmern, tat es aber trotzdem; ich sagte dir: „Mach dir keine Sorgen, alles geht gut!"... Ich sehe dich selten so konkret: wir wären beinahe zusammengestoßen. Es war gegen halb vier Uhr morgens. Du schliefst tief, nicht wahr?

Aber deine physische Gestalt war unverkennbar: das bedeutet, daß es ziemlich materiell war. Es betraf deine Arbeit, etwas, was du geschrieben hattest. Nicht, daß es mich besonders beschäftigt hätte, nein, ich tat es wie nebenbei.

Aber was bedeutet dieser Orkan? Wird er über uns kommen?

(Schweigen) Er war nicht örtlich beschränkt ... Es könnte einen allgemeinen Krieg bedeuten.

Ich habe viele Dinge „empfangen". Ich beginne, ihnen Bedeutung beizumessen, denn ich habe festgestellt, daß diese „Dinge" (die ich immer für vorbeiziehende Gedankenströme hielt, die man aufschnappt) im allgemeinen irgendeinem zukünftigen Ereignis entsprechen und mir als eine Art Warnung dienen sollen. Deshalb achte ich jetzt ein wenig darauf. Ich habe viele solche Dinge empfangen: zum Beispiel die Bestrebung der Chinesen, die Gelegenheit auszunützen, um wieder aktiv zu werden, auch die Geschichten über Indonesien[2], die ebenfalls

---
1. Der Artikel über Sri Aurobindo, der schließlich in der Zeitschrift *Synthèses* veröffentlicht wurde.
2. Aufstände gegen die Militärverwaltung. Beschlagnahmung englischen und amerikanischen Vermögens.

als Anlaß dienen könnten, etwas in Bewegung zu setzen. Es wurde mir gesagt (ich hatte auch das gesehen – viele Dinge kommen), d.h. es gibt ein Gerücht (das bis zur indischen Regierung gedrungen war): Der Premierminister[1] erklärte, man werde von einem Bündnis Chinas mit Indonesien und Pakistan bedroht, um dem Angriff Gewicht zu verleihen. Er meinte jedoch, das mache nichts ... Aber schließlich ist es seine Aufgabe, Optimismus zu verbreiten.

Auf mich machte es den Eindruck ... einer weltweiten Angelegenheit. Es war ungeheuerlich. Ungeheuerlich – meinen Körper schüttelte es im Bett. Es war ungeheuerlich. Ich mußte ein wenig Sadhana tun, um die Dinge wieder in Ordnung zu bringen.

(Schweigen)

Es scheint, daß die Amerikaner die Inder um Erlaubnis gebeten haben, ihre Landsleute evakuieren zu dürfen (es gibt viele Amerikaner in Lahore, denn dort befindet sich eine große amerikanische Niederlassung). Sie baten die Inder um Erlaubnis, eine kleine Flotte von Flugzeugen schicken zu dürfen, um alle diese Leute in Sicherheit zu bringen, was von Indien genehmigt wurde.

Schau mal, ich will dir etwas zeigen ... *(Mutter steht auf, um ein Foto von General Chaudhuri zu holen).* Vor etwa einem Monat (ich weiß nicht, es war ungefähr eine Woche, bevor S.M. kam[2]) ... Ich war auf der Suche nach einem Mann, ich fühlte, daß Indien einen Mann benötigte, und so bot man mir an, uns das Foto des Armeekommandanten zu schicken. Ich sagte ja (er ist übrigens der Vetter von K hier). Das Foto ist nicht klar, aber ich sah, was ich sehen wollte. Dies war vor ungefähr einem Monat oder eineinhalb Monaten, und seither habe ich eine massive Dosis an Kraft auf ihn hier angesetzt *(das Foto befindet sich auf einem kleinen Tisch, nicht weit von Mutter).* Er führt jetzt die Armee.

Das Foto ist nicht sehr klar, aber der Mann ist in Ordnung!

Schon lange bevor sich irgend etwas tat, war er bei mir. Ich lud ihn mit Kraft auf.

(Schweigen)

Den Astrologen zufolge scheinen die Gestirne im September sehr schlecht für die Erde zu stehen. Natürlich muß man mit diesen Angaben immer vorsichtig umgehen, sie hängen von der Intuition der Leute, ihrer Fähigkeit der Interpretation ab und davon, ob ihre

---

1. Lal Bahadur Shastri.
2. S.M., eine Vertrauensperson der indischen Regierung, kam am 16. Juli.

Sicht weit genug reicht usw., aber wie es scheint, weisen alle Zeichen darauf hin, daß es „schlecht", „katastrophal" steht (nun, das ist vage). Man hatte mir das schon im Juli gesagt. Allerdings messe ich ihren Aussagen nie großen Wert bei, weil sie immer ... Außerdem sagen sie sehr unklare Dinge und widersprechen sich. Ich selbst kenne mich da nicht aus, ich versuche nicht zu sehen – genau genommen versuche ich NIE zu sehen (was ich heute nacht sah, kam ganz spontan, ohne daß ich es suchte). Weißt du, die Arbeit geschieht, ohne zu denken, ohne verbalen Ausdruck, und sie ist schon seit langem konstant: Das erste Mal kam es ungefähr am Anfang des Jahres, vor mehr als einem halben Jahr. Das zweite Mal, wie du dich erinnerst, erzählte ich dir von einer Erfahrung, die ich nachts hatte *(der „Druck des Höchsten")*, noch bevor etwas wirklich Ernsthaftes geschehen war. Und meine erste Erfahrung von diesem Bewußtsein, das eine ungeheure Kraft auf die Erde schleuderte und notgedrungen Dinge in Bewegung setzte, datierte mindestens sechs Monate vor dieser zweiten Erfahrung. Seit sechs Monaten war es also konstant: sobald ich mit dem irdischen Bewußtsein in Verbindung trat, war es da, und es war konstant. Dann kam dieser Hinweis: der Druck des höchsten Herrn. Und der dritte Schritt folgte gestern abend.

Wir werden ja sehen.

Ich möchte absichtlich keine Hypothesen aufstellen.

*
* *

(Daraufhin stellt Mutter die Texte für das nächste Bulletin zusammen, darunter Sri Aurobindos Zitat aus den Essays über die Gita: „Rudra hält die Welt noch immer in seinen Händen ..."
Siehe Gespräch vom 25. August, S. 227.)

Siehst du, ich habe es dir ja gesagt! Du hattest mich gefragt: „Siehst du etwas?" *(lachend)* Ich darauf: „Wir werden ja sehen."

Dieser Text muß veröffentlicht werden, egal was geschieht.

15. September 1965

(Ein Brief Sujatas an Mutter)

15.9.1965

Petite Mère,
Nach dem, was Du heute morgen sagtest, frage ich mich, ob wir, die Jungen, als indische Bürger nicht die Pflicht haben, dem Land unsere Dienste anzubieten oder uns zumindest auf diese Möglichkeit vorzubereiten?

Dein Dich liebendes Kind,

Sujata

(Mutters Antwort)

Für diejenigen, die dazu fähig sind, ist es unendlich viel wichtiger, dem göttlichen Werk zu dienen, als dem Land.

Ich glaube nicht, daß ich heute morgen irgend etwas gesagt habe, das im Widerspruch zu dieser unleugbaren Tatsache steht.

Mutter

18. September 1965

(Über den indisch-pakistanischen Konflikt:)

Ich hatte vor, dir alle möglichen Papiere zu zeigen ... Man wollte nämlich Erklärungen von mir haben – immer wollen sie mich zum Reden bringen!

(Mutter gibt Satprem eine Hibiskusblüte, „Gnade" genannt.)

Jetzt ist die Zeit der Gnaden.

18. SEPTEMBER 1965

Kennst du diesen Text von Sri Aurobindo? *(Mutter zeigt Satprem eine Notiz)*

„Die Schlacht, die wir aufgenommen haben, ist nicht wie die Kriege von früher, als die Armee floh, sobald der König oder Anführer gefallen war. Der König, dem wir heute in den Krieg folgen, ist unser eigenes heiliges und unvergängliches Mutterland; der Anführer unseres Vormarsches ist der Allmächtige selbst." (11. Mai 1907)

Daraufhin schrieb ich dies:

„Indien kämpft für den Triumph der Wahrheit, und es muß kämpfen[1], bis Indien und Pakistan wieder EINS geworden sind, denn das ist die Wahrheit ihres Wesens."

16. September 1965

Ein Mitglied der UNESCO stellte eine dumme Frage, die ungefähr so lautete: „Es gab eine Zeit, als Indien noch das spirituelle Bewußtsein darstellte (oder das spirituelle Bewußtsein lehrte, ich erinnere mich nicht mehr) – wer wird dies jetzt tun, da Indien in einen solchen Krieg verwickelt ist?"[2]... Anstatt die Frage direkt zu beantworten (denn ich hätte ihm irgendwelche Dummheiten sagen müssen), antwortete ich mit dem, was ich dir soeben zum Lesen gab.

Natürlich! All diese Europäer ... seit fünfzig Jahren erzählt man ihnen immer nur von Gandhi, jetzt verstehen sie überhaupt nichts mehr.

So ist es: Laßt euch die Gurgel durchschneiden, ohne einen Mucks zu machen.

Schau mal, hier ist ein weiterer Text, den jemand ausgegraben hat:

„Die heutige Weltlage ist kritisch. Auch Indiens Schicksal steht auf dem Spiel. Es gab eine Zeit, da Indien sich in vollkommener Sicherheit befand, ohne daß die geringste Gefahr bestand, daß es zum Opfer einer asurischen Aggression werden könnte. Aber die Dinge haben sich geändert. Menschen und Kräfte in Indien haben durch ihr Verhalten die asurischen Einflüsse

---

1. Zuerst hatte Mutter geschrieben: „wird kämpfen"; am Nachmittag ersetzte sie „wird" durch „muß".
2. Die Frage lautete: „Wenn sich sogar Indien, das (bis vor kurzem) mit dem Licht seiner spirituellen Lehrer die Hoffnung der Menschheit darstellte, in einen solchen Krieg verwickeln läßt, wer soll dann die Welt leiten?"

heraufbeschworen; diese haben ihr Werk mit Tücke verrichtet und die frühere Sicherheit untergraben ..."

Sri Aurobindo, 25. Mai 1941

Das war vor langer Zeit. Ich war hier.

(Sujata:) Vor langer Zeit sagtest du: If there is another war, it will be over India.¹ [Wenn es zu einem neuen Krieg kommt, dann wird er in Indien stattfinden.]

Ja, das ist lange her.

Als es zur Teilung von Indien und Pakistan kam, schrieb Sri Aurobindo sehr eindringlich: Diese Teilung MUSS auf die eine oder andere Weise rückgängig gemacht werden, „durch welches Mittel auch immer"². Und mir hat er gesagt: „Wenn sie die Wiedervereinigung nicht durch ein freundschaftliches Übereinkommen herbeiführen können, wird es auf dem Schlachtfeld geschehen."

Wenn man den offiziellen Erklärungen aus Delhi Glauben schenken will, haben sie aber überhaupt nicht vor, dieses Ziel entschlossen zu verfolgen. Sie wollen nur die Grenzen ein wenig „begradigen".

Heute morgen kam ein Brief von S.M., in dem steht, daß die Frage nie gelöst werden kann, wenn man nicht ... *(Geste, Pakistan hinwegzufegen).*

Ja, aber das ist nicht die Meinung des Premierministers.

---

1. Siehe *Sri Aurobindo and the Mother on India and Her Destiny*, S. 13.
2. In seiner Botschaft am 15. August 1947, anläßlich der Unabhängigkeit Indiens, hatte Sri Aurobindo folgendes gesagt: „... Die alte religiöse Teilung zwischen Hindus und Moslems scheint sich jetzt zu einer permanenten politischen Teilung des Landes verhärtet zu haben. Es bleibt zu hoffen, daß diese geschaffene Tatsache nicht für immer als vollendet angenommen wird oder zumindest nur als vorübergehende Notlösung. Denn wenn sie anhält, riskiert Indien, ernsthaft geschwächt, wenn nicht gar verstümmelt zu werden: ein Bürgerkrieg wäre immer möglich, sogar eine neue Invasion und Fremdherrschaft. Die innere Entwicklung Indiens und sein Wohlergehen mögen beeinträchtigt, seine Position unter den Nationen mag geschwächt und sein Schicksal gefährdet oder sogar durchkreuzt werden. Dies darf nicht sein: die Teilung muß verschwinden. Hoffen wir, daß sie auf natürliche Weise verschwindet, indem man zunehmend die Notwendigkeit nicht nur des Friedens und der Eintracht, sondern auch der Zusammenarbeit erkennt, diese praktiziert und die für dieses Ziel notwendigen Mittel schafft. Auf diese Weise könnte die Einheit sich nach und nach in der einen oder anderen Form ergeben – wobei die genaue Form lediglich eine praktische, aber keine grundlegende Bedeutung hätte. Aber DURCH GLEICH WELCHES MITTEL, auf gleich welche Weise muß die Teilung verschwinden; die Einheit muß und wird zustandegebracht werden, denn sie ist für die Größe von Indiens Zukunft unabdingbar."

18. SEPTEMBER 1965

Der Premierminister ... Sie haben alle Angst, Angst vor der Meinung der Weltöffentlichkeit.[1]

Ja, so ist es.

Jedenfalls wird P heute nach Delhi reisen und meine ganze „Literatur" mitnehmen (sie hatten darum gebeten: „Was sagt Mutter dazu?").

Ist da nicht noch ein „Entretien" für das nächste *Bulletin*, das wir uns ansehen sollten? Es wäre besser, das jetzt zu erledigen.

Wir sollten diese Nummer lieber frühzeitig abschließen, denn ... es könnte schwieriger werden.

Wird es deine Arbeit beeinträchtigen?

Möglicherweise.
Ich habe dir doch vor kurzem von diesem „Orkan" erzählt.
Jetzt hat China sein Ultimatum gestellt[2].

Ich verstehe übrigens nicht, warum sie uns warnen. An ihrer Stelle würde ich das nicht vorher ankündigen.

Nein, sie wollen nicht zur Aktion schreiten.

Sie wollen nichts unternehmen?

Sie wollen Indien lediglich einschüchtern, ohne etwas zu unternehmen, und sie wollen wissen, wie die Welt darauf reagieren wird. Amerika hat sofort reagiert[3].

(Schweigen)

In Pakistan befand sich ein hochmodernes Abschußzentrum nach amerikanischem Vorbild, wo man, ich weiß nicht genau, mit einem elektronischen System das Ziel anvisieren und mehrere tausend Granaten innerhalb kürzester Zeit abfeuern konnte – kurz, etwas Schreckliches –, Granaten, die genau dort einschlagen, wo man will. Ein ganzes System. Es wurde von ihnen noch weiter ausgebaut. Pakistan hatte es von den Amerikanern erhalten, und es mußte zerstört werden. Einer der indischen Piloten ließ sein Flugzeug darauf abstürzen. Natürlich zerstörte das Flugzeug alles – er selber kam dabei auch um. Die Anlage aber wurde vernichtet ... Die Leute hier sind zu so etwas fähig. Wenn sie das fühlen, was Sri Aurobindo in dem Brief schrieb,

---

1. Vier Tage später, am 22. September, wird Lal Bahadur Shastri den Waffenstillstand verkünden.
2. China gab Indien drei Tage Zeit, seine Militärposten an den Grenzen von Sikkim zu räumen.
3. Amerika erklärte sich bereit, Indien im Falle eines Angriffs von China beizustehen.

den ich dir soeben gab, daß *the Almighty is the leader of our march* [der Allmächtige ist der Leiter unseres Vormarsches], wenn sie das fühlen ... Genau das machte seinerzeit die Stärke der Japaner aus. Und darin liegt die Stärke der Leute hier, wenn sie erst einmal überzeugt sind. Die Japaner nahmen Port Arthur auf diese Weise ein; rings um die Festung herum war eine Art Graben wie bei den alten Burgen, und deshalb war kein Durchkommen; da ließen sie sich der Reihe nach solange töten, bis man über die Körper hinwegsteigen konnte: sie dienten als Brücke, füllten so den Graben aus, und die anderen konnten darüber hinweglaufen.

Diese Leute sind sich bewußt, daß der Tod nicht das Ende, sondern der Anfang von etwas anderem ist; das gibt ihnen eine Kraft, die den Europäern unbekannt ist.

(beim Weggehen)

Es ist klar, daß die Umstände dazu dienen, einen weiterschreiten zu lassen.

22. September 1965

Wie lautet der nächste *Aphorismus*?

Es geht darin um die Stille.

Die Stille ... Oh, es ist besser, sie zu praktizieren, als darüber zu sprechen.

Vor langem hatte ich diese Erfahrung: Der Unterschied zwischen dem Impuls, das Gelernte sofort verbreiten und verwenden zu wollen, und, im Gegensatz dazu, dem Kontakt mit höheren Erkenntnissen, bei dem man sich möglichst ruhig verhält, damit die transformierende Wirkung zur Geltung kommt.

Das erzähle ich dir ein andermal.

Das wissenschaftliche Denken ist sich seines Wissens nur dann sicher, wenn es angewandt, in die Tat umgesetzt wird und praktische Resultate erzielt. Das bezeichnen sie dann als „Wissen".

*
* *

22. SEPTEMBER 1965

Hast du den Bericht der Sitzung der Vereinten Nationen gelesen?

Ja, über den „Waffenstillstand"?[1]

Ich habe ihn nicht gelesen, nur davon gehört. Aber ich wurde durch gewisse Dinge damit in Kontakt gebracht[2]; sie scheinen der vereinigte Ausdruck der universalen Lüge zu sein.

Kleine Machenschaften und FURCHTBAR ENGE Ideen über die Nützlichkeit der Zwietracht unter den Ländern, damit kein einzelnes Land die anderen dominieren kann – nichts als völlig oberflächliche Dinge, die darüber hinaus vollkommen falsch sind: unaufrichtig und ohne jede mentale Ehrlichkeit, ohne irgendeinen aufrichtigen guten Willen, nichts. Sie haben von vornherein beschlossen, daß Pakistan im Recht und Indien im Unrecht ist.

Leider scheinen die Leute in Delhi vor diesen Phantomen zu zittern.

Nicht allzusehr. Ich habe direkte Nachrichten aus Delhi *(Mutter reicht Satprem ein Telegramm)*: „I am deeply grateful says Shastri." [Ich bin zutiefst dankbar, sagt Shastri.] Dies folgte auf meine Botschaft.

Während der Parlamentssitzung (ich weiß nicht, ob es die Sitzung des Parlaments oder die Versammlung des leitenden Gremiums war) wurde ihnen gesagt, das wahre Ziel Indiens sei, die Einheit des Landes wiederherzustellen, und das zweite Ziel, Tibet seine Autonomie und Unabhängigkeit zurückzugeben. Dies seien die beiden Dinge, die Indien fordere, und auf die eine oder andere Weise müsse dies zustande gebracht werden.

Was werden sie jetzt tun? Ich weiß es nicht.

Das paßt aber nicht so recht zu ihrem „Waffenstillstand" – sie akzeptieren den Waffenstillstand.

Vorausgesetzt, daß ... Es gibt eine Bedingung. Sie akzeptieren unter der Bedingung, daß Pakistan ernsthafte Zusagen macht – was es verweigert.

Ja, zum Glück![3]

Zusagen bezüglich Eintracht und Einheit.

---

1. Der UNO-Sicherheitsrat hatte Indien und Pakistan ein Ultimatum für einen Waffenstillstand gestellt.
2. In inneren Kontakt zu dieser Organisation.
3. Satprem wollte sagen: Zum Glück, denn falls Pakistan schön brav bliebe und Indien nicht zum Kampf herausforderte, würde die Teilung dadurch noch verlängert.

Jedenfalls wurde die Stimme *(Mutters Botschaft)* in Delhi gehört – gehört und akzeptiert. Jetzt ist es natürlich vor allem eine Frage der Stärke: Werden sie stark genug sein, um ... Aber ein Schritt ist getan.

(Satprem ungläubig) Haben sie das tatsächlich kapiert?

Nicht alle. Aber zwei oder drei genügen, und es sind mehr.

25. September 1965

(Nach dem Ultimatum des Sicherheitsrats akzeptierte Indien am 22. September den Waffenstillstand.)

Du hattest also doch recht!

Recht womit?... Ach, deine Botschaft für Delhi: „India MUST fight". [Indien MUSS kämpfen]

Ja.

Oh, sie kapieren nichts. Das mitansehen zu müssen, ist abscheulich.

Und so verlogen: sie kämpfen weiter und tun nur so, als ob sie es nicht täten.

Sie sind alle sehr zufrieden mit dem, was sie getan haben, ja sie sind sogar noch stolz darauf.

Nein, sie sind nicht zufrieden.

Glaubst du wirklich?

Nein, ich weiß es!

Es kommt mir vor wie 1933, als Chamberlain aus München zurückkehrte: „Wir haben den Frieden gerettet!"

Ja, so ist es.

Die UNO brüstet sich damit, sie sind mit sich sehr zufrieden *(über den Waffenstillstand)*. Aber hier ist man es nicht.

25. SEPTEMBER 1965

Besonders wütend sind die Leute hier auf England[1].

Oh, die Engländer ...

Ja, und sie wollen aus dem Commonwealth austreten.

Das wäre gut.

(Lachend) Ja, es ist an der Zeit!
Die Russen haben Shastri und den Mann aus Pakistan *(Ayub Khan)* aufgefordert, sich in Rußland *(in Taschkent)* zu treffen, und es scheint, daß die Russen sich mit den Amerikanern dahingehend einigten, England von Pakistan und China von Indien fernzuhalten. Sie wollen definitive Schritte unternehmen, um England und China daran zu hindern, sich in die hiesigen Angelegenheiten einzumischen. Wie es scheint, verfügen sie über entsprechende Druckmittel.

Wenn Rußland und Amerika sich zusammentäten, würde das natürlich ... Sie wollen beide an dem Treffen teilnehmen. Vielleicht bekommen wir dann etwas Interessantes zu sehen.

Die Annäherung zwischen den Russen und Amerikanern ist etwas, woran ich schon seit Jahren arbeite. Ich glaubte schon, es sei mir gelungen, als Kennedy ermordet wurde; auch Chruschtschow war der Sache wohlgesonnen – alle beide einfach weg! Der eine ermordet, der andere abgesetzt.

Jetzt werden wir ja sehen.
Wenn nichts dazwischenkommt, wird vielleicht etwas Interessantes dabei herauskommen.

Man sieht offenbar keine andere Lösung als die militärische. Aber das Problem muß gelöst werden, nicht wahr?

Eine Lösung wäre, Pakistan wieder mit Indien zu vereinigen.

Ja, aber das ist nicht möglich, es sei denn, Indien nimmt es ein.

Vielleicht kommen sie selbst darauf, ohne dazu gezwungen zu werden. Dieser Mann *(Ayub)* ist allerdings unmöglich.

Oh ja, er ist unmöglich!

Ja, aber er wird nicht ewig bleiben.

Jedenfalls läßt sich die dortige Mentalität nur mit Mühe ändern. Die Inder haben die Gelegenheit verpaßt.

---

[1] Die britische Regierung und Presse (auch die amerikanische) vertraten eine ausgesprochen antiindische Haltung.

Ja. Oh ja, das war *die* Gelegenheit!

Nur ist es nicht ihre Schuld, sondern die Schuld der Vereinten Nationen; die Vereinten Nationen handelten aus einem einzigen Motiv heraus, sie hatten nämlich eine Heidenangst vor einem allgemeinen Krieg – das verwischte ihnen die Sicht.

Wir werden sehen.

Aber ich glaube an Kali, liebe Mutter. Ich hoffe wirklich nur noch auf Kali: Kalis Kraft, die zuschlägt. Ich kann mir keine andere Lösung vorstellen.

(Schweigen) Dieser Mann, der an der Spitze Pakistans steht, ist nicht repräsentativ für ganz Pakistan. Ein großer Teil Pakistans ist für die Wiedervereinigung mit Indien.

Wirklich?

Ein großer Teil.

Besonders wenn sie den Schutz, den Beistand und die Unterstützung der Russen und der Amerikaner spüren, könnte es durchaus sein, daß sie auf die Wiedervereinigung drängen. Weißt du, bei Massen ist alles nur eine Frage der vorherrschenden Ideen: sie handeln nicht aus Überlegung oder Vernunft, sondern folgen einfach einer Gedankenwelle.

Ich weiß nicht, wir werden sehen.

(Mutter gibt Satprem eine Hibiskusblüte) Eine riesige „Gnade", es sind deren fast zwei.

(Schweigen)

Vor dem Angriff hatte Nolini einen Traum, den er mir eben erzählte. Er stand bei einer Gruppe von Personen, und sie sahen, wie Sri Aurobindo auf sie zuschritt. Sri Aurobindo war gebeugt wie von einer ungeheuren Last, und er war vollkommen mit einem Mantel bedeckt. Er kam auf sie zu und öffnete seinen Mantel, in seinen Armen trug er Früchte *(Geste, ein mageres Bündel andeutend),* Früchte und einige andere symbolische Dinge. Dies reichte er ihnen mit den Worten: „Das ist alles, was ich tun konnte." Worauf er wieder ging. Als sei das alles, was er tun konnte: „Hier ist alles, was ich euch als Fest bereiten konnte", ungefähr so. Sie versuchten, damit ein Fest zu machen, weil er es ihnen gegeben hatte, dadurch entstand aber eine unerfreuliche Verwirrung ... Als Nolini diesen Traum hatte, verstand er nichts – jetzt versteht er. Es ist die ganze Anstrengung, die Sri Aurobindo auf sich nahm, um die Lösung herbeizuführen: „Hier, das ist alles, was ich für euch tun konnte". Und es schien wie eine ungeheure Anstrengung *(lachend)*: „Hier, das ist alles, was ich tun konnte".

Die Welt ist nicht bereit. Das ist das Schlimme.

Die Welt ist nicht bereit.

Und wenn es Kali überlassen wird, landet alles wieder im Schmelztiegel, und bei den Zerstörungsmitteln, über die die Menschheit heute verfügt, muß die ganze Zivilisation vielleicht wieder von vorn beginnen – wieviele verlorene Jahrhunderte?

Was ist uns von den Zivilisationen, die verschwunden sind, geblieben?... Nichts, nicht einmal genaue Aufzeichnungen.

All dies, die ganze Materie, die sich die ganze Zeit ... *(Geste des Aufsteigens und Wiederversinkens)*, die bestrebt war, Formen zu schaffen – ein Element, das das Bewußtsein zu manifestieren vermag –, und dann, brrf! *(Geste des Verschlucktwerdens)*. Und wieder *(Geste des Aufsteigens)*, wieder fängt alles von vorn an – was für eine schreckliche Verschwendung! Eine Riesenverschwendung.

(Schweigen)

Die ganze Nacht (nicht die letzte Nacht, die Nacht davor) war sehr, sehr kritisch, mit einer so klaren Erkenntnis der Sinnlosigkeit des gegenwärtigen Vorgehens ... und dieser Sklaverei, die das Ergebnis einer vieltausendjährigen Gewohnheit ist[1].

Es herrschte ein Kampf im Körper zwischen den beiden Tendenzen: jener, die aus Gewohnheit der alten Bewegung unterworfen war, und jener, die durch das Erkennen der neuen Möglichkeit versuchte, diese Gewohnheit aufzugeben. Es war ... äußerst schmerzhaft, mühsam und zugleich völlig grotesk. Und so wurde der Körper zu einer Art Schlachtfeld, was nicht angenehm war.

Das Bewußtsein des Körpers (das jetzt immer klarere Formen annimmt), selbst in jenen Teilen, die noch der alten Gewohnheit unterworfen sind, ist sich, wie man sagen könnte, der göttlichen Existenz bewußt (d.h. der Existenz des Göttlichen oder beinahe der göttlichen Existenz), es hat aber immer noch das Gefühl einer Machtlosigkeit, und in dieser Machtlosigkeit gibt es sich vollkommen dem göttlichen Willen hin: „Wenn wir nicht bereit sind, wird es so sein" *(Auflösung)*. Aber da ist auch ein Teil, der sich bereit fühlt, der versteht und weiß, wie es sein sollte, und den Willen dazu hat, und diese beiden prallen aufeinander. Nicht, daß das eine für das Göttliche und das andere dagegen wäre, nichts von dieser alten Geschichte, sondern es ist die totale Akzeptanz des Göttlichen, aber verbunden mit dem Gefühl,

---

1. Am Vortag wurde Mutter von einem Fieber befallen.

nicht bereit zu sein – d.h. die Welt ist nicht bereit (es war überhaupt keine persönliche Angelegenheit, in keiner Weise, sondern ein globales Bewußtsein).

In diesem Kampf (der die ganze Nacht und bis in den Morgen dauerte – gestern fühlte ich mich nicht allzu glänzend) sieht man ganz klar, daß es nicht eine Frage des gewaltsamen Willens ist ... nein: die SUBSTANZ muß bereit sein. Wenn die Substanz nicht bereit ist, führt ein Eingreifen der Kraft, der Macht, offensichtlich zur Vernichtung. Dann muß alles, was geschaffen wurde, wieder von vorn begonnen werden. Weißt du, dieser stupide Tod macht alles zunichte, die ganze Arbeit geht verloren – was hinausgeht, ist genau das, was hereinkam ... mit ein klein wenig mehr Erfahrung, mehr nicht. Das ist nichts.

(Schweigen)

Wenn es nur einer kleinen Zellgruppierung gelänge, die vollständige Erfahrung der Transformation zu machen, dann wäre das wirksamer als große Umstürze, sehr viel wirksamer.

Aber das ist schwieriger, viel schwieriger. Und es führt zu keinen „Ereignissen", die Aufsehen erregen und viel Lärm machen.

Ja, es hängt vom allgemeinen Zustand der Welt ab.

Vollkommen.

Und da ist wirklich kein Fortschritt in Sicht. Man hat eher den Eindruck, daß die Menschen, die Staatschefs, das menschliche Bewußtsein immer beschränkter werden.

Ja, das stimmt genau.

Pygmäen. Es frappiert mich zu sehen, wie das in zwanzig Jahren alles immer zwergenhafter geworden ist.

Das stimmt genau. Aber ich möchte sagen, daß aus meiner Sicht (die, glaube ich, keine persönliche Sicht ist) Nächte und Tage wie die von gestern (die nicht angenehm sind) einem offensichtlich ein Wissen vermitteln, und der Umsturz *(Kali)* gehört noch der alten Methode an – er entspricht einem Akzeptieren der Tatsache, daß die Welt sich nicht geändert hat. Wohingegen diese Art scheinbarer Verengung vielleicht gerade der Beweis dafür ist, daß das irdische Bewußtsein sich verändert hat und Druck auf das ausübt, was sich widersetzt, wodurch es immer kleiner, aber auch immer härter wird.

Immer härter, das stimmt.

25. SEPTEMBER 1965

Als extrahiere man alles, was bewußt und lebendig war, und was bleibt, wird immer steiniger.

(Schweigen)

Die bewußte Wahrnehmung beider Elemente (der Körper wird eine Art stellvertretendes Objekt, nicht nur symbolisch, sondern stellvertretend): des Bewußtseinszustandes jener Teile, die der Vergangenheit angehören, der vergangenen Evolutionsbewegung, und jener, die sozusagen der neuen Methode gegenüber offen sind, wird immer klarer – klarer als die äußeren physischen Dinge und die äußere Form (diese Unterscheidung ist physisch, betrifft aber die innere Struktur). Äußerlich kommt es als Fieber zum Ausdruck. Es ist ein Kampf, aber kein Kampf aus mangelndem Willen, sondern eine Art Unfähigkeit. Mit Gewalt läßt sich hier nichts erreichen. Weißt du, das einzige, was den Sieg davontragen kann, ist diese Schwingung der höchsten Liebe, aber es besteht eine Unempfänglichkeit dafür, und (das ist ein merkwürdiges Phänomen) diese Unempfänglichkeit führt zu einer Art Filterung: nur solche Elemente, die wie verwässert sind, kommen durch. Das Ding an sich, in seiner wahren Essenz kann nicht ... Wenn man es von unten betrachtet, hat man den Eindruck, daß sich Das weigert, aber das stimmt nicht, denn wenn man Das IST *(lachend)*, gibt es überhaupt kein Gefühl der Verdünnung: DAS manifestiert sich in seiner Fülle. Und dann geschieht dies! *(diese Filterung)*

Wenn ein direkter Kontakt bestünde, käme es offensichtlich zu einer Art Explosion (man sieht das in allen kleinen Einzelheiten) – es würde ein Bersten bewirken. Ja, eine zu brüske, zu plötzliche Veränderung hätte eine Explosion zur Folge.

Es waren mikroskopisch kleine Erfahrungen, wie winzige Demonstrationen; wenn diese winzigen Demonstrationen mit ihren Resultaten in genügender Menge oder in genügender Anzahl stattfänden, dann würde es zwangsläufig zu dem führen, was für uns einer Auflösung gleichkäme.

Es war eine in jeder Sekunde erlebte Erfahrung, ununterbrochen während ungefähr sechs Stunden. Sechs Stunden in einer Unbewegtheit (jedenfalls die Möglichkeit physischer Unbewegtheit auf dem Bett); es hielt noch eine Stunde lang an, als ich schon aufgestanden war und meine Arbeit verrichtete (zwar reduziert, aber die gleichen Aktivitäten), da wurde es schrecklich! Ich sage dir: Alle, wirklich alle Elemente, ob sie nun der alten oder der anderen Bewegung angehörten, alle Elemente teilten dasselbe Gefühl der Verehrung. Es ist also keine moralische Haltung, sondern ein und dasselbe Gefühl der Verehrung. Nur akzeptierten die einen in ihrer Anbetung die Auflösung, während die anderen den Sieg, die Transformation wollten – d.h. sie „wollten" nicht: sie FÜHLTEN den Sieg; und die anderen akzeptierten die Auflösung. Und beide zusammen ... Wahrscheinlich hätte man mich für hochgradig verrückt erklärt, wenn ich das in jenem Augenblick ausgedrückt hätte (aber ich war nicht in der Lage, irgend etwas auszudrücken!) – ich war jedoch vollkommen bewußt. Und hier, weißt du, HIER über dem Körper, herrschte der wunderbarste Friede, den man sich nur vorstellen kann, ein lächelnder Friede und ...

Und das Fieber hält an. Das heißt, ich bin mir sehr bewußt, daß dies bereits das Äußerste ist, was sich tun läßt, um die Transformation zu beschleunigen.

Bei all diesen Fieberfällen hier *(in den letzten Monaten gab es mehrere Hundert Fälle im Ashram)* handelt es sich um das gleiche, lediglich etwas verdünnt durch die Unbewußtheit der Leute. Aber es ist das gleiche: eine „zellulare" Angelegenheit (ich habe das experimentell bestätigt, denn bei einigen konnte ich das Fieber durch eine gewisse Methode der Abtrennung von der allgemeinen Bewegung abrupt stoppen).

(Schweigen)

Was hast du mitgebracht? Ist das *Bulletin* fertig?

Bis auf den Aphorismus.

Wie lautet er?

111 – Das Wissen verhält sich mit seinen Errungenschaften wie ein Kind: sobald es etwas entdeckt hat, rennt es auf die Straße, um es lauthals zu verkünden. Die Weisheit aber hüllt sich lange in nachdenkliches und mächtiges Schweigen.

Diese Erfahrung hatte ich vor ungefähr zwei Jahren. Das, was er hier sagt, wurde mir als lebendige Erfahrung zuteil – einen halben Tag lang; damals hätte ich dir sehr interessante Dinge erzählen können, jetzt aber erscheint es mir alt, so alt – in ferner Vergangenheit.

Ich würde dir gerne eine Frage stellen, die mit dem zusammenhängt, was du vorhin sagtest. Als du dieses Fieber hattest, lagst du auf deinem Bett und über dir, sagtest du, herrschte unentwegt ein wunderbarer Friede – welches ist die Macht dieses Friedens, welches ist die Macht dieser Stille? Wenn man nach oben geht, tritt man ein in eine Art weite, reglose Stille, die überall ist, welches aber ist die Macht dieser Stille? Bewirkt sie etwas?

Es ist das, was die Leute früher suchten, wenn sie aus dem Leben scheiden wollten: sie versetzten sich in Trance, ließen ihren Körper unbewegt zurück, um da einzutreten, und waren dann vollkommen glücklich. Für die Sannyasins, die sich lebendig begraben ließen, war es dasselbe; sie sagten: „Jetzt habe ich meine Arbeit beendet (sie fanden schöne Phrasen dafür), und ich trete nun in Samadhi ein", worauf sie sich lebendig begraben ließen. Sie begaben sich in ein Zimmer oder egal wohin, dann schloß man zu, und es war zu Ende. Dabei geschah dasselbe: sie versetzten sich in Trance, und ihr Körper zerfiel natürlich nach einer gewissen Zeit, während sie im Frieden weilten.

Aber Sri Aurobindo sagt, daß diese Stille mächtig sei.

Mächtig, ja.

Ich wüßte gerne, in welcher Hinsicht sie mächtig ist. Denn man hat den Eindruck, man könnte darin eine Ewigkeit verweilen ...

Nicht „eine" Ewigkeit – die Ewigkeit.

... ohne daß sich etwas ändert.

Ja, weil es nicht manifestiert ist, es liegt außerhalb der Manifestation. Aber Sri Aurobindo will ja gerade, daß man es in die Welt herabbringt. Darin besteht eben die Schwierigkeit. Und man muß die Gebrechlichkeit und sogar den Anschein des Schwachsinns auf sich nehmen, alles – aber es gibt nicht ein Wesen unter fünfzig Millionen, das den Mut dazu hätte. Sri Aurobindo sagte mir, ich sei die einzige!... *(lachend)* Das mag wohl stimmen!

Erst gestern noch betrachtete ich diesen Körper, und es gab keine ... Die Reaktionen, die man als „persönlich" bezeichnen könnte, waren wirklich auf ein kaum wahrnehmbares Minimum reduziert, das heißt, es herrschte eine Empfindung, die ich zwar nicht als universell bezeichnen kann, denn es ist nicht sicher, daß die Materie in den anderen Universen dem gleichen Gesetz unterworfen ist ... ich weiß es nicht (früher wußte ich es, da stand ich mit diesem und jenem in Kontakt und hätte es sagen können, aber jetzt möchte ich mich nicht damit befassen: ich kümmere mich nur um die Erde). Denn immer besteht ja die Möglichkeit, woandershin zu entfliehen. Viele Leute haben dies auch getan: sie gingen woandershin, in eine andere, mehr oder weniger subtile Welt. Weißt du, es gibt Millionen Arten zu fliehen, aber nur eine zu bleiben, was bedeutet, Mut und Ausdauer zu haben, alle Zeichen der Gebrechlichkeit, der Ohnmacht, des Unverständnisses, ja, der Verneinung der Wahrheit selbst zu akzeptieren. Wenn man dies nicht auf sich nimmt, dann wird es sich nie ändern! Jene, die groß, leuchtend, stark und mächtig oder was auch immer sein wollen, wohlan, sie können nichts für die Erde tun.

Es ist zwar nicht von Bedeutung (denn das Bewußtsein reicht aus, um nicht im geringsten betroffen zu sein), aber das Unverständnis ist allgemein und total. Das heißt, man wird beschimpft und verachtet – alles mögliche –, genau aufgrund von dem, was man tut, denn ihrer Auffassung nach (für alle „großen Geister" der Erde), hat man auf seine Göttlichkeit verzichtet. Sie drücken das nicht so aus, sie sagen: „Was, Sie geben vor, ein göttliches Bewußtsein zu haben, und sind dennoch ..." So kommt es bei allen Leuten und in allen Umständen zum Ausdruck. Von Zeit zu Zeit blickt jemand für einen kurzen Augenblick durch, aber das ist ganz außergewöhnlich, sonst heißt es überall: „Zeigen Sie uns doch Ihre Macht!"

Ja, für sie muß das Göttliche auf der Erde allmächtig sein.

So ist es: „Zeigen Sie uns Ihre Macht, verändern Sie die Welt. Und vor allem tun Sie das, was ich will; die erste und wichtigste Sache ist zu tun, was ich will – zeigen Sie uns Ihre Macht!"

(langes Schweigen)

Ach, das ergibt aber keinen Aphorismus, das ist keine Antwort auf das, was Sri Aurobindo sagte! Nein, wie ich dir schon sagte, war das eine Erfahrung vor langer Zeit. Ich erinnere mich, es war so schön, klar und leuchtend, und ich konnte es sehr gut ausdrücken, es hätte einen sehr schönen kleinen Artikel ergeben. Aber jetzt liegt das weit hinter mir *(Geste hinter die Schulter)*, weit, weit zurück.

Wenn du mir keine Frage stellen möchtest (aber du siehst ja die Lage) ... machen wir uns lieber an die *Savitri*-Übersetzung.

(Schweigen)

Es ist ein Teufelskreis. Man hat den Eindruck, daß die Transformation nicht ohne eine Entwicklung oder allgemeine Empfänglichkeit auf der Erde stattfinden kann, und gleichzeitig ist diese größere Vorbereitung auf der Erde nicht ohne eine Beschleunigung deiner transformierenden Kraft möglich.

Ja, doch, sie wirkt, nur ist es eine unendlich kleine Aktion. Deshalb bedeuten die Jahrmillionen gar nichts. Diese Stagnation zum Beispiel existiert nur für unser Bewußtsein; denn das menschliche Bewußtsein bemißt alles nach seinem Maßstab. Die Geschichte der Erde erscheint ihm wie eine Unendlichkeit – in der universellen Geschichte ist sie das nicht, aber das menschliche Wesen hat den Eindruck einer

25. SEPTEMBER 1965

Unendlichkeit (es weiß sehr wohl, daß dem nicht so ist, aber das ist nur ein theoretisches Wissen), und nach seinem Maßstab rührt sich nichts – aber das stimmt nicht.

Trotzdem müßte es in der Zeitspanne eines einzigen Lebens geschehen.

Oh, das ...

Dafür käme nur das letzte Leben in Frage – das letzte Leben vor der Transformation. Es wäre das Leben der Transformation. Das heißt, alles, was seit Millionen und Abermillionen von Jahren vorbereitet wurde, wird sich eines schönen Tages erfüllen, und wenn es sich dann erfüllt, wird derjenige (oder diejenige oder diejenigen oder wer auch immer), der es erlebt, sagen: „Jetzt haben wir es geschafft"! *(Mutter lacht)* Und sie vergessen dabei, daß diese Minute während Jahrmillionen vorbereitet wurde!

Es wäre schön, wenn diese Minute bald käme.

Ach, das ist genau das Lied, das ich dauernd zu hören bekomme: „Sie sagen, daß die Wahrheit sich manifestiert, nun, wir hoffen wirklich, daß sie den Sieg bald erringt"!

Ich weiß nicht.

Als ich Sri Aurobindo zum ersten Mal traf, sagte er mir: „Die anderen kamen, um die Dinge vorzubereiten, und gingen wieder, aber diesmal wird es GETAN." Und auch er ist gegangen.

Er ist gegangen. Zwar sagte er mir: „Du wirst es vollbringen", aber er hat nie ... Allein er sagte mir dies, und dazu sagte er es „einfach so", wie er die Dinge eben sagte. Es war nicht etwas, das einem eine absolute Sicherheit gab ... Er hatte ja diese Macht: Wenn ich ihm etwas sagte und er antwortete: „So wird es sein", dann WAR es so (etwas, das ich verwirklicht sehen WOLLTE, nicht etwas, das bereits war). Wenn er sagte: „Ja, so ist es", dann WURDE es so. Das erste Mal, als dies geschah, war es für mich unglaublich beeindruckend. Doch im allgemeinen betraf es Details. Als er mir aber sagte: „Du wirst es tun", geschah es nicht auf diese Art – es hätte auch sein Wille sein können, die Sache durchzuziehen.

Ich kann nicht sagen, daß ich mir die Frage stelle, denn das ist nicht der Fall, ich stelle sie nicht, aber die beiden Möglichkeiten bestehen fort *(abwägende Geste)*; jedenfalls ist die Antwort nicht klar. Zuweilen habe ich die Vision, daß es aus ist (eine sehr konkrete Vision dessen, was ich tun will), dies erscheint aber vor einem Hintergrund vollständiger Ungewißheit; und eine Minute später zeigt sich die Möglichkeit, bis zur vollständigen Verwirklichung der Transformation zu gelangen, verbunden mit der klaren Vision dessen, was zu tun ist, aber vor einem Hintergrund ... Im Hintergrund steht nicht die Gewißheit, daß es so sein WIRD – weder im einen noch im anderen Fall. Ich weiß, daß es absichtlich so ist, weil das für die Arbeit der Zellen notwendig ist. Wenn ich zum Beispiel die Anweisung des Höchsten bekäme (es kommt vor, daß ich sie klar erhalte, so klar wie ...), wenn ich von Ihm die Gewißheit erhielte, daß dieser Körper trotz aller äußeren Anzeichen des Weges und trotz aller Schwierigkeiten bis zur Erfüllung der Transformation gelangen wird, nun ja, dann würde dies irgendwo zu einer Erschlaffung führen, die sehr schädlich wäre. Ich weiß dies selbst, ich weiß das sehr wohl. Folglich ist es so: ich gehe weiter und weiß nicht, was morgen geschieht. Gestern hätte ich sagen können: „Ja, vielleicht geht es mein Ende." Wie es schien, hat X[1] dies liebenswürdigerweise den Leuten gesagt, die zu ihm kamen; er behauptete, mir bliebe nur noch ein halbes Jahr – *(lachend)* das ist eine seiner typischen „Vorhersagen". Mit der gestrigen Erfahrung könnte ich sagen: „Das ist schon möglich." Weißt du, mit dieser vollkommenen Indifferenz: Das ist schon möglich. Mit einem Zitat von Sri Aurobindo: „Nichts kann den Glanz des Bewußtseins der Ewigkeit trüben", das ist es. Und wenn dieser Zustand vorbei ist und der andere kommt, sagt man: „Was bedeutet es zu sterben? Was soll das heißen? Wie kannst du so etwas sagen?" Es ist auch nicht so, daß sich die beiden Zustände abwechseln ... (wie soll ich sagen?) als Gegensätze – keineswegs, sondern sie sind beinahe simultan *(Mutter verflechtet die Finger ihrer rechten Hand mit denen der linken),* aber mal sieht man das eine, mal das andere. Es ist jedoch das gleiche Ganze ... etwas, das die Wahrheit ist, nur noch ein wenig unklar – sie ist noch nicht voll erfaßt *(Geste).*

Das ist der Normalzustand, aber offensichtlich wird er weiter ausgearbeitet, aufgebaut und geformt.

Und das ist sehr weise. Die höchste Weisheit ist unendlich größer als die unsrige! In unserem Enthusiasmus denken wir manchmal: „Oh, wenn es so wäre!" *(Mutter gibt sich eine kleine Ohrfeige)* „Sei ruhig!" Das ist alles.

Wir sind sehr verworren.

Ja, es fällt einem schwer zu verstehen, daß die Weisheit STÄNDIG *weise ist.*

Es fällt einem sehr schwer zu verstehen, daß der Höchste ständig alles tut.

So ist es.

---

1. Der Tantra-Guru.

Wir sind nur verwirrte Dummköpfe *(lachend)*, die es sich anders wünschen, weil wir nichts, aber auch gar nichts verstehen!

Etwas beginnt, ein wenig weiser zu werden. Ich sagte es dir, nach einer Nacht wie gestern ist man ein wenig weiser, und morgens ... ist man etwas weiser. Man hat dann so etwas wie ein sehr, sehr materielles Gefühl, daß Er es ist ... Denn wir denken: „Oh, wenn wir nur selber ... (wir sprechen es nicht so direkt aus, aber ...), dann wäre alles ganz schnell sehr gut", nicht wahr? Und dieses „sehr gut", Gott weiß, was das wäre!

Gestern oder vorgestern, ich weiß nicht (ich glaube, es war vor zwei Tagen), da fühlte ich überall Schmerzen, und es bedurfte einer ständigen Anstrengung, um ein akzeptables Gleichgewicht aufrechtzuhalten. Dann legte ich mich einen Augenblick hin, und der Körper sagte: „Oh *(lachend)*, nimmt das denn kein Ende? Wird es immer so sein?" Daraufhin hatte er plötzlich die Wahrnehmung: „Ach, wie feige ich bin!" Er schämte sich seiner. Und er fühlte *(Mutter drückt die Hände gegen ihr Gesicht)* hier innen, überall die Gegenwart des Herrn – überall, eine solche Gegenwart!... Eine strahlende Macht, aber weißt du, eine strahlende Macht, die auch zerstören kann. *(Mutter lacht)* Sie kann einen vollkommen auflösen – „Was, du bist nicht zufrieden? Du möchtest etwas anderes?" Oh!...

Er bittet um nichts.

Das nenne ich Aufrichtigkeit: Wenn man sich in jeder Minute dabei ertappen kann, der alten Dummheit anzugehören.

Es geschieht genau deshalb, damit man das sieht. Man interpretiert es auf mentale Weise, aber es ist, als wolle Er einem sagen: „Siehst du, die Dinge sind so, damit du verstehst, andernfalls würdest du nicht verstehen." Und das ist so wahr, daß man nichts darauf erwidern kann.

„Du [der Körper] brauchst das, um zu verstehen."

29. September 1965

Es geht, oder nicht?

Ich glaube ...

Du bist überrascht, daß ich sage, „es geht"? *(Mutter lacht)* Es geht: Ihre Scheinheiligkeit liegt offen zutage, keiner kann sie jetzt noch übersehen.[1]

Ich erhalte gute Hinweise.

Sie kämpfen weiter.

Sieh, wieder ein neues Papier! *(Mutter reicht Satprem ein Zitat aus einem Brief von Sri Aurobindo)* Das ist sehr interessant:

> „Zum Beispiel ist Indien frei, und seine Freiheit war notwendig zur Verwirklichung des göttlichen Werkes. Die Schwierigkeiten, die es jetzt bedrängen und die sich eine Zeitlang verstärken werden, besonders was die verwickelte Lage mit Pakistan betrifft, waren ebenfalls Dinge, die kommen mußten, um bereinigt zu werden ... Auch da wird es zu einer vollständigen Klärung kommen, obgleich in diesem Prozeß bedauerlicherweise großes menschliches Leid unvermeidbar sein wird. Danach wird die Arbeit für das Göttliche besser zu verwirklichen sein, und es ist gut möglich, daß der Traum (sofern es ein Traum ist), die Welt in das spirituelle Licht zu führen, Wirklichkeit wird. Deshalb bin ich nicht geneigt, sogar jetzt in dieser finsteren Lage, meinen Willen, der Welt zu helfen, als aussichtslos zu betrachten."
>
> Sri Aurobindo
4. April 1950

Ist das nicht ausgezeichnet?

Ja, man hat den Eindruck, daß diese Geschichte mit Pakistan symbolisch ist, und solange das nicht geregelt ist, Indien seine Rolle in der Welt nicht erfüllen können wird.

So ist es.

Und durch dieses Symbol muß das Trugbild von Gandhis Indien mitsamt all seinen Irrtümern weggefegt werden.

---

[1]. Abgesehen von Pakistans Verstößen gegen den Waffenstillstand macht Mutter hier wahrscheinlich eine Anspielung auf eine Erklärung aus Delhi, daß Indien den 1954 von Nehru unterzeichneten Vertrag, in dem Indien die Oberhoheit Chinas über Tibet anerkannte, für ungültig erklärt. (Diese „Erklärung" hat jedoch nicht lange gehalten.)

29. SEPTEMBER 1965

Ja, genau.

Du sagtest, du hättest Hinweise bekommen?

Materielle Hinweise: Briefe, Leute, Dinge ... Ich kann darüber nicht sprechen.

Eine politische Bewegung.

Die Botschaft *(Indien ist* EINS*)* gelangte fast überallhin und wurde akzeptiert.

Es ist besser, nicht darüber zu sprechen.

Alle werden froh sein, wenn das geregelt ist ... denn dieses Land ist wirklich liebenswert.

Es ist prädestiniert.

Es gibt kein anderes Land wie dieses – es ist wahr, daß es keine zwei gleichen Länder gibt, aber die anderen sind irgendwie alle unterschiedlich auf einer gleichen Ebene, während Indien etwas ganz Besonderes ist, das nur hier existiert.

Es ist etwas, das man mit der Atmosphäre des Landes einatmet.

Diese Erfahrung hatte ich sehr intensiv. Als ich von hier wegging, fühlte ich mich, je weiter ich mich entfernte, wie entleert von etwas, und im Mittelmeer konnte ich es kaum mehr aushalten: ich wurde krank. Sogar in Japan, das von außen betrachtet ein wunderbares Land ist – bewundernswert schön, harmonisch (es WAR so, ich weiß nicht, wie es jetzt ist), und äußerlich herrscht eine ständige Freude, eine unglaubliche Freude, so sehr kam dort die Schönheit zum Ausdruck –, aber ich fühlte mich leer, leer, leer, mir fehlte absolut ... *(Mutter öffnet den Mund, als ob sie erstickte)* ... mir fehlte das Wesentliche. Ich fand es erst wieder, als ich hierher zurückkehrte.

Oktober

10. Oktober 1965

Und deine Nächte?

(Satprem zeigt sich zutiefst angeekelt)

Ach, nachts tut sich eine ganze Arbeit! Oh ... all die kleinen unbewußten Abläufe der Gewohnheiten, mit all ihren Bedeutungsnuancen im allgemeinen Bewußtsein, und was sehr interessant ist, entsprechend ihrer Einstufung zeigt sich das ganze Spektrum. Letzte Nacht präsentierte sich eine ganze Skala, angefangen von den kleinsten Manien, die natürlich sehr oberflächlich und einfach nur Gewohnheiten sind, bis hin zu den Leuten, die wahre Maniker oder Halbverrückte sind – das gesamte Spektrum aller Abläufe. Dabei stellte sich heraus, daß es lediglich eine Frage der Dosierung ist: wir gehören alle derselben Substanz an! Das war auf eine so konkrete Weise zu sehen, wirklich interessant. Und abschließend sah man, wie jedes Element unter den direkten Einfluß der höchsten Kraft und des höchsten Bewußtseins gebracht werden konnte, um so die zwangsläufige Verkettung der Gewohnheiten zu brechen. Das war überaus interessant.

All dies sind Dinge, die man als „unbedeutend" betrachtet, aber in ihrer ganzen Masse verhindern gerade diese unscheinbaren Dinge die physische Transformation.

Gerade weil es SCHEINBAR winzige Dinge sind, die z.B. gedanklich betrachtet überhaupt keine Bedeutung haben und als belanglos gelten, stellen sie die schlimmsten Hindernisse dar.

Wenn das Bewußtsein verfälscht ist, muß man es natürlich erst berichtigen, das ist klar; ich spreche hier aber vom erleuchteten Bewußtsein jener, die in der Wahrheit leben, die von Aspiration erfüllt sind und sich wundern, warum diese inbrünstige Aspiration so armselige Resultate erzielt. Jetzt weiß ich warum. Das Resultat ist armselig, weil man den ganz kleinen Dingen der unbewußten Mechanik nicht genügend Bedeutung beimißt, und so kommt es, daß man zwar im Denken frei, in den Gefühlen und sogar in den Impulsen frei ist, physisch aber ein Sklave bleibt.

All das muß unablässig aufgelöst werden.

Wenn die Zellen guten Willens sind ... „Guten Willens" bedeutet für mich, wenn sie ihre Aufmerksamkeit auf die höchste Kraft richten (oder auf die höchste Präsenz oder die höchste Existenz, was auch immer die Worte sein mögen) – sowie sich ihre Aufmerksamkeit auf DAS richtet, stellt sich eine strahlende Freude ein. „Das ist es! Das ist es!" Ein Ausbruch der Freude in den Zellen, die nicht nur guten Willens sind, sondern geradezu nach Wahrheit dürsten. Dann aber ... setzen die alten Gewohnheiten wieder ein. Die Zellen sagen (das wiederholt sich regelmäßig, tausendmal am Tag): „Man braucht doch nur zu wollen" oder „Man braucht nur danach zu streben" oder „Man braucht nur daran zu denken" (aber kein „denkendes" Denken), „Man braucht nur seine Aufmerksamkeit darauf zu richten". – „Oh, wie wahr!" Einfach so. „Oh, welch eine Freude!" Aber dann, brff! tauchen wieder alle alten Gewohnheiten auf. Es ist wirklich phantastisch.

Die Furcht vor dem Unbekannten ist gewichen (der Zweifel ist schon seit langem verschwunden), die Furcht vor dem Unbekannten, dem Neuen, dem Unerwarteten ist gewichen; es bleibt nur noch der Mechanismus der Gewohnheit. Der aber klammert sich fest, oh, wie er klebt!...

Irgendwann wird er weichen.

Von Zeit zu Zeit (selten genug) zeigt sich versuchsweise ein kleiner Funken wahren Bewußtseins, das verursacht aber noch ... *(Geste des Aufruhrs und Tumults).* Noch wird es nicht im höchsten Frieden empfangen und manifestiert, also zieht es sich wieder zurück.

Früher (vor der Arbeit an den Zellen) gestattete gerade diese ungeheure Masse von Tamas [Trägheit], die noch im Körper steckte, daß er ruhig blieb und sich nicht erschüttern ließ, wenn die Kraft herabkam. Das antwortete nicht, und so blieb alles ruhig. Jetzt aber antwortet es.

Da wird einem klar: Wenn sich diese ganze Macht, diese ungeheure Kraft manifestierte – die ja bewußt ist, die bewußt existiert –, oh! *(Mutter lacht)* Man kann sich vorstellen, wie dann alles zu tanzen anfinge und in die Luft ginge!

Man muß geduldig sein, das wiederhole ich mir hundertmal, tausendmal am Tag: man muß sich gedulden.

(Lachend) Du bist nicht zufrieden?

> *Nein!*

Das sehe ich sehr wohl! *(Mutter lacht)* Du bist ganz und gar nicht zufrieden. Was tun?...

13. Oktober 1965

Überall ist Sand im Getriebe. Alles knirscht.

(Schweigen)

Wie es scheint, ist in Pondicherry eine neue Krankheit ausgebrochen. Ärzte aus verschiedenen Teilen Indiens sind hier angereist, um sie zu studieren. Es handelt sich um eine Art Paratyphus – alle sind krank. Hast du dich noch nicht angesteckt? Nein. Du hast gut daran getan! *(zu Sujata:)* Du auch nicht? Gut.

Auch das ist eine Art des Knirschens. Es gibt noch andere Arten, aber die sind sehr ordinär: das Ego des einen reibt sich am Ego des anderen – das verursacht immer ein Knirschen.

Resultat: meine Nächte sind vollbeschäftigt, und zwar nicht auf die angenehmste Art.

(Schweigen)

Aber der Herr lächelt, so denke ich, daß es nicht allzu ernst ist.

Er lächelt ... Er nutzte die Gelegenheit für eine praktische und sehr wirksame Demonstration: eine Demonstration eines selben Schwingungskomplexes (der in äußeren und inneren Situationen zum Ausdruck kommt), einmal mit dem Bewußtsein Seiner Gegenwart und einmal ohne das Bewußtsein Seiner Gegenwart. Das ist ungeheuerlich, unglaublich! Alles ist genau gleich – angefangen von den Gedanken, den Gefühlen, den Empfindungen, den Umständen bis hin zum Allgemeinzustand, dem gesamten Schwingungskomplex – einmal mit dem Bewußtsein Seiner Gegenwart und einmal im Vergessen derselben. Mit Vergessen will ich nicht sagen, sie sei weit weggedrängt worden, nein, nichts dergleichen: einfach vergessen (mit anderen Worten: der gewöhnliche Zustand der Welt), vergessen. Der Unterschied ist unglaublich, einfach unglaublich!

Es dauerte ziemlich lange *(Geste einer sehr schnellen Hin-und-Her-Bewegung vom einen Zustand zum andern: das Bewußtsein Seiner Gegenwart und das Vergessen Seiner Gegenwart)*, wie eine Demonstration. Und mit diesem Lächeln ... Wenn ich sage: „Der Herr lächelt", bedeutet das etwas Besonderes; nicht, daß ich ein lächelndes Gesicht sähe, sondern es ist ... eine solare Schwingung ... Dagegen wirkt selbst die Sonne blaß, eintönig, kalt, fast schwarz. Aber dann verschwindet „das" wieder ... *(gleiche Geste)* einmal ist es gegenwärtig und einmal abwesend.

Jenen Menschen, die sich in Zukunft manifestieren werden, die dann leben, wenn sich alles verwandelt hat, wird das Erstaunen über diese Gegensätzlichkeit fehlen.

Man kann nicht anders, als entzückt zu staunen! (Wie läßt sich das ausdrücken?) Eine Art Lachen – ein sonniges Lachen –, erfüllt von einer Intensität der Liebe und ... ja, ohne Zweifel ist dies das Ananda, das wahre Ananda.

(Dieselbe Geste) So oder so, so oder so ...

Vorhin sagte ich dir, daß alles knirscht: das entspricht genau dem Zustand der Welt OHNE das Bewußtsein Seiner Gegenwart. Selbst wenn die Menschen zufrieden sind und meinen, die Dinge gingen gut, selbst wenn die Umstände sich sozusagen als günstig erweisen und alles gutgeht und man sich wohl fühlt, wenn menschlich gesehen alles bestens verläuft, knirscht es dennoch fürchterlich im Vergleich zum anderen Zustand.

Man kann nur noch lächeln. Anstatt betrübt zu sein, weil der eine schlecht gelaunt und der andere zornig ist, die Dinge nicht gelingen, die Leute sich streiten, die Elemente Orkane heraufbeschwören – anstatt darüber traurig zu sein, kann man nur lächeln. Man kann nur lächeln, denn es ist alles dasselbe, ob gut oder böse, ob hell oder dunkel – es ist alles dasselbe, und alles knirscht im Vergleich zu „dem". Die Erfahrung, die man machen kann, wenn man hinaufsteigt, um Ihn da oben zu finden, ist nicht dieselbe, denn dort hat man den Eindruck: „Ja, hier oben ist alles ausgezeichnet", wenn man aber wieder herkommt, ist es schrecklich. Davon spreche ich nicht, sondern es geht um die Erfahrung HIER UNTEN: wie die Welt sein SOLLTE. Das, was sie sein sollte, was sie selbstverständlich sein wird ... wenn die Menschen es endlich zulassen.

Sie hängen sehr an ihren Reibungen, ja, sie klammern sich daran. Sie haben nicht das Gefühl zu leben, wenn es nicht ordentlich knirscht.

Aber sie wissen das nicht.

Manchmal gibt es in der individuellen oder kollektiven Evolution Zeiten, wo man aus dem Knirschen herauskommt, das heißt, man glaubt nicht mehr daran, man glaubt nicht mehr an die Wahrheit, die Bedeutung, die Wirklichkeit dieser Dinge, besitzt aber noch nicht das andere, und zwischen diesen beiden ist es ... karg, eintönig und kalt. Man empfindet nicht mehr den Reiz des einen und noch nicht die Freude des anderen; man hängt dazwischen, und das ist ein wenig öde. Aber nur eine kleine Anzahl von Individuen erreichen dieses Stadium – es sind die Leute, die sagen: „Diese Welt will ich nicht", und dann gehen sie weg.

Das andere, ja ...

Eines wird jedenfalls klar: Wenn das andere konstant wäre, beständig würde, ach!...

Man kann es aber nur fühlen, wenn man sich nicht mehr selbst betrachtet, das heißt, wenn man NICHT DAS GEFÜHL HAT, ES ZU FÜHLEN. Darin liegt die große Schwierigkeit, denn sobald es kommt, möchte ein Teil in uns es fühlen, und damit fällt man augenblicklich ins Knirschen zurück. Man kann es sich nicht vergegenwärtigen, denn sonst ist es schon nicht mehr das. Ach, dann ist es schon verdorben!

In einer Strophe von *Savitri* heißt es frei übersetzt:

Mache dich selbst zum Nichts, damit allein Gott sei![1]

Die Übersetzung ist sehr frei, aber so lautet die Idee. In jenem Zustand kann „das" existieren. Offensichtlich löst sich der Körper dabei nicht auf *(Mutter berührt ihren eigenen Körper)*, er ist da, wie du siehst!

(Schweigen)

Dies ist das EINZIGE unfehlbare Mittel, um die Harmonie im Körper herzustellen [dieses Lächeln der Gegenwart]. Alles übrige, alle Vorsichtsmaßnahmen, alle Heilmittel, all das erscheint so nichtig, so vergeblich ... und unangemessen! Dies ist das einzige – für alles, alles.

Ich konnte noch keinen Beweis einer Wiederherstellung von etwas erbringen, das verschwunden (amputiert oder gebrochen) ist, darüber kann ich also nicht urteilen, aber logischerweise müßte es auch da gelten.

Wir werden darauf zurückkommen, wenn der Beweis erbracht ist.

16. Oktober 1965

Mich überkam gerade ein Ausbruch der Empörung. Denn all die Leute meiner Umgebung, die vorgeben, nur das zu wollen, was ich will, sind dem Anschein nach zwar durchaus ergeben, doch ihr Instinkt zieht sie fast ausnahmslos genau in die entgegengesetzte Richtung. Wenn ich zum Beispiel jemanden hier empfange, dann sehe ich, wie er ist, was er zu tun fähig ist, usw. Wenn ich sehe, daß es sich um

---

[1]. *Annul thyself that only God may be.* (VII.VI.538; dt. Ausgabe S. 552)

einen Menschen handelt, auf den man sich nicht verlassen kann, sagt ihnen ihr Instinkt jedoch: „Oh, was für ein wunderbarer Mensch!" Ihr INSTINKT reagiert so, das heißt, die spontane Regung ihres Wesens widerspricht ständig meiner Erkenntnis.

Das bedeutet ... Ich kann das nicht direkt als Heuchelei bezeichnen, es ist eine rein mentale Einstellung, die nicht mit dem Bewußtsein des Wesens übereinstimmt. Für mich gibt es nämlich ein sehr sicheres Zeichen: Wenn ich jemandem nichts sage (das heißt, wenn ich mich keines mentalen Mittels bediene), aber sehe, daß seine Empfindung, sein Eindruck, sein Bewußtseinszustand mit dem meinigen harmonieren, dann weiß ich, daß es gut geht. Wenn mir diese Person sagt: „Ja, ich will, was du willst", dann ist es wahr. Wenn es aber nur eine rein oberflächliche mentale Haltung ist, und man nur nach außen hin nachplappert: „So ist es", weil ich es gesagt habe, während innerlich alles brodelt und man es ganz anders empfindet ...

Wenn zum Beispiel aufgrund eines bestimmten Problems eine Entscheidung getroffen werden muß und man mir das Problem unterbreitet, antworte ich nicht sofort auf materielle Weise, sondern übermittle die Antwort so *(Geste einer inneren Kommunikation)*. Dann warte ich ab, und siehe da, es kam vor (ziemlich selten, aber immerhin), daß mir die Person schrieb: „Ich habe die Antwort erhalten: es ist dies und das." Dann sage ich: „Gut!" Wenn ich aber Worte schreibe und sie diese dann nachplappern, nur weil ich sie verwendet habe, beweist das gar nichts, außer daß sie einem künstlichen Gehorsam unterliegen.

Ich rede erst gar nicht von den Leuten, die sofort das Gefühl haben: „Oh, Mutter irrt sich"; ich spreche nur von denjenigen, die wirklich guten Willens sind, die aber bis hierher *(Geste zum Mund hin)* und sogar bis dahin *(Geste zur Stirn hin)* von Unwissenheit und Lüge erfüllt sind und nur den Mantel eines angelernten, aber keineswegs gefühlten Wissens darüberstülpen ...

Wie soll sich die Welt auf diese Weise je ändern? Das ist nicht möglich.

Nein, ich rede nicht von der enormen Masse jener, die von vornherein überzeugt sind, daß ich mich ständig irre, die aber dennoch sagen: „Ach, die arme alte Dame, man darf ihr nicht widersprechen". Ich meine jene, die in ihrem Mental guten Willens sind – sie tragen eine Maske guten Willens, aber die inneren Schwingungen gehören noch der Welt der Lüge an.

*
* *

16. OKTOBER 1965

*(Kurz darauf über einen neuen Schüler aus Frankreich,
der um ein Foto von Sri Aurobindo bat.)*

Wir werden ihm ein schönes Foto von Sri Aurobindo senden. Welches Foto?...

Falls er christlich erzogen wurde, wäre das Jugendbildnis das richtige, darin sehen sie sofort einen Christuskopf! Alle ... Erst vorgestern wollte ein Amerikaner, ein Maler, der gerade hier ist und Sri Aurobindos Bücher gelesen hat, nach den Fotografien von Sri Aurobindo ein Porträt malen (er hat ihn nie gesehen) – es ist das gleiche wie mit der Büste in Sri Aurobindos Zimmer[1]! Alle verfallen auf einen schmalgesichtigen, mystischen Sri Aurobindo *(Geste zur Stirn hin)*, mit einem länglichen mystischen Antlitz, nur weil sie nicht imstande sind, aus ihrem Christentum herauszutreten. Für sie bedeutet Macht und alles, was Macht zum Ausdruck bringt, oh ... *(Geste heftiger Abneigung)*.

Ich wollte es dem Amerikaner sagen ... Für sie hat das spirituelle Leben ein Opfer zu sein: es ist der Gott, der sich opfert, jener, der allen irdischen Freuden entsagt und seine Existenz opfert, um die Menschen zu retten. Davon kommen sie einfach nicht los!

Ihnen muß man das Jugendbildnis senden, wie das in der Empfangshalle. Damals war er gerade aus seiner asketischen Periode herausgekommen, und deshalb hatte er noch ein längliches Gesicht.

Das Foto im Sessel wurde zu einem späten Zeitpunkt aufgenommen, als er bereits zu fühlen begann, daß ... die Welt nicht bereit war, bis ans Ziel zu gelangen. Hier liegt schon der Ausdruck des Schmerzes auf seinem Gesicht.

Aber das andere Foto ist gut. So lernte ich Sri Aurobindo kennen: das Foto im Profil, wo er sehr mager ist, war gerade aufgenommen worden. Und die Fotografien von Cartier-Bresson datieren aus dem Jahr 1950.

Schade, daß es keine früheren Aufnahmen gibt.

Oh, er hätte sich niemals fotografieren lassen!

Aber als ich das Foto *(von Cartier-Bresson von 1950)* und diesen Ausdruck sah ... In meiner Anwesenheit zeigte er sich nie so; nie hat er das gezeigt. Nur hier. Ich war nicht im Zimmer, als dieses Foto aufgenommen wurde, plötzlich (er saß da) ließ er sich gehen. Als ich

---

1. Diese Bronzebüste stammt von einer deutschen Bildhauerin (Elsa Fraenkel) und wurde 1958 auf Wunsch der Schüler in Sri Aurobindos Zimmer aufgestellt (man fragt sich, warum es an diesem Ort einer Büste mit einem darauf gerichteten goldenen Scheinwerfer bedurfte).

das Foto sah (sie wurden uns viel später zugesandt, wir mußten sie erst schriftlich verlangen), war ich sprachlos! Dieser Ausdruck ...

Ich habe ihn immer mit einem vollkommen friedlichen und lächelnden Gesicht gesehen, und vor allem war sein vorherrschender Zug der Ausdruck eines tiefen Mitgefühls, der alles andere überwog. Ein so friedliches, ruhiges Mitgefühl, einfach wunderbar.

20. Oktober 1965

(Satprem hatte in einem Brief darüber geklagt, daß er nie Erfahrungen habe und insbesondere daß er Sri Aurobindo nie sehen konnte, außer einmal vor elf Jahren, und daß selbst Mutter ihm gesagt hatte, auch sie sehe ihn nur selten. Am Schluß schrieb er: „Ich frage mich, was ich hier eigentlich tue?")

Nur keine Bange, ich werde dich nicht fressen!

(abwehrende Geste von Satprem)

Sag mir, hast du dem nichts hinzuzufügen? Hat sich nichts ereignet, seitdem du mir geschrieben hast?... Nichts. Befindest du dich noch immer im gleichen Zustand?

Etwas ruhiger.

Aha!

Aber es ist derselbe Zustand, denn so geht es nun schon seit langem. Schon lange sage ich mir: „Was soll das?..." Ich begreife es nicht. Ich empfinde eine gewisse Frustration oder ...

Das ist die egoistische Entstellung der Aspiration.

Es ist eine enge Nabelschau, die nach Befriedigung dürstet. Ich sage dir das unverblümt, denn es nützt nichts, darum herumzureden.

(Schweigen)

Als du im Krankenhaus warst, befand ich mich mehrere Nächte lang in einer ständigen Konzentration, um ... Intellektuelle würden diese Vorgehensweise als kindisch bezeichnen, mir aber erscheint sie als die beste: ich wende mich an den Herrn und bitte Ihn mit

20. OKTOBER 1965

der ganzen Inbrunst meines Bewußtseins. Genauso bat ich Ihn, dein Leben, das in Gefahr war, zu retten, mit dem Wissen um die Ursache und darum, was dich heilen würde. Ich ließ erst davon ab, als eine Art Gewißheit eintrat, daß es gutgehen würde.

Vor nicht allzu langer Zeit, vielleicht vor ein paar Wochen, sah ich klar, daß etwas nicht in Ordnung war, aber ich ließ nicht locker und hoffte, daß es nur eine aus dem Unterbewußtsein aufwallende Erinnerung sei ...

Das darf nicht mehr sein, mein Kind! Du bist über dieses Stadium hinaus. Hier hast du es wirklich mit einer Dunkelheit zu tun, der du nicht mehr angehörst. Sie ist NICHT deine Natur, sondern etwas, das deiner Natur aufgezwungen wurde – aufgrund vieler, vieler Dinge. X sagt, daß es aus einem früheren Leben herrühre, aber diese Geschichten ... Ich sehe sehr wohl gewisse Dinge, aber sie haben keine besondere Bedeutung. Wenn man sich im wahren Licht befindet, ist es relativ leicht, alle diese Dinge zu klären.

Du mußt das abschütteln, mein Kind! Du mußt. Du warst und bist noch immer irgendwo in deinem Wesen im vollen Licht. Ich habe dir bereits gesagt, daß ein enger Zusammenhang zwischen Sri Aurobindos Licht und deiner schriftstellerischen Ausdrucksfähigkeit besteht. Das darfst du nicht vergessen.

Ich vergesse das nicht.

Außerdem ist da all das, was ich dir kürzlich über diese Phase in der Entwicklung sagte, aufgrund der äußerlich ... Ja, ich bekomme von allen Leuten zu hören: „Warum ändern Sie das nicht? Warum befreien Sie mich nicht davon? Warum räumen Sie mir das nicht aus dem Weg?..." Im Augenblick ist mir nicht die Macht gegeben, sofort auf die Dinge einzuwirken. Ich weiß nicht warum. Aber jedesmal, wenn es nötig ist einzugreifen, übergebe ich alles dem Herrn und sage Ihm: „Tue Du es".

(Schweigen)

Ich sehe sehr wohl, daß es eine Entstellung der Aspiration ist. In deinem Bewußtsein – deinem materiellsten Bewußtsein – herrscht der Eindruck, es sei eine Aspiration, eine unerfüllte Aspiration, wie du es selbst nennst, aber du hast nicht begriffen, daß du genau aufgrund der Entstellung deiner Aspiration die Antwort nicht spürst, obgleich sie da ist – und nicht nur die Antwort, sogar eine Aktion.

Ich spreche von einer Erfahrung, die mich ... eine Erfahrung, die wie eine Wärme im Herzen wäre – wenn ich ihn nur sähe, ja, hätte ich doch wenigstens die Erfahrung, ihn zu sehen ...

Ihn zu sehen? Mit welchem Teil deines Wesens? Du kannst ihn nicht physisch sehen.

Ich sehe ihn nie. Ich habe dir gesagt, daß ich ihn nur ein einziges Mal vor elf Jahren gesehen habe.

Manche Leute haben ihn noch nie gesehen, seitdem er physisch gegangen ist. Aber es ist nicht notwendig, ihn zu sehen, um seine Gegenwart zu spüren.

Ja, aber ihn zu „spüren" ist wie eine unpersönliche Kraft, es ist nicht lebendig. Das, worum ich dich bitte – worum ich bat –, ist die Wärme von etwas, das lebt, das präsent ist: keine „Kraft", die herabkommt. Ja, ich weiß sehr wohl, daß „Die Kraft" existiert. Aber etwas, an das man sich wenden, an das man sich erinnern kann, weil es etwas Lebendiges, Menschliches, Nahes ist, etwas, das man sieht.

Es geht nicht darum zu sehen, sondern zu spüren.

Aber doch!... „Spüren", da kann man sich ja egal was einbilden und spüren.

Aber nein, es ist keine Frage der Einbildung.
Du bist noch schrecklich von deinem Körper abhängig.

Man lebt schließlich in einem Körper, oder?

Ja, ich ebenfalls!

Etwas, das man liebt, ist etwas, das einem sehr nahe ist.

(langes Schweigen)

Im Grunde beklagst du dich darüber, daß du nicht lieben kannst.

Ja, aber natürlich! Ja!

Nicht lieben zu können. Nicht für die Liebe offen zu sein. Aber das hängt von nichts außerhalb deiner selbst ab. Es hängt ausschließlich von dir ab.

Wenn ich von „sehen" spreche, meine ich damit das.

Sehen ... Sehen, es geht nicht ums „Sehen"! Es ist keine Frage des Sehens. Man kann sehen und trotzdem nicht lieben. Daran liegt es nicht. Es ist eine Tür, die noch verschlossen ist.

Du sprichst von sehen, weil du noch hier zu lieben versuchst *(Mutter deutet an die Stirn)*. Du weißt es nicht, aber ich weiß es. Du versuchst, hier zu lieben, und so sprichst du von sehen. Aber man liebt nicht hier. Man braucht jemanden nicht zu sehen, um ihn zu lieben. Das ist nicht wahr.

Wenn mich jemand fragt: „Hast du den Herrn gesehen?", dann kann ich nicht auf menschliche Art sagen, ich hätte den Herrn gesehen. Dennoch ist Er da, ja! Er ist da, und Er ist die vollkommene Liebe. Er ist da, und Er ist die vollkommene Macht.

Er ist da, und Er ist die Essenz der wahren Liebe, und ohne diese Schwingung weiß man nicht, was es heißt zu lieben, man ist unfähig dazu. Solange man nicht alle egoistischen, persönlichen Begrenzungen zurückweist, kann man Ihn nicht lieben.

27. Oktober 1965

Ich habe dir etwas Interessantes zu erzählen ... Sri Aurobindo trat aus seiner Meditation heraus und begann zu „spielen".

Heute nacht gegen zwei Uhr dreißig kam ich dort an, wo ich ihn immer antreffe, im Subtilphysischen, und dort stieß ich auf eine Menschenmenge, Tausende von Leuten. Kurz bevor ich ankam, begegnete ich jemandem, der wohl ein ehemaliger Politiker aus der Zeit der Revolution gewesen sein muß, als Sri Aurobindo Politik betrieb. Natürlich ist er inzwischen tot, aber er war da und erklärte mir jubelnd (auf englisch): „Sri Aurobindo ist aus seiner Meditation herausgetreten, er fängt an zu spielen!" Tatsächlich hatte man den Eindruck, als würden alle voller Eifer spielen ...

Ich überquere den Hof (ich durchquere sogar ein Zimmer, wo sich noch meditierende Leute befanden, und sie waren erstaunt, daß ich einfach so eintrat – ich sagte ihnen: „Beunruhigt euch nicht, ich will euch nicht stören."). Daraufhin fand ich Sri Aurobindo, der gerade spielte – sehr jung und stark, amüsiert und fröhlich, und er spielte. Er spielte mit etwas, das man nicht beschreiben kann. Er spielte und spielte ... Da kam derselbe Herr, den ich am Eingang gesehen hatte, und flüsterte mir ins Ohr: „Er hat viel damit gespielt ... *It is worn out*, es ist ein wenig abgegriffen, ein wenig verbraucht." Ich ging etwas näher heran, und Sri Aurobindo, der es gehört hatte, sagte mir: *„Yes it is worn out, take it and bring me another"* [Ja, es ist abgenutzt, nimm es und bring mir ein anderes], und er legte es mir in die Hand (ich kann es nicht beschreiben, es ähnelt nichts, es war ... „etwas" – etwas Schwarzes, das sich in etwas bewegte – und es sah tatsächlich ein wenig beschädigt aus). Dann ging ich weg und stieg wieder hinab; das Symbol für den physischen Körper waren Schuhe: ich zog meine Schuhe an und ging weg.

Es gab eine Menge Einzelheiten; es fing um halb drei an und dauerte bis ungefähr halb fünf.

Am nächsten Morgen war ich noch wie eingetaucht in die Atmosphäre, und mir wurde klar, daß es sich um eine Regierungsform handelte – es war ... *(lachend)* die alte Demokratie, die nichts mehr taugt.

Er fängt an zu spielen ... Bedeutet das, daß etwas geschehen wird?

(Lachend) Bestimmt, bestimmt!

Es wäre an der Zeit.

Eine jubilierende Menschenmenge: „Endlich rührt sich etwas!"

30. Oktober 1965

(Mutter improvisiert zu Satprems Geburtstag. Die lange unbenutzte Orgel quietscht ein wenig.)

Gut.

Gleichzeitig höre ich. Ich höre nicht, was ich spiele: ich höre etwas anderes. Wenn aber plötzlich etwas quietscht, dann geht es nicht mehr! Wahrscheinlich liegt es daran, daß man lange nicht mehr darauf gespielt hat. Ich habe seit neun Monaten nicht mehr gespielt – das letzte Mal war ...

Im Dezember.

Zehn Monate. Nach zehn Monaten spiele ich aber viel besser, denn wenn ich öfter spiele, erinnere ich mich, was ich zuvor gespielt habe, und dann ist es nicht mehr das. Es ist überhaupt keine Frage der

„Übung", sondern wichtig ist nur, daß die Hände keine Angst haben. Das ist alles. Sowie sich die Hände bewußt werden, geht es nicht mehr.

Dann fehlt die Reinheit, die in dem ist, was ich höre. Das ist sehr interessant. Das Merkwürdige daran ist, als ich dir zu spielen versprach, dachte ich mir: ich werde es nicht können. Aber am nächsten Morgen kam eine ganze Kaskade von Musik, die sehr lange anhielt ... Also sagte ich mir: „Gut, ich werde sehen, denn es kommt ja."

*
* *

Kurz darauf

Etwas Lustiges ist passiert. Du weißt, daß ein neuer Komet aufgetaucht ist[1] ... Heute morgen gegen vier Uhr sah ich den Kometen, und plötzlich befand ich mich in einem Zustand über der Erde und sah ein Wesen, das irgendwie diesem Kometen zugeordnet zu sein schien. Es hatte rote Haare (aber kein aggressives Rot), einen weißen Körper, aber nicht grellweiß, sondern goldenweiß, als sei es nackt, obgleich es weder nackt noch bekleidet zu sein schien (so, wie ich dies schon mehrmals beobachtet habe), es war geschlechtslos: weder Mann noch Frau. Ein zauberhaftes junges Wesen, das von einer gewissen Freude erfüllt war, ähnlich der Freude, die vorhin in der Musik enthalten war, und es verbreitete in der Erdatmosphäre eine Art Substanz, die schwerer war als die Materie – nicht schwerer, sondern dichter –, wie gallertartig. Es schien die Annäherung des Kometen an die Erde zu benützen, um diese Substanz zu verbreiten. Gleichzeitig wurde mir gesagt, dies geschehe, um „der Transformation der Erde zu helfen". Es zeigte mir, wie man diese Substanz in der Atmosphäre in Umlauf bringt.

Wirklich reizend: ein junges Wesen voller Freude, als würde es tanzen, und überall verbreitete es diese Substanz.

Die Erfahrung hielt lange an. Ich verharrte mehrere Stunden darin.

---

1. Der Komet „Ikeda-Seki".

November

3. November 1965

(Kurz vor dem Betreten des Musikzimmers, wo Mutter zu Sunils[1] Geburtstag auf der Orgel spielen wird.)

Neulich erzählte ich dir doch von diesem Kometen – nun hat sich etwas Lustiges ereignet. Ich dachte mir nämlich: „Es wäre doch wirklich interessant, diesen Kometen so zu sehen, wie man ihn durch das stärkste Teleskop auf der Welt sehen würde." Kaum hatte ich diesen Gedanken zu Ende gedacht (es war letzte Nacht), da hörte ich: „Sieh doch!" Ich öffnete die Augen und sah den Kometen, gigantisch, riesig, so wie man ihn durch ein riesiges Teleskop sehen würde: hell leuchtend mit seinem Schweif! Interessant war, daß sich dicht daneben (nicht so dicht wie der Schweif, aber sehr nahe) ein Stern befand, eine Art Stern, aber ganz klein und sehr hell, und der schien mir von ganz besonderer Bedeutung zu sein.

Die Wirkung hält immer noch an. Diese Substanz, von der ich dir erzählte, wirkt weiter in der Erdatmosphäre. Fühlst du es nicht? Fühlst du dich nicht wohler, nein?

* * *

Etwas später, nach der Musik:

Das Leben ist ziemlich kompliziert! *(Mutter lacht)* Darin bist du ja mit mir einig!

Ja. Du siehst aber müde aus.

Nein, ich bin nicht müde – ich bin nicht müde.

Es herrscht ein vollkommen harmonischer innerer Rhythmus, und solange ich in diesem Rhythmus leben kann, geht alles sehr gut, sogar außerordentlich gut, wie die Geschichte meines Kometen, wo es fast genügt zu sagen: „So möchte ich es gerne", und schon geschieht es. Gleichzeitig untersteht man jedoch einem Komplex von Dingen, die auch ihre Nützlichkeit, ihre Notwendigkeit haben und nicht einmal in einem Mißverhältnis zum tieferen Prinzip stehen, die diesem Rhythmus aber äußerlich ihren eigenen Rhythmus aufzwingen. Deshalb ist es manchmal schwierig.

Zum Beispiel hatte ich mir heute vorgenommen, bis zehn Uhr fertig zu sein, um dich dann in aller Ruhe zu treffen und anschließend ins Musikzimmer zu gehen, ich äußerte sogar meine Absicht, aber da war

---

[1] Ein Musiker und Mitglied des Ashrams.

nichts zu machen! Es ist kein schlechter Wille, sondern ein Zusammenspiel der Umstände.

Sie gehen immer später [die Sekretäre].

Das scheint mir auch so. Und es gibt keinen Grund, daß es nicht noch später wird. Siehst du, mir bleibt all das hier *(Mutter deutet auf einen Stapel Briefe)*, das alles ist ungetane Arbeit, die heute morgen noch erledigt werden sollte. So geht das jeden Tag. Die Briefe stapeln sich immer mehr, manche habe ich noch nicht einmal geöffnet. Einige Leute beschweren sich deshalb (aber das erleichtert mich eher): „Ich habe Ihnen schon zweimal geschrieben, und Sie antworten mir nicht, ich geb es auf." – Dann eben nicht. Aber es gibt andere, die sehr geduldig sind und mich um etwas für sie sehr Wichtiges bitten, denen zu antworten ich aber keine Zeit habe. Wenn ich einen solchen Brief höre (es sind auch Briefe darunter, die ich nicht einmal geöffnet habe, ich weiß nicht, was darin steht), wenn ich ihn aber höre, antworte ich innerlich, und wenn sie imstande wären, es mental aufzunehmen, könnten sie meine Antwort empfangen, aber leider können sie das nicht. Dann auch wichtige Briefe von Leuten, die um etwas Vernünftiges bitten, und ein Wort oder eine Geste würde ihnen weiterhelfen – aber es ist einfach nicht möglich. Und es werden immer mehr. Früher ruhte ich mich regelmäßig zu bestimmten Zeiten aus (mit „ausruhen" meine ich: ich konzentriere mich), aber jetzt ist das vorbei, ich komme nicht mehr dazu. Auch das zehrt an meiner Ruhe, es ist schlimm.

In der Welt geht alles drunter und drüber. Das betrifft nicht nur eine kleine Anzahl von Individuen, sondern es ist überall so: die Vereinten Nationen, die indische Regierung, Menschen hier und dort bitten von überall um Rat, um Richtlinien. Sie sollten fähig sein, auf mentale Weise zu empfangen, dann könnte ich die ganze Arbeit im Nu erledigen, denn dies beansprucht keine Zeit, es geschieht unmittelbar, aber sie sind noch nicht so weit, sie können das nicht. Weißt du, sie bitten um eine „Botschaft", um etwas, das eine Aktion auszulösen vermag, es gibt täglich Dutzende davon. Das ist ein gutes Zeichen, ich kann mich nicht beklagen. Es ist ein gutes Zeichen, es bedeutet, daß die Welt empfänglich wird. Aber ...

6. November 1965

Geht es dir besser?

Nicht wirklich.

Oh je!... *(Lachend)* Was soll man da machen!?

Nachts, seit zwei oder drei Nächten, aber besonders letzte Nacht (spät in der Nacht, nach Mitternacht), wurde ich mindestens zwei Stunden lang von einer ungeheuer schnellen Bewegung fortgerissen. Ich liege auf etwas, das wie ein silbernes Licht ist – ein silbernes Licht. Ich liege darauf, bin darin eingehüllt und werde von einer so schwindelerregenden Bewegung erfaßt, daß man das Gefühl hat, der Kopf würde platzen.

Und da sind Leute mit mir – du bist auch dabei.

Wirklich?

Ja!

Letzte Nacht hielt es zwei Stunden an. Man möchte sich festhalten, so schwindelerregend ist es ... Ich weiß nicht, aber mitten in dieser Erfahrung von letzter Nacht wurde es mir ein wenig bewußt, und es war ... *(Geste einer rasenden Bewegung)* Aber sofort kam der Befehl: „Ruhig, ruhig, rühr dich nicht, ruhig!" Also rührte ich mich nicht. Das dauerte fast zwei Stunden. Man bewegt sich mit dem Kopf voran (nicht die Füße zuerst), der Kopf wird gezogen.

Ich weiß lediglich, daß es mit der Transformation des Körpers zusammenhängt. Aber wie erkennt man, daß es schnell ist? Da ist nichts als die Bewegung und die Empfindung des eigenen Körpers, auf schwindelerregende Weise mitgerissen zu werden.

Ich bemerkte einige Personen – du warst auch da. Prrt, ungeheuer schnell. Ich sagte mir *(lachend)*, das geschieht bestimmt, um ihn wieder gesund zu machen. Aber eine Bewegung ... Ich sage dir, das Bewußtsein war gerade erwacht, und ich wollte das Phänomen beobachten, als sofort der Befehl kam: „Ruhig, ruhig, rühr dich nicht, ruhig, nichts darf sich regen!"

Das muß wohl der Augenblick sein, wo du tief schläfst – zwischen Mitternacht und zwei Uhr morgens.

Aber man erinnert sich nicht, man wird wie mitgerissen – vielleicht ist das die Geschwindigkeit eines Kometen. Ich sagte mir: Das ist eine „drastische" Behandlung, wie man auf englisch sagt.

Aber nachts zuvor war es nicht so stark (es kam schon zwei oder dreimal vor). Letzte Nacht war es sehr stark, und es hielt lange an ...

Ich dachte: Vielleicht wird er morgen früh ein Lächeln zeigen ... Aber es war leider nichts damit. *(Mutter lacht)*

Ich sehe eher Dinge, die nicht besonders lustig sind.

Nachts? Was siehst du?

Alle möglichen Dinge.

Auch kürzlich?

Angriffe. Dinge tauchen aus Gewässern auf.

Aus dem Vital.
Aus dem Meer?

Nein, aus schwarzen Gewässern.

Oh! Aus dem dunklen menschlichen Vital.

Sehr aggressive Schlangen. Auch auf mentale Weise verfolgen mich äußerst gewalttätige Dinge.

Was meinst du damit?

Ich werde angegriffen. Wenn ich auf all das hören würde, was kommt, wäre es ein Wahnsinn. Wenn ich dem stattgeben würde ... Verstehst du, es bestürmt mich immer wieder. Das ist sehr unangenehm. Und ein Schmerz in der Tiefe – ein Leiden.

Kannst du mir ein Beispiel für die Suggestionen nennen, die dich bedrängen?

Im allgemeinen geht es um dich und den Ashram.

Um mich?

Ja, im allgemeinen. Oder um das, was ich tue, was ich bin (oder nicht bin).

Und du weißt nicht, woher es kommt?

Nein. Aber vor einiger Zeit ereignete sich etwas, was vielleicht damit zusammenhängt. Ich sah Patrick, erinnerst du dich?[1]

Sieh an!

---

[1]. Ein Freund von Satprem, der vor sieben oder acht Jahren geistesgestört in einer japanischen Klinik starb.

6. NOVEMBER 1965

Er wollte mir eine Art Splitter in den Schädel drücken, und ich fühlte, daß dies äußerst gefährlich war. Da sagte ich OM und alles verschwand – ein Glück, daß ich mich daran erinnern konnte! Jedenfalls sind da Dinge, die mich sehr heftig attackieren.

Aber du solltest dich jedesmal auf diese Weise dagegen wehren.

Ja, wenn einem das nur gelänge! Man hat nicht immer das Glück, sich zu erinnern.

(Mutter lacht) Du bist doch lernfähig, oder?
Was sagt man dir über mich? (Um die Art der Suggestion einzuschätzen.)

Es sind eher Details ...

Ich meinte: Beschuldigt man mich, oder sagt man dir, ich bräuchte dich nicht oder ...

Das nicht. Es betrifft eher meine Beziehung zu dir, oder die Unmöglichkeit gewisser Kontakte, oder ... Ich finde nur Frieden, wenn ich mich nach oben wende; ich sage: „Ja gut, betrachten wir DIE Mutter" dort oben.

Ja, das ist es.

Dort ist es dann ruhig.

Dies geschieht, damit du dir über die Unzulänglichkeit der Außenwelt klar wirst. *(Lachend)* Aber du kennst mich ja!

Jedenfalls ist es nicht gerade angenehm ... Oder es überfällt mich plötzlich, und es ist wirklich wie ein Schmerz – ohne Worte, ohne irgendeine Erklärung – wie ein Schmerz in der Tiefe, eine Flamme des Schmerzes.

(Langes Schweigen) Das wird vorübergehen.

*
* *

(Daraufhin macht sich Mutter an die Übersetzung von Savitri und hält dann plötzlich inne, als verfolge ihr Blick etwas:)

... So groß: eine Sonne, eine im Licht Sri Aurobindos funkelnde Sonne, sobald ich schreibe, da, zwischen mir und dem Heft, und es bewegt sich gleichzeitig mit der Feder hin und her. Es ist so groß *(etwa wie eine Orange)*, wie Sri Aurobindos Licht, blau, dieses spezielle Blau, silberblau, funkelnd. *(Lachend)* Und es fällt mir schwer, die Schrift zu sehen, denn diese Scheibe bewegt sich mit der Feder hin und her.

*
* *

*Kurz darauf tritt Doktor Sanyal ein,
das Zeichen, daß es Mittagszeit ist.*

Ah, der Herr Doktor! So haben wir uns also verspätet!

Eines Tages werde ich pünktlich sein ... Vielleicht, indem ich mich auf diese schwindelerregende Art bewege ...

Du kennst doch das Gefühl, über hundert Stundenkilometer mit dem Auto zu fahren?... Aber im Vergleich zu dieser Geschwindigkeit scheint das, als ob sich gar nichts bewegte. Es war nicht physisch, denn mein Bett bewegte sich nicht, aber es war so ungeheuer schnell, daß man die Reibung der Geschwindigkeit spürte. Und mit dem Kopf vornweg: ich bewegte mich mit dem Kopf voran. Ich ging nicht mit den Füßen zuerst, denn ich lag ja, sondern mit dem Kopf voran, brrf, wie im Sog von etwas. Meine Augen waren offen. Aber natürlich bewegte sich mein Körper nicht – sichtbar bewegte sich jedenfalls nichts!... Oh, ich erinnere mich, ja, nachts zuvor bewegte sich das ganze Haus, und ich befand mich in einem Zimmer, das mit dieser Geschwindigkeit dahinsauste, ich schaute all dem zu, wie es vorbeiraste, phantastisch! Gestern war es nicht das Haus, sondern nur ... eine Art Säule ... wie soll ich sagen? Keine Säule: ein Streifen. Ich lag da, auf diesem Streifen, aber ich war sehr groß, nahm sehr viel Platz ein, und da waren viele Leute, die alle klein waren *(Mutter zeichnet kleine Männchen in die Luft)*, viele, viele!

Ja, ich erinnere mich, die Nacht davor bewegte sich das Zimmer: ein quadratisches Zimmer, aber ohne Wände, nur mit Fenstern, und es raste dahin ... Dann plötzlich hielt alles inne, Schluß – nicht Schluß, auch nicht Stillstand, nein, das Bewußtsein ändert sich, ein Bewußtseinswechsel, und es hört auf.

Ja, jetzt erinnere ich mich. Zuerst ein leeres Zimmer – leer – ein vollkommen leerer Raum. Da war nichts, nur dieser Streifen. Weißt du, so etwas wie ein Förderband, nur war es da statt eines Bandes ein Streifen silbernen Lichts, der dahinrollte. Ein Streifen silbernen Lichts mit kleinen glitzernden Funken. Ich lag darauf (viele andere Leute ebenfalls), und er raste dahin ...

10. November 1965

(Mutter reicht Satprem eine Broschüre mit dem Titel Spiritual Unity of India *– „Die spirituelle Einheit Indiens" –, eine Zusammenstellung verschiedener Zitate von Sri Aurobindo und Mutter über die Teilung Indiens, insbesondere Mutters Aussage: „India must fight until India and Pakistan have once more become* ONE. *– Indien muß solange kämpfen, bis Indien und Pakistan wieder* EINS *sind.")*

Das macht die Runde in ganz Indien.
Tausende von Exemplaren wurden in Indien verbreitet. Sogar viele Zeitungen berichteten darüber.

Aber wie es scheint, haben die meisten – die Leute in der Regierung jedenfalls – überhaupt nichts verstanden.

Der Ministerpräsident war vollkommen damit einverstanden. Aber er ist ein schwacher Mann. Sie fürchten sich vor den Vereinten Nationen.

Ja, sie fürchten sich vor allem.

Aber ich habe den Vereinten Nationen viele Botschaften übermittelt. Dort streiten sie sich jetzt darüber. Bei den Vereinten Nationen hat das viel Staub aufgewirbelt. Allerdings sind die Amerikaner von einer Dummheit ohnegleichen! Um so mehr, als sie aufgeblasen sind – sie sind überzeugt, die führende Nation der Welt zu sein, was die Dummheit auf die Spitze treibt. Aber schließlich sind sie nicht die einzigen in den Vereinten Nationen, und es hat viel Lärm gemacht und die Leute etwas aufgerüttelt.

Aber solange Indien sich nicht durch äußere Umstände GEZWUNGEN *sieht, sich mit Pakistan zu vereinen, rührt sich hier keiner.*

Aber etwas ist im Gange. Plötzlich wird es aufbrechen.

Man hat den Eindruck, solange Indien nicht von außen bedrängt und zur Wiedervereinigung gezwungen wird, rührt sich hier niemand.

Die Armee ist voll auf unserer Seite. Übrigens scheint es (ich erhalte eine Menge Briefe, auch in den letzten Tagen), daß es zu wahrhaft wunderbaren Beispielen des Eingreifens der Kraft kam, einige Leute verhielten sich plötzlich wirklich heldenhaft ... Wunderbare Dinge trugen sich zu...

Wäre man in dem Augenblick[1] nicht stehengeblieben, wäre es ein Leichtes gewesen.

Aber ja! Das ist wirklich traurig.

Das ist genau das, was diese Dummköpfe befürchteten.

Doch es macht nichts, mein Kind, denn wir sehen immer nur einen Teil des Ganzen; auch wenn man in jeder Minute in Verbindung mit den höchsten Ebenen steht, hat man dennoch nicht die Sicht des Ganzen. Deshalb sage ich mir, was auch immer geschehen mag: es geht gut – Er weiß es besser als ich.

Er weiß es besser als ich.

Nein, es ist zwangsläufig das beste ... den Umständen entsprechend – die Erde befindet sich in keiner besonders günstigen Lage, weit entfernt davon – aber den Umständen entsprechend ist es doch das beste. Es bereitet sich etwas viel Vollständigeres, viel Tieferes und Umfassenderes vor, als wir uns vorstellen können. Das ist unbestreitbar.

*
* *

Später, über Sujatas Gesundheit und ihre Appetitlosigkeit

... Als ich sechs, sieben Jahre alt war, aß ich mit meinem Bruder, und wir mußten uns immer Geschichten erzählen, um überhaupt essen zu können. Weißt du, man gab uns Fleisch, Steakstücke, ein Albtraum! Mein Trick damals war, daß ich meinem Bruder sagte: „Ich bin ein Riese ... und vor mir liegt ein halbes Rind", und mit jedem Messerstich zerlegte ich mein Rind. – Ich erzählte mir eine Geschichte und schluckte schließlich mein Beefsteak hinunter.

(Sujata:) Er erzählt keine Geschichten. Ich habe ihn schon so viele Male darum gebeten.

Er erzählt keine Geschichten?

(Satprem:) Sie möchte, daß ich Geschichten schreibe – Märchen.

Kennst du Märchen?

(Satprem:) Ich würde sie erfinden.

---

[1]. Als Indien den „Waffenstillstand" vom 22. September akzeptierte.

Natürlich! Ich habe viele, viele erfunden!... wahre Märchen, wo alle Dinge so schön sind, wo alles gut verläuft – ohne ein einziges Leid. Nur schöne Dinge ...

13. November 1965

Liebe Mutter, seit drei Wochen huste ich wieder Blut.

Sie haben dir doch eine Behandlung verordnet. Hältst du dich daran?

Ja, peinlich genau.

Das ist lästig.
Ich habe kein Vertrauen in ihre Behandlungen.
Ohne Krankheiten würden die Ärzte gar nicht existieren, verstehst du? Ich sage nicht, daß sie sie bewußt fördern, aber sie sind ihnen zumindest ... freundlich gesinnt.
Das ist sehr subtil, aber es ist wirklich so.
Ich sehe ein bestimmtes Schwingungsphänomen der Zellen mit dem Bewußtsein (sagen wir, dem universellen Bewußtsein) und dann genau die gleiche Sache, wie sie dem medizinischen Bewußtsein erscheint – wenn du wüßtest, wie sich das verändert! Sogleich nimmt es einen ganz konkreten Charakter an (den es sonst nicht hat) und wird ... etwas zwischen „fatal" und „unentrinnbar", ich weiß nicht, wie ich es erklären soll. Es ist wie eine Art starres Schicksal. Wenn sie sagen: „Oh, eine Krankheit!" – dann ist es um einen geschehen. Aber das stimmt einfach nicht, denn es gibt nichts, das „eine Krankheit" wäre, es gibt keine zwei identischen Fälle.
Ihre Atmosphäre wird zu einem Hindernis.
Es sei denn, man harmoniert mit ihnen, wie zum Beispiel diese arme Frau M. Weißt du, sie hatte den Eindruck, ins Paradies Eintritt zu erhalten, als sie in das Krankenhaus von Vellore trat. Ihr tut das natürlich sehr gut, es ist harmonisch (!)

Aber wie kann das harmonisch sein?

Mein Kind, die Leute, die einem Laster frönen, harmonieren mit dem Laster; die Leute, die böse sind, harmonieren mit der Bosheit.

Ja, aber sie ist nicht so.

Sie ist Krankenschwester – sie harmoniert mit den Ärzten. Und es gab ihr wieder Mut. Denn sie sagten ihr, sie sei gerade noch rechtzeitig gekommen, und sie würden sie retten, deshalb ist sie jetzt so vertrauensvoll. Ich erhielt einen Brief, in dem sie mir schrieb: „Ich habe wieder Mut zum Leben geschöpft, ich bin ruhig und sicher, daß ich wieder gesund werde, das Fieber hat sich gesenkt, usw."

Alles ist relativ auf dieser Welt, es gibt keine zwei identischen Fälle, es gibt keine zwei identischen „Krankheiten" – es gibt kein absolut Gutes und kein absolut Böses.

Ich ersticke in Krankenhäusern. Ich bin dort immer noch kranker geworden.

Ja. Erst hier im Krankenhaus wurde das, was du hattest (sozusagen eine kleine innere Störung), zur Krankheit. Das geschah hier. In Vellore verschlimmerte es sich noch weiter.

Ja, das ist wahr.

So ist das. Weißt du, ich fühle das ganz deutlich; in mir steckt die Möglichkeit fünf oder sechs fataler Krankheiten (ich weiß es aufgrund der Schwingungen); wenn ich jetzt das Pech hätte, nicht einmal im Krankenhaus zu landen (!), sondern mich lediglich einem Arzt anzuvertrauen, dann litte ich an lauter unheilbaren Krankheiten.

Das richtet sich gegen keinen speziellen Arzt (sie leiden selbst unter der Atmosphäre, ohne es zu wissen): es liegt an der medizinischen Atmosphäre.

Die Krankheit ist ihre Existenzberechtigung: wenn es keine Krankheiten gäbe, gäbe es auch keine Ärzte. Sie wären nicht notwendig, sie könnten etwas anderes werden, nur nicht Arzt – etwas sehr Nützliches, ich weiß nicht was: Wissenschaftler im Dienste der menschlichen Konstitution, Wissenschaftler im Dienste der Nahrungsmittelverwertung, Wissenschaftler aller möglichen nützlichen Dinge, aber keine „Ärzte" – der Arzt ist für die Heilung von Krankheiten zuständig, folglich muß es Krankheiten geben, damit die Ärzte eine Existenzberechtigung haben.

Ich bin mir nicht einmal sicher, ob es vor den Ärzten überhaupt Krankheiten gab – es gab Beschwerden, es gab Unfälle, alle möglichen Dinge, denn diese kommen vor, aber es gab nicht das ETIKETT „Krankheit". Und je größer das Wissen der Ärzte wird (das heißt, je professioneller sie werden), desto solider und fixierter *(Mutter schließt ihre Hand zur Faust)* werden die Krankheiten. Und so besteht ihre Nützlichkeit darin, diese zu heilen – wenn es keine Krankheiten gäbe, wären sie nicht nützlich.

Sie sollten eher Forscher des Lebens sein ... Die Chinesen hatten ein wenig diese Einstellung. Ich weiß nicht, wie es jetzt ist, aber früher hatte jede Familie einen Arzt (ein Arzt konnte viele Familien betreuen), und dieser Arzt wurde nur bezahlt, wenn alle gesund waren – wenn auch nur einer krank wurde, hörte man auf, ihn zu bezahlen! *(Lachen)*

*
* *

*Kurz darauf sortiert Satprem
frühere Notizen der „Agenda".*

Was ist das? Alte Sachen?

Das ist von 1964 (vom letzten Jahr).

Das müssen alte Geschichten sein. Wirkt das denn nicht veraltet?

Nein, überhaupt nicht!

(Mutter lacht)

Ganz und gar nicht! Nein, nein!

Mir scheint dies aus längst vergangenen Zeiten zu stammen.

Überhaupt nicht.

Weißt du, alle Probleme, die das menschliche Mental diskutierte und löste, letztlich alles, was den Religionen, Philosophien, dem Yoga usw. zugrundeliegt, all die großen Ideen über das Wie und Warum – universelle Ideen – alles, was schon seit sehr langer Zeit gelöst worden ist ... stellt sich jetzt hier *(Mutter deutet auf ihren Körper)*. Es taucht mit der Intensität und Heftigkeit von etwas völlig Neuem und Unbekanntem auf: Warum das Leben? Warum diese Schöpfung, was ist der Sinn des Ganzen? Verbunden mit einem schmerzhaften inneren Wissen um alles Elend der Materie, alle Dummheit der Materie, alle Dunkelheiten, all das – warum das alles? Warum nur? Und dann unzufrieden: Was soll das alles?

Erstaunlich.

Dann kommt die Antwort, und zwar mit einer bemerkenswerten Kraft und Gewißheit – ganz außerordentlich. Warum die Schöpfung? Die Antworten darauf sind keineswegs philosophische Sätze (Gott sei Dank, nichts dergleichen): lediglich Schwingungen.

Dann plötzlich mitten in diesem Chaos, diesem Kampf, dieser Reibung, diesem Schmerz, dieser Unwissenheit und Dunkelheit, dieser Mühe und diesem und jenem (oh, viel schlimmer, als wenn es sich im Mental abspielt: es geschieht hier [im Körper], und hier ist es im wahrsten Sinne eine Frage von Leben und Tod, das heißt, von Existenz oder Nichtexistenz, von Bewußtsein oder totaler Unbewußtheit ... und was es kostet, hier etwas zu wissen!). Dann plötzlich: nur ein Tropfen ... nicht einmal ein Tropfen (es ist nicht flüssig!), nicht einmal ein Blitzstrahl ... ja, eine Schwingung, eine ANDERE Schwingung: leuchtend und so wunderbar sanft, friedlich, mächtig, so absolut. Es ist wie etwas, das aufleuchtet *(Geste eines strahlenden Aufbrechens oder Pulsierens)*. Dann bedarf es keiner Diskussion oder Erklärung mehr, man hat verstanden. Sich DESSEN bewußt zu werden, DAS zu leben, darum geht es.

Das geschah heute morgen.

Es fing gestern an und hat sich seither weiterentwickelt.

Das, mein Kind ... Ach, wie armselig doch alle Erklärungen sind – armselig, unvollständig, ohne Überzeugungskraft. Einfach DAS, eine Schwingung von DEM, und man versteht alles.

Ich habe den Eindruck, den sehr starken Eindruck (obwohl ich im Augenblick noch keine Beweise habe), daß es in höchstem Maße ansteckend ist. Du verstehst: Es gibt dann nichts mehr zu erklären, nichts mehr zu bekämpfen, nichts mehr zu ... uff! – Es ist ansteckend.

Das herbeizuführen und zu bewahren. Es aufrechterhalten zu können. Das ist phantastisch! Dann ist es nur noch eine Frage der Empfänglichkeit, das ist alles. Und die Empfänglichkeit muß dem guten Willen entsprechen (das ist es, was mir im Augenblick die alte Erfahrung sagt, ich habe keine Beweise), die Empfänglichkeit muß im Verhältnis zum guten Willen oder der Aspiration stehen (aber die beiden sind sich sehr ähnlich), dieser Funke, der etwas anderes sucht. Leute, die sehr froh und zufrieden sind und ... (das ist ein interessantes Bild) die in diesem Leben eine gewisse Harmonie erreicht haben (manche Leute haben eine gewisse Harmonie in diesem Leben verwirklicht: alles erscheint so harmonisch, so angenehm, und alles, was sie tun, ist von Erfolg gekrönt, alles, was mit ihnen geschieht, ist ...), nun, gerade sie haben, glaube ich, noch viel zu tun, bevor sie empfangen können.

Das *(diese Schwingung)* hat nichts, wirklich gar nichts mit diesem Weg zu tun, diesem langen, langen Weg, den man zurückgelegt hat, um sich vorzubereiten – und unter so vielen Schlägen! oh ... DAS *(Geste wie ein strahlender Durchbruch)*, und schon hat alles andere überhaupt keine Bedeutung mehr.

Aber DAS ist nicht mental. Im ersten Augenblick hat es überhaupt nichts mit dem Denken zu tun.

15. November 1965

(Seit einiger Zeit schon gab Mutter Sujata regelmäßig Päckchen mit Fertigsuppen aus Deutschland, Schweden usw.)

... Du wirst bald eine Kosmopolitin werden, mein Kind – kosmopolitisch im Geschmack.

(Sujata verzieht den Mund)

Magst du nicht? Widersetzt sich dem etwas in deiner Natur?

(Sujata:) Was das Essen angeht, schon in meiner Kindheit mochte ich nicht gerne essen.

Aber mein Kind, das Essen hat mich auch nie interessiert. Ich habe noch nie gerne gegessen. Als ich klein war, mußte man zu allen möglichen Tricks greifen, um mich essen zu lassen. Es erschien mir als etwas vom Absurdesten und Uninteressantesten. Trotzdem kenne ich alle Landesküchen, ich habe sogar eine vergleichende Studie aller Küchen angestellt und kann überall leben, ohne daß mein Körper im geringsten beeinträchtigt wird.

Es ging mir dabei nicht um die Freude am Essen, sondern um die Freude an ... (wie soll ich das ausdrücken?) der Erweiterung des Bewußtseins, am Sprengen von Grenzen und vor allem darum, den Zwang der Gewohnheiten zu brechen – das ist etwas Fürchterliches. Der Sklave seiner Gewohnheiten zu sein, ist abscheulich. Schon als Kind galt für mich: keine Sklaverei. Man sagte mir: „Aber man muß dieses oder jenes tun, weil es so üblich ist", woraufhin ich wenig höflich antwortete: „Zum Teufel damit!" Etwas zu tun, nur weil es eine Gewohnheit ist, ist für mich kein Argument – frei, frei, frei! Der Geschmack an der Freiheit.

Man braucht kein kleiner Sklave zu sein, nur weil man an einem bestimmten Ort und mit gewissen Eltern geboren wurde – das ist Zufall, nicht Schicksal!

(Sujata:) Nein, Mutter, es ist vor allem wegen des Geruchs. Gewisse Gerüche kann ich nur sehr schwer ertragen.

Aber man muß lernen, sie zu ertragen. Du brauchst nur folgendes zu tun: Sobald du einen solchen Schock empfindest, bleibst du einfach ganz ruhig und rufst – du rufst den Herrn, oder du rufst mich, wen auch immer *(lachend)*, es hat die gleiche Wirkung. (Erzähl das niemandem!) Und sage: „Gib mir ein erweitertes Bewußtsein!", einfach so. Dann bleib ruhig. Das nächste Mal, wenn der Geruch kommt, wirst du feststellen, daß er bereits nicht mehr ganz so unangenehm ist, und beim dritten oder vierten Mal wirst du das Ananda riechen, das dahintersteht.

Ich weiß das aus Erfahrung.

Es handelt sich lediglich um eine Beschränktheit des Geschmacks, weil dir seit deiner Kindheit eine bestimmte Anzahl Dinge gegeben wurde. Du hast dich daran gewöhnt, folglich ist es gut. Bist du es nicht gewohnt: „Oh, wie ekelhaft!"... Man muß lernen zu sehen, warum etwas existiert, warum etwas auf der Welt ist – alles, was auf der Welt existiert, dient der Freude am Sein, so muß Freude darin enthalten sein, denn sie ist überall.

Du brauchst sie nur zu finden.

(Sujata:) Aber es könnte ja auch zur Freude anderer bestimmt sein!

(Mutter lacht)

*
* *

Gegen Ende des Gesprächs

Es ist wichtig, gut zu schlafen. Ja, ich habe festgestellt, daß es notwendig ist, lange zu schlafen. Sobald du dich müde fühlst, dann gib dem Schlaf nach, wehre dich nicht dagegen! Das ist wichtig. Ich spreche aus eigener Erfahrung, denn plötzlich ... Wenn die Atmosphäre eine Zeitlang (für ein oder zwei Stunden, je nachdem) in dieser Licht-Kraft-Freude vibriert, von der ich kürzlich sprach, und man wie ... erfüllt, ganz erfüllt ist, und dann ganz plötzlich ... *(Geste einer inneren Versenkung)*, und nach einer Weile sagt man sich: „Aber wo war ich denn?..." Es gibt solche Augenblicke, wo man in eine Art Schlaf fällt. Anfangs glaubte ich, in eine Unbewußtheit zurückgefallen zu sein (obwohl mir das selten passiert ist!), und ich fragte mich, was das zu bedeuten hatte. Da schaute ich genau hin und sah, daß es um eine notwendige Periode der Assimilation ging. Diese Zeit ist sehr wichtig. In einer Art Unbewegtheit des Zellbewußtseins absorbieren die Zellen diese neue Kraft. Deshalb darf man sich nicht dagegen wehren, wenn es kommt. Meistens dauert es nicht lange: fünfzehn, zwanzig Minuten. Eine Zeit der Assimilation. Die Atmosphäre ist ja immer mehr geladen. Wehrt euch also nicht dagegen: Wenn ihr plötzlich ein Zeichen fühlt, dann laßt es zu – und es ist besser, dabei nicht zu stehen!

20. November 1965

(Auf Mutters Tisch liegt eine Ausgabe der „Illustrated Weekly" mit einem großen Foto von Präsident Kennedy mit gefalteten Händen. Es ist sein zweiter Todestag seit dem 22. November 1963)

War er ein religiöser Mensch?

Ich glaube, er war katholisch.

Oh, katholisch!...

Ach, deshalb ist er gestorben!...Weißt du, er setzte sich wirklich für die Freiheit ein, und nicht nur für die Freiheit, sondern auch für die Einheit. Und er war empfänglich. Du weißt, wie er sich für die Schwarzen dort engagierte (das war übrigens der äußere Anlaß seines Todes). Und ich zählte auf ihn – nicht ohne Grund, denn er befürwortete ein Bündnis mit den Russen, um Frieden auf der Erde zu schaffen. Diesbezüglich war es bereits zu einigen Verhandlungen gekommen, wobei man den Angriff Chinas gegen Indien als Anlaß benutzt hatte. Von den Extremisten wurde das natürlich nicht gerne gesehen, und die Kraft in der Atmosphäre, die seit Jahrhunderten hinter der katholischen Religion stand, war diesem Plan keineswegs wohlgesinnt, und so „arrangierte" man das Nötige und brachte ihn um. Der andere, in Rußland, Chruschtschow, der auch angesprochen hatte, kam nur deshalb nicht um, weil er rechtzeitig abtrat.

Aber das wußte ich nicht, ich glaubte, Kennedy sei Protestant gewesen.

*(Etwas später über eine schwatzhafte Schülerin,
die aber zugleich einen ironischen Geist besaß: Bharatidi.)*

... Sie hielt mich fast eine Stunde lang fest. Dabei hatte sie mir doch versichert: „Das nächste Mal werde ich nicht so schwatzhaft sein." Diesmal war es also nur eine halbe Stunde. Aber sie hat eine so angenehme Art des Ausdrucks. Vor zwei oder drei Jahren kam es zwischen uns zu einem merkwürdigen Phänomen ... Dies geschah, nachdem sich mein Bewußtsein auf jedermann ausgebreitet hatte (im Grunde auf der ganzen Erde), wobei die Wirkung in der Nähe intensiver und in der Ferne weniger intensiv spürbar ist. Bei Bharatidi handelt es sich jedoch nicht nur um eine physische Nähe, sondern um eine Art Schwingungsnähe auf einer bestimmten Ebene. Bei ihr entstand die Nähe dank einer gewissen Beobachtung ... dank eines ironischen Wohlwollens. Ich ertappte mich sogar etliche Male dabei, wie ich mich im Gespräch mit jemandem ihrer Stimme und Worte bediente! Ganz unbefangen erzählte ich ihr davon: „Stell dir vor, wir stehen in einer so innigen Beziehung zueinander, daß ich beim Sprechen oft deinen Tonfall und deine Worte gebrauche!" Ach, mein Kind, seither ... Aber sie ist keineswegs langweilig. Man kann durchaus eine Stunde mit ihr verbringen, ohne sich zu langweilen, das ist bemerkenswert.

23. November 1965

Über die „Botschaft", die Mutter zum Darshan am 24. November verteilen wird:

„Es ist gewiß ein Fehler, das Licht gewaltsam herabzubringen, daran zu ziehen. Das Supramental kann nicht im Sturm erobert werden. Wenn die Zeit gekommen ist, wird es sich von selbst öffnen. Aber vorher bleibt noch vieles zu tun, und es muß geduldig und ohne Eile getan werden."

Sri Aurobindo

Das ist gut für die Vernünftigen. Sie werden sagen: „Aha, er verspricht also keine Wunder."

Warum? Haben denn viele Leute die Tendenz zu „ziehen"?

Die Leute haben es eilig, sie wollen schnelle Resultate sehen.

Außerdem glauben sie, das Supramental herabzuziehen – stattdessen ziehen sie irgendwelche kleinen Vitalwesen herbei, die sich über sie lustig machen und ihnen dann ein paar böse Streiche spielen. Das passiert am häufigsten, in neunundneunzig Prozent der Fälle.

Eine kleine Individualität, eine vitale Wesenheit, die sich aufspielt und mit Lichtzauber Eindruck schindet. Davon ist der arme Kerl dann so geblendet, daß er sagt: „Ach, das ist das Supramental!" und er fällt in ein Loch.

Erst wenn man auf irgendeine Art das wahre Licht berührt oder gesehen hat und mit ihm in Kontakt getreten ist, kann man das Vital davon unterscheiden. Dann erkennt man, daß es wie ein künstliches Feuerwerk auf der Theaterbühne ist: theatralische Effekte, ein künstliches Licht. Andernfalls lassen sich die Leute davon blenden – es ist blendend, „prachtvoll", und so werden sie irregeführt. Erst wenn man die Wahrheit GESEHEN hat und mit ihr in Kontakt getreten ist, ja, dann lächelt man!

Es ist Schauspielerei, aber man muß die Wahrheit kennen, um sie von der Schauspielerei zu unterscheiden.

Das gilt im Grunde für alles. Das Vital ist wie eine Supershow, die sehr attraktive, blendende, irreführende Vorführungen veranstaltet, und erst wenn man die wahre Sache kennt, unterscheidet man sofort, instinktiv, ohne darüber nachzudenken, und man sagt: „Nein, das will ich nicht!"

Das gilt für alles. Und die größte Bedeutung im menschlichen Leben hat es in der Liebe erlangt. Die vitalen Leidenschaften, die vitalen Reize haben fast überall den Platz des wahren Gefühls eingenommen, das ruhig ist, wohingegen diese einen in Aufwallung versetzen und den Eindruck von etwas „Lebendigem" vermitteln ... Das ist sehr trügerisch. Aber man weiß und fühlt es erst und ist sich erst dann klar darüber, wenn man die wahre Sache kennt; erst wenn man mit der Seele und in der göttlichen Vereinigung die wahre Liebe berührt, dann erscheint einem alles andere hohl, schwach und leer: ein Schein und eine Komödie – die des öfteren mehr tragisch als komisch ist.

Alles, was man darüber sagen kann und wie auch immer man es erklären mag, nützt überhaupt nichts, denn derjenige oder diejenige, die davon ergriffen ist, wird sagen: „Oh, bei mir ist es nicht so wie bei den anderen!" – Alles, was einem selbst geschieht, ist nie dasselbe, was den anderen geschieht. Man muß diese „Sache" haben, die wahre Erfahrung, dann ... dann nimmt das ganze Vital den Aspekt einer Maskerade an – keine sehr anziehende Maskerade.

Wenn man zieht, oh, dann läuft es in weit mehr als neunundneunzig Prozent aller Fälle so, denn nur einmal in einer Million kommt es vor, daß man das Wahre herbeizieht – was beweist, daß man bereit war. Sonst zieht man immer das Vital an: den Schein, das Äußere, die dramatische Darstellung der Sache, aber nicht die Sache selbst.

Ziehen ist immer eine egoistische Regung, eine Entstellung der Aspiration. Die wahre Aspiration beinhaltet Hingabe – die Hingabe seiner selbst –, ziehen hingegen bedeutet, sich etwas aneignen zu wollen. Auch wenn man in Gedanken eine größere Ambition hegt – die Erde, das Universum –, bewirkt es nichts, das sind lediglich mentale Aktivitäten.

(langes Schweigen)

Wenn man die Dinge auf mentale Weise ausdrückt ... alle, die auf mentale Weise zu erklären versuchten, konstruieren einen Gegensatz, um sich dann einzubilden, das eine sei das offensichtliche Gegenteil des anderen [die wahre Sache und ihre Entstellung], was die Unterscheidung dann sehr leicht zu machen scheint. Aber so ist es keineswegs!... Ich studiere gerade, auf welche Weise die Materie, der Körper, ständig im Einklang mit der göttlichen Gegenwart stehen könnte. Das ist überaus interessant: Es besteht überhaupt kein Gegensatz, sondern es ist eine winzige, mikroskopische Entstellung. Man macht zum Beispiel oft die Erfahrung (und meistens weiß man nicht, warum es sich so abspielt – jetzt weiß ich es), wie an gewissen Tagen oder in gewissen Augenblicken alle Gesten, die man macht, harmonisch sind, alle Dinge, die man berührt, immer harmonisch auf den sie berührenden Willen zu reagieren scheinen, wie sich alles ordnet (ich spreche von all den kleinen Dingen des Lebens – des alltäglichen Lebens), jedes Ding scheint an seinem Platz zu sein oder ganz natürlich seinen Platz zu finden: wenn man ein Papier faltet, faltet es sich wie spontan auf die richtige Weise; wenn man etwas sucht, findet man wie spontan genau das Ding, das man braucht; man stößt sich an nichts, man wirft nie etwas um – alles scheint harmonisch. Und andere Male (ohne erkenntlichen Unterschied im Gesamtzustand des Bewußtseins) ist es genau das Gegenteil: Man will ein Papier falten und faltet es verkehrt; man will etwas aufheben und läßt es fallen – alles scheint unharmonisch, aus dem Gleichgewicht geraten oder widerspenstig zu sein. Man selbst ist mehr oder weniger im selben Zustand. Jetzt mit dieser scharfen und feinen Beobachtung sehe ich aber: im einen Fall herrscht eine innere Stille in den Zellen, eine tiefe RUHE, welche keineswegs die Bewegung verhindert, auch nicht die schnelle Bewegung, aber es ist, als beruhe sie auf einer ewigen Schwingung; und im anderen Fall herrscht diese innere Hast *(hektische Geste)*, dieses innere Vibrieren, diese innere Unruhe, die Hast, von einem Augenblick zum anderen zu gelangen, eine dauernde Hetze (warum? man weiß es nicht), immer in Eile, in Eile, und alles, was man tut, geht daneben. Im anderen Fall, in dieser Ausgeglichenheit und diesem inneren Frieden, spielt sich alles harmonisch ab, und dazu VIEL SCHNELLER in der materiellen Zeit: man verliert keine Zeit.

Deshalb ist es so schwierig zu wissen, wie man zu sein hat. Denn in Gedanken kann man immer im gleichen Zustand sein, selbst in der Aspiration, im allgemeinen guten Willen, selbst in der Hingabe an das Göttliche, all das kann das gleiche sein, der gleiche Zustand – aber die Sache spielt sich hier innen ab *(Mutter berührt ihren Körper)*, und das macht den ganzen Unterschied aus. Ich kann mir sehr gut vorstellen, daß es Leute gibt, bei denen diese Gegensätzlichkeit im Mental und im Vital fortbesteht, aber da ist es so offenkundig ... Ich spreche jedoch von etwas vollkommen Materiellem. Es gibt Leute, die sagen und denken: „Wie ist das nur möglich? Ich bin doch so guten Willens, ich möchte es so gut machen, aber nichts gelingt mir, alles ist unharmonisch, warum nur? Ich bin so gut (!), dennoch sprechen die Dinge nicht darauf an." Oder diejenigen, die sich sagen: „Oh, ich habe mich vollkommen hingegeben, ich bin so guten Willens, ich habe eine Aspiration und will ja nur die Wahrheit und das Gute, und doch bin ich die ganze Zeit krank, warum bin ich denn krank?" Und nur einen kleinen Schritt weiter, und schon zweifelt man an der Gerechtigkeit, die diese Welt regiert usw. Man fällt in ein Loch ... Aber um all dies geht es gar nicht. Das ist es nicht, was ich sagen will. Es ist zugleich viel einfacher und viel schwieriger, denn es ist nicht grell, es sind keine offensichtlichen Gegensätze, zwischen denen man wählen könnte – es gilt ausschließlich, die Verantwortung voll und ganz, integral, dem Herrn zu überlassen.

Von allen Dingen ist das für den Menschen das Schwierigste – für die Pflanze und sogar für das Tier ist das viel einfacher. Aber dem Menschen fällt das sehr schwer. Denn es gab eine ganze Zeitspanne in der Evolution, wo er notgedrungen die Verantwortung für seinen Fortschritt übernehmen mußte. So hat er sich daran gewöhnt, das hat sich seinem Wesen tief eingeprägt.

Ich habe etwas sehr Interessantes festgestellt. Da macht sich zum Beispiel ein Schmerz oder irgendein Zeichen bemerkbar, daß etwas im Körper nicht in Ordnung ist. Im Bewußtsein – ja, im Bewußtsein – bleibt man trotzdem völlig unbeteiligt, gleichviel ob Tod oder Leben, Krankheit oder Gesundheit, dort herrscht Gleichmut; wenn aber der Körper seiner alten Gewohnheit entsprechend reagiert: „Was tun, damit es weggeht?" verbunden mit alldem, was das mit sich bringt (ich spreche nicht von einer Reaktion im Mental, sondern hier im Körper), dann setzt sich die Sache fest. Warum? – Weil sie dazubleiben hat ... *(lachend),* damit man sie studieren kann! Haben aber die Zellen ihre Lektion gelernt und sagen sich sofort: „Herr, Deine Gegenwart" (ohne Worte: als Haltung) – pfft! dann verschwindet die Störung.

Es nützt nichts, wenn dies im Denken oder im psychischen Bewußtsein geschieht oder SOGAR IM PHYSISCHEN BEWUSSTSEIN: die Zellen müssen es tun. Derjenige, der es in Gedanken tut, sagt sich: „Ich gebe mich doch dem Göttlichen hin, ich bin bereit für alles, ich befinde mich in einem Zustand völligen Gleichmuts, und trotzdem bin ich krank! Was soll ich jetzt noch glauben?" Das ist es nicht. Um HIER eine unmittelbare Wirkung zu erzielen (unmittelbar heißt, daß es einem wie ein Wunder erscheint, was aber überhaupt nicht der Fall ist), muß an der Stelle, wo sich aus irgendeinem Grund die Störung eingestellt hat, augenblicklich diese Reaktion kommen: „Herr – Herr das bist Du; Herr wir sind Du; Herr, Du bist hier." – Und alles verfliegt. Eine Empfindung, eine Haltung – und sofort, hoppla, ist es vorbei!

Ich hatte schon Hunderte und Aberhunderte von Erfahrungen dieser Art.

Und der Zustand – der Allgemeinzustand des Bewußtseins – bleibt sich völlig gleich, immer so *(Geste der Unbewegtheit, die Handflächen nach oben gekehrt),* in einer Art bewußter Glückseligkeit: „Möge Dein Wille geschehen!" Aber dies nützt nichts, HIER greift das nicht – es muß HIER geschehen *(Mutter berührt ihren Körper).*

Das ist sehr interessant.

Ich könnte stundenlang darüber sprechen, aber das hat keinen Sinn.

Ich bin so sehr von der Vergeblichkeit des Sprechens überzeugt. Wenn man mir später vorliest, was ich gesagt habe ... Ich sage es IN der Erfahrung, und wenn ich es nachher lese, bin ich in einer anderen Erfahrung, und so scheint es mir bar jeder Überzeugungskraft. Wenn ich die Erfahrung dann zufällig wieder einfangen kann, fühle ich sofort: „Ach ja, genau das ist es!" Deshalb nützt es nichts, etwas zu lesen, wenn man nicht selber die Erfahrung hat. Wir veröffentlichen zwar die *Bulletins,* aber die Tatsache bleibt. Erst in dem Augenblick, wo man die Erfahrung hat, kann man wirklich verstehen, was man liest.

Es mag die Kraft haben, die Erfahrung zu übermitteln (auf mentale Weise geschieht dies zweifellos: es hat eine mentale Wirkung), ich rede aber von der Arbeit hier in den Zellen des Körpers ... Man verschafft sich eine kleine mentale Erklärung, doch darum geht es überhaupt nicht. Sobald man aber die Schwingung fühlt, ja, dann ist es offensichtlich.

Weißt du, man fühlt sich völlig unwohl, völlig daneben, man kann nicht atmen, es ist einem schlecht, man fühlt sich machtlos und kann sich weder bewegen noch denken oder sonst etwas ... kurz, man fühlt sich vollkommen elend, und da, mit einem Schlag: das Bewußtsein – das körperliche Bewußtsein der Schwingung der Liebe, die wahre Essenz der Schöpfung, eine Sekunde lang: alles erhellt sich, pfft! weg, alle Beschwerden sind weg. Verwundert schaut man sich an – alles weg. Man hat sich wirklich elend gefühlt – alles verschwunden.

Ich glaube nicht, daß Worte dies vermitteln können. Nicht einmal, wenn man in der Atmosphäre lebt – was ist es denn?... Eines Tages wird vielleicht eine Kraft da sein. Die Kraft, das zu übermitteln. Ja, dann kann sich alles ändern.

Zweifellos wird dieser Punkt kommen, wenn es sich hier dauerhaft festgesetzt hat.

Wenn es sein soll, wird es sein, nicht wahr?

27. November 1965

Hast du am Darshantag etwas Besonderes gefühlt? Nein?
Sri Aurobindo war von morgens bis abends anwesend.
HIER, weißt du.
Während, oh, sicher für mehr als eine Stunde ließ er mich wie in einer konkreten und lebendigen Vision den Zustand der Menschheit und der verschiedenen Schichten der Menschheit im Verhältnis zur neuen oder supramentalen Schöpfung erleben. Es war wunderbar klar, konkret und lebendig.

Da war die gesamte nicht mehr ganz animalische Menschheit, welche die mentale Entwicklung dazu benutzt hat, eine gewisse Harmonie in ihrem Leben zu schaffen – eine vitale, künstlerische, literarische Harmonie – und deren überwiegende Mehrheit mit dem Leben zufrieden ist. Diese Menschen sind zu einer gewissen Harmonie gelangt und leben darin das Leben so, wie es in einem zivilisierten Milieu möglich ist, mit anderen Worten, etwas kultiviert, mit einer gewissen Verfeinerung des Geschmacks und der Gewohnheiten. In ihrem ganzen Leben herrscht eine gewisse Harmonie, in der sie sich wohl fühlen und in der sie froh und glücklich leben und mit dem Leben zufrieden sind, wenn ihnen nicht gerade etwas Katastrophales zustößt. Diese Menschen mögen sich von den neuen Kräften, den neuen Dingen, dem zukünftigen Leben angezogen fühlen (denn sie haben Geschmack, sie sind intellektuell entwickelt); sie mögen sich zum Beispiel auf eine mentale, intellektuelle Weise für Sri Aurobindo interessieren. Sie spüren aber überhaupt kein Verlangen danach, sich materiell zu ändern, und würde man ihnen das aufzwingen, wäre es verfrüht und ungerecht und brächte einfach alles durcheinander, es würde ihr Leben ganz unnötigerweise durcheinanderbringen.

Das war sehr klar.

Dann gab es einige wenige, seltene Individuen, die bereit sind, die notwendige Anstrengung zur Vorbereitung der Transformation auf sich zu nehmen, bereit, die neuen Kräfte anzuziehen und zu versuchen, die Materie anzupassen, die Ausdrucksmittel zu finden usw. Diese sind für Sri Aurobindos Yoga bereit. Es sind sehr wenige. Darunter sind sogar einige, die sich aufopfern möchten und bereit sind, ein hartes und schwieriges Leben zu führen, wenn es ihnen nur hilft, sie zu dieser zukünftigen Transformation zu führen. Aber sie dürfen auf gar keinen Fall versuchen, die anderen zu beeinflussen und sie in ihre eigene Bemühung miteinzubeziehen: das wäre völlig ungerecht – nicht nur ungerecht, sondern auch äußerst ungeschickt, weil dies den Rhythmus und den universellen oder zumindest irdischen Gang ändern würde, und anstatt zu helfen, würde es Konflikte heraufbeschwören und in einem Chaos enden.

All dies erschien so lebendig, so wirklich, daß sich meine ganze Haltung (wie soll ich sagen?... eine passive, nicht von einem aktiven Willen ausgehende Haltung), die ganze Position, die ich in meiner Arbeit einnahm, geändert hat. Und dies brachte einen Frieden mit sich, einen grundlegenden Frieden und eine Ruhe und ein Vertrauen. Eine entscheidende Veränderung. Selbst das, was in der vorigen Position als Unnachgiebigkeit oder Ungeschicklichkeit, als Unbewußtheit und dergleichen bedauerliche Dinge erschien, all dies war verschwunden. Es war wie die Vision eines ungeheuren universellen Rhythmus, in dem jedes Ding seinen Platz einnimmt und ... alles zum Besten steht. Auf nur eine kleine Anzahl beschränkt, wird die Bemühung um die Transformation etwas VIEL Wertvolleres und VIEL Mächtigeres für die Verwirklichung. Es war, als sei eine Auswahl derjenigen getroffen worden, die die Pioniere der neuen Schöpfung sein werden. Alle diese Vorstellungen, ein Wissen zu „verbreiten" oder die Materie

„vorzubereiten" und zu bearbeiten, sind kindisches Zeug, nichts als menschliche Turbulenz.

Diese Vision war von einer solchen Schönheit, so majestätisch, ruhig und lächelnd, oh!... von einer wirklich göttlichen Liebe erfüllt. Aber keine „verzeihende" göttliche Liebe – ganz und gar nicht! – jedes Ding hat darin seinen Platz und verwirklicht seinen inneren Rhythmus so vollkommen, wie es nur vermag. Das ist alles.

Das war ein sehr schönes Geschenk.

Weißt du, diese Dinge weiß man irgendwie auf intellektuelle Weise, so als Idee, man weiß all dies, aber das bringt überhaupt nichts. In der Praxis des Alltags lebt man nach einem anderen, einem wahreren Verständnis. Und es war, als berühre man die Dinge in ihrer höheren Ordnung – man sah sie, man berührte sie.

Es kam nach einer Vision der Pflanzenwelt und der spontanen Schönheit der Pflanzen (das ist etwas so Wunderbares!), dann des Tieres mit seinem so harmonischen Leben (vorausgesetzt, die Menschen mischen sich nicht ein), und all das war völlig an seinem Platz. Dann die wahre Menschheit als solche, die den Gipfel dessen darstellt, was ein ausgeglichenes Mental an Schönheit, Harmonie, Zauber, an Lebenseleganz und Geschmack am Leben – am Sinn für ein Leben in Schönheit – hervorzubringen vermag, natürlich unter Ausschaltung all dessen, was häßlich, niedrig und vulgär ist. Es war eine schöne Menschheit. Die Menschheit in ihrer höchsten Blüte, und schön. Sie ist vollkommen zufrieden mit sich selbst, denn sie lebt in Harmonie. Vielleicht kam dies auch wie ein Versprechen dessen, was fast die gesamte Menschheit unter dem Einfluß der neuen Schöpfung sein wird: mir erschien sie als das, was das supramentale Bewußtsein aus der Menschheit machen kann. Man könnte sie sogar mit dem vergleichen, was die Menschheit aus der Tierwelt hervorbrachte (natürlich war dies sehr vermischt, aber es gab Vervollkommnungen, Verbesserungen und eine vollständigere Nutzung). Das Tier ist unter dem Einfluß des Mentals zu etwas anderem geworden, das aufgrund der Begrenztheit des Mentals natürlich eine Mischung war; ebenso gibt es unter sehr ausgeglichenen Menschen Beispiele einer harmonischen Menschheit, und dies schien dem zu entsprechen, was die Menschheit unter dem supramentalen Einfluß werden könnte.

Allerdings liegt dies noch in sehr ferner Zukunft; man darf nicht erwarten, daß es sofort so sein wird – es liegt noch sehr weit in der Zukunft.

Wir befinden uns eindeutig noch in einer Übergangszeit, die ziemlich lange anhalten kann und eher schmerzhaft ist. Aber die Anstrengung, die manchmal (oft) schmerzhaft ist, wird kompensiert durch eine klare Vision des zu erreichenden Ziels, des Ziels, das erreicht WERDEN WIRD. Weißt du, es besteht eine Sicherheit, eine Gewißheit. Aber DAS[1] wird etwas sein, das die Macht hat, alle Irrtümer, Deformationen und Häßlichkeiten des mentalen Lebens auszuschalten, dies ergäbe dann eine sehr glückliche, mit ihrem Menschsein völlig zufriedene Menschheit, die überhaupt nichts anderes sein will als menschlich, aber in menschlicher Schönheit und Harmonie.

Es ging ein großer Zauber davon aus, ich lebte gleichsam darin. Die Gegensätze waren verschwunden. Ich lebte gleichsam in dieser Vollkommenheit. Es war beinahe wie ein vom supramentalen Bewußtsein ersonnenes Ideal einer Menschheit, die so vollkommen wie nur möglich geworden war. Es war sehr gelungen.

Das brachte eine große Ruhe mit sich. Die Spannung, die Reibung, all das verschwindet, auch die Ungeduld. All dies war vollkommen verschwunden.

Bedeutet das, daß du die Arbeit konzentrierst, anstatt sie überall zu verbreiten?

Nein, sie kann durchaus materiell verbreitet werden, denn die Individuen sind nicht notwendigerweise auf einen Ort konzentriert. Aber es sind sehr wenige.

Diese Vorstellung einer dringlichen Notwendigkeit, die ganze Menschheit auf die neue Schöpfung „vorzubereiten", diese Ungeduld ist verschwunden.

Es muß sich zuerst in einigen wenigen verwirklichen.

Das ist es.

Nimm zum Beispiel ein Buch, wie deines[2] (ich wußte dies von Anfang an), ein solches Buch wird seine Aufgabe voll erfüllt haben, wenn es auch nur ein Dutzend Leute berührt. Es ist nicht nötig, daß es in Tausenden von Exemplaren verkauft wird. Wenn es ein Dutzend Leute berührt, hat es seine Aufgabe bestmöglich erfüllt. So ist das.

Ich sah ... ich sah dies auf eine so konkrete Weise[3]. Außer denjenigen, die fähig sind, die supramentale Transformation und die supramen-

---

1. „Das" = der supramentale Einfluß
2. *Das Abenteuer des Bewußtseins.*
3. Mutter ließ die nachfolgende Passage, die sich zunächst auf den Ashram bezog, ändern. Interessant daran ist, was sie für den Ashram sah, interessant auch, was sie uns in dieser Passage streichen und ändern ließ. Im Original lautete sie: „Damit eine Gruppe, wie zum Beispiel der Ashram, wirklich ihre Aufgabe erfüllen kann, müßte sie aus Mitgliedern dieser höheren Menschheit bestehen, die dem zukünftigen oder zu erwartenden supramentalen Wesen gegenüber die gleiche Haltung einnimmt, wie es tierische Wesen (so zum Beispiel der Hund) dem Menschen gegenüber

tale Verwirklichung vorzubereiten, und deren Zahl notwendigerweise sehr beschränkt ist, muß sich innerhalb der gewöhnlichen menschlichen Masse allmählich eine höhere Menschheit entwickeln, die dem zukünftigen oder versprochenen supramentalen Wesen gegenüber die gleiche Haltung einnimmt wie zum Beispiel die Tiere gegenüber dem Menschen. Außer jenen, die an der Transformation arbeiten und dazu bereit sind, bedarf es noch der Zwischenstufe einer höheren Menschheit, die in sich oder im Leben diese Harmonie mit dem Leben gefunden hat – diese MENSCHLICHE Harmonie – und die das gleiche Gefühl von Verehrung, Hingabe und treuer Ergebenheit für „etwas" verspürt, das ihr so viel höher erscheint, daß sie es nicht einmal selbst zu verwirklichen sucht, das sie aber verehrt, und unter dessen Einfluß und Schutz sie sich stellen möchte, um in der Freude dieses Schutzes zu leben ... Das war so klar. Aber nicht die Angst und Qual, etwas zu wollen, das sich einem entzieht, weil – nun, weil es einem noch nicht bestimmt ist und weil der notwendige Grad der Transformation für die betreffende Existenz verfrüht ist und es nur Verwirrung und Leid hervorrufen würde.

Ich sehe sehr klar, wenn die Arbeit so getan wird, wie „man" sie mich tun läßt, dann wird es ganz spontan so sein. Nehmen wir zum Beispiel etwas ganz Konkretes, um das Problem zu veranschaulichen: Die Menschheit erlebt den sexuellen Drang auf eine ganz natürliche, spontane und, ich möchte sagen, legitime Weise. Dieser natürliche, spontane Impuls wird zusammen mit der Animalität wegfallen (viele andere Dinge werden ebenfalls verschwinden, wie zum Beispiel die Notwendigkeit zu essen, vielleicht auch die Notwendigkeit zu schlafen, so wie wir es kennen), aber der bewußteste Impuls einer höheren Menschheit, der ihr wie eine Quelle der – Glückseligkeit ist ein großes Wort – aber der Freude, der Wonne verbleibt, ist zweifellos die Sexualität, die in den Funktionen der Natur überhaupt keinen Zweck mehr erfüllen wird, wenn die Notwendigkeit dieser Art der Fortpflanzung verschwunden ist. Die Fähigkeit, mit der Lebensfreude in Kontakt zu kommen, wird folglich um eine Stufe höher steigen oder sich anders orientieren. Aber das, was spirituelle Aspiranten früher aus Prinzip vertraten – die sexuelle Abstinenz –, ist absurd, denn sie ist nur für

---

tun. Damit der Ashram seine Funktion erfüllen kann, bedarf es Menschen, die in sich selbst oder im Leben diese Harmonie mit dem Leben gefunden haben – diese menschliche Harmonie – und die das gleiche Gefühl der Verehrung und der Hingabe empfinden [das die Tiere haben] gegenüber „etwas", das ihnen so viel höher erscheint, daß sie nicht einmal versuchen, es zu verwirklichen, das sie aber verehren und dessen Einflusses, dessen Schutzes sie bedürfen, und die den Drang spüren, unter diesem Einfluß zu leben und die Freude zu genießen, unter diesem Schutz zu stehen."

diejenigen bestimmt, die über dieses Stadium hinausgewachsen sind und keine Animalität mehr in sich tragen. Dies muß auf natürliche Weise, ohne Mühe und Kampf, einfach von einem fallen. Daraus einen Konflikt, einen Kampf, eine Anstrengung zu machen, ist lächerlich. Das hat mir meine Erfahrung im Ashram zur Genüge bewiesen, denn ich habe alle Stadien gesehen und erkannt, daß alle Ideen und Verbote überhaupt nichts nützen, denn erst wenn das Bewußtsein aufhört, menschlich zu sein, fällt es ganz natürlich von einem ab. Hier gibt es einen etwas schwierigen Übergang, denn Übergangswesen befinden sich immer in einem instabilen Gleichgewicht, aber im Innern lebt eine Art Flamme und ein Drang, der den Übergang nicht schmerzvoll werden läßt – es ist keine schmerzvolle Anstrengung, sondern etwas, das man mit einem Lächeln tun kann. Aber dies denjenigen, die noch nicht dazu bereit sind, aufzwingen zu wollen, ist absurd. Man hat mir oft den Vorwurf gemacht, ich würde manche Leute ermuntern zu heiraten; vielen jungen Leuten sage ich: „Heiratet, heiratet!" Woraufhin man mir entgegenhält: „Was, Sie ermutigen sie auch noch?" – Das gebietet einem einfach der gesunde Menschenverstand.

Das ist schlichtweg gesunder Menschenverstand. Sie sind menschlich und sollen nichts anderes vorgeben.

Erst wenn der spontane Impuls für euch unmöglich wird, wenn ihr fühlt, daß er etwas Unangenehmes ist und im Widerspruch zu euren tieferen Bedürfnissen steht, dann wird es leicht, ja, dann brecht die äußeren Bindungen ab, und es ist vorbei.

Dies ist eines der überzeugendsten Beispiele.

Das gleiche gilt für die Ernährung – dort wird es dasselbe sein. Wahrscheinlich wird es einen Übergang geben, in dem man immer weniger rein materielle Nahrung zu sich nimmt. Genau dem geht man jetzt gerade nach: all die Vitamine und Konzentrate sind eine instinktive Suche nach einer subtileren Nahrung, und dies wird gewiß als Übergang dienen.

Es gibt viele solche Dinge. Seit dem 24. *(Tag des Darshans)* lebe ich in diesem neuen Bewußtsein, und ich sah eine ganze Reihe von Dingen, darunter sogar einige meiner eigenen Erfahrungen, die ich erst jetzt verstehe. Wie zum Beispiel, als ich zehn Tage lang fastete (voll und ganz), ohne einen Gedanken ans Essen zu verschwenden (ich hatte einfach keine Zeit zu essen), und es war kein Kampf: es war ein Entschluß. Damals entdeckte ich in mir eine Fähigkeit, die sich nach und nach entwickelt hatte: Wenn ich zum Beispiel an einer Blume roch, war dies nährend. Ich sah, wie man sich auf eine subtilere Weise ernähren konnte.

Nur ist der Körper nicht bereit. Der Körper ist noch nicht bereit und verfällt, das heißt, er zehrt sich selbst auf. Was beweist, daß der Augenblick noch nicht gekommen ist und daß es nur eine Erfahrung war – eine Erfahrung, die einen etwas lehrt. Sie lehrt einen, daß es keine brutale Weigerung sein soll, sich mit der entsprechenden Materie zu verbinden, keine Isolation (man kann sich gar nicht isolieren, das ist unmöglich), sondern eine Verbindung auf einer höheren oder tieferen Ebene.

Diese Botschaft, die wir am 24.[1] verteilten, kam von Sri Aurobindo, der mir auftrug, sie für den 24. aufzuheben, und dies sehr klar und sehr kategorisch, ich weiß nicht warum. Aber jetzt hat er mir klar gezeigt, weshalb, und ich habe verstanden. Denn diese Kraft wird immer offensichtlicher – diese Kraft der Wahrheit –, und natürlich bedarf das menschliche Denken, das von kindlicher Beschaffenheit ist (es hat zum supramentalen Denken die gleiche Beziehung wie es das, was man als animalisches Denken oder Empfinden bezeichnen kann, dem menschlichen Empfinden und Denken gegenüber hegt), beinahe eines Aberglaubens (Aberglaube ist ein häßliches Wort für etwas, das nicht eigentlich häßlich, sondern ein unwissender, naiver und sehr vertrauensvoller Glaube ist), und genau dieser Glaube läßt einen dann an Wunder glauben, sobald man den Einfluß einer Kraft fühlt – er läßt einen denken, daß das Supramental sich bald manifestiert und man supramental wird und ... Das Lustige daran ist, daß ich jeden Darshan gewöhnlich zwei oder dreihundert „Botschaften" versende (alle bitten mich darum, um sie ihren Briefpartnern zu schicken); diesmal habe ich nicht einmal hundert verteilt! *(lachend)* Nicht einmal hundert! Ach, das ist nicht so bequem, denn es scheint zu sagen: „Nein, nein, seid vernünftig."

Das ist lustig. Ich habe hier noch das ganze Paket liegen.

Es ist, als würde man einem Hund sagen: „Glaube nicht, glaube ja nicht, ich sei so, wie du dir vorstellst – allmächtig, allwissend!" Würde man ihm die Wahrheit darüber sagen, wie wir Menschen sind, der arme Hund wäre sehr enttäuscht. Er glaubt, der Mensch sei ein allmächtiges Wesen, das alles weiß und kann. – Einem Hund sagt man ja auch nicht: „Du bist abergläubisch."

(Schweigen)

---

1. „Es ist gewiß ein Fehler, das Licht gewaltsam herabzubringen, daran zu ziehen. Das Supramental kann nicht im Sturm erobert werden. Wenn die Zeit gekommen ist, wird es sich von selbst öffnen. Aber vorher bleibt noch vieles zu tun, und es muß geduldig und ohne Eile getan werden." – Sri Aurobindo

Diejenigen, die höhere Regionen der Intelligenz berührt haben, die mentalen Fähigkeiten in sich aber nicht beherrschen, hegen ein naives Verlangen, alle möchten so denken wie sie und verstehen, wie sie verstehen, und wenn sie merken, daß die anderen das nicht können, nicht verstehen, dann sind sie zunächst schrecklich schockiert. „Was für ein Dummkopf!", heißt es dann. Aber sie sind keineswegs dumm – sie sind einfach anders, sie befinden sich in einem anderen Bereich. Man wird auch nicht zu einem Tier sagen: „Du bist ein Dummkopf", sondern man sagt: „Es ist ein Tier." Genauso sagt man: „Es ist ein Mensch." Es ist ein Mensch. Nur gibt es auch jene, die keine Menschen mehr, aber auch noch keine Götter sind, sie befinden sich in einer Lage, die sehr ... auf englisch sagt man *awkward* [unbequem] ist.

Aber diese Vision war sehr beruhigend, so sanft, so wunderbar – jedes Ding drückte ganz natürlich seine Art aus.

Ja, und die Flamme ... Wenn sich die Flamme entzündet, wird alles anders. Aber diese Flamme ist etwas vollkommen anderes; sie ist völlig verschieden vom religiösen Gefühl, vom religiösen Streben, von der religiösen Verehrung (all das ist sehr gut, es ist der Gipfel des menschlichen Strebens, und es ist sehr gut, ja ausgezeichnet für die Menschheit), aber DIESE Flamme, die Flamme der Transformation ist etwas anderes. Ach, da kommt mir gerade in den Sinn, wie mir Sri Aurobindo etwas wieder ins Gedächtnis zurückrief, das ich in Japan geschrieben hatte, (es wurde in *Gebete und Meditationen* veröffentlicht), und ich hatte nie verstanden, was da geschrieben stand. Ich hatte es immer zu verstehen versucht und mich gefragt: „Was zum Teufel wollte ich damit nur sagen? Ich habe keine Ahnung." Es kam einfach so, und ich schrieb es auf. Da war die Rede von einem „Kind", und es wurde gesagt: „Komm ihm nicht zu nahe, denn es brennt" (ich erinnere mich nicht mehr an die genauen Worte), und immer hatte ich mich gefragt: „Was ist das bloß für ein Kind, von dem ich da sprach?... Und bei dem man aufpassen muß, daß man ihm nicht zu nahe kommt?[1] Erst gestern oder vorgestern verstand ich plötzlich – plötzlich zeigte er es mir, indem er sagte: „Das ist es: das „Kind" ist der Anfang der neuen Schöpfung, sie ist noch im Kindheitsstadium, und berühre sie nicht, wenn ihr nicht verbrennen wollt – denn sie brennt."

(Schweigen)

---

1. *Gebete und Meditationen*, 27. März 1917: „... Du siehst es in deinem Herzen, diese triumphierende Stätte; du allein kannst es tragen, ohne daß es zerstörerisch wird. Wenn die anderen es berühren, werden sie verbrannt. So lasse sie ihm nicht zu nahe treten. Das Kind muß wissen, daß es die strahlende Flamme nicht berühren darf, von der es so sehr angezogen wird ..."

27. NOVEMBER 1965

Ganz offensichtlich bringt die Weite und Gesamtheit der Vision so etwas wie ein verstehendes Mitgefühl mit sich – nicht das Mitleid des Höheren gegenüber dem Niedrigen: das wahre göttliche Mitgefühl, das umfassende Verständnis, daß jeder das ist, was er sein muß.

Zurück bleiben nur die Entstellungen. Aber auch für diese gab es eine Erklärung. Es war die entscheidende Vision, die jedes Ding an seinen Platz stellt. Eine wahre Offenbarung.

All diese Dinge wurden schon tausendmal gesagt, sie wurden ich weiß nicht wie oft schon geschrieben, sie wurden gedacht und ausgedrückt – all das ist sehr gut, dort oben. Aber jetzt kam es in die [materielle] Ebene selbst, es wurde hier empfunden, geatmet, absorbiert; das ist etwas völlig anderes. Es ist ein Verständnis, das überhaupt nichts mit dem intellektuellen Verständnis zu tun hat.

(nach langem Schweigen)

Sri Aurobindo sagt mir weiterhin Dinge ... Wirklich sehr interessant.

Eine Art Instinkt will, daß alles mit der Erfahrung, die man hat, übereinstimmt. Aber das tendiert zur Gleichförmigkeit, zur gleichförmigen Einheit des Höchsten, die das nicht-manifestierte, auf ewig mit sich selbst identische Höchste darstellt, im Gegensatz zur unzähligen Vielfalt aller Ausdrucksweisen dieser Einheit; und instinktiv kommt es immer zu einem Rückzug *(Geste eines Zurückweichens)* zum Nicht-Manifestierten hin, anstelle einer Annahme *(Mutter öffnet beide Hände)* der Manifestation in ihrer Gesamtheit. Das ist sehr interessant.

Das ist die erste Wirkung der Rückkehr zum Ursprung.

Dies bedeutet Vereinfachung, Identität, Einzigartigkeit – die identische Einzigartigkeit. Und auf der anderen Seite steht die Bewegung der Manifestation *(Geste der Ausdehnung):* die vielfältige Unermeßlichkeit.

Es ist instinktiv.

(Mutter versinkt in Kontemplation)

MUTTERS AGENDA

30. November 1965

*Mutter macht sich an die
Übersetzung von Savitri:*

> *Imagining meanings in life's heavy drift,
> They trusted in the uncertain environment
> And waited for death to change their spirit's scene.*[1]

(X.IV.641)

Ja, das sind die Leute, die hoffen, in einen glückseligen Himmel zu kommen.

Die ganze westliche Welt ist davon überzeugt, daß man die Erde so nehmen muß, wie sie ist, und daß sie zur Vorbereitung auf ein Leben in einer anderen Welt dient, die entsprechend den „Fehlern" oder „Tugenden" der Menschen ein Himmel oder eine Hölle sein wird. Aber letztendlich werden alle, die guten Willens sind, die Hölle überwinden und in einen glückseligen Himmel eingehen.

Was für eine merkwürdige Erfindung!

Na ja ...

Aber überall in *Savitri* trifft man auf eine erstaunliche Anhäufung und Verdichtung von Wissen, bei jeder Gelegenheit. Da ist nichts, das leer an Wissen wäre. Das ist wirklich interessant.

---

[1] Indem sie sich im schweren Treiben ihres Lebens Sinn einbildeten,
setzten sie ihr Vertrauen auf die ungewisse Umwelt
und warteten auf den Tod, um ihres Geistes Schauplatz zu verändern.

(dt. Ausgabe S. 655)

Dezember

1. Dezember 1965

(Brief von Mutter an Satprem)

Satprem,
In den „Notizen auf dem Weg" muß einiges gekürzt werden.[1]

Der Abschnitt über gutgeheißene Eheschließungen muß wegfallen, ebenso alles, was sich mit der Zusammensetzung des Ashrams befaßt. All das ist zu „privat", um es zu veröffentlichen.

In diesem Sinne kannst du hier und dort weitere Sätze finden, die besser ausgelassen werden sollten.

Am kommenden Samstag möchte ich das mit dir gründlich durchsehen.

Herzlich,

Mutter

4. Dezember 1965

(Am Vortag ging es Mutter sehr schlecht, und sie wirkt immer noch sehr müde)

Gestern war ein sehr schwieriger Tag. Und es geht mir immer noch nicht ganz gut.

Ich höre nichts, ich sehe nichts, ich bin in einem kläglichen Zustand.

(Satprem bringt Mutter davon ab, zu arbeiten: lange Meditation)

In diesem Zustand kann ich unbegrenzt lange verharren.

Wenn ich einmal so bin, geht es gut, es ist angenehm. Aber wir könnten trotzdem unsere Übersetzung machen ... Das Problem ist, daß ich nicht sehen und hören kann – ich bin nicht da!

---

[1] Es handelt sich um das Gespräch vom 27. November, das Satprem zumindest auszugsweise im *Bulletin* des Ashrams veröffentlichen wollte.

Für mich besteht nämlich keinerlei Grund, da herauszutreten [aus der Meditation]. Dort habe ich das Gefühl, daß die Welt endlich in Ordnung ist. Sobald man von da heraustritt, fängt es an zu knirschen. Dort drinnen geht die Welt und alles sehr gut.

(Mutter nimmt die ersten Verse von Savitri)

A savage din of labour and a tramp
Of armoured life and the monotonous hum
Of thoughts and acts that ever were the same. (X.IV.641)[1]

Da haben wir's!

*
* *

Am Ende des Gesprächs

Das ist mein großes Heilmittel für alles. Drei Viertel des gestrigen Tages war ich in diesem Zustand [in Meditation]. Alle dachten, ich schliefe, und man hütete sich sehr, mich zu wecken (um so besser, das war nett). So geht alles gut. Dem Körper geht es auch besser; für mich ist das die einzige Heilung: diesen Frieden, dieses Licht herbeizuführen – ein so weites, ruhiges Licht –, dadurch lernen die Zellen, etwas harmonischer zu sein.

Anders geht es nicht.

Ich glaube nicht an die Ärzte. So sehr ich mich auch bemüht habe, mit all meinem guten Willen, kann ich nicht an Behandlungen und an Ärzte glauben. Wenn ich in diesem Zustand bin, gibt der Doktor mir Medikamente – ich beobachte ihre Wirkung: sie verursachen genausoviel Störungen, wie sie Gutes tun. In einem Bereich bewirken sie etwas Gutes und in einem anderen etwas Schlechtes. Hinterher muß es wieder in Ordnung gebracht werden. Das nimmt kein Ende. Zum Glück gibt man mir nur Kinderdosen! Wenn ich die volle Dosis für Erwachsene bekäme, glaube ich … Das ist interessant, sehr interessant.

Um sich in der Welt, so wie sie jetzt ist, wohl zu fühlen, muß man im Grunde genommen zu der Kategorie gehören, von der ich neulich gesprochen habe: Man muß zu jenen gehören, die mit allen menschlichen Fähigkeiten eine Harmonie geschaffen haben und damit zufrieden sind. Außerdem müssen sie egozentrisch genug sein, um nicht zu

---

1. Der wilde Lärm von Arbeit, das Getrampel
des bewehrten Lebens und das monotone Summen
von Gedanken und von Handlungen, die stets dieselben waren.

(dt. Ausgabe, S. 655)

merken, daß es für andere nicht so ist. Dann geht es gut, ansonsten ... Sri Aurobindo gehörte (in seinem äußeren Wesen) sehr stark zur Kategorie jener, die nach Veränderung streben, die auf Fortschritt drängen, die vorankommen wollen, die die Vergangenheit zurückweisen ... Er mußte sich sehr anstrengen, um mit den Leuten und den Dingen zufrieden zu sein. Nur sein Mitgefühl ließ ihn die Leute um ihn herum so akzeptieren, wie sie waren. Sonst litt er sehr.

All das verursacht eine Abnutzung, Ermüdung und Störung.

Die ganze Zeit lehrt „man" mich das ... Schon seit langem gibt es keine selige Zufriedenheit mehr für mich (ich habe sie nie in großem Ausmaß gehabt, aber wenn sie früher je möglich war, gibt es sie jetzt schon sehr lange nicht mehr), aber „man" lehrt mich, in ein höheres Stadium überzugehen, wo man von allen äußeren Schwingungen genügend frei ist, um in der wahren harmonischen Schwingung zu leben. Für den Körper ist das jedoch schwierig, denn jedesmal, wenn man ißt, absorbiert man auch die Unordnung; mit jedem Atemzug nimmt man die Unordnung auf – man lebt in der Unordnung. Somit erfordert es eine ständige Arbeit der Klärung, der Organisation, der Harmonisierung – alles wird sehr reglos, ausgesprochen regungslos: hier *(Geste zur Stirn)* absolute Stille und Licht – ein Licht, das sich nicht bewegt; dann muß man es hier [in den Körper] herabbringen. Sehr reglos ... Trotzdem fließt doch die ganze Zeit das Blut, oder? Vermutlich fließt es dann nur noch ganz langsam. So geht es wieder.

Der äußeren Wissenschaft zufolge werden, glaube ich, im Schlaf die Gifte verbrannt. Das ist es: diese Reglosigkeit erhellt die dunklen Schwingungen.

(Lachend) Jetzt habe ich euch eine Dosis davon gegeben!

7. Dezember 1965

Über Mutters letzte „Krankheit"

Es handelte sich um das, was die Leute „Schwarze Magie" nennen – ich nenne das nicht schwarze Magie, aber es war eine feindliche Formation, die ich am 5. Dezember in all ihren Details gesehen habe. Genau am 5. habe ich das gesehen und verstanden. Es war äußerst interessant, aber es ist unmöglich wiederzugeben. Während der Meditation am 5. erfuhr ich, was es war (am Tag, nachdem du gekommen warst). Außerordentlich interessant. Eines Tages erzähle ich das vielleicht, aber es ist sehr persönlich.

Am Nachmittag des 5., nachdem ich alles gründlich verstanden hatte und alles gesehen und getan hatte, verschwand die Formation plötzlich einfach so ... (du weißt, wie Sri Aurobindo Krankheiten entfernte: als käme eine Hand, die das Übel entfernt), sie wurde entfernt, buchstäblich entfernt, und AUGENBLICKLICH ging es dem Körper wieder gut. Weißt du, darüber staune ich noch immer.

Tatsächlich so, als steckte man unter einer Haube, und dann kommt etwas, das sie wegnimmt: pfft! alle Symptome weg, alles. Wunderbar.

Wenn diese Art Kraft erst richtig funktioniert, dann werden wir Resultate sehen.

Aber seit vier oder fünf Jahren wirst du jedes Jahr um den 5. Dezember herum angegriffen.

Oh ja. Das hängt alles zusammen. Es ist dasselbe.

Das dauert aber schon länger als vier oder fünf Jahre. Aber ... Nun, wenn ich es erkläre, werdet ihr verstehen.

Ich erkannte das keineswegs mit dem menschlichen Denken, so wie man die Dinge versteht, sondern ich sah es so, wie es ist, und was diese Angriffe zuließ – nicht nur, was sie zuläßt und ermöglicht, sondern das, was diese Dinge für die Transformation des Körpers NOTWENDIG macht.

Ich will aber keine große Geschichte daraus machen, das einzig Wichtige ist durchzuhalten, das ist alles. Ausharren, durchhalten.

Im selben Augenblick, wo das verschwand, eine bloße halbe Sekunde vorher, kam ... Wie soll ich das erklären? Es war so einfach und natürlich und überhaupt nicht spitzfindig. Oh, so einfach, daß es kindisch erscheint. Es war, als sagte mir eine Stimme, die wie die Stimme Sri Aurobindos klang: *You are the stronger and you can send the ball away.* [Du bist die Stärkere und kannst den Ball zurückwerfen.] Etwas in der Art. Aber die Worte sind nichts, es war die Empfindung einer Art von ... auf englisch sagt man *buoyancy* [Leichtigkeit, Schwung], eine Empfindung, die man hat, wenn man sehr jung und voller Kühnheit und Enthusiasmus ist – eine Empfindung, daß ich absolut auf diese Leute und ihre „ungeheure" Formation pfeife, wie ein Löwe über eine Ratte lachen würde. Genau diese Art Beziehung. Dieser Enthusiasmus erschien nur für die Dauer eines Blitzes, und gleichzeitig, absolut gleichzeitig *(Geste, als würde eine Haube weggenommen)* pfft! – wie Tag und Nacht.

Oh, das zeigte mir viele, viele Dinge, eine ganze Welt.

7. DEZEMBER 1965

Es war hart. Es hatte lange gedauert, den 3., 4. und am 5. bis halb sieben Uhr abends: drei Tage.

Jeder Tag bringt etwas Neues. Es scheint im Galopp zu gehen, alles geht schnell. Gestern habe ich wieder etwas gelernt: über die Arbeit, die Ursache des Durcheinanders. Sehr interessant, eine sehr interessante Demonstration. Und so bringt jeder Tag etwas in der Art, in den ganz kleinen Details der materiellen Abläufe.

Überaus interessant.

Und jetzt laß uns arbeiten!

*
* *

(Es folgt wieder einmal eine lange Diskussion über das Problem der Veröffentlichung von Mutters Worten. Wie üblich wollte Mutter alles streichen – „Ich will kein „ich" haben" – und wie gewöhnlich mußte Satprem buchstäblich dafür kämpfen, einige Fragmente hier und dort zu retten. Diesmal handelte es sich um die „Notizen auf dem Weg".)

... Ich sehe nämlich, daß das *Bulletin* von vielen Leute gelesen wird, deshalb müssen wir achtgeben, was wir sagen. Wir müssen das sorgfältig durchgehen.

Hat es wieder Vorwürfe abgesetzt?

Nein, es gab Enthusiasten – so begeistert, daß wir uns in acht nehmen müssen.

Es gab auch Proteste, aber das ist mir vollkommen egal, das interessiert mich nicht. Bei den Enthusiasten müssen wir aufpassen, bei Leuten, auf die es stark wirkt.

Die Enthusiasten sind oft viel gefährlicher ... Beschuldigungen bedeuten nur, daß die Leute nichts verstanden haben, das ist nicht von Bedeutung – wenn sie nichts verstanden haben, ist es ihr eigenes Pech. Aber bei jenen, die verstehen, darf es keine zu starke Wirkung haben. Man muß vorsichtig sein.

Ja, aber wenn man alles Persönliche herausnimmt, bleibt nur eine Art „Erklärung", die nichts Konkretes herüberbringt. Es bleibt vage und allgemein.

Wir können den vollständigen Text aufheben für jene, die weit genug sind, um alles zu sehen.

(Proteste von Satprem)

Aber, mein Kind! Lies alles nochmals durch und sag dir, daß alle, die bereit sind, das Ganze zu lesen, es eines Tages auch lesen werden. Das ist alles, das reicht.

Man sollte dir deine Texte nicht wieder vorlesen, denn du bist unmöglich!

(Mutter lacht)

(Die Diskussion geht weiter, und Mutter möchte auch das ganze Ende des Gesprächs vom 27. November weglassen, das Satprem in den „Notizen auf dem Weg" veröffentlichen will. Es ging um die doppelte Bewegung der Einheit und der Mannigfaltigkeit.)

Laß dich nicht entmutigen.

Aber all das hängt doch zusammen!

Ja, alle, die deinen Entwicklungsstand haben, werden verstehen, die anderen nicht.

Nein, das ist der Anfang einer Erfahrung, die noch nicht vollständig ist. Darüber spreche ich besser ein anderes Mal. Eines Tages werde ich sicher darüber sprechen können. *(Sich über Satprem mokierend:)* Du wirst Gelegenheit haben, alles genau aufzuschreiben.

Laß das alles, das reicht. Das ist zu privat und gehört in die *Agenda*.

Eines Tages werde ich eine Schilderung des höchsten Bewußtseins geben können – eine lebendige Schilderung, weil sie total erlebt wurde. Das höchste Bewußtsein ist gleichzeitig das Nichts und die Gesamtheit. An dem Tag, wo ich diese Erfahrung in Worte fassen kann, wird es etwas Gewichtiges sein, aber warte ein bißchen, wir müssen noch ein wenig warten.

Dies ist noch das Stammeln eines Lehrlings.

Ich verstehe schon, aber … Aber selbst dieses Stammeln ist voller Sinn! Selbst dein Zögern, deine unvollständigen Sätze, das ist voller Sinn.

Ja, das ist gut für … (wie die alte Redensart besagt), das ist gut für die Gläubigen, aber die „Ungläubigen" dürfen das Stammeln nicht sehen, es hilft ihnen nicht.

Sujata wird weniger zu tippen haben!

(Satprem macht ein Gesicht)

10. Dezember 1965

Was hast du zu sagen?... Sag!

Ich bin ein bißchen durcheinander, weil ich die Nachricht erhalten habe, daß mein Freund sich umgebracht hat.

Erzähl. Welcher Freund?

Ein Goldwäscher.

Aber du hattest viele Freunde in deinem Leben, oder?

Nein.

Standest du noch in Verbindung mit ihm?

Er war derjenige, der mir am nächsten stand.

Hast du ihn getroffen, als du das letzte Mal in Frankreich warst?

Nein.

Wo war er?

Ach, überall auf der Welt, zuletzt in Afrika, ein bißchen überall.

Und von wo hat er dir geschrieben?

Aus Paris.

Wie alt war er?

Ein bißchen jünger als ich.

Was hat er dir geschrieben? Hast du seinen Brief? Zeig ihn mir.

Er war ein Rebell.

Ja.

Er hat nicht gefunden.

Aber er ist ein Rebell im Tamas, mein Kind. Selbstmord und Tamas hängen zusammen – Unbewußtheit oder Dummheit.
(*Mutter schaut sich den Brief an*) Er unterschreibt nicht mit seinem Namen, er schrieb: „Dein Bruder, der Goldwäscher."

Ja.

Ist er ein Intellektueller?

Nein, nicht besonders. Er ist ein Mann der Tat.

(Mutter schaut sich den Brief nochmals an) Bist du sicher, daß er sich umgebracht hat?... Ich nicht. Hast du seine Adresse nicht? Kannst du dich nicht erkundigen?

Doch.

(Schweigen) Du reagierst immer noch sehr empfindlich auf die Formationen von anderen.

Er ist ein Mann, den ich gut verstehe, mit dem ich gelebt habe. Er war ganz und gar kein gewöhnlicher Mensch, der das Leben akzeptierte wie drei Viertel der Leute, die sich mit dem Leben arrangiert haben.

Nein, aber er ist ein „Dramatiker".

Überhaupt nicht. Er ist ein Mann der Tat und suchte nach Erz.

Das ist nur seine äußere Erscheinung.

Er ist ein sehr einfacher und sehr grober Typ. Er gab nie etwas von sich, er sagte nie etwas, und wenn er für etwas empfänglich war, wurde er äußerlich nur um so härter. Ein sehr grober Mann, ohne ästhetische Verfeinerung. Einfach ein Mann der Tat, der das, was er fühlte, in Handlungen umsetzte.

Nein, er ist intuitiv. Du hast das nicht gewußt, aber er ist ein Intuitiver.

Ja, er hatte etwas in sich.

Wenn ich „Dramatiker" sage, dann verstehe ich das nicht physisch; du hast mir widersprochen, aber ich meinte nicht das Physische, sondern sein Vital, und ich weiß, wovon ich spreche.

Vital ein Dramatiker ... Das ist möglich.

(Schweigen)

Er hatte einen Hang nach Freiheit. Das ist selten genug.

Hast du den Briefumschlag noch? Ist ein Datum auf dem Poststempel?

Ja, der 6. Dezember, aus Paris.

Wie sah er aus? Klein, groß? Kräftig, mager, dunkelhaarig?

Ziemlich klein, stark, untersetzt, Bürstenschnitt.

Die Augen?

10. DEZEMBER 1965

Ziemlich dunkel, schwarz, glaube ich.

Die Haare auch?

Ja. Und eine Stubsnase.

(Schweigen)

Ich mache mir Vorwürfe, ihm nicht geholfen zu haben.

Hast du ihm nie geschrieben?

Einmal alle zwei, drei Jahre.

Das hätte überhaupt keinen Unterschied gemacht. Es passiert nichts, was nicht passieren muß, das ist ein absolutes Gesetz.

Es passiert nur, was passieren muß. Es ist undenkbar, daß es anders sein könnte. Deshalb nützt es nichts, sich zu sagen: „Ich hätte dies tun müssen ...", denn es hätte nur dich befriedigt und nichts an den Ereignissen geändert.

Zudem ist er nicht tot – vielleicht hat er seinen Körper verloren, das ist möglich, ich weiß es nicht (für mich ist das eine nebensächliche Frage), aber er ist nicht tot.[1]

Doch es ist schade, wenn sich jemand umbringt.

Ja, das ist schade.

Es ist dumm.

Aber er wußte nicht, das ist alles. Diese Leute wissen nicht.

Ja, sie wissen nicht. Aber er ist intuitiv.

Gewiß! Aber das ist ja das Schreckliche daran, daß es solche Leute gibt, die einfach NICHT WISSEN. *Er war genau wie ich, nur ohne das Wissen dessen, was es hier zum Beispiel gibt. Wenn ich dich und Indien nicht gekannt hätte, hätte ich dasselbe getan wie er, ich hätte mich umgebracht, genau wie er ... Aber das ist nicht ihre Schuld!*

Es gibt keine „Schuld"! Es ist niemals die „Schuld" von irgend jemandem. Es ist nicht die Schuld des Herrn. Der Herr hat keine Fehler.

Auf jeden Fall ist es schade, daß man ihm nicht helfen konnte ...

---

[1]. Er war gestorben. Die Tatsache wurde später durch die Zeitungen und einen Brief seiner Gefährtin bestätigt.

Für mich ist er nicht tot. Ich weiß es nicht; vielleicht ist er physisch lebendig, ich weiß es nicht, aber für mich ist er nicht tot.

Du willst damit sagen, daß er genügend geformt ist, um auf einer anderen Ebene weiterzuleben?

Ja, er ist bewußt genug.

Ich habe dich um diese Auskünfte gebeten, weil ich vom 5. bis heute im Vital eine Menge Leute sah, die gerade ihren Körper verlassen hatten, und ich wollte wissen, ob er einer von ihnen war. Besonders zwei fielen mir auf, die deiner Beschreibung entsprechen: stämmig, ein bißchen untersetzt, schwarze Haare, dunkle Augen. Wenn ich ein Foto hätte, könnte ich dir sagen, ob er es war oder nicht. So weiß ich es nicht. Ich habe viele gesehen – aber für mich sind diese Leute nicht tot!

Sie sind bewußt geblieben. Wenn man bewußt ist, dann ist man nicht tot.

Und wenn es so ist, wie ich denke, dann ist es jemand, der direkt hierherkam – er ist direkt zu dir gekommen, deshalb habe ich ihn natürlich gesehen.

Und was macht das schon aus!...

Nein, der „Tod" betrübt mich nicht, das ist es nicht ...

Du bist betrübt, nicht alles getan zu haben, was du deiner Meinung nach hättest tun sollen.

Nein ... Es ist wegen des Leidens, das es darstellt – das unnötige Leiden.

Du fügst nur dein eigenes nutzloses Leiden zu dem der anderen hinzu! Ich folge deiner Logik nicht.

Das war die ungeheure Lehre, die Sri Aurobindo uns erteilte, und ich habe sie so aufgefaßt. Das erste, was ich sagte, als er ging, war: „Die ganze Welt kann jetzt sterben, das hat überhaupt keine Bedeutung." Das stimmt absolut, und es stimmt bis zum heutigen Tag.

Absolut bedeutungslos.

Jetzt verbindet mich mit Sri Aurobindo eine Intimität, die ich nie hatte, als er noch in seinem physischen Körper lebte: er war an einem Ort beschäftigt und ich an einem anderen, wir sprachen fast nie miteinander. Wir waren uns sehr nahe, wirklich nahe und auf EIN UND DERSELBEN EBENE WIE JETZT. Wenn ich aber jetzt etwas wissen will, wenn ich eine Antwort auf eine Frage suche, dann muß ich nur so machen *(Geste reglosen Schweigens)*, und ich erhalte die Antwort. Früher konnte ich in einem Zimmer und er in einem anderen beschäftigt sein, und ich hatte selber weder die Zeit noch die Möglichkeit, ihn um Auskunft zu bitten.

10. DEZEMBER 1965

Das soll nicht besagen, daß ich den Tod gutheiße! Ich bekämpfe ihn so sehr ich nur kann, für mich ist er eine Lüge – der Tod und die Lüge hängen zusammen. Aber ... der Tod ist nur eine äußere Erscheinung.

Nur wenn man die Lüge akzeptiert, leidet man. Wenn man sie nicht mehr akzeptiert, lächelt man. Man kann nicht anders als lächeln.

Mich betrübt gar nicht sein Tod, sondern...

Also gut, mein Kind, setz dich eine Minute hin, sei ganz ruhig, ruf deinen Freund und sage ihm: „Hier, dies wollte ich dir sagen, dies hätte ich dir mitteilen sollen, hier ist es. Jetzt lerne es von mir (von dir), von meinem Bewußtsein. Jetzt bringe ich dich in das Licht, jetzt bringe ich dich in das Wissen. Jetzt lerne alles, was du fähig bist zu lernen." Und damit basta. Du wirst dein Bestes getan haben.

Nur weil in deinem äußeren Bewußtsein noch ein Zweifel über die unsichtbare Wirklichkeit bleibt, ist es schmerzlich, wenn „das", was sichtbar ist, was sich berühren läßt, verschwindet; es ist nichts anderes.

Nein, daran liegt es nicht...

Aber ich sage dir: Was dich hier beeinflußt, ist eine sehr starke vitale Formation in diesem Brief (die auch ihn selbst beeinflußte), eine Art... (entschuldige, ich möchte deine Freundschaft und deine Erinnerung nicht schlechtmachen), aber es ist eine Art Drama, das er sich selbst vorspielte – übrigens trifft das auf jeden zu, der sich umbringt, AUSNAHMSLOS. Es ist ein Drama, das er sich selbst vorspielte – und das er sehr stark in seinem Vital auslebte. Diese Formation kam mit dem Brief über dich, und das wühlt dich auf. Ich weiß es, denn meine erste Reaktion, als ich den Brief las, war ein Lächeln – das Lächeln, das ich angesichts der Dramen des Vitals habe. Ich bin mir absolut sicher; du könntest schwören, daß es anders sei, das macht keinen Unterschied. Darin bin ich mir absolut sicher. Er wurde das erste ... man könnte sagen „Opfer", wenn du willst, das erste Opfer des Dramas. Aber es kam über dich, es warf sich mit diesem Brief auf dich. Ein Drama im Vital. Es ist ein Drama im Vital, all diese Dinge sind Dramen im Vital ... Hör mal, gerade in diesen Tagen – zwischen dem 5. und dem 9. – erlebe ich immer wieder die Minuten, die ich 1950 durchlebte, und sehe sie immer im Licht des Wissens, das ich mir angeeignet habe. Und ich SAH, wie sehr Schmerz, Kummer, Schuldgefühle – besonders die Schuldgefühle, nicht das getan zu haben, was man hätte tun sollen – dummes Zeug sind, denn NOTWENDIGERWEISE hat man das getan, was man tun mußte. Man *war* nicht das, was man hätte sein sollen, und man muß sich ändern, deswegen müssen wir uns alle ändern. Aber man hat das getan, was man tun mußte, weil man nichts anderes tun kann als das, was der Herr einen tun läßt, und Er läßt einen in jedem gegebenen Moment das Bestmögliche für das Ganze und das Bestmögliche für den eigenen Fortschritt tun. Und damit hat sich's. Also ist alles Bedauern, all das „ich hätte dieses tun sollen ... ich hätte jenes nicht tun sollen ...", all das sind Albernheiten.

Verstehst du, ich sage das mit der ganzen Macht eines in allen Einzelheiten gelebten Wissens. Ich WEISS es. Speziell in dieser Jahreszeit weiß ich es am besten, auf die lebendigste, konkreteste und wirksamste Art.

Es ist alles in Ordnung, er ist ein guter Kerl, er hat Substanz, er wird seinen Weg machen. Wenn er wirklich gerade seinen Körper verlassen haben sollte, wird man ihm einen anderen geben.

Ja, er war ein guter Junge.

Ja, er ist ein guter Kerl. Oh, jetzt kenne ich ihn gut. Jetzt kenne ich ihn. Ein guter Junge. Das ist in Ordnung.

Sein Vital ist jetzt hier.

Es geht ihm gut.

Du mußt ihm nur all deine Zuneigung genauso entgegenbringen, als wäre er physisch bei dir. In innerer Stille zeigst du ihm deine Zuneigung und tust genau das für ihn, was du in seiner physischen Anwesenheit getan hättest – und es besteht tatsächlich kein Unterschied. Auf diesem Punkt beharre ich – es ist eine zähe Illusion, die unserem Bewußtsein anhaftet, daß dies hier *(Mutter kneift sich in die Haut ihrer Hände)* die Wirklichkeit ist: nein, das ist die Lüge, das ist die Illusion, denn es ist nicht der korrekte Ausdruck der Wirklichkeit.

Die Rebellen (sie wissen wirklich nichts) empören sich, weil die Dinge nicht so sind, wie sie sein sollten, aber anstatt sich zu sagen: „Jetzt werde ich daran arbeiten, daß die Dinge so werden, wie sie sein wollen, wie sie sein sollen", räumen sie das Feld, weil sie dieses Wissen nicht haben. Sie sagen sich: „Nein, ich akzeptiere die Welt nicht so, wie sie ist" – das ist gut so. Das ist sehr gut, man soll sie gar nicht akzeptieren, niemand erwartet von einem, sie zu akzeptieren, wie sie ist, aber wenn man guten Willens ist, hilft man dabei, sie zu verändern.

Jetzt wird er verstehen.

Ja, das braucht es.

Jetzt wird er verstehen.

Solange die Welt nicht verändert ist, hat der Tod überhaupt keine Bedeutung, und wenn dies der Fall ist, wird es keinen Tod mehr geben, das ist alles. Es wird wohl noch den Tod der Pflanzen, den Tod der Tiere, den Tod der Menschen (der noch menschlichen Menschen) geben, aber er wird für sie so natürlich sein, daß sie sich darüber nicht zu beklagen brauchen.

Der Tod, so wie man ihn heute auffaßt, bedeutet den Verlust des Bewußtseins.

... Wenn dies wirklich so wäre, wäre das die schrecklichste, grauenvollste Sache, aber es ist nicht so. Wenn man das Bewußtsein hat, kann man es nicht verlieren. Es gibt Bereiche, die noch nicht vom Bewußtsein erfaßt wurden, dann lernen sie halt Schritt um Schritt, es zu haben. Es ist aber nicht möglich, das Bewußtsein, das man hat, zu verlieren. Kein Tod der Welt kann einem das entreißen, das ist unmöglich, und deswegen lächelt man – versuch es, mein Kind!

Ein Verlust des Bewußtseins ist unmöglich.

Das Bewußtsein ist etwas Ewiges. Das Bewußtsein ist göttlich, es ist ewig, und NICHTS kann es zerstören.

Der äußere Schein ist etwas anderes.

Nur das Unbewußte wird zerstört (dort gibt es sozusagen den Anschein der Zerstörung). Das Bewußtsein wird nicht zerstört.

Das ganze Drama – die ganze Tragödie, all der Schrecken, all das Furchtbare – ist nur eine Fabrikation des Vitals. Die Krieger Gottes lassen sich davon nicht beeindrucken. Man lächelt: „In Ordnung, spielt euch nur auf, das ist uns ganz egal; wenn es euch Spaß macht, so spielt halt euer Spiel." Wir wissen, daß es nur ein Spiel ist – gewiß ein niederträchtiges Spiel, es ist nicht hübsch, aber es ist nur ein Spiel.

*
* *

(Wenig später über Dr. Sanyal, der gerade nach Madras abgereist ist, um sich einer Gehirnoperation zu unterziehen, nachdem eine erste Operation in Amerika erfolglos geblieben war.)

Der Doktor ist in Madras ...

Wann operiert man ihn denn?

Ich weiß nicht. Sie werden telefonieren.

Sie wollen zunächst schauen, ob es überhaupt möglich ist. Der amerikanische Chirurg hat nämlich gesagt, daß eine zweite Operation fatal sein könnte, deswegen, so nehme ich an, werden sie Vorsichtsmaßnahmen treffen.

Der Doktor sagt: „Ich nehme das Risiko auf mich, auch wenn es meinen Tod bedeutet ..." Leider hatte er nicht genügend Glauben, um ohne äußere Eingriffe geheilt zu werden – aber wer hat schon einen ausreichenden Glauben?... Ich weiß es nicht. Manche Leute haben diese wunderbare Gnade. Er hatte sie nicht: sein Verstand, seine Intelligenz sind dafür viel zu aktiv.

Gestern abend verbrachte ich etwas mehr als zwanzig Minuten in Konzentration mit ihm. Er saß, und ich stand und hielt seine Hände ... Es heißt ja, man solle nie die Kraft auf sich selbst herabziehen, doch man kann sie auf jemand anderen richten – genau dies tat ich, und mit aller Macht. Die Kraft war so stark, daß seine Hand weiterzitterte[1], meine aber war bewegungslos! Hinterher fragte ich mich, wie so etwas nur möglich war, ich verstand es nicht: meine Hand, die die seine hielt, war reglos, und seine bewegte sich; ich spürte sein Zittern in meiner Hand. Schließlich hörte ich auf, und alles wurde still: er bewegte sich nicht mehr. Eine tiefe Entspannung trat ein. Ich konzentrierte mich auf seinen Kopf – Entspannung. Danach hörte ich auf damit. Die Zeit war auch abgelaufen. Doch dies zeigt, daß es MÖGLICH ist. Nur der Mangel an Glauben, bedingt durch die höhere Intelligenz, die höhere Vernunft, führt dazu, daß die Wirkung nicht anhalten kann: dadurch kommt die Schwierigkeit sofort zurück. Aber ich habe wirklich gesehen, daß es aufhörte. Und das war für mich ein offensichtlicher Beweis.

Ich habe dies ganz bewußt getan. Es stimmt, daß es gefährlich ist, die Kraft „herabzuziehen"; wenn der Widerstand nämlich zu groß ist, kann etwas zerstört werden. Aber er hatte nichts mehr zu verlieren, denn er war ja selber bereit, nach Madras zu reisen, um sich in eine andere Welt schicken zu lassen. Aus diesem Grund habe ich das getan.

Tatsächlich ist selbst materiell und sogar beim gegenwärtigen Zustand der Welt nichts unmöglich. Es bedarf nur der Sanktion des Herrn („Sanktion" im Sinne des englischen Wortes: Genehmigung). Er wollte es, Er hat es gewollt. Normalerweise kann ich mich kaum zehn Minuten aufrechthalten, ohne daß sich alles dreht, und hier stand ich eine halbe Stunde lang REGLOS – ich spürte nichts, ich war ganz und gar jenseits aller „Karmas"! Es dauerte eine halbe Stunde, bis es aufhörte, und es hatte sichtlich eine vorübergehende Wirkung, das heißt, es hätte gar eine Stunde, zwei Stunden, ich weiß nicht wie lange andauern können, doch aufgrund der inneren Schwingungen seines Wesens (Mangel an Glauben usw.) konnte es nur von vorübergehender Dauer sein.

Aber es war geschehen, und es war kein künstlicher Eingriff, sondern eine Entspannung durch die Kraft, die als Masse herabkam, brrf! ungeheuer, mein Kind!... Zwei, dreimal gab es eine Lockerung [beim Doktor], das Zittern fing aber wieder an: es wurde wie aus dem Gehirn geworfen und kam dann wieder zurück; ich vertrieb es, und es

---

1. Es handelt sich um die Parkinsonsche Erkrankung.

kam wieder. Beim letzten Mal blieb er entspannt. Daraufhin sagte ich: „Danke Herr, ich danke Dir."

Jetzt bin ich mir sicher.

Wir werden sehen. Vielleicht wird die Operation ihn überzeugen, daß es möglich ist (wenn der Chirurg in Madras sich auch überzeugen läßt, daß es möglich ist). Offensichtlich ist es möglich – alles ist möglich.

Das ist eine interessante Sache ... Als er nämlich in Amerika war, sah ich plötzlich, daß sie ihn umbringen würden (nach der ersten Operation), und ich sagte sofort: „Ich will nicht, daß er dort stirbt, das ist idiotisch, das ist eine dumme Geschichte und eine Niederlage, das will ich nicht." Ich schickte ihm einen Talisman, den ich selbst angefertigt hatte (damit seine menschliche Intelligenz ein wenig Vertrauen fasse), dann bearbeitete ich den anderen Arzt, den amerikanischen Chirurgen. Als Sanyal den Chirurgen aufsuchte, um sich nochmals operieren zu lassen, sagte ihm dieser: „Nein. Seit Ihrer ersten Operation ist mir eine ganze Reihe von Katastrophen passiert, fatale Erfahrungen, Menschen sind gestorben. Ich will Sie nicht operieren, denn ich fürchte, daß Sie sterben werden, und dagegen wehre ich mich." Worauf Sanyal antwortete, daß er bereit sei zu sterben, doch der andere erwiderte: „Ich bin aber nicht bereit, Sie zu töten!" Daraufhin kam er hierher zurück, und als er hier war, sagte ich ihm: „Entschuldige bitte, das war meine Arbeit!" *(Mutter lacht)*

Jetzt werden wir sehen. Wenn der andere Chirurg Vertrauen hat und er selber auch Vertrauen hat, ist alles möglich. Aber weder dieser Arzt noch irgendein anderer kann das bewirken: allein der Herr. Nur Er kann es. Ich habe dies Sanyal gesagt, als er aus Amerika zurückkam: *It's only the Lord that can cure you, nobody else.* [Nur Der Herr kann Sie heilen, niemand sonst.] Daraufhin sagte er mir: „Oh, ja, aber es gibt Mittel, um einzugreifen." Ich antwortete ihm: „Jedes Mittel, das Sie nur wollen, für mich spielt das keine Rolle."

* * *

Am Ende des Gesprächs kommt Mutter auf den Selbstmord des Goldwäschers zurück

Mein Kind, dies geschieht nur, um dir zu helfen, weiterzugehen.

Weißt du, die große Schwierigkeit liegt in der Bedeutung und besonders in dem Gefühl absoluter Wirklichkeit, die wir dem physischen Leben beimessen.

Das Wesentliche ist nicht das physische Leben, sondern Das Leben; das Wesentliche ist nicht das physische Bewußtsein, sondern Das

Bewußtsein. Und dann bedient man sich ... einer beliebigen Stofflichkeit, wenn man frei ist. Man muß sie aufnehmen und wieder lassen können, aufnehmen und wieder lassen ... sie benutzen, wie man will, so daß man Meister der Materie ist – nicht daß die Materie einen erdrückt und sich einem aufzwingt, wo käme man denn sonst hin!

Darum geht es: Weil man in seinem inneren Wesen die Erinnerung an eine große Freiheit hat, revoltiert man gegen die völlige Abhängigkeit hier (es ist eine widerliche Sklaverei). Dabei fehlt einem lediglich das Wissen, daß einzig und allein das Bewußtsein diesen Zustand ändern kann. Alles hinzuschmeißen, ist absolut nicht das Mittel, die Dinge zu ändern.

Bei deinem Freund ist die Sache getan, ich habe ihn zu mir genommen. Es ist in Ordnung.

15. Dezember 1965

(Am Vortag hatte Mutter den König von Nepal empfangen[1])

Ich habe keine Rosen mehr *(Mutter sucht eine Blume für Satprem)*, sie haben mir alle weggenommen!

Dieser König ist ein bemerkenswerter Mann. Er hat einen erstaunlichen Lebenslauf, aber das wäre jetzt zu lang zu erzählen ... Ich stand schon früher mit ihm in Kontakt *(Geste mentaler Kommunikation)*, und hier ließ ich ihm sagen, daß ich nicht „sprechen" würde – was ich auch nicht tat. Als er kam, sah er mich an, und plötzlich schloß er die Augen (er stand), er versank stehend in Meditation und rührte sich nicht mehr. Daraufhin stellte er mir seine Fragen mental – ich empfing sie. Die Antwort kam von oben, großartig. Eine Antwort mit einer goldenen Kraft, wundervoll, eine Macht, die ihm sagte, daß er eine große Rolle zu erfüllen habe und stark sein müsse usw.

Ein überaus intelligenter Mann.

Der indische Botschafter in Nepal (den ich schon einmal gesehen hatte und der eine bemerkenswert nette Frau hat, die auch hier war) ließ mich fragen, welche Lösung ich sehe (denn sie wollen wegen der chinesischen Gebietsansprüche eine Konferenz in Nepal abhalten). Ich ließ es ihm ausrichten.

---

1. König Mahendra und Königin Ratna.

15. DEZEMBER 1965

Das Problem zeigte sich mir unter einem wirklich sehr interessanten Blickwinkel.¹

Daraufhin sagte man mir: „Oh, das ist genau das, was die Chinesen tun wollen." Ich antwortete: „Das ist sehr gut, nur daß es anstatt mit den Chinesen mit den Indern sein wird." Eine Föderation all dieser Staaten.

Das alles sind gute Zeichen. Es bedeutet, daß wirklich eine Macht auf dem Vormarsch ist.

Nur sind leider alle meine Rosen weg!

*
* *

Etwas später

Gestern war die Operation von Sanyal.

Um 3 Uhr 45 rief V aus Madras an, daß die Operation erfolgreich verlaufen sei, daß das Zittern im rechten Arm und Bein aufgehört habe und keine Lähmung eingetreten sei.

Heute kam ein Brief mit allen Details. Aber danach kam ein Telegramm, daß Sanyal eine sehr unruhige Nacht verbracht und Fieber habe. Das sind die neuesten Nachrichten.

(Mutter gibt Satprem den Brief)

*„Die Operation war erfolgreich. Das Zittern der rechten Hand und des rechten Beines hat aufgehört. Keine Lähmung. Der Doktor fühlt sich gut. Heute morgen um 7 Uhr 30, nach seinem Kaffee, rasierte ihm der Friseur den Kopf. Der Doktor sah aus wie ein buddhistischer Mönch (Mutter lacht). Um 9 Uhr brachte man ihn zum Operationssaal Nr. 2 und legte einen aseptischen Verband um seinen Kopf an. Um 10 Uhr rollte man ihn in den Operationssaal. Um 3 Uhr nachmittags verließ er diesen und wurde in den Aufwachraum gebracht. Als er uns alle um sein Bett versammelt fand, fing er an zu weinen. Wir traten zurück, und er hob seine rechte Hand und sein rechtes Bein – sie zitterten überhaupt nicht mehr. Sein Kopf war mit einem riesigen Verband bedeckt. Wir beten alle für seine Heilung."*²

---
1. Wenn Satprem sich recht erinnert, dachte Mutter an eine Föderation aller kleinen Himalaya-Staaten (eventuell auch anderer asiatischer Staaten), um sich gegen die Chinesen zu verteidigen. Indien sollte der Wortführer dieser Föderation werden.
2. Das Aufhören des Zitterns sollte nicht von Dauer sein.

18. Dezember 1965

(Sujata:) Warum ist Pavitra in einem so schlechten Zustand?

Der Arzt hatte ihm vorausgesagt, er werde sich überhaupt nicht mehr bewegen können, und doch steigt er Treppen, geht hierhin und dorthin. Es ist nur anstrengend. Aber der Arzt hatte gesagt, er werde für immer ans Bett gefesselt sein. Also ist das schon *a big achievement* [ein großartiges Resultat].

Es handelt sich um eine Versteifung aller Muskeln.[1]

(Sujata:) Wenn ich ihn morgens sehe, ist es schrecklich. Er kann sich nur ganz langsam bewegen und hat starke Schmerzen.

Ja, das tut weh.

Er bewegt sich nur noch durch schiere Willenskraft. Das weiß ich, denn im allgemeinen ist es aus, man kann sich nicht mehr bewegen.

(Schweigen)

Im Grunde basiert die ganze Schwierigkeit auf der Restsumme an Unbewußtheit in der Materie, aus der wir bestehen. Das ist ... das ist schrecklich. Daher ist all das nötig, um diese Materie aus ihrer Unbewußtheit zu befreien: all die Leiden, Beschwerden und Hiebe ... Das sehe ich jeden Tag. Dieses Ausmaß an Dummheit ... uns erscheint dies als Dummheit, wir nennen das Dummheit, aber ... Der Vermittler, auf den dieses Unbewußte reagiert, ist dieses Mental der Zellen, die materielle Mentalität, und wenn sie von einer Idee ergriffen wird, ist sie geradezu besessen davon, und es ist ihr beinahe unmöglich (nicht völlig unmöglich, aber äußerst schwierig), sich davon zu befreien – es bedarf einer Intervention aus einem anderen Bereich.

Mit den Krankheiten ist es genauso. Nehmen wir die Krankheit des Doktors: dieses Zittern ist ... Für das bewußte Verständnis drückt sich das als Besessenheit von einer Idee, als Hypnotismus aus – eine Art Hypnotismus, verbunden mit einer Angst in der Materie. Beides zusammen: Besessenheit und Angst, eine Ängstlichkeit und das Gefühl der Ohnmacht. Die Besessenheit von einer Idee und die Unfähigkeit, sie zurückzuweisen, und eine Angst, eine Unfähigkeit, sich dem zu widersetzen. Diese Ängstlichkeit übersetzt sich für uns als: „Ach, das wird sich so entwickeln ... ja, das wird eine Krankheit sein ..."

In den alten Schriften findet sich der Vergleich mit dem geringelten Schwanz eines Hundes, und es ist wirklich so, es ist eine Art Falte:

---

1. Tatsächlich Krebs.

man will sie glattstreichen, und sofort bildet sie sich automatisch wieder, völlig idiotisch – man zieht sie auseinander, und sofort bildet sich die Falte erneut, man weist sie zurück, und sofort springt sie wieder auf. Das ist äußerst interessant aber erbärmlich. Alle Krankheiten sind so, alle, alle, was auch immer ihre äußere Form ist. Die äußere Form ist nur eine spezielle Seinsweise einer allgemeinen Sache – die Dinge nehmen alle möglichen Formen an (es gibt keine zwei identischen Dinge, denn jedes Ding zeigt sich wieder anders), und wenn manche Fälle analoge Muster aufweisen, nennen das die Ärzte „diese und diese Krankheit". Wenn sie ehrlich sind, geben sie jedoch zu, daß keine zwei Krankheitsfälle identisch sind.

Aber was für eine Arbeit!... Ich muß mich mit dem herumschlagen, es ist eine regelrechte Schlacht.

Wieviel Zeit wird es brauchen? Ich weiß nicht. Welchen Preis muß man zahlen? Ich weiß nicht ... Ja, sicher läßt sich voraussehen, daß schließlich, wenn wir den Kniff, das zugrundeliegende Gesetz, die wahre Macht, die alles regiert, erfaßt haben, sich endlich etwas erreichen läßt.

Bis dahin muß man durchhalten. Weißt du, was es heißt, durchzuhalten? Das bedeutet, so zu sein *(Geste einer ewigen Unbewegtheit)*. Man wird von unzähligen Ideen und einer allgemeinen Miesmacherei bestürmt – *(gleiche Geste)* einfach unbewegt in einem aufsteigenden und progressiven Vertrauen sein.

Neulich sagte ich, daß die Vollkommenheit ewig ist, und nur wegen des Widerstands der Materie auf der Erde als fortschreitend erscheint.

22. Dezember 1965

Ich habe innerlich große Schwierigkeiten ... Ich weiß nicht, ich fühle mich sehr unmenschlich, als wäre ich weit, weit weg, und alle menschlichen Beziehungen ermüden mich. Ich bin weit weg.

Das macht nichts.
Glaubst du, es ist nötig, sich menschlich zu fühlen?

Ich weiß nicht ... Das ist nicht gut, oder?

Es besteht keine besondere Notwendigkeit, sich menschlich zu fühlen.

Es kommt mir vor, als würde ich mich einem bestimmten Spiel hingeben, das mich aber im wesentlichen nur ermüdet. Als wäre ich weit weg. Und ich frage mich, ob das gut ist oder nicht ...

Ich glaube, alle Erfahrungen werden uns nur deswegen zuteil, weil sie notwendig sind. Davon bin ich überzeugt. Zum Glück ist mein Körper auch davon überzeugt, denn ... wenn ich ihn aus der Sicht des normalen Lebens betrachten würde, wäre es ziemlich schlecht um ihn bestellt.
Alle hier sind krank und ... *(Geste der Rückwirkung auf Mutter)* ... Fieber, dies und jenes.
Es ist schwierig, sehr schwierig. Ich habe es dir schon gesagt.
Nach alledem bin ich überzeugt – d.h. der Körper ist überzeugt (glücklicherweise ist das auch seine eigene Überzeugung), daß es so ist, weil er etwas lernen muß. Man muß lernen. Es gibt viel zu lernen ...
Hier *(Mutter gibt Satprem eine Blume mit der Bezeichnung „Gnade")*. Weißt du, man muß sich mit beiden Händen daran festklammern, und wenn es besonders schlecht geht, die Augen schließen und warten, bis es vorbei ist.

Aber du siehst nichts Schlechtes in mir? „Nothing wrong"?

Nein, nein! „Nothing wrong"! *(Mutter lacht)*
Kannst du arbeiten, oder bist du zu müde?

Nein, nein, es ist eher eine innere Müdigkeit.

Oh, man sollte niemals innerlich müde sein.

Ich wollte sagen, psychologisch, anderen gegenüber.

Du hast keine Lust, sie zu sehen. *(Mutter lacht)* Das ist sehr gut, ein hervorragender Zustand, überaus hilfreich!

25. Dezember 1965

(Über Satprems Mutter, die dem Ashram Geld gespendet hat:)
Ist es dein Geld?

Nein, sie hat ihr ganzes Hab und Gut an ihre Kinder verteilt, und ein Teil wäre für mich gewesen, aber es ist ihr Geld, und es ist in deinen Händen genausogut aufgehoben. Sie sagt, es „erleichtere" sie.

Das stimmt wirklich. Das ist ein sehr spontanes, wahres Gefühl im Wesen, man fühlt sich bereichert durch das, was man gibt.
Solange ich das Gefühl hatte, daß es mir, als einer Person, gegeben wurde, fühlte ich mich eingeengt, aber jetzt besteht diese ganz konkrete Empfindung *(Mutter macht eine kreisende Bewegung, die durch sie hindurch verläuft):* es kreist und fließt. Jetzt spürt man die Freude an der Sache, weil es fließt und nichts bleibt.
Deine Mutter ist sehr nett ... Ihre Seele wird sich freuen. Weißt du, es gibt diese besondere Freude, wenn man sich der Seele bewußter ist als der materiellen Welt – man mag beschäftigt sein, man mag klar sehen, man mag verstehen, man mag tun, was zu tun ist, all das bleibt und ist sehr gut, aber darüber hinaus entdeckt man ... ein Licht dahinter. Ein Licht, etwas Warmes, eine golden leuchtende Wärme. Das ist wirklich das Gefühl der Unsterblichkeit, etwas, das nicht von einer Form oder den Umständen bedingt ist. Es ist ein Bewußtsein, in dem man sofort den Eindruck hat, daß es keinen Anfang und kein Ende gibt ... Eine Art machtvolle Sanftheit hinter allen Dingen. Damit kannst du durchs Leben gehen; alle Schwierigkeiten können einem nichts anhaben, wenn man das einmal erfaßt hat. Es ist etwas sehr Inniges, das sich nur schwer ausdrücken läßt, das aber wie eine Unterstützung ist, etwas, das einem immer und unter allen Umständen beisteht.
Genau das wird deine Mutter haben.
Sie muß das leben, wahrscheinlich ohne davon zu wissen; sie muß es schon ein wenig haben, einen Zipfel davon.
Wenn man das aber bewußt hat, dann ... dann haben die Umstände wirklich keine große Bedeutung mehr.
Übrigens kam dieses Geld genau im richtigen Augenblick, wie immer!

*
* *

(Dann wendet sich Mutter den Kommentaren zu den Aphorismen für das kommende Bulletin zu:)

> 113 – Der Haß ist das Zeichen einer geheimen Anziehungskraft, die stets von sich selbst weglaufen will und wütend ihre eigene Existenz verneint. Auch dies ist das Spiel Gottes in Seiner Kreatur.

Das entspricht einer Art Schwingung, die von Leuten ausgeht, die hassen. Man könnte fast sagen, daß diese Schwingung im wesentlichen die gleiche wie die der Liebe ist. Tief unten findet sich dieselbe Empfindung. Obgleich es an der Oberfläche das Gegenteil ist, wird es von derselben Schwingung getragen. Und man könnte sagen, daß man ebensosehr der Sklave von dem ist, was man haßt, wie von dem, was man liebt – vielleicht sogar noch mehr. Dieses Gefühl hält einen im Griff, es quält einen, und man hängt daran fest; man hätschelt diese Empfindung, denn hinter ihrer Gewalt steckt eine ebenso große Anziehungskraft, wie man sie für etwas empfindet, das man liebt. Und es scheint fast, daß diese offensichtliche Entstellung nur im manifestierten Ausdruck, das heißt an der äußersten Oberfläche auftritt.

Man ist noch mehr von dem besessen, was man haßt, als von dem, was man liebt. Und die Besessenheit stammt von dieser inneren Schwingung.

All diese „Empfindungen" (wie soll man das bezeichnen?) haben einen Schwingungsmodus mit etwas sehr Essentiellem im Zentrum, das wie von umhüllenden Schichten umgeben ist. Sonst ist die zentralste Schwingung identisch, und im gleichen Maße, wie es sich „aufbläht", um sich auszudrücken, wird es auch entstellt. Bei der Liebe ist es vollkommen offensichtlich: in der großen Mehrzahl aller Fälle wird sie äußerlich etwas vollkommen anderes als die innere Schwingung, denn sie verwandelt sich in etwas, das sich zusammenzieht, sich verhärtet und die Dinge in einer egoistischen Bewegung des Besitzergreifens an sich reißt. Man WILL geliebt werden. Man sagt zwar: „Ich liebe diese und jene Person", aber gleichzeitig besteht das, was man will, und die gelebte Empfindung wird zu: „Ich will geliebt werden!" Dadurch entsteht eine fast ebenso große Entstellung wie die des Hasses, dessen Wesen darin besteht, das zerstören zu wollen, was man liebt, um nicht mehr gebunden zu sein: Weil man vom Objekt seiner Liebe nicht das bekommt, was man begehrt, will man es zerstören, um frei zu sein. Und im anderen Fall verhärtet man in einer inneren Wut, weil man das, was man liebt, nicht besitzen kann, man kann es nicht absorbieren. *(Lachend)* Um ehrlich zu sein, macht das vom Standpunkt der zugrundeliegenden Wahrheit aus keinen großen Unterschied.

Es bleibt nur dann wahr, wenn die zentrale Schwingung rein bleibt und sich in ihrer anfänglichen Reinheit ausdrückt, einer Reinheit wie ein Entfalten (wie kann man das nennen?... etwas, das ausstrahlt, eine Schwingung, die in einer Glorie ausströmt und die ein Aufblühen ist, ja, ein strahlendes Aufblühen). Materiell übersetzt sich das als Selbsthingabe, als Selbstvergessenheit, als Großzügigkeit der Seele. Das ist die einzig wahre Bewegung. Aber das, was man gewöhnlich „Liebe" nennt, ist genausoweit von der zentralen Schwingung der Liebe entfernt wie der Haß; nur zieht sich das eine zusammen, verschrumpelt, verhärtet, und das andere schlägt zu – das ist der einzige Unterschied.

Das ist kein Gedankenkonstrukt sondern eine Wahrnehmung der Schwingungen. Das macht es so interessant.

In den letzten Tagen hatte ich reichlich Gelegenheit, dies zu studieren. Ich konnte diese Schwingungen genau verfolgen: die äußeren Ergebnisse mögen bedauerlich sein, vom praktischen Standpunkt aus gesehen mögen sie abscheulich sein, denn diese Art Schwingungen verstärken unter Umständen das Verlangen nach Schädigung und Zerstörung; aber vom Standpunkt der tiefsten Wahrheit aus gesehen ist das keine wesentlich größere Entstellung als das andere; der Haß ist nur von aggressiverer Beschaffenheit – und selbst das ist nicht immer so sicher.

Wenn man diese Erfahrung weiter und tiefer verfolgt und sich auf diese Schwingung konzentriert, dann erkennt man, daß sie die ursprüngliche Schwingung der Schöpfung ist, die in allem, was existiert, in abgewandelter und entstellter Form vorhanden ist. Dann verspürt man eine Art verständnisvolle Wärme (es ist nicht genau, was man sanft nennt, aber jedenfalls etwas von großer Intensität), eine verständnisvolle Wärme, in der genauso viel Lächeln wie Kummer mitschwingt – viel mehr Lächeln als Kummer ... Dies ist keine Rechtfertigung der Entstellung, sondern vielmehr eine Reaktion gegen die willkürliche Unterscheidung, die das menschliche Denken (besonders die menschliche Moral) zwischen der einen Art von Entstellung und der anderen trifft. Die eine Kategorie von Entstellungen wird als schlecht abgetan, und für die andere Kategorie ist man voller Nachsicht, ja beinahe Komplimente. Im Grunde genommen ist diese Entstellung jedoch nicht viel besser als jene – es ist lediglich eine Frage der Wahl.

Eigentlich müßte man zunächst die zentrale Schwingung wahrnehmen und ihre wunderbare und EINZIGARTIGE Qualität zu schätzen wissen, so daß man sich automatisch und spontan von allen Entstellungen zurückzieht, seien sie nun tugendhaft oder schädlich.

Wir kommen immer wieder auf denselben Punkt zurück, es gibt nur eine Lösung: zur Wahrheit der Dinge vorzudringen und sich daran festzuhalten, an dieser wesentlichen Wahrheit, der Wahrheit der essentiellen Liebe, und nicht mehr davon abzulassen.

*
* *

Etwas später bemerkt Mutter:

Das ist interessant: Das Erfahrungsfeld, mit dem ich gerade arbeite, steht immer in Beziehung zu den Ideen, die Teil der Aktivitäten der Woche sind (wie zum Beispiel die Schwingungen des Hasses und dieser Aphorismus). Überaus interessant!

28. Dezember 1965

(Mutter zeigt auf eine Schachtel rosafarbenes Briefpapier, die sie gerade bekommen hat.)

Was für ein hübsches Papier ... wie für Gedichte!

Willst du welche schreiben?

Ich? Ich bin doch keine Dichterin!

Die erste Dichtung, die ich in meinem Leben geschätzt habe, ist *Savitri*. Vorher war mir dieser Bereich verschlossen. Alle Dichtung kam mir immer wie leere Worte vor: hohl, hohl, hohl, nur Worte – Worte um der Worte willen. Es klingt schön, aber ... da mag ich Musik lieber. Musik ist besser!

Diese Übersetzung von *Savitri* macht mir sehr viel Spaß, sie ist mir eine große Freude.

Sie macht viel mehr Freude als ... „unnütze Sachen zu sagen".

*
* *

Später

... Meine Arbeit in der Nacht dauert von ungefähr neun Uhr bis vier Uhr morgens, und sie ist in drei Gruppen von Aktivitäten unterteilt

(Aktivitäten der Nacht). Mit der letzten Gruppe befasse ich mich im allgemeinen zwischen zwei und vier Uhr morgens, wenn ich mich mit all den Leuten auseinandersetze ... Mein Kind ... das ist überaus komisch – es ist nicht immer besonders angenehm, aber trotzdem komisch, oh!... Ich sehe die Leute so, wie sie sind *(Mutter lacht)*, weder so, wie sie glauben zu sein, noch so, wie sie erscheinen möchten: ich sehe sie so, wie sie sind.

Solche Informationen erhalte ich die ganze Zeit.

Nimm Purani[1] zum Beispiel. Früher sah ich ihn fast jede Nacht, und dann, etwa zwei Wochen (ich glaube, es waren zwischen zehn und vierzehn Tagen[2]) bevor er seinen Körper verließ, sah ich ihn an einem Ort ... Dieser Ort besteht vollständig aus einer rosagrauen Tonerde ... sie ist *sticky*, klebrig und fast flüssig *(Geste, als würde sie Kaugummi auseinanderziehen)*. Dort waren viele Leute. Viele Leute gingen dorthin, um sich auf das supramentale Leben vorzubereiten, aber nicht in ihrem gegenwärtigen Körper, sie bereiteten sozusagen etwas vor, um in einer zukünftigen Existenz bereit für das supramentale Leben zu sein. Man brachte mich dorthin; ziemlich viele Leute führten mich dahin, damit ich mir das ansehe (damit ich dort eine gewisse Kontrolle vornehmen könnte). Man bemühte sich sehr, daß ich davon nicht berührt wurde (ich durfte nicht damit in Berührung kommen), daher hüllte man mich in goldene Schleier und alles mögliche, worauf ich mich auf den Weg machte. Ich sah ihn ... Ich überquere eine Art Veranda (aber alles hatte eine sehr eigenartige Beschaffenheit, alles war aus einem sonderbaren Stoff gemacht), da war eine Art großer Hof, der vollständig aus dieser halbflüssigen, halbklebrigen Masse bestand, wie eine sehr verdünnte Tonerde, aber äußerst klebrig *(gleiche elastische Geste wie mit Kaugummi)*. Plötzlich sah ich Purani dort hineinspringen. Vom anderen Ende her schwamm er mir entgegen. Er ruderte in dieser Masse umher und war von Kopf bis Fuß damit beschmiert! Man sah nichts mehr als das. Ich sagte ihm *(lachend)*: „Ah, das gefällt dir wohl!"... *Oh, you like it.* Er antwortete: „Ach, das macht wirklich Spaß!"

Seit jenem Abend hatte ich ihn nicht mehr gesehen. Und dann, zwölf oder fünfzehn Tage später, ich weiß nicht mehr, verließ er seinen Körper.

Es handelte sich um eine Vorbereitung.

---

1. Ein kürzlich verstorbener (am 11. Dezember 1965) charmanter, alter Schüler. Er war der Autor der *Evening Talks* [*Abendgespräche mit Sri Aurobindo*, Aquamarin Verlag].
2. Für Mutter 14 Tage = 6 Monate. Es war am 18. Juni 1965, siehe auch das Gespräch dieses Datums, S. 129.

Ich sehe überaus lustige Dinge.

30. Dezember 1965

(Brief von Mutter an Satprem)

(Dies ist die Antwort auf einen Brief, in dem Satprem sagte, er sei „halb aufgelöst", und fragte, auf welchem Weg er sich befinde und ob er sich überhaupt auf einem Weg befinde, denn er habe „keinerlei Zeichen", weder daß er vorankäme noch daß er irgendwohin ginge.)

Donnerstag morgen

Satprem, mein liebes Kind,
Wir werden morgen früh darüber reden.
Auf jeden Fall bist du mir jetzt näher als je zuvor.

Mit all meiner Zärtlichkeit,

Mutter

31. Dezember 1965

(Satprems letzten Brief an Mutter betreffend)

Hast du meine Antwort bekommen? *(Mutter macht eine Geste mentaler Kommunikation)* Nein? Ich habe dir sehr viel gesagt, sehr viel.

Ich habe den Eindruck, dich in den letzten beiden Nächten mehrere Male gesehen zu haben, aber ... Ich versuchte dauernd, das Tonbandgerät bereitzumachen, um aufzunehmen, was du mir sagtest, aber es funktionierte nicht!

31. DEZEMBER 1965

(*Mutter lacht, dann nach einem Schweigen*) Weißt du wirklich nicht, wo deine Schwierigkeit liegt?... Ist das nicht eine Unzufriedenheit? Das, was man im Englischen „Frustration" nennt, etwas, das enttäuscht ist?

Ja, aber das ist nur eine Art, es auszudrücken. Man könnte auch sagen: „Etwas Unerfülltes".

Ja, aber dieses „Unerfüllte" ist ein Gefühl, das man hat und das man bis zur Verwirklichung, bis zur Transformation haben muß. Das ist nicht nur natürlich, sondern sogar unerläßlich, denn bei jenen, die sich erfüllt oder zufrieden fühlen, ist die Sache gelaufen, sie rühren sich nicht mehr.

Ja, sicher.

Diese Art von *longing* [Sehnsucht], das Gefühl, daß einem etwas fehlt – etwas, das man haben möchte, das einem fehlt –, wird um so stärker, je weiter man geht.

Ja, aber das ist es nicht genau ... Ich weiß nicht, wo ich stehe, ich weiß nicht, auf welchem Weg ich bin. Ich weiß überhaupt nichts.

Aber das ist ja großartig, mein Kind! Das heißt, daß du den Bereich der mentalen Gebilde verlassen hast.

Die mentalen Formationen sagen: „Man ist auf diesem Weg" oder „Man steht an jenem Punkt der Verwirklichung" oder ... Für mich ist das bedauernswert! Wenn man da drin steckt, ist man immer noch ein Gefangener der mentalen Denkart.

Ja, aber in dem Maße, wo man irgendwohin geht ...

Aber weißt du genau, wohin du gehst?

Sicher nicht, aber ...

Niemand weiß das, mein Kind! Niemand, auch ich nicht. Und es ist gut, das nicht zu wissen.

Ich verstehe, ich will auch nicht wissen, wohin ich gehe, aber das, worum ich bitte, was ich wissen möchte, ist, daß ich überhaupt gehe, daß ich vorankomme. Es gibt keinerlei Zeichen, verstehst du, gar keine. Es ist, als würde ich in einem Zug mit heruntergelassenen Jalousien irgendwohin fahren. Vielleicht kommt man voran, vielleicht auch nicht, man weiß es nicht, aber es gibt keinerlei Zeichen, daß man sich auf etwas, was ich nicht definiere, ZUBEWEGT. Deswegen weiß ich überhaupt nicht, wo ich stehe, was ich mache.

Weißt du (soll ich offen sein?), das ist lediglich eine vitale Unzufriedenheit. Soviel weiß ich, denn das war schon immer (wie soll ich sagen?) meine große Schwierigkeit mit dir. Früher war es hundertmal, tausendmal heftiger; jetzt fängt es an, sich zu beruhigen. Es liegt an einem von sehr intensiven Sehnsüchten geprägten Vital (es müssen überhaupt keine gewöhnlichen Begierden sein), aber eine fast aggressive Intensität und ... es ist vor allem unbefriedigt. Vor Jahren war das wirklich sehr stark; jetzt hat es sich beruhigt. Aber immer, wenn das Vital auf den Plan tritt, ist es so (und man muß dem Vital aus gesundheitlichen Gründen einen gewissen Freiraum gewähren, man kann es nicht völlig unterbinden, weil der physische Körper dann leidet) ... Wenn du so willst, gibt mir das den Eindruck eines Katzenvitals! Die Katzen haben ein fabelhaftes Vital *(lachend).* Sehr viel geschickter und intensiver als das der menschlichen Wesen, aber die Katze kratzt, und der Eindruck entsteht: „Ich bin nicht glücklich. Ich bin einfach nicht glücklich." *(Mutter lacht)*

Nein, aber in den ersten Jahren hier bekam ich zum Beispiel fast jede Nacht irgendein Zeichen, daß ich auf dem Weg bin,[1] *daß ich vorankomme – winzige Zeichen, wirklich nichts Besonderes: ein Auto, das mich mitnimmt, eine Wanderung in den Bergen, vollkommen unwesentliche Dinge, aber sie sagten mir, daß ich vorankomme. „Es läuft gut, ich bin auf dem Weg." Aber jetzt bekomme ich schon seit Jahren nicht nur keinerlei Zeichen mehr, sondern ich sehe nur noch Negatives wie Löcher, Unfälle, Höllen ... aber niemals ein Zeichen, das mir sagen würde: „Ach ja, ich mache Fortschritte. Es geht, ich komme voran." – Nichts dergleichen. Daher frage ich mich: Komme ich überhaupt voran? Ich weiß es nicht. Ich wünschte nur eine Ermutigung, einfach eine kleine Geste, die mir sagt: „Ja, du bist auf dem Weg, es geht vorwärts. Du bist auf dem Weg, mach dir keine Sorgen!"*

Aber was verstehst du unter einer „Geste"?

Ein Zeichen.

---

1. Eigenartigerweise hatte Satprem in den ersten Jahren tatsächlich alle möglichen Erfahrungen, und seine Nächte waren stets voll bewußt, sobald er den Körper verließ, aber dann hörten plötzlich alle diese Erfahrungen auf, als hätte man ihn absichtlich in seinen Körper verbannt, ohne Ausweg. Er brauchte lange, bis er einsah, daß es sich um einen „Yoga im Körper" handelte.

31. DEZEMBER 1965

Und was nennst du ein „Zeichen"?... Nun, ich glaube, daß du ein gewisses Vertrauen in mich hast, und wenn ich dir sage, daß du nicht nur Fortschritte machst, sondern sogar sehr schnell vorankommst, würde dir das etwas bedeuten? Du wirst mir sagen: „Beweise es mir!" – Ich kann es dir nicht beweisen, es ist etwas, das ich sehe, das ich weiß.

Aber ich würde gern ein wenig SEHEN, daß ich Fortschritte mache. Ich bitte nicht um großartige Dinge, nur etwas, das mir von Zeit zu Zeit sagt, „mach dir keine Sorgen, du bist auf dem Weg," während ich immer nur Löcher, Höllen und Abwasserkanäle sehe. Warum kann es nicht von Zeit zu Zeit ein kleines Licht oder eine schöne Landschaft sein?

(Mutter lacht) Bist du sicher, daß du nie so etwas siehst?

Jedenfalls kann ich mich nicht daran erinnern. Ich finde Spuren von Höllen, aber von der anderen Seite ist nie ein Anzeichen zu finden.

Du sprichst von deinen nächtlichen Aktivitäten?

Ja, ich meine die nächtlichen Aktivitäten. Ich verlange nicht einmal ein Zeichen mit offenen Augen, aber wenigstens nachts. Tagsüber, das versteht sich, gibt es nichts ... Es ist keine Unzufriedenheit, sondern ... ja, ein Bedürfnis zu wissen, ob man überhaupt vorankommt!

Aber ich habe dir doch gesagt, daß du vorankommst – und das reicht dir nicht! Du sprichst von einem „Bedürfnis zu wissen", aber du verlangst von mir einen Beweis.

Es geht nicht um einen Beweis. Wenn du mir sagst, daß ich vorankomme, versteht das zwar mein Mental, aber ...

Dann ist es dein Vital. Das habe ich dir ja gesagt. Und ich betone diesen Punkt: Dein Vital mußte unter Kontrolle gehalten werden, weil ... nun, wegen seiner Natur. Natürlich sagt es sich dabei: „All das will ich ja gar nicht; ich habe keinen Beweis, daß es vorwärtsgeht."
Hast du keinerlei Zeichen einer psychischen Gegenwart in dir?

(Nach einem Schweigen) Seit Jahren habe ich das Gefühl (es ist ein Gefühl, keine Vision), das Gefühl einer großen Weite von Licht, und wenn ich lange genug schweige, fühle ich mich darin friedlich und ruhig, und es ist für die Ewigkeit. Gut, ja, das ist da, immer.

Aber, mein Kind, das ist ja wunderbar!

Das war aber schon immer da, das ist nichts Neues!

Manche Leute haben das eine Minute lang in ihrem Leben und machen eine wunderbare Verwirklichung daraus.

Es ist immer da. Ich weiß sehr wohl, daß es immer da ist, ich weiß es, das ist für mich eine greifbare Tatsache.

Ja.

Ich versichere dir, du kannst mir das glauben *(Mutter lacht)*, ich habe da ein klein bißchen Erfahrung: dies ist getan. Um es poetisch auszudrücken: „Dein Kopf ist im Licht." Aber dein Vital will diese Verwirklichung nicht; dein Vital erstrebt eine vitale Verwirklichung wie zum Beispiel, als du im Urwald warst und dir mit der Machete den Weg freischlugst: es sucht das Gefühl von Lebenskraft. Und das wurde ihm verwehrt, aus yogischen UND materiellen Gründen – in beiden Extremen –, weil der Körper dafür nicht geschaffen wurde und *(lachend)* der Yoga damit keine Zeit zu verlieren hatte. Also ist Monsieur Vital wütend. Es wurde ihm gesagt: „Beruhige dich, sei ruhig, ganz ruhig; es ist schon gut, auch du sollst deine Freude haben, aber ... transformiert!" Es ist vielleicht weniger kämpferisch oder empört oder aggressiv als früher, aber es ist nicht glücklich, und dieses Vital gibt dir den Eindruck: „Aber ich habe ja gar kein Zeichen, daß ich vorankomme, daß ich Fortschritte mache! Ganz im Gegenteil! Alles wird immer glanzloser, trübsinniger und gewöhnlicher und entspricht immer weniger meinem Ideal und meinen Wünschen ..."

Ganz so ist es nicht ... Ja, in manchen Ausartungen mag es so sein, aber ...

(Mutter nimmt Satprems Hände) Für mich bist du immer noch ganz klein und ganz jung, weißt du. Also los, sag mir, was du mir sagen willst.

Dir sagen?

Du hattest angefangen, mir etwas zu sagen, du sagtest: „Ganz so ist es nicht ..." *(lachend)* natürlich!

Ich weiß nicht. Es dreht sich immer um diese Frage der Vision. Hätte ich doch nur von Zeit zu Zeit eine schöne Vision. Schau, einmal in Ceylon (es war das einzige Mal in meinem Leben) hörte ich eine Musik, das war ... wunderbar, sie war wirklich göttlich. Ja, für mich ist das ein Zeichen (das passierte ein einziges Mal in meinem Leben), und ich sagte mir: „Ja, gut, ich bin nicht fern – da ist etwas." Das ist ein Zeichen für mich. Oder wenn ich ein schönes Licht erblicke oder ... So etwas ermutigt mich, und ich sage mir: „Ja, es läuft gut." Danach kann ich in die Hölle hinabsteigen und alle möglichen widersinnigen Sachen durchstehen, weil ich mir sage: „Wenigstens weiß ich, daß ich mich auf etwas zubewege." Aber verstehst du, das ist mir nur einmal in zehn Jahren passiert. Gewiß, das Vital bemächtigt sich dessen und macht eine Unzufriedenheit daraus. Aber sonst sage ich mir mit der normalen Vernunft: „Was passiert? Ich weiß es nicht." Ich bin nirgendwo, und ich warte.

Aber, mein Kind, auch ich warte – ich bin Millionen Jahre alt, und ich warte.

Gerade dieser Tage bin ich in dem Zustand, den du beschreibst, in dem man sich fragt: „Aber wo, wo nur ist der konkrete Beweis, daß sich das alles ändern wird?" Die Dinge sind wirklich nicht schön anzusehen – wo ist da der konkrete Beweis? Und immer wieder werde ich davon bestürmt, die schwerste Prüfung, der man überhaupt ausgesetzt sein kann: Sri Aurobindos Weggang. Denn Sri Aurobindo sprach immer so, als würde er nicht gehen. Deshalb kommt dies immer wie eine Verneinung: „Schau her, all das sind Träume für spätere Jahrtausende." Und es kommt wieder und wieder und wieder *(Geste des Behämmertwerdens)*; worauf so etwas wie ein Schwert aus Licht kommt, unberührbar: Die Gewißheit.

Dann fragt man nicht mehr – man sagt nichts mehr, man fragt nicht mehr. Man hat die Geduld des Glaubens: „Wenn Du willst, dann wird es sein." Jedenfalls gebe ich nicht mehr nach, ich bleibe so *(nach oben gekehrte Geste)*: das unversehrte Licht.

Alle äußeren Ereignisse widersprechen dem. Trotz der inneren Transformation (die gewiß ist, man erhält jede Sekunde Beweise dafür) behält der Körper die Gewohnheit des Zerfalls. Und gerade wenn man glaubt, die Dinge renkten sich ein (eben um einem einen Beweis zu geben, daß man vorankommt), passiert etwas, als wollte es einem zeigen, daß all dies eine Illusion ist. Und es wird immer zugespitzter, immer heftiger. Immer kommt da eine Stimme (die ich gut kenne, es ist die Stimme der Gegenkräfte, die einen auf die Probe stellen), die einem sagt *(gleiche Geste des Behämmertwerdens)*: „Sieh nur, wie du dich täuschst, wie du dir Illusionen machst, all das ist ein bloßes Trugbild, sieh nur ..." Wenn man dem Beachtung schenkt, ist man verloren. Man ist ganz einfach verloren.

Man kann sich also nur die Ohren zustopfen und die Augen schließen, um sich dann dort oben festzuklammern.

Seit Sri Aurobindo gegangen ist, kommt dies unablässig wieder *(gleiche hämmernde Geste)*, und weißt du: grausamer als jegliche menschliche Folter und alle nur erdenklichen Grausamkeiten. Das ist etwas entsetzlich Grausames, es enthält all die Bosheit der Grausamkeit, und es kommt wieder und wieder *(gleiche Geste)*. Jedesmal, wenn das Wesen in einer Freude der Gewißheit aufblüht *(gleiche Geste)*: „Sei ruhig!..."

Deswegen sage ich, die Verwirklichung ist nur für die Stärksten. Dann schämt man sich über das, was schwach in einem ist, und man opfert es auf: „Befreie mich von meiner Schwäche!" Dafür muß man schrecklich stark sein – die Kraft der Ausdauer, die sich durch nichts erschüttern läßt. Es kommt wie eine Bosheit in Perfektion, die nur da ist, um einem die ganze Zeit zu sagen *(gleiche Geste)*: „Du täuschst dich, es ist nicht möglich, du täuschst dich, es ist nicht möglich ..." Und dann: „Siehst du, hier ist der Beweis dafür, daß ich recht habe: Sri Aurobindo, der wußte, ging ja selber." Wenn man dem Beachtung schenkt und es glaubt, ist man rettungslos verloren. Das ist sehr einfach, man ist verloren. Und genau das wollen sie ja. Nur ... sie dürfen keinen Erfolg haben, man muß sich festklammern. Seit wie vielen Jahren?... *(hämmernde Geste)* fünfzehn Jahre, mein Kind – seit fünfzehn Jahren *(gleiche Geste)*. Kein Tag vergeht ohne solche Angriffe, keine Nacht ... Du sagst, du sähest Schreckliches – mein Kind, deine Schrecken müssen etwas sehr Charmantes sein im Vergleich zu den Schrecken, die ich zu Gesicht bekomme! Ich glaube, kein menschliches Wesen könnte den Anblick der Dinge ertragen, die ich gesehen habe. Und all dies wird mir gezeigt, wie um mir zu sagen, daß meine sämtlichen „Ambitionen" verrückt sind. Ich habe darauf nur eine Antwort: „Herr, Du bist überall, Du bist in allem. Wir müssen nur lernen, Dich durch alles hindurch zu sehen."

Erst dann beruhigt es sich.

Ich habe dir das bereits gesagt, und zwar nicht, um dir eine Freude zu machen oder dich zu trösten, sondern weil es eine Tatsache ist, die ich selber mit Neugier und Interesse beobachtet habe: Dort oben, im tiefen intellektuellen Verständnis und im großen Licht, sind wir uns außerordentlich nah. Und das zeigt sich in übereinstimmenden Erfahrungen im intellektuellen Bewußtsein. Ich weiß von deinen Schwierigkeiten, ich kenne sie, ich erkannte sie schon am ersten Tag, als ich dich sah (schon bevor du hierherkamst); in dieser Beziehung ist bereits ein großer Fortschritt erzielt worden, außer daß deine Gesundheit durch diesen Kampf erschüttert wurde. Ich weiß, daß du vollkommen geheilt werden kannst, aber um vollkommen geheilt zu werden, muß sich dein Vital umwandeln – und mit Umwandeln meine ich nicht, sich unterordnen – umwandeln heißt verstehen. Umwandeln heißt mitwirken.

(Satprem legt seinen Kopf auf Mutters Knie)

Vorschau:

Mutters Agenda Band 7, 1966

Der Mensch ist nicht die letzte Stufe der irdischen Schöpfung. Die Evolution schreitet voran, und der Mensch wird übertroffen werden. Jedem steht die Entscheidung offen, ob er am Abenteuer der neuen Spezies teilnehmen will.
1966 ist das Jahr der Kulturrevolution in China. Eine tiefergehende Revolution vollzog sich in einem Körper, der für alle die kleinen irdischen Körper die eine Revolution suchte, die alles verändern würde: *Wir suchen den Schlüssel zur Macht, die den Tod auflösen kann ... das Mental der Zellen wird den Schlüssel liefern.* Der gefahrvolle Übergang von einem menschlichen Körper, der von den Gesetzen des Mentals bewegt wird, zu einem nächsten Körper, den ein namenloses Gesetz bewegt, im Herzen der Zelle: *Eine gebündelte Schwingung, dichter als die Luft, extrem gleichmäßig, golden leuchtend, mit einer ungeheuren Antriebskraft ... Alles, alles wird sehr seltsam ... Der Körper ist nicht mehr den physischen Gesetzen unterworfen.* Mußte nicht ein erstes Wirbeltier ähnliches verspüren, als es sein gewohntes aquatisches Milieu verließ und in ein namenloses anderes drang, in dem wir heute atmen? *Jeder Teil des Körper hat in dem Augenblick, wo er sich verändert, das Gefühl, es sei das Ende ... Alle Stützen sind verschwunden ... Ich habe keinen Weg!* Wo liegt der Weg der nächsten Spezies? *Jemand muß es ja tun.* Und manchmal springt dieses andere „Milieu" hervor: *Ein augenblickliches Wunder ... Ein Zustand, in dem die Zeit nicht mehr dieselbe Wirklichkeit besitzt, sehr sonderbar ... eine mannigfaltige Gegenwart. Eine andere Lebensweise.*

Achtzig Jahre früher hatte ein kleines Mädchen ihre erste Revolution in der Materie erlebt: *Als man mir sagte, alles bestehe „aus Atomen", geschah eine Art Revolution in meinem Kopf: Aber dann ist überhaupt nichts wahr!*

Eine zweite Revolution in der Materie vollzieht sich auf der Ebene des Zellbewußtseins: Die alte Materie und ihre scheinbaren Gesetze verwandeln sich in eine neue Welt und eine neue Seinsart in einem Körper.

Bibliographie

Auf deutsch erhältliche Werke von und über Mutter und Sri Aurobindo:

Beim Verlag Hinder + Deelmann erhältlich:

Sri Aurobindo:
  Das Göttliche Leben
  Die Synthese des Yoga
  Essays über die Gita
  Savitri: Legende und Sinnbild (deutsche Übersetzung von Heinz Kappes)
  Das Geheimnis des Veda
  Die Grundlagen der indischen Kultur
  Das Ideal einer geeinten Menschheit
  Über sich selbst
  Licht auf Yoga
  Bhagavadgita (aus dem Sanskrit übersetzt von Sri Aurobindo)

Die Mutter:
  Mutters Agenda (13 Bände)

Satprem:
  Das Abenteuer des Bewußtseins
  Mutter – Der Göttliche Materialismus
  Mutter – Die neue Spezies
  Mutter – Die Mutation des Todes
  Der Aufstand der Erde
  Evolution 2
  Das Mental der Zellen
  Der Sonnenweg
  Gringo

Beim Verlag W. Huchzermeyer erhältlich:

Sri Aurobindo:
  Die Dichtung der Zukunft
  Zyklus der menschlichen Entwicklung
  Briefe über den Yoga
  Gedanken und Aphorismen, mit Erläuterungen der Mutter
  Sawitri – Eine Sage und ein Gleichnis (zweisprachige Ausgabe, deutsche Übersetzung von Peter Steiger)

Die Mutter: **Gespräche 1950-1958**
Sri Aurobindo: **Briefwechsel mit Nirodbaran**
Nirodbaran: **Gespräche mit Sri Aurobindo**
Nirodbaran: **Zwölf Jahre mit Sri Aurobindo**
Satprem: **Vom Körper der Erde oder der Sannyasin**

Beim Aquamarin Verlag:
  A. B. Purani: **Abendgespräche mit Sri Aurobindo**

ausführlichere Inhaltsangaben bei www.evolutionsforschung.org

www.ingramcontent.com/pod-product-compliance
Lightning Source LLC
Chambersburg PA
CBHW081322090426
42737CB00017B/3007